KB261340

聖書註釋의 諸方法

聖書註釋의 諸方法

聖書註釋의 諸方法
1975 초판/1997 4쇄
옮긴이: 허혁／펴낸이: 김구인

ⓒ 분도출판사(등록: 1962년 5월 7일 · 라15호)
718-800 경북 칠곡군 왜관읍 왜관리 134의 1
편집부: (0545)971-0629
영업부:〈본사〉(0545)971-0628 FAX.972-6515
〈서울〉(02)266-3605 FAX.271-3605
우편대체 계좌 : 700013-31-0542795
국민은행 계좌 : 608-01-0117-906
ISBN 89-419-7111-X 93230
값 7,500원

클라우스 코호

聖書註釋의 諸方法

——樣式史學이란 무엇인가?——

개정·3판

허 혁

옮 김

분 도 出 版 社

1975

게르하르트 폰 라트를
追慕하며

이 분의 충고와 격려없이 이 책은 나올 수 없었을 것이다

Dem Andenken

G e r h a r d   v o n   R a d s,

in Dankbarkeit für Ratschläge und Ermunterungen,

ohne die das Buch

nicht zustande gekommen wäre

내 용

序　　文

初版을 위하여

이 책의 使用을 위한 안내와 함께

　　1954년 10월 30일字 편지에서 폰 라트(G. von Rad)는 나에게 "우리 학생들을 위하여 樣式史學에 관한 小册子를 쓸" 수 없는가를 물어 왔었다. 그의 권고는 곧 열매를 맺게 되었다.　그 까닭은 내가 여러 학기 大學 豫備演習 시간을 지도하면서 구약성서의 樣式史學에 관한 종합적인 문헌이 없음을 퍽 아쉽게 생각했었기 때문이다. 그후 2,3개월이 지나서 폰 라트가 예나-프리스니츠의 목사관을 방문했을 때 이 계획의 윤곽을 확정했다.　이 계획이 얼마나 확대될 것인지를 그때 내가 알았더라면, 아마도 나는 이 계획에서 손을 떼었을 것이다.　그러나 일단 시작한 한, 이 일을 끝까지 밀고 나가려고 했다 ─ 물론 독일 방방곡곡을 돌아다니는 내 여행 때문에 여러번 중단되기도 했지만, 그러는 사이에 "小册子"가 격식을 갖춘 당당한 책으로 변했다. 이제 나는, 아직도 얼마나 더 많은 손이 가야 하는지！를 잘 알면서도, 참고 기다린 출판사에 이 원고를 넘겨준다.

　　이 책은 학생들을 위한 것이고, 특히 구약성서 부문에서 수많은, 부분적으로는 손에 넣기 어려운 論文들에 기록된 樣式史學的 연구의 入門書이다. 나는 문헌을 공부할수록 더욱 더 방법적인 물음들이 떠올라 오랫동안 熟考를 해야 했다. 樣式史學이라는 表題하에 많은 떡잎이 너무 무성하게 자라서, 독자는 때때로 이 註釋學의 庭園이 좀 除草되어야 하겠다는 인상을 받게 될 것이다. 일련의 註釋家들이(樣式史學에 내하여) 헌지하게 주저히는 것은 조금도 이상한 일이 아니다.　그 까닭에 내 硏究의 비중은, 이 책 전체에서 前面에 나타나는 바와 같이, 점점 방법적인 문제로 옮겨졌다. 현재의 상황은 모든 樣式史學的 연구의 내용적인 종합파악을 할 수 있는 처지가 아니라고 본다.　많은 부분들이 아직 확실한 연구결과에 이르지 못하고,　뿐만 아니라 많은 성서 영역들이 거의 이 관점들에 의해 밝혀지지 않고 있는 형편이다. 그러므로 나는 몇몇 例를 드는 데 국한하고 오직 연구의 촛점들만을 拔萃했다 : 初期의 說話들, 시편에서 讚揚詩와 歎息詩, 預言者의 預言,─ 제 I 부에서 ─ 십계명과 신약성서의 축복문들.

연관성들을 좀더 분명히 밝히고, 문제되고 있는 방법들이 결코 구약성서와 히브리 言語에만 해당되는 것이 아님을 증명하기 위하여, 나는 제 I 부에서 감히 신약성서의 例도 약간 다루었다. 이 예정 밖의 편력은 완전한 것을 요구하지 않고, 구약성서만으로는 너무 빈약한 감을 줄지도 모를 논증의 토대를 넓히려는데 있었다. 뿐만 아니라 신약성서로 범위를 넓힌데는 어느 정도 역사적인 정당성도 있다. 樣式史學의 첫 대표자들 — 특히 궁켈(Gunkel)과 그레스만(Gressmann) — 은 구약성서의 양식사학이 신약성서의 양식사학과 유리되어서는 안되고 오히려 그 반대라는 사실에 확신을 가지고 있었다.

이밖에 이 책에서는 "옛 것들"이란 표현도 자주 썼다. 양식사학적 註釋의 원칙들을 밝히려는 노력에서 나는 거의 양식사학의 창시자인 궁켈에게서만 示唆를 받았다. 그의 활동기간 중에 나타난 것은 그 자신에 의해 개척된 것이고 그의 死後에는 이 主題에 첨가된 원칙적인 것은 극히 적은 부분에 불과하다. 까닭에 그의 이름은 이 책에 收錄된 인용문들 가운데서 다른 어떤 이름보다 훨씬 자주 등장한다.

양식사학적 연구의 출발점에 관한 토론이 부족하기 때문에 나는 불가피하게 특히 전문분야의 동역자들의 글을 거듭 인용할 수밖에 없었다. 그러나 역시 이 책을 신학연구의 초보자들이 읽을 수 있게 하기 위하여 나는 많은 것을 註에 달고, 때때로 본문에 8포인트 활자로 삽입하였다. 왜냐하면 무엇보다 먼저 이 책은 학생들 특히 신학연구의 초보자들을 위한 것이기 때문이다. 분류와 배열도 이들을 위하여 편성되었다.

처음으로 大學 註釋 豫備演習 科目에 참가하는 학생은 가능한 한 §1—5를 연관성있게 공부해야 된다고 생각한다. 만일 說話책을 다루면서 史料區分이 토론될 경우에는 이외에 §6이, 詩歌 本文과 격언체 單一文들을 다룰 때에는 §8이 중요할 것이다. 이에 반해 §7과 9는 성서 註釋에 관한 槪觀을 전체적으로 묻는 상급반을 위하여 적합하다. 以上이 제 I 부이다. 제 II 부는 구약성서 문제들에 국한시켰다. 학생들이 구약성서 大學 豫備演習 科目 혹은 구약성서 강의에서 說話, 詩歌 혹은 預言書 부분을 다룰 때마다 제 II 부의 제 1 장 혹은 제 2 장, 제 3 장을 고려해야 할 것이다. — 물론 나는 이 책을 처음부터 끝까지 통독하는 신학도들이 있기를 은근히 기대한다. 그러나 §6—9와 제 II 부의 各章들은 독자가 개별적으로 다룰 수 있을 만큼 각기 독자적인 것이다.

문헌소개에 대하여 한마디 언급하면, 이 소개에 완벽을 기하지 않았다는 것이다. 그랬다면 초보자는 그것들을 읽는 일을 완전히 포기할 유혹에 빠질 따름이기 때문이다. 성서에 나타난 類型들과 그 構造에 대한 계속적인 연구에 특별히 유익한 것으로 생각된 것들을 소개했다. 이 경우 단조로움을 피하기 위하여 章과 節, 項의 序頭에 수록된 문헌은 그후의 인용에서 著者의 이름만을 인용하는 방식을 취했다. 경우에 따라 해당 제목들 중에서 찾아보기 바란다. 略語는 책 끝에 따로 目錄을 만들어 두었다.

많은 독자들은 무엇 때문에 성서주석의 새로운 길이 필요한가를 물을 것이다. 옛 것들 — 그것이 지난 세기 文獻批判學의 正確性이든, "적극적인" 방향의 좀더 建德的인 것이든 — 이 충분치 않다는 말인가? 樣式史學이란 한가한, 탐미적인 기분의 장난이 아닌가? 그러나 西歐의 聖書學은 시대마다 성서의 이해를 새롭게 하려고 애써 왔다. 그리고 이것은 결코 害롭지 않았다. 종교개혁과 그것이 新敎 및 카톨릭 註釋에 미친 영향을 생각해 보라! 마찬가지로 성서 本文들을 樣式史學的으로 파악하려는 현재의 노력도 在來的인 것을 간단히 내버리는 改革癖에서가 아니라, 옛 本文들을 좀더 깊이 이해하도록 하고 또 그것들과의 邂逅가 우리의 現在를 풍요하게 하는 視野가 여기에서 열린다는 인식에서 생겨난 것이다. 그리고 내 견해로는 무엇보다도 樣式史學이 文學과 삶, 성서본문과 하나님의 백성의 역사 사이의 연결을 이전에 없었던 방식으로 밝혀주기 때문에 이 노력은 높이 評價할 만하다.

내 아내와 내 조수인 목사견습생 클라트는 내게서 校正의 수고를 덜어주었다. 클라트君은 索引들도 만들어 주었다. 신약성서의 문제들에 대한 몇몇 중요한 示唆는 내 同役者인 빌켄스(U. Wilckens)에게서 얻었다. 이 紙面을 빌어 이들에게 진심으로 감사한다.

　　　　1963년 8월 31일 함부르크에서　　　　　　　　　　클라우스 코호

제2판을 위하여

이 책이 나온 지 꼭 2년만에 출판사는 제2판을 준비하도록 내게 요청해 왔다. 나는 이것을 樣式史學的 연구의 역사적 신학적인 결과에 대한 토론이 계속 진행되고 있다는 좋은 表徵으로 받아들였다. 기본적인 방침에는 달라진 것이 별로 없다. 그러나 本文의 例들은 여기 저기에서 크게 개편되어, 새로운 모습을 갖추었고 동시에 축복문들과 십계명에 관한 것도 독자적인 寄與를 하게 되었다.

제 2판의 校正도 계속 클라트 牧師가 맡아 주었다. 類型 目錄은 목사견습생인 휠첼이 만들어 주었다. 두분에게 감사의 뜻을 전한다.

제 3 판 序 文

그 동안에 註釋學 分野에서 方法論에 관한 討論이 활발해진 것을 기쁘게 생각한다. 특히 學生들에게 큰 도움이 되는 H. Barth—O. H. Steck의 참고서 *Exegese des AT—Leitfaden der Methodik* (¹1971) — 이 책도 本文批判과 개체 註釋에 특별히 樣式史學을 활용하는 註釋學的 作業過程를 설명하지 않았다 — 을 소개할 수 있을 것이다("樣式史學'이 類型史 研究에 한정되고, 作業過程에서 傳承史 및 編輯史에 비해 輕視되어서 思辨的인 곁길로 이끌어 갈 위험이 있다는 것을 다소 유감스럽게 생각하지만). 이와 함께 J. C. Rylaarsdam과 D. O. Via에 의해 출판된 *Guides to Biblical Scholarship*을 들어야 할 것이다. 이 책은 양식사학적 작업과정을 일목요연하게 소개하고 있다(이것도 역시 전승사⟨Tradition History⟩와 편집비판⟨Redaction Criticism⟩을 양식비판 ⟨Form Criticism⟩에서 분리시켰다).

最近 수년간 現代 言語學(moderne Linguistik)의 觀點들이 점차로 성서 문헌을 위해서도 중요한 것으로 증명되었다는 점에서, 討論의 次元도 달라졌다. 그 이후 양식사학적 方法들은 이미 단순한 聖書註釋의 새로운 길(이것은 지금까지 이 책의 副題였다)로 간주될 수 없게 되었다. 이 사실은 일부 學者들을 당황하게 했고, 어떤 사람들에게는 '樣式史學'을 공격하는 계기를 마련해 주었다. 물론 이들의 공격들은 너무도 편파적인 것으로 생각된다. 樣式史學的 註釋과 言語學의 참된 관련은 아직도 우리의 宿題로 남아 있음에는 의심이 없다. 문제는 이 경우에 樣式史學은 단지 도움을 받아들이는 편에 지나지 않는가! 하는 것이다. 이 主題의 중요성을 示唆하기 위하여 이 새 版에 자세한 부록을 첨가했다. 이것은 문제성들로 차 있는 密林에 길을 내려는 試圖이다. 現代 言語學의 理論들에 아직 생소한 神學者에게 — 부분적으로는 單純化된 — 基本 概念들에 대한 하나의 入門書에 불과하다, 다음으로 言語學에 의해 樣式史學을 수정하려는 試圖들, 특히 W. Richter와 E. Güttgcmanns의 試圖를 검토했다. 어 경우에 내가 중요하게 취급한 것은 위의 두 사람이 거의 간과한 語義學的 문제 제기들의 중요성을 밝히는 것이었다.

이번에 교정을 맡아준 내 조수 Eckart Otto에게 감사한다.

1973. 4. 30.

클라우스 코호

제 I 부

방 법 들

제 1 장 기본적인 문제들

구약성서의 방법문제에 관한 것들: H. Gunkel, "Die Grundprobleme der israelitischen Literaturgeschichte", *RuA* S. 29—38 = *Deutsche Literaturzeitung* XXVII, 1906, S. 1797—1800, 1861—1866; — K.-H. Bernhardt, *Die gattungsgeschichtliche Forschung am Alten Testament als exegetische Methode*, Aufsätze und Vorträge zur Theologie und Religionswissenschaft H. 8, 출판年度가 없음(1959). — G. M. Tucker, *Form Criticism of the Old Testament*, 1971.

신약성서에 관한 入門書들: M. Dibelius, *Die Formgeschichte des Evangeliums*, ¹1919, ⁶1971; R. Bultmann, *Die Geschichte der synoptischen Tradition*, FRLANT NF 12, ¹1921, ⁸1970. — 그 이후 공관복음서 연구에서 제기된 수많은 贊反兩論에 관한 것들: M. Dibelius, "Zur Formgeschichte der Evangelien", *ThR* NF 1, 1929, S. 185—216; G. Iber, "Zur Formgeschichte der Evangelien", *ThR* NF 24, 1957/58, S. 283—338. — E. V. McKnight, *What is Form Criticism?*, 1969.

§1. 類型과 語套

A. 현대적 言語使用의 考察

樣式史學이란 무엇인가? 樣式史라는 말은 1919년 디벨리우스의 冊表題 "복음서의 樣式史"(M. Dibelius, *Die Formgeschichte des Evangeliums*)에서 제일 처음 專門用語로 등장하였고[1], 곧 聖書註釋의 특별한 방법으로 채

---

1) 물론 文學의 "樣式들"(Formen)에 관해서는 이미 오래 전부터 거론되어 왔지만 확고한 의미에서 말해진 것은 아니다. 이처럼 H. Ewald는 "계명들의 語法(樣式)의 역사"를 추구했다(*Geschichte des Volkes Israel* II, ³1865, S. 239). F. Overbeck 는 이렇게 기록할 수 있었다: "그것의 역사는 그것들의 樣式을 갖춘 文學을 가지고 있다. 그러므로 樣式들의 역사는 각기 실제적인 文學史일 것이다"("Über die Anfänge der patristischen Literatur", *Historische Zeitschrift* 1882, S. 417—472, 重版 1954, S. 12). 古代言語學者 E. Norden 은 그의 책 *Agnostos Theos*(1913)에 "종교적 연설의 樣式들의 역사 硏究"라는 副題를 달았다. — 이중적 의미를 가지고 있는 독일어 "Formgeschichte"(樣式史)는 모든 言語的 樣式 자체의 역사와 이 역사의 역사적 연구를 표시하는데, 英語 표현 "Form Criticism"(樣式批判)이 後者만을 표현한다는 점에서 좀 더 분명하다.

용되었다. 디벨리우스는 이미 20년 전에, 비록 "類型硏究" 혹은 "文學史"라는 名目 아래서이긴 하지만, 樣式史學的인 方法을 聖書學에 도입한 헤르만 궁켈에 의해 자신의 연구방법에 자극을 받았다. 이 연구방향의 원래의 조상은 궁켈인 것이다. 궁켈과 그의 후계자들에게서 문제된 것은 현대의 극히 일상적인 例에서 설명될 수 있다. 날마다 우편함에서 발견되는 무수한 인쇄물들 중 雜草除去藥 會社의 廣告文을 例로 들어보자.

> 貴下는 금년에도 아끼시는 庭園의 雜草除去에 신경을 쓰고 계시리라 짐작됩니다. 鹽化物로 제조되어, 수년간 실험을 거쳐 그 특효가 확증된 雜草除去藥 무라모르[2]를 귀하에게 추천합니다.
> 금년 봄에는 벌써부터 雜草가 때를 만난듯이 기승을 부립니다. 즉시 무라모르를 주문하여 신속히 잡초 제거작업에 나서기를 권합니다!
> 지금 다음과 같이 大廉價로 판매하고 있읍니다 : ・・・・・・
> 同封한 주문엽서를 이용하여 주문하시기를 부탁드리며 인사를 드립니다.   某某 謹拜

이와 같은 傳單을 보면 누구나 그것이 廣告편지임을 곧 알 수 있다. 매일 비슷한 것이 수십통씩 우편함에서 발견되니까, 광고편지임을 알게 하는 특징들은 쉽게 헤아릴 수 있다. 광고편지는 언제나 특별히 정중한 문체로 되어 있는데, 이 文體는 반드시 비개인적인 인사말로 끝맺는다("귀하는 금년에도 ・・・시리라 짐작됩니다", "귀하의 주문을 부탁드립니다"). 물론 受信人인 내가 그 추천된 品目을 반드시 그리고 신속히 주문해야 할 필요가 있다는 것도 지적되었다("금년에는 벌써부터 雜草가 때를 만난듯이 기승을 부립니다"). 그 藥이 과학적인 실험을 거쳐 제조되었다는 진술은 그 藥의 효력이 확실하다는 것을 나타내며, 따라서 商社는 이를 강조한다("鹽化物로 제조되어, 수년간 실험을 거쳐 그 특효가 확증된 ・・・"). 끝으로 ― 결어는 아니지만 ― 그 가격이 엄청나게 廉價라는 것을 부각시킨다.

이런 특징들은 수많은 광고문에서 얼마든지 찾아낼 수 있다. 이로써 이 광고편지는 오늘날 유행되고 있는 일종의 文藝 類型(literarische Gattung)으로 증명된다. 이 類型은 개개의 경우 큰 변화가 있지만 확고한 樣式(Form)을 지니고 있어서, 그의 商品을 편지로 선전하려는 사람은 누구도 이 樣式을 벗

---

2) 이름이 바뀌었다.

어날 수 없게 되어 있다. 이런 外的인 扮裝(Aufmachung)을 文學의 樣式이라고 한다. 이런 편지는 손으로 씌어지지 않고, 산뜻하게 복사된 것이고 대개는 다채로운 색깔과 크고 작은 활자로 세심하고 변화있게 배열되어 있다.

이렇게 확고한 樣式을 갖춘 다른 종류의 例들도 일상생활에서 쉽게 발견할 수 있다. 학문적인 硏究論文으로부터 電報文에 이르기까지, 戱曲이나 小說로부터 文學이라고 부를 수 없는 計算書 같은 文書에 이르기까지, 간단히 말하면 記錄되고 印刷된 것이면 무엇에서나 내적 構造 혹은 외적 形式에 있어서 확고한 樣式的 특징들을 지적할 수 있다. 그가 기록한 것을 가지고 어떤 목적을 이루려는 사람은 누구나 이미 형성된 類型을 이용할 수밖에 없다. 그러므로 한 商社의 宣傳責任者는 그 효과가 확인된 文體를 선택하게 된다. 어떤 作家가 그의 작품이 무대에서 上演되는 것을 보려면, 그는 그 작품을 통상적인 戱曲樣式으로 脚色해야 하지 학문적인 硏究論文 방식으로 써서 무대에 내놓을 수는 없다. 어떤 公務員이 그의 昇進을 請願할 때 詩文形式을 사용하는 것도 역시 생각할 수 없는 일이다. 그가 公文書式을 사용해야 한다는 것은 자명한 일이다. 戀書와 같은 극히 私的이고 친근한 작품까지도 언제나 ― 작품 序頭의 인사말과 結語에서뿐만 아니라 ― 類型임을 의심할 여지가 없는, 傳來的인 표현들로 이루어져 있다. 모든 완결된 單一文은 ― 의도적이든 의도적이 아니든 ― 현대言語에서 사용되는 어떤 類型의 특수형을 지니고 있다.

모든 記錄物과 印刷物들이 類型들로 분류된다는 것은 우리가 그것을 거의 의식하지 못할 정도로 자명한 일이다. 그런데도 이것은 큰 영향력을 가지고 있다. 우리 중 누구나 무엇을 읽을 때면 곧 무의식적으로 개체 文章들의 의미뿐 아니라 각개 양식화된 言語의 의미에도 관심을 기울인다. 小說을 손에 들면, 그는 어떤 한 사람 혹은 많은 사람의 생애에 관한 이야기, 그들의 내적 외적 갈등의 묘사를 기대한다. 그러나 그는 그가 손에 들고 있는 것이 환상의 創作物이고 일어난 사건들에 관한 記錄物이 아님을 처음부터 잘 알고 있다. 광고편지를 받은 자에게도 자명한 것은 그에게 전달된 文書가 商業上의 관심에서 기록된 것이며, 그러므로 그 商品에 대한 자랑과 선전된 商品의 가격이 싸다는 것을 곧이 곧대로 받아들여서는 안된다는 것이다. 이와 같이 類型은 각기 그 내용의 타당성을 미리 규정하고 그 내용을 특정한 방향에 한정시킨다. 가령 광고편지에서 하나님과 인간, 세계에 대한 심오한 思想을 탐구하려는 사람도 없고, 반면 종교적인 文書는 일반적으로 市場價格의 변동에 관하여 아무 것도 알려주지 못할 것이다. 그러므로 類型의 樣式

에 의해 "내용"이 미리 규정된다. 그러나 처음부터 강조되어야 할 것은 樣式史學의 의미에서 樣式이라는 표현이 너무 평면적으로 받아들여져서는 안된다는 것이다. 단순히 "樣式化된 言語"만으로는 아직 類型을 이루지 못한다. "思想과 분위기"라는 공통의 "보물"이 항상 여기에 속한다3).

類型에 의한 言語의 樣式化와 분류는 기록되거나 인쇄되는 곳에서만 일어나는 것이 아니다. 사람들의 格式을 갖춘 일상적인 말도 그것이 의미를 가지려면 일정한 方式을 갖는다. 神學徒에게 친근한 설교의 例를 들어보자. 이른바 講壇인사와 聖書本文의 낭독, 회중을 부르는 말로 된 序頭와 마지막에 말하는 아멘도 이 類型의 특징이다. 그러나 설교가 특수한 경우는 아니다. 公式的인 演說은 모두 이미 형성되어 있는, 그때 그때의 행사에 적합한 표현양식을 이용하는 것이다. 아이들이 즐겨 듣는 童話는 "옛날에"라는 말로 시작된다. 樣式의 拘束力은 만났을 때의 인사와 헤어질 때의 인사처럼 일상적인 일들까지도 규정한다. 우리는 "안녕하십니까? 아무개 氏···, 어떻게 지내십니까?" "다시 뵙겠읍니다!" 등을 말한다. 물론 사람과 사람 사이의 非公式的인 말들 — 일상 對話類型들은 종종 서로 뒤섞여서 확정시키기 어렵다4) — 은 語套(Formel)들보다 완결된 類型으로 특징짓기 힘들다. 語套는 일종의 짧은 樣式으로 된 類型이다. 語套는 종종 보다 포괄적인 類型의 序頭 혹은 그 배열 標識가 된다. "어떻게 지내십니까?"라는 말과 함께 긴 對話를 시작할 수 있다.

그러므로 우리는 독자적인 言語的 單一體의 초개인적(典型的)으로 새겨진 표현을 類型이라고 칭하는 반면, 의미를 지닌 單一文으로 나타나지만 대개 단 하나의 文章으로 구성되어 있고 (보다 큰) 類型에 從屬되는, 저 새겨진 낱말의 결합체들을 語套라고 부른다. 하나가 다른 하나로 옮아가는 과정은 물론 유동적이다5).

---

3) Gunkel, *ZAW* NF 1, 1924, S. 182; 비교. Alt, Ⅰ, S. 284f.: 樣式史學은 "樣式과 內容을 동시에 연구하는" 방법이다.

4) "낱말과 낱말을 주고 받는 粗雜한 對話는 통일성에 흥미가 없다"는 관찰이 文藝學的 主題로서 정당화될 수 있는가(W. Kayser, *Das sprachliche Kunstwerk*, ¹⁰1964, S. 156)? 통일성과 樣式을 갖추지 않은 말은 "노닥거리다", "지껄이다"등으로 하찮게 지칭되는 雜談에 불과하다.

5) 語套들과 類型들을 구분하는 것이 유익한 만큼, 반면에 "樣式들과 類型들"을 平行시키는 것 — 이것은 현대 독일의 辭典類에 채용되었다(*RGG*³; *Biblisch-Historisches Handwörterbuch* Ⅰ, 1962) — 은 무의미하다. 여기서 樣式은 무엇을 뜻하는가? 類型은 樣式이 아닌가? 또는 類型과 語套 외에 文學的 單一文의 또 다른 樣式들이 있는가? 그렇다면 그것은 어떤 것이겠는가? 《樣式》과 《文學 장르》 사이에 정확한 구

B. 신약성서의 例 : 축복문

성서에 있는 축복문(Makarismos)의 자세한 연구는 아직 없다. 부분적인
것 : L. Brun, "Segen und Fluch im Urchristentum", *SNVAO* 1932 No. 1,
S. 39—48; Bultmann, *Tradition*, 해당 귀절; J. Schniewind, *Das Evangelium
nach Matthäus* (NTD), 해당 귀절 : *ThW* IV, S. 366—373; M. Dibelius,
Botschaft und Geschichte I , 1953, S. 79ff. J. Dupont 의 大作 *Les Béatitudes*
(²1958)에는 유감스럽게도 "지상에서의 유대인과 그리스인에 대한 축복양식"
에 관한 부분이 아직 나타나지 않았다. (Th. Soiron 의 책 *Die Bergpredigt
Jesu*, 1941 이 "樣式史的, 註釋的, 神學的 解釋"이란 副題를 가지고 있기는
하지만 類型문제는 전혀 다루지 않았다). 구약성서적 前史에 관한 것 : H.
Schmidt, "Grüße und Glückwünsche im Psalter", *ThSK* 103, 1931, S.
141—150; W. Jantzen, " 'AŠRÊ in the O.T.", *Harvard Theol. Review*
58, 1965, S. 215—226. — "*ThWAT* I, S. 481—485. —*THAT* I, S. 257—
260.

모든 기록된 것과 말은 이미 형성되어 있는 類型에 속하고 실제로 文學 혹
은 言語 자체란 있을 수 없으며, 이 兩者는 언제나 경우에 따라 분리되고
배열된 형태로만 있을 수 있다는 결론은 어떤 유익을 주는가 — 聖書의 註釋
을 위해 어떤 유익이 있는가? 옛날에는 이 책 — 정확히 말해서 이 수집록 —
을 검토하지도 않고 통틀어 經典 類型, 이와 함께 敎理學 類型에 속하는 것
으로 보아 왔다. 이것은 구약성서나 신약성서의 모든 책, 아니 모든 본문귀
절이 같은 방식으로 다른 것과 나란히 있었다는 것을 의미했다. 역사적 연
구는 지난 250년간 성서가 이미 주어져 있는 같은 형태의 통일체가 아니라
는 것과 經典의 개념이 매우 다르게 규정될 수밖에 없다는 것을 지적했다.
이 수집록에 들어 있는 것들은 각기 얼마나 다른가! 여기에는 說話物들 —
어떤 것은 粗雜한 대로 어떤 것우 우아하게 다듬어저서 —, 예언사의 말들,
지혜격언들, 祭儀詩歌들, 긴 편지들, 묵시문학적인 환상문 등이 들어 있다.
語彙의 使用과 文體, 構成은 그때 그때 다른 法則을 따르고 있다. 註釋家는

별은 없다. 유일하게 다른 점은 《樣式》이 구체적인 표현의 방식, 관례에 의하여 어느
정도 고정된 樣式의 형태를 가리키는 반면, 문학 장르란 이 표현방식의 여러 개의 집
합으로서 특징지어진다. ···《樣式》은 어떤 복음의 素材가 어떤 일정한 문학 《장르》
에 부합하는 방식이다. 그러므로 한 텍스트의 《樣式들》을 밝힘으로써 그것이 어떤 《文
學장르》에 속하여 있는지 정의를 내릴 수 있을 것이다". J. Dupont, *Les Béatitudes*²,
S. 20f. 와 註.

어떤 本文의 특수한 의미를 파악하기 전에 이 사실을 주의해야 한다. 그렇
게 하면 그는 이미 樣式史學에 종사하고 있는 것이다.

　나는 예수의 山上說敎의 序頭로서 마태복음서에 들어 있는(마 5：3—12)
축복문들을 신약성서의 例로 택했다. 교회의 傳統은 수세기 동안 그리스도
교인이 일상생활에서 실천해야 할 德目들의 기본적인 規定을 이 안에서 찾
았다. 이것은 樣式史學的인 解明에도 일치되는가?

　　　靈으로 가난한 자들은 복이 있으니, 이는 천국이 그들의 것임이
　　　라.

　　　슬퍼하는 자들은 복이 있으니, 이는 그들이 위로를 받을 것임이라.

　　　온유한 자들은 복이 있으니, 이는 그들이 땅을 소유할 것임이라.

　　　義에 주리고 목마른 자들은 복이 있으니, 이는 그들이 배부르게
　　　될 것임이라.

　　　자비로운 자들은 복이 있으니, 이는 그들이 자비를 얻을 것임이라.

　　　마음이 청결한 자들은 복이 있으니, 이는 그들이 하나님을 볼 것
　　　임이라.

　　　화평케 하는 자들은 복이 있으니, 이는 그들이 하나님의 자녀라
　　　일컬음을 받을 것임이라.

　　　義를 위하여 박해를 받는 자들은 복이 있으니, 이는 천국이 그들
　　　의 것임이라.

　　　나를 인하여 그들이 너희를 욕하고 박해하고 너희를 거슬려 온갖
　　　악한 말을 하고 너희를 숙이면, 너희는 복이 있으니,

　　　기뻐하고 즐거워하라. 이는 하늘에서 너희의 상이 큼이라.

　　　이는 저들이 너희 전에 있던 예언자들을 이와 같이 박해하였음이
　　　라.

　이 축복문들이 독자적이며 전후문맥을 고려하지 않고도 考察될 수 있다는
것을 교회의 관습이 가르친다. 이 경우에 표현되는 바, 이것이 완결된 單一文
이라는 느낌을 註釋學的으로 확인하는 것은 누가복음서에 있는 平行文을 고
찰함으로 가능하다. 누가복음서에도 이 축복문들이 보도되고 있으나(6：20—
23), 그 전후문맥이 전혀 다르다. 복음서 기자들이 예수의 이 말들을 서로
다른 곳에 받아들이고 있는 것은, 그들이 이 부분을 독자적인 것으로 본 까
닭이다. 여러번 반복된 "복이 있으니"란 序頭 樣式도 전후문맥에서 뚜렷하
게 벗어나 있다.

　이러한 序頭가 다른 곳에서는 전혀 볼 수 없는 것은 아니다！오히려 이러한 구원의 외침은 많은 성서귀절과 성서 밖에서도 볼 수 있다. 그리스人들에게는 이 樣式을 위한 특유한 말 "μακαρισμός"(마카리스모스)가 있다. 이스라엘-초대 그리스도교 주변에서 축복문은 詩 形式[6]을 갖춘 표현, 즉 상이한 문맥들 중에 — 되는 대로 이용되지는 않았을지라도 — 나타날 수 있는, 경확히 말해서 우리가 語套(Formel)라고 부를 수 있는 표현이다. 성서적 축복문은 두가지 분명한 형식으로 나타난다. 첫째 구약성서적 金言(Spruchweisheit) 중에 나타나는데, 여기서는 혼히 連鎖的인 金言의 "출발주제"로 (가령. 잠 3 : 13; 비교. 시 1의 유명한 序頭) 혹은 지혜론적 論證의 논리적 목표로서 (가령. 잠 8 : 32—33; Sir. 48 : 11; 50 : 28) 나타난다. 이런 형식의 경우 중요하게 문제되는 것은 인간의 세속적 행복이다. 지혜론적인 축복에 대한 인간의 소원은 하나님이 세우고 賢者들이 가르친 생활질서에 합당하게 살아가는 思慮깊은 사람에게 해당하는 것이다. 다른 하나는 묵시문학적 축복문인데, 이것은 이 세상에서 성실하게 信仰을 지켰기 때문에 최후의 세계심판 때 구원을 받고 새로운 세계에 참여하는 사람들을 향한 것이다. 이 경우에 이 語套는 종말론적인 교훈 혹은 묵시문학적 詩歌들의 마지막을 장식하는 結文으로 이용된다(단 12 : 12; 1. Hen. 〔äth〕 81 : 4; 82 : 4; 2. Bar. 〔syr〕 10 : 6—7; 11 : 6; 54 : 10; Tob. 13 : 14; Ps. Sal. 4 : 23; 17 : 44; 18 : 6; 눅 1 : 45; 약 1 : 12; 계 14 : 13; 19 : 9; 20 : 6; 비교 4. Esra 7 : 45). 축복문은 독립된 類型으로 나타날 수도 있는데, 이 경우에는 대개 축복문-群의 방식을 취한다. 이것은 지혜서(Sir. 25 : 7—11) 및 묵시문학서 (2. Hen. 〔slaw〕 42 : 6—14; 52 : 1—16)에서도 볼 수 있다. 이런 계열의 축복문은 때때로 이유설명문이 첨가되어 있다：

　　　義의 씨를 뿌리는 자는 복이 있으니, 이는 그가 7배를 거둘 것임이라(2. Hen. 42 : 11).

　이런 축복문이 이용되는 곳에서는 언제나 이것은 화려한 美辭麗句, 다시 말하면 구원의 장엄한 약속, "축복의 빈약한 樣式"[7] 이상의 것으로 나타난다. 이로부터 산상설교의 축복문들을 위하여 밝혀지는 것은 무엇인가? 예수는 분명히 묵시문학적인[8] 축복문을 이용했다. 정확히 보면 마태복음서 5장

---

6) 참조 §8의 C項.

7) Brun, S. 39.

8) 신약성서 시대 이후에는 랍비 문헌에서도 축복문이 나타난다. — 例證들: Strack-

에는 두 축복문-계열이 결합되어 있음이 드러난다. 11—12절은 앞 귀절들과
는 다른 형태를 지니고 있기 때문이다. 이것은 가정적 표현("···할 때에
는")과 훨씬 긴 이유설명문을 지니고 있는 하나의 개체 격언으로 되어 있
다. 또 이것은 청중들을 부를 때 2인칭을 사용하는 반면, 3—10절에서는 3인
칭이 사용되었다. 처음 8개의 축복문群은 매우 짜임새있게 구성되었을 뿐 아
니라 첫 절과 끝 절이 동일한 약속에 찬 이유설명으로 종결되는 精巧함을
보여준다: "이는 천국이 그들의 것임이라". 또한 이 축복문群은 필시 두 부
분으로 나누어져 있었을 것이다: 처음 네개의 축복문은 고난에, 다른 넷은
일상적인 행동에 해당한다.

   그 형식이 종말론적 교훈에 속하는 것처럼 내용적인 진술도 그렇다. 여기
에서 제시된 것은 — 종래에 생각해 왔던 것같이 — 하나님이 인간에게 規
定해 준 여러가지 德目들이 아니라, 오히려 "靈으로 가난함, 슬픔을 당함,
온유함, 義에 주리고 목마름"과 같은 표현들은 세계의 終局 직전에 세계에
대하여 취할 同一한 태도, 즉 오래 참고 기다리며 희망을 가지는 태도의 여
러 상이한 相을 말할 뿐이다. 강조점은 德目들의 總和가 아니라, 오히려 구
원의 약속인 바, 이 약속은 序頭의 "복이 있다"에서도 下半部의 이유설명
에서도 들을 수 있다. 이유설명은 엄격히 종말적으로 생각되었다. 위로를
받음, (하나님에 의해 변화된) 땅을 상속함, 義로 배부르게 됨, 하나님을
봄 — 이 모든 것은 세계심판과 세계완성에 의해 일어나는 것이다. 두번째
單一文, 즉 11—12절에 분리되어 있는 축복문도 분명히 종말론적으로 꾸며
져 있다. 이 例는 樣式史學的 硏究가 어떻게 개체 성서귀절의 해석을 위하
여 유익한 틀을 마련해 주는가를 보여준다.

C. 구약성서의 例 : 십계명

   획기적인 樣式史學的 作品 : A. Alt, *Die Ursprünge des israelitische:
Rechts*, 1934 = ALT I, 1953, S. 278ff. 특히 S. 315—332. 십계명의 類型에 관
한 最近의 硏究들 : H. Graf Reventlow, *Gebot und Predigt im Dekalog*, 1962.
— E. Gerstenberger, *Wesen und Herkunft des "apodiktischen Rechts"*,
WMANT 20, 1965 — E. Nielsen, *Die Zehn Gebote*, Acta Theologica Danica

---

Billerbeck, *Kommentar zum N.T. aus Talmud und Midrasch* I, 1922, S. 189와
P. Fiebig, *Jesu Bergpredigt*, FRLANT 37, 1924, S. 153. — 그러나 극히 드물고,
종말론적으로 꾸며지지도 않았다. 그러므로 이 類型은 랍비적인 師弟對話에 때때로
이용되었으나 거기에서 토착되지는 않았으며, 따라서 예수에게서 받아들인 것이 아
니다.

Ⅷ, 1965. — W. Richter, *Recht und Ethos*, 1966. 3장. — 概觀 : J. J. Stamm, "Dreißig Jahre Dekalogforschung," *ThR* NF 27, 1961, S. 189ff., 281ff.

구약성서에서 택한 우리의 두번째 例에서도. 마찬가지이다. 나는 유명한 部分인 Dekalog 즉 십계명을 (루터교) 교리문답서의 간략한 본문에서 옮겨 본다:

　나는 主(＝야웨), 너의 하나님이다.

　너는 나 외에 다른 神들을 네게 있게 하지 말라.

　(너는 너를 위하여 우상을 만들지 말 것이니, 위로 하늘에 있는 것이나 아래로 땅에 있는 것이나 땅 아래 물 속에 있는 것의 어떤 形像도 만들지 말고, 그것들에게 경배하지 말며 그것들을 섬기지 말라. 이는 나 主(＝야웨), 너의 하나님은 질투하는 하나님이니 아비의 죄를 벌하여 · · ·)

　너는 主(＝야웨), 너의 하나님의 이름을 헛되이 일컫지 말라. 이는 主(＝야웨)께서 그의 이름을 惡用하는 자를 벌하지 않고 그대로 버려두지 않을 것임이라.

　너는 안식일을 거룩하게 하라(이는 主〈＝야웨〉께서 엿새 동안에 하늘과 땅을 만들고 · · · 일곱째 날에 쉬었음이라).

　너는 네 아버지와 어머니를 공경하라. 그리하면 네가 땅위에서 잘되고 오래 살리라.

　너는 살인하지 말라.

　너는 간음하지 말라.

　너는 도둑질하지 말라.

　너는 네 이웃에 대하여 거짓 증거하지 말라.

　너는 네 이웃의 집을 탐내지 말라.

　너는 네 이웃의 아내나, 그 남종이나, 여종이나, 가축이나, 그의 것은 무엇이나 탐내지 말라.

이것이 통일적인 單一文임에는 의심할 여지가 없다. 일반적으로 십계명을 성서본문의 전후문맥을 고려하지 않고 제시하는 교회의 실제적인 응용도 이에 일치한다. 여기서 類型의 문제가 제기된다. 전통적인 견해는 여기에서 모든 인간의 가장 고상하고 도덕적인 義務들의 종합을 찾았고, 십계명을 모든 사람이 타고난 自然法과 동일시했다. 그러면 樣式史學的인 研究가 밝혀주는 것은 무엇인가? '너'라는 호칭으로 되어 있는 같은 종류의 짧은 禁令 계열은 다른 곳에서도 볼 수 있다. 레위기 18 : 6 이하에서는 不法的인 性行爲가 이와 같은 樣式으로 금지되었고, 출애굽기 23：1—9에도 재판관의 龜鑑이 같은 양식으로 제시되어 있다. 출애굽기 22：18, 21—22, 28에서는 대하기 싫고 꺼림직한 사람들과의 관계를 같은 양식으로 규정하고 있다. 같은 종류의 구조를 가진 다른 계열들은 신명기 23：1—8에서 부적당한 사람들, 특히 이방민족의 사람들을 이스라엘 민족 및 祭儀共同體에 받아들이는 것을 금지하고 있고, 레위기 19장에서는 地域共同體에서의 不義한 행동을 금지하고 있다. 이와 같이 십계명은 자주 이용된 類型에 속한다. 즉 결코 일반적이고 윤리적인 自然法의 원칙들과 요구들을 의도하지 않은 類型에 속한다. 왜냐하면 암몬 사람은 누구도 야웨 祭儀共同體에 받아들일 수 없다(신 23：4)는 式의 禁令은 분명히 自然法的으로 설명할 수 없기 때문이다. 자기소개의 語套 즉 "나는 야웨, 너의 하나님이다"도 자연법적인 설명에 배치된다. 序頭의 語套는 하나님이 오직 이스라엘에게만 결부되었음을 강력하게 나타내고 있다. 이 특유한 樣式은 무엇을 말하며, 이것은 십계명에 어떤 의미를 주는가? 독일어 번역 Du sollst nicht("너는···말라")는 미봉책에 불과한 번역이다. 언제나 序頭에 나오는 不變詞 לֹא(로, 否定詞)와 그 다음에 계속되는 미완료형을 가진 히브리어 本文은 특별히 강한 否定을 나타내며, 독일어로는 가령 내용상 다음과 같이 意譯될 수 있을 것이다: "네가 이러이러한 것을 행하는 것은 전혀 불가능하다！" 히브리人은 이런 표현을 미래에 대한 직설법적 진술, 즉 "너는 이러이러한 일을 하지 않을 것이다"라는 진술과 동일시한다[9]. 알트(Alt)는 이 類型을 斷言的(apodiktisch) 法이라고 일컬었는데, 이 말은 곧 채용되었다. 그러나 여기서 法이 어느 정도 문제되는가에는 異論이 많다. 알트는 이 경우 다른 樣式들도 함께 생각하고 있다[10]. 십계명과 그 유사형을 단언적 禁令 계열이라고 부르는 것이 더 좋을 것이다. 이를 위하

---

9) 히브리어에서 정상적인 否定命令은 주지하는 바와 같이, אַל(알, "···말라")과 그 후속 命令法으로 되어 있다. 주의해야 할 것은 禁令계열에서는 이 形式이 결코 사용되지 않는다는 것이다. 그러므로 E. Gerstenberger가 이런 否定 命令法(이것은 구약성서에서 하나님의 말로만 나타나는 바)을 단언적 계명들과 동일시하고, 이 兩者로부터 일반적 禁止法의 추상적인 樣式을 구성해낸 것은 樣式史學的 研究의 포기를 뜻한다(*JBL* 84, 1965, S. 38—51도 그렇다); S. Gevirtz, *VT* Ⅺ, 1961, S. 156. 반대 견해 : Richter, S. 68—78.

10) Alt는 단언적 死刑規定(가령 출 21：12 "사람을 죽인 자는 반드시 죽을 것이다") 및 신 27：15—26과 같은 詛呪 계열도 단언적 하나님의 法에 예속시킨다. 단언적 계명과의 내용적인 접촉에도 불구하고 역시 세 相異한 類型이 문제되고 있으며, 이것들은 우선 각기 독자적으로 검토되어야 한다. Alt는 너무 쉽게 하나로 본 것 같다.

여서는 특유한 히브리어 명칭이 있다. 드바림(דְּבָרִים, "말들") : 출　20 : 1;
신 5 : 22(=19); 시 50 : 17;　비교. 출 34 : 1, 28[11].　그런데 물론 히브리어
דָּבָר(다바르, "말")는 독일어 번역어, das Wort 이상의 의미를 가지고 있다.
입에서 나온 말이라고 해서 모두 이 의미에서의 "말"은 아니고, 오직 神的인
혹은 인간적인 말이 어떤 현실을 불러일으키는 힘을　가지고 있는 경우에만
דָּבָר이다. 이 單語가 "사실, 사건"을 뜻하는 것도　우연은 아니다.　그러므
로 이 類型의 표지는　미래적인 것을 야기시키는　불가항력적인 말들이라고
할 수 있다. 이러한 계명 계열이 지향하는 것은 야웨와 결부된 인간들에 대
한 윤리적 호소일 뿐 아니라　동시에 작용을 일으키는 말은 요구된 것을 행
할 수 있는 능력을 그들에게 중개한다.

　그러므로 刑罰規定이 없는 짧은 禁令들이 그 첫째 특징이다. 둘째 특징은
"나는 야웨 너의 하나님이다"(그 계속인 "너를 애굽땅으로부터 인도해 낸"과
함께)라는 자기소개의 語套[12]이다. 이것은 민족의 역사를 통해 信賴를 얻은
하나님의 존칭과 찬양의 진술로서, 계명들 序頭에 놓인 것이다.　이 序頭는
현대적 語感을 위해서는 엄격한 禁令들에 적합하지 않다. 그러나 樣式史學이
전제하는 것은 자신의 言語에서 벗어나 異質的인 言語의 구조에 친숙해졌다는
것이다. 이 語套는 금령 계열에서 아주 일률적으로 나타나는 것으로 보아 어떤
類型에 속하는 것임에 틀림없다: 출 20 : 2; 신 5 : 6; 레 18 : 6; 19 : 4 이하;
시 50 : 7; 81 : 10; 비교. 출 34 : 6. 文法的으로 이것은 名詞文章이고, 후속
動詞文章들을 위한 일종의 상황(副詞) 文章이며, 이렇게 번역할 수 있을 것이
다: "나는 야웨 너의 하나님이므로, ―‥‥네게서 다른 神들이 나에 대하여
고개를 드는 것은 단연코 있을 수 없다"[13]. 따라서 단언적인 禁令들은 하나

---

　11) 十誡命은 עֲשֶׂרֶת הַדְּבָרִים("열마디 말")으로서 다른　단언적 禁令 계열과 구별
된다(출 34 : 28; 신 4 : 13; 10 : 4).　O. Grether (*Name und Wort Gottes*, 1934, S.
79—82)와 Eissfeldt (*Einleitung*³, S. 93f)는 낱말을　퇴색시킴(原文대로!) Alt (I,
S. 323 註 1)에 반대한다.
　12) 사람들은 이 '나는‥‥이다'-語套들이 원래 多神論的 영역에서의 어떤 한 神
의 자기소개를 말하는 것이라고 추측했다. 그 이유는 이 語套가 다른 古代 近東에서도
사용되었다는 데 있다. 그 由來가 어떻든 이스라엘 사람은 옛부터 야웨 하나님 외에
다른 神을 몰랐고, 따라서 이 語套를 달리 이해했을 것이다. 비교. K. Elliger, "Ich
bin der Herr-euer Gott", in: *Theologie als Glaubenswagnis*, Festschrift f.　K.
Heim, 1954, S. 9—34; W. Zimmerli, "Ich bin Jahwe", in: *Geschichte und Altes
Testament*, Festschrift Alt, 1953, S. 179—209 = *Gottes Offenbarung*, ThB 19, 1963,
S. 11—40; R. Rendtorff, in: *Offenbarung als Geschichte*, Beiheft zu Kerygma und
Dogma, 1, 1961, S. 32—38.
　13) Reventlow (S. 26—28)는 다른 神들에 관한 文章이 계명이 아니라 오히려 진술

님의 法이고, 오직 이스라엘의 하나님과 결부됨으로써만 의미있고 타당하다
는 엄격한 의미에서 그렇다. 세째 특징은 "이는···임이라"란 말을 통해
禁令을 야웨의 과거 혹은 미래의 歷史行爲로부터 통찰케 하는 이유설명의
留保條件들이다(출 23 : 7—9; 22 : 21; 레 18)[14]. 이 條文들은 여기서는 단
지 하나님과의 관계에 직접 해당되는 禁令들에서만 나타난다[15]. — 이렇게
類型의 관찰은 어떤 文段의 구조를 투명하게 하고 근거있는 註釋을 보다 용
이하게 해준다.

이 두 성서본문에 해당하는 것은 어떤 본문에도 해당한다. 解釋이라는 어
려운 작업은 樣式史學的인 熟考 없이는 반드시 곁길로 샐 것이다. "文筆家
에 의해 사용된 類型을 모르고 그 文筆家를 연구하는 자는 지붕으로부터 집
을 짓기 시작하는 자이다"[16]. 양식사학은 다양한 意味를 지닌 귀절들의 경
우 規制力으로서 작용할 뿐 아니라 더 나아가서, 종종 한심스럽게 생각된
성서문헌들(4經, 시편, 예언서들[17], 공관복음서, 요한계시록)의 연관성의
결핍을 그것들의 성립으로부터 파악하고, 그 배후에 있는 중요한 옛 單一文
들을 찾아내도록 해준다. 즉 이런 文書들 중에는 원래는 독자적이었던 類型
들이 나중에 종합되어 있으며, 이때 그 原 줄기가 불분명하게 된 것이다.

D. 類型에 의한 制約性과 文學的 個體性 및 聖書의 靈感

현대 文獻의 해석을 위해서조차 類型에 대한 고려가 중요하다면, 聖書를

문으로 이해되어야 한다는 것을 증명하려고 한다. 여하튼 이것은 3인칭(2인칭이 아니
라)으로 표현되어 있지 않은가(비교. 시 81 : 9; 출 34 : 14ff.에는 없음). 誡命 계열
은 맨 먼저 偶像禁止로부터 시작된다는 것이다. 이 試圖는 다음 이유에서 관심을 끈
다. 즉 이 試圖는 인도-게르만語 文法에서 취한 미래형의 叙述法과 否定的 命令法의
구별이 히브리語 "時相"의 의미를 파악하는 데 얼마나 불충분한가를 보여준다. 확인
하는 성격에 관해 : Richter, S. 77.

14) B. Gemser는 "The Importance of the Motive Clause in O.T. Law", *VTS*
I, 1953, S. 50—66에서 무엇보다도 이 類型의 요소를 "세속적인" 條文法(Kasuistik)
에 귀속시키고 있다. W. Beyerlin ("Die Paränese im Bundesbuch···", in: *Gottes
Wort und Gottes Land*, Festschrift Hertzberg, 1965, S. 19)은 이에 반대하고 있다.

15) 단언적 禁令 계열의 또 다른 특징은 10이란 數(출 34; 레 18 : 6—17; 19; 겔
18)인데 그 상징은 이미 불투명하게 되었다(Nielsen S. 13—15).

16) Gunkel, *SAT*[2] II, 2, S. XXXVf.

17) 예언서들에 관한 Luther의 말 : "그들은 전혀 무질서하게 이것 저것을 이렇게
저렇게 섞어서 이상하게 말하기 때문에 이해할 수도 공감할 수도 없게 한다"(*WA*
XIX. S. 350). — 五經이 "아주 비관적이고 이해불가능한 編輯"이라는 Goethe의 말
은 유명하다.

위해서는 훨씬 더 중요하다.　그 이유는 시간적인 거리가 구약성서 및 신약
성서의 理解를 同時代의 文獻을 이해하는 것보다 더 어렵게 한다는 것뿐 아
니라, 古代의 文獻과 말의 套가 우리 시대에서보다 더 강했다는 것이다. 그
리스도교 以前 이스라엘에서는, 그리고 초대 그리스도교에서도, ― 古代 近
東과 헬레니즘 文化 전반에서 ― 개인의 의향이 20세기의 西歐人인 우리에
게서보다 훨씬 더 制約을 받았다. 그 당시에는 삶 전체가 나면서 죽을 때까
지 습성과 관습에 의해 엄격하게 規制되었었다[18].　"그리고 지금 더 알아두
어야 할 것은 類型들이 古代民族의 文書에서 오늘의 경우보다 훨씬 더 큰 역
할을 했다는 것, 현대 文獻에서 유일한 역할을 하거나 그런 것같이 보이는
개체 文筆家의 人格이 古代文獻에서는 우리에게 일단 기이하게 보일 정도로
후퇴되어 있다는 것이다. 이 현상은 옛 文化에서의 정신생활의 특수성에 그
이유를 가지고 있다. 당시 개인들은 훨씬 더 관습에 制約되어 있었고, 현대
의 경우처럼 심하게 서로 구별되어 있지 않았다"[19]. 古代에는 이런 制約性
때문에 자유롭게 창작하고 창조하는 個性 같은 것이 결핍되었던 만큼, 다른
한편 흥미와 기분에 따라 讀書를 하는 광범위한 讀者層도 나타나지 않았었다.
그대신 확고한 傳統계열이 있었다.　이들은 직업적으로 文獻을 받아들이고
계속 전했는데, 가령 예언자들 혹은 예수의 제자들을 例로 들 수 있다.

　구약성서와 신약성서에 단지 소수의 類型標識들만 나타난다는 사실은 외견상으로

---

18) 오늘날도 近東지역 아랍인들의 일상 용어가 얼마나 강하게 樣式化되어 있는가
를 W. Thesiger 의 보고가 증명한다. 그는 1945―1950년 南部 아라비아를 유랑했는
데, 사막에서 사람을 만난 일에 관해 이렇게 기술하고 있다(*Die Brunnen der Wüste*,
1959, S. 103) : "나는 그가 다리를 저는 것을 보고 마신(Mahsin)임을 알았다.　그때
그는 소리쳤다 : 'Salam Alaikum'(무슨 일이 있어났는가). 우리는 목소리를 합하여
대답했다: 'Alaikum al-Salam'(아무 일도 없다). 그리고 나서 그들은 일렬종대로 서
서 우리에게 다가와 각기 세번 코를 ― 코로 다른 사람의 코를 오른쪽과 왼쪽에 한번
그리고 다시 오른쪽에 한번 ― 대는 인사를 나누었다. 그리고 우리 앞에 마주섰다.
탐타임 (Tamtaim)이 나에게 말했다 : '무슨 일이 있었는지 그들에게 물어보게'. 그러
나 나는 '아니, 자네가 가장 年長者이니 자네가 물어보게'라고 대꾸했다. 탐타임이
소리쳤다: '당신들은 무슨 일을 당하셨읍니까?' 마신이 대답했다 : '별일 없읍니다'.
탐타임이 다시 물었다: '누가 죽었읍니까? 누가 실종되었읍니까?'　즉각 대답이 왔
다: '아니오! 그런 말 마시오!'. 물음과 대답은 連禱의 對唱처럼 변화가 없었다.
실제로는 무슨 일이 일어났든, 그 질문과 대답은 꼭 같고 변화가 없었다. 여기서 처
음으로 만난, 이 사람들은 도적들과 싸웠을는지도 모른다.　그들은 절반의 동지들을
잃고, 그들의 시체가 아직도 매장되지 않은 채 버려져 있을 수도, 그들의 낙타들은 약
탈당하고 배고픔, 목마름 혹은 질병 등 온갖 불행을 당했을 수도 있다. 그러나 그들은
이 첫 公的인 인사에서는 '아무 일도 없다'는 말 외에 결코 다른 말을 하지 않았다."
19) Gunkel, *SAT*[2] II, 2, S. XXXV.

만 이에 모순될 뿐이다. 당시 사용되던 어떤 類型들은 아직 標識가 없었을 것이다. 古代文獻에서는 이런 樣式들 중 많은 것들이 이름도 없었던 文法形式들과 마찬가지로 반성되지도 표기되지도 않은 채 사용되었다.

성서 文獻에서 차이점들을 인식했다면, 그중에서 좁은 의미의 "종교적" 文學을 서술하는 類型들과 종교적 영역에서 비교적 거리가 먼 다른 유형들이 발견되는 것은 놀라운 일이 아니다. 식탁예법에 관련된 잠언록의 지혜격언은 死境에 이른 病者의 詩歌나 예수의 격언보다 종교성을 훨씬 적게 지니고 있는 것이 자명하다. 그 一部가 열왕기에 수록된 예루살렘 왕궁의 年鑑도 마찬가지이다. 이것은 가령 예언자들의 말보다 야웨 하나님에 대한 告白으로서는 거리가 멀다. 이 사실은 해석상 주의해야 한다. 그러나 神學者는 단지 종교적인 것으로 간주되는 유형들만을 다루어야 한다고 생각한다면, 이것은 오해일 것이다. 왜냐하면 구약 및 신약성서의 모든 文獻은, 이스라엘도 초대 그리스도교도 모든 생활표현들에서 자신이 하나님의 역사적 지배에 의해 포괄되어 있는 것으로 알고 있었다는 의미에서, 어디서나 종교와 관련되어 있기 때문이다. 신약성서는 이 관점에서 좀더 통일적이다. 신약성서는 한 民族의 歷史를 문제하지 않고 그 文獻들이 증거하는 예수 그리스도와 그의 교회역사를 문제하기 때문이다. 물론 여기에도, 가령 서신들 중에, 종교적 사상들을 전하지 않고 사사로운 通信들을 포함하고 있는 부분들(가령 딤후 4 : 9—13)이 있다.

類型을 밝혀내려고 노력하는 研究는 文獻 전체에서 특히 성서에서 個性的인 것을 輕視한다는 중대한 反論에 부딪힌다는 것을 물론 알고 있다[20]. 이런 관찰에서는 文學的인 類型의 공통성들이 지나치에 부각되며, 예언자와 使徒들의 위대한 文筆家的 個性의 특유성을 은폐하지 않는가? 이사야나 예레미야의 말(Sprüche)은 말할 것도 없고, 더 나아가서 예수의 말들(Logien)까지도, 당시 흔했던 話法에 의해 해석하면, 그것들이 실제로 파악될 수 있는가? 이 비판적인 질문은 물론 유형의 공통성에서 성서 필자의 특유성이 완전히 사라지는 것은 아니라는 점에서 옳다. 물론 이 경우에 중요한 것은 필자의 정신적 능력이다. 가령 그라스(Günter Grass)에 의해 저술된 우리 시대의 소설은 路店에 팔려고 내놓은 50원짜리 소설보다 훨씬 더 강하게 傳來的인 "소설"이란 유형을 벗어날 것이다. 이에 비교될 수 있는 차이는 성서의 필자들 중에도 있다. 옛 문서예언자들 중에서는 이사야, 복음서 기자들 중에서는 요한, 사도들 중에서는 바울이 독창성에 있어서 다른 것들

---

20) 비교. Iber, S. 325에 있는 反論들.

보다 훨씬 탁월하다.　그런데 이 경우에도 그들이 사용한 유형의 종류가 중
요한 역할을 한다. 개성적인 것이 거의 나타날 수 없는 유형들이 있는 반면
저자의 특수성이 폭 넓게 영향을 준 것이 있는데,　무엇보다도 신약성서의
書信들 혹은 예언서들에서 그렇다.　그 반대 例로는 구약성서의 지혜격언들
과 法條文들이다.　이 모든 것에 의하면 개성적 표현의 해석인가 아니면 문
학적인 유형의 해석인가 하는 兩者擇一은 잘못 제기된 물음이다.　文書작
品에 개입된 個性은 오히려 그 배경,　즉 文化와 言語의 共同體로부터 전래
된 類型이 인식된 바로 그곳에서 확실하게 밝혀질 수 있다.　그러므로 양식
사학적 硏究는　결코 개성적인 특수성을 부인하지 않는다.　물론 지난 세기
성서학에서도 유행했던 바와 같은 "창조적" 個性의 편파적인 과대평가에 대
해서는 이 특수성을 제한한다.

　성서에서 진술된 진리를 묻는　神學者는 구약 및 신약성서의 본문들이 이
렇게 결정적으로, 유형에 따라 制約되어 있다는 사실에 직면할 때 기이하게
여긴다기보다 오히려 놀랄 것이며,　類型硏究가 바른 註釋을 위한 필요불가
결한 전제라면 더욱 그럴 것이다.　그는 지금까지 예언자와 복음서기자, 사
도들에 관해서만 들었었으나 지금은 축복문과 단언적 계명에 관한 것을 알
게 되었다. 성서의 筆者들은 그들 전에 있었던 문학적 표본에 끼어들어 나타
난다.　그러나 이런 결과가 이 본문들의 진리에 有害한 것인가? 반대로 받
아들여진 유형들의 多樣性에서 교리들의 생기없는 획일성에 한정되어 있지
않은 성서의 어떤 幅이 드러나지 않는가? 여기에서 神的인 말이 인간적
인 言語를 얼마나 깊이 승인하고 받아들이면서(받아들일 때 敷衍되고 改作
되면서) 자기 것으로 만들었는가가 밝혀지지 않는가? 神學이 "靈感"이라
고 부르는 것은 — 바로 이해될 때 — 성서 필자들의 개인적인 "깨달음" 뿐
아니라 특수한 성서적 진술들을 처음으로 가능하게 한 저 類型들의 成立과
전개의 포괄적인 言語史的 현상에도 관련된 것이다. 성서를 하나님의 말씀
이라고 하는 — 수세기 이래 化石化의 위협을 받고 있는 — 교리는 바로 양
식사학적 숙고에 의해 다시 피와 생명을 얻을 수 있다[21].

---

21) 인식의 객관성을 위하여 치열하게 싸운 문제성을 위한 歸結들을 Zimmerli는
이렇게 示唆한다: "인간이 그의 진술에서 말하는 것은 결코 내용적인 것만이 아니고
언제나 그의 상황과 문제제기에 관한 것도 포함해서 말한다는 인식과 말하고 표현하는
主體에 의해 규정되지 않은 '객관적' 진술들이 어디엔가 있다는 가정의 문제성은 여기
(Gunkel)서 분명히 나타나지 않는다"(*Das Alte Testament als Anrede*, 1956, S. 11).

E. 일반 문예학에서의 類型 問題

I. Behrens, *Die Lehre von der Einteilung der Dichtkunst vornehmlich vom 16. —19. Jahrhundert. Studien zur Geschichte der poetischen Gattungen*, Beih. z. Zeitschrift f. roman. Philologie 92, 1940. — 성서학 밖에서의 "양식사학적" 숙고에 대한 감명깊은 試圖는 A. Jolles, *Einfache Formen*, ²1956에서 볼 수 있다. R. Petsch, "Die Lehre von den 'einfachen Formen'", *DVfLG* X, 1932, S. 335ff.도 이에 비교하라. — 국제 역사학회 제3차 총회 개회를 위한 P. van Tieghem의 論文("La question des genres littéraires", *Helicon* I, 1938, S. 95—101)도 크게 도움을 준다.

文學의 類型(라틴어 : *genus*, 그리스어 : εἶδος 혹은 χαρακτήρ)에 관한 논의는 古代文學에까지 소급된다. 詩文學((Poetik)에서 아리스토텔레스 직후 그리스 文法學者들은 詩句의 數에 의해 類型들을 구별하고 叙事詩(ἔπος)와 다른 글들에서 悲劇들을 구별해내기 시작했다. 古代 修辭學에서도 비슷한 일이 일어났다[22]. 19세기에 들어오기까지 사람들은 文藝學(Literaturwissenschaft)에서 類型들에 관하여 말하고 썼으나 이 경우에는 유형들을 엄격히 詩文學 영역에 국한시켰다. 散文的인 것은 詩文學 (Dichtung)에 해당되지 않았고, 그 때문에 유형으로 구별되어 파악되지도 않았다. 쉴러(Schiller)에게서도 아직 小說作家는 詩人의 "異腹兄弟"에 불과했다. 낭만주의에 와서 비로소 근본적인 변화를 일으켰다. 낭만주의는 小說과 같은 의도적으로 만든 散文뿐 아니라 民譚과 童話같은 民俗文學의 産物들도 類型研究의 대상으로 삼았다. 그러나 여기서도 類型概念은 詩文學 영역에 한정되어 있었고, 단지 이 영역이 현저하게 확대된 것에 불과했다.

古代 哲學이 그리스도교 敎義學 형성에 영향을 준 바와 같이 헬레니즘적 문학관찰 방법은 여러 세기에 걸쳐 註釋學에 영향을 끼쳤다. 그러므로 유형 개념이 성서해석에 자주 나타나는 것 — 말하자면 성서문헌들이 "詩文"으로 지칭되는 곳에서 — 을 이상하게 여길 필요는 없다. 가령 베다(Beda Venerabils 수도사 : 735년 死)는 세 類型에 관해 알고 있다: 버질(Vergil)의 選詩(Ekloge, ἐκλογή)와 아가서에서 파악되는 戲曲的인 것과 루크레츠(Lukrez) 혹은 솔로몬의 지혜서에 나오는 叙事體의 것, 그리고 끝으로 전도서와 시편에서 볼 수 있는 혼합유형(*genus micton*)인데, 이것은 복된 욥의 이야기(*historia beati Job*)[23]와 호머에 의해 대표되는 것이다. 루터는 "욥기를 테렌츠(Terenz)의 戲劇과 같은 순수한 戲曲으로 보는 데 서슴지 않았다[24]. 역사적

---

22) Cicero: "···가령 비극시, 희극시, 서사시, 서정시, 그리고 열광시도 마찬가지로 모두 그 나름으로 詩文에 속하나 그외의 책과는 구별된다"(Behrens, S. 19에서 重引).
23) Behrens, S. 36f.
24) H. Bornkamm, *Luther und das Alte Testament*, 1948, S. 30.

문헌 해석이 등장한 후에도 히브리어 詩의 유형들을 탐구하는 사람들이 여전히 끊기지 않았는데, 가령 아이히호른(J. G. Eichhorn)[25]과 같은 사람이다. 헤르더(Herder)의 영향으로 구약성서에서 民俗詩들을 찾는 일까지도 생겼다. 1830년대에 비로소 이러한 문학적 고찰들은 註釋學的인 文獻에서 사라졌는데, 이때의 주석학적 硏究는 실증주의적 歷史主義에 매혹되어 단지 "史料들" 즉 이스라엘 역사를 위한 史料들 혹은 예수의 생애를 위한 史料들을 발굴하려는 데서 끝났다. 이에 대하여 시편과 같은 詩歌書는 후퇴하였다[26].

삭막한 수십년이 지난 후에 궁켈이 비로소 註釋學에서 類型概念의 眞價를 다시 찾았으며, 이번에는 낭만주의로 蔓延된 영역에서 그렇게 하였기 때문에 유형들에 대한 물음을 說話的인, 散文的인 부분에 관련시키는 것도 자명하게 되었다. 그를 통해 입증된 것은 유형에 대한 고려가 확실한 근거를 가진 주석학적 진술을 위하여 불가결하다는 것이었다. 동시에 그가 이루어 놓은 것은 유형에 관한 연구를 古代-中世的인 書誌學(Literaturkunde)의 사슬로부터 풀어 놓은 일이었다. 구약 및 신약성서에서 발견되는 유형들이 어떤 것인가는 일반적인 文藝學적 숙고에 의해, 즉 이른바 敍事詩(Epos), 頌詩(Ode), 悲歌(Elegie) 같이 자명하게 된 樣式들에 의해 규정되지 않고 오직 성서적 樣式言語에 근거한 관찰에 의해서만[27] 규정된다. 그러나 무엇보다도 궁켈은 — 거의 의식하지 못한 채 — 그때까지 유형개념을 詩文學 — 그것이 개인적인 詩이든 民族詩이든 — 의 樣式에 한정시켰던 저 장벽을 허물어뜨렸다. 궁켈은 法條文들도, 司祭에 의한 平民敎育文과 족보도 양식사학적 연구 영역에 끌어들였다. 그에게 자명했던 것은 구약 및 신약성서의 모든 부분이 유형에 따라 조직되어 있으며, 인간은 언제나 자신의 意思를 — 文書的이든 口傳的이든 — 확정된 樣式들로 표현한다는 것이다. 그러므로 결국은 단순히 文藝樣式들만 문제되는 것이 아니다. 詩人이 의도적으로 형성한 것은 오히려 유형의 모방형이다. 원래 유형들은 모든 언어적인 표현들이 — 이해되려면 — 반드시 취해야 하는 樣式들이다[28]. 궁켈은 이렇게 詩文學의 審美的 영역을 벗어남으로, 오늘도 계속 문학에서 자명한 것으로 남아 있는 장벽을 헐었다. 궁켈의 후계자들이 그를 추종하는 데 이 점에서 일치했기 때문에, 오늘날 대부분의 양식사학자들은 얼마나 심하게 유형개념이 원래 詩文學에 한정되어

---

25) *Einleitung ins Alte Testament* I, 1780, S. 13. 비교. J. M. Schmidt, "Karl Friedrich Stäudlin — ein Wegbereiter der formgeschichtlichen Erforschung des A.T.", *EvTh* 27, 1967, S. 200—218.

26) 둠(B. Duhm)과 같은 훌륭한 문헌비판가에게서 시편이 유례없이 格下된 것을 생각해 보라.

27) 모든 결정적인 神學的 轉換처럼 궁켈의 연구계획도, 그가 자주 강조한 바와 같이, 선구자 없이 생긴 것은 아니다. 가령 *GuB*, S. 8 혹은 *KdG*, S. 99. 그러나 실제로 유일한 선구자는 마이어(E. Meier, *Geschichte der poetischen National-Literatur der Hebräer*, 1856)이다. 그는 뒤늦게야 궁켈에게 알려졌다.

28) 궁켈은 그의 초기 문헌들 중에서 문제되는 것은 오직 "말을 통한 文藝作品의

있었는가를 알지 못한다[29].

물론 궁켈이 죽은 후에도 文藝學은 계속 발전되었다. 특히 욜레스(Jolles)는 단순한 樣式들 즉 傳說(Legende), 民譚(Sage), 神話(Mythe), 수수께끼(Rätsel), 格言(Spruch), 實例(Kasus), 日誌(Memorabile), 童話(Märchen), 才談(Witz)에 관한 그의 책에서 이 유형들의 특성을 형태학적으로 찾아내려고 했다. 이 책은 구약성서의 樣式史學을 여러 관점에서 결실을 맺게 하여 주었다. (가령 G. von Rad 혹은 H. W Wolff). 욜레스는 文藝文의 類型을 한걸음 넘어서 문헌학에도 적용했다. 펫취(Petsch)에게서도 마찬가지이다: "잘 알려진 우리의 '詩文 類型들'은 이러한 言語形態(단순한 樣式들)의 후기, 복잡해진, 고도로 손질된(대개 일방적으로 만들어진) 특수형 및 개조형들이다"[30]. 티겜(van Tieghem)은 "類型論"(Genologie) 까지도 文藝學의 分科로서 요구하고 있다. 물론 제2차 세계대전 이후에는 반대 경향도 현저하게 나타났다. 현상학적 哲學의 영향으로 사람들은 아직도 순수한, 結晶된 言語-藝術作品만을 구하고, 유형개념을 — 아뭏든 — 오직 詩文學의 (이른바) 3 기본 樣式들, 즉 抒情詩(Lyrik), 叙事詩(Epik), 戱曲(Dramatik)에만 이용한다. 이런 언어적 표현들의 樣式的인 특징들과 構成, 짜임새에 대한 물음은 대상을 잃고, 그 대신 내적인 情緖가 문제된다[31]. 양식사학적인 문제들을 위해서는 일견 英語系의 文藝學이 더 개방적인 것같이 보인다[32].

F. 文體批判學

修辭들과 美辭麗句들은 헬레니즘時代 이래 詩的 修辭學的 類型과 결부되어 있었다. 현대 文體批判學은 오늘날도 이것을 토대로 구축되어 있다[33]. 聖書註釋學에서도 옛부터 이런 修辭들에 유의해 왔고 頭韻法(Alliteration, Stabreim)이 사용된 귀절들

創作 (*KdG*, S. 55)이라고 가끔 말하고 있다. 그러나 이것은 아마 시대의식, 오히려 자신의 美學的인 기분에 대한 認容일 것이다. 실제로 궁켈은 여기서 인용된 그의 작품에서 狹義의 詩學 영역을 훨씬 넘어서고 있다. 그의 제자들 중 新約聖書學徒들에게는 자명한 것이다. "그러므로 우리는 복음서들을 이미 詩學적인 혹은 哲學적인 文獻으로 다루지 않는다"(M. Dibelius, *Botschaft und Geschichte* Ⅰ, S. 83).

29) 궁켈은 古代 近東 문헌과 에짚트 문헌 연구에도 영향을 끼쳤다. 참조. v. Soden *ZDMG* 89, 1935, S. 146 : "바벨론 文學史는 본질상 類型史임에 틀림 없다"; H. Brunner, *Grundzüge einer Geschichte der altägyptischen Literatur*, 1966, S. 8.

30) S. 336.

31) E. Staiger, *Grundbegriffe der Poetik*, ⁶1963, 특히 S. 8—10, 219f.

32) 참조. Cambridge History of English Literature에서의 카이저의 인용문(W. Kayser, *Das sprachliche Kunstwerk*, ¹1948, ¹⁰1964, S. 16 : 문헌학은 "科學과 哲學의 문헌 그리고 政治學과 經濟學의 문헌···신문, 잡지, ···가정의 書信들과 거리의 노래들, 여행기와 운동경기의 기록들"을 포함한다.

33) 참조. W. Kayser, 동상, S. 100—155.

을 찾아 냈다[34]. 기교적인 반복법을 밝혀내기도 했다[35]. 특히 구약성서에서 낱말의 音調가 의미상의 차이를 가져오는 言語遊戲의 방법을 연구했다. 이와 함께 다른 많은 방법들, 가령 간접긍정법(Litotes: 二重否定에 의한 肯定的 진술)과 隱喻(Metapher: 말들과 표현들의 轉用法)[36] 등이 있다. 쾨니히(E. König)는 我田引水格이고 非歷史的이긴 하지만 풍부한 資料를 수집한 그의 작품(*Stilistik, Rhetorik, Poesie*, 1900)에 전통적인 文體論의 修辭語들을 종합해 놓았다[37]. 현대에 와서는 인도게르만語에 의해 형성된 저 文體論의 圖式을 넘어서는 硏究들도 없지 않다. 사람들은 셈어의 특유성들을 찾기 시작했다[38].

이런 文體論은 類型硏究와 어떤 관계를 가지는가? 문제론적으로 관찰하는 재래적인 方法에 대하여 우선 한계가 섭정되어야 할 것이다. 즉 그외 같은 修辭語들은 같은 양식으로 신구약성서에 散在해 있는 것이 아니고 그것들이 나타나는 곳이면 어디서나 같은 비중을 지니고 있는 것도 아니다. 그러므로 무차별한 취급은 적당하지 않다. 예언자의 격언에 나타나는 言語의 遊戲, 가령 예언자가 "나는 쇠케드(שָׁקֵד, 杜松나무, *개역 : '살구나무 가지')를 보나이다"고 했을 때 하나님의 음성이 "나는 내 말을 지키는 쇠카드(שֹׁקֵד, 파수꾼)이다"라고 대답한 예레미야의 나무환상(1 : 11 이하)은 페리토메(περιτομή, 할례)를 받는 사람들에 대하여 카타토메(κατατομή, 잘게 짜르는 것)라고 말한 使徒의 조소적인 言語遊戲(빌 3 : 2)[39]보다 더 무리한 다른 性格을 지니고 있다. 그러므로 文體批判學的 관찰은 類型의 관찰을 도외시할 수 없다. 만약 유형관찰을 되외시하면 문체비판학적 관찰은 곧 무너질 것이다. 類型硏究는 물론 그 나름으로 예언적인 單一文들 같은 그때 그때의 文學的 樣式 혹은 전체 類型群들을 위하여 특유한 言語選擇, 표현방식들과 文章構成들을 연구하는 데 큰 관심을 가진다[40].

---

34) O. S. Rankin, "Alliteration in Hebrew Poetry", *JTS* 31, 1930, S. 285—331.

35) J. Muilenburg, "A Study in Hebrew Rhetoric", *VTS* I, 1953, S. 97—111. — H. A. Brongers, *Merismus, Synekdoche und Hendiadys in der Bibel — Hebräischen Sprache, Oudtestamentische Studien* XIV, 1965, S. 100—114.

36) 이에 관해서 : M. Weiss, *ThZ* 23, 1967, S. 1—25.

37) 현대 문체비판학에서 중요한 "체험된 말"(Erlebte Rede)을 M. Weiss("Einiges über die Bauformen des Erzählens in der Bibel", *VT* XIII, 1063, S. 450—475)는 구약성서에서 지적해냈다. 구약성서 설화자들이 이 文體法을 "아주 의도적으로"(S. 469) 사용했는지를 나는 의심한다.

38) W. M. W. Roth, "The Numerical Sequence X/X+1 in the O.T." *VT* XII, 1962, S. 300—311.

39) H. v. Campenhausen, "Ein Witz des Apostels Paulus", in: *Neutestamentliche Studien für R. Bultmann*, BZNW 21, 1954, S. 189f. 바울도 言語遊戲를 언제나 조롱적인 것으로 느끼고 機智에 예속시키는 현대적 감각에서 멀리 있는 것이 확실하다. 참조. F. H. Mautner, "Das Wortspiel und seine Bedeutung", *DVfLG* IX, 1931, S. 679—710. 비교. v. Rad, *Theologie* II [4], S. 92f.

40) Alonso-Schökel, "Die stilistische Analyse bei den Propheten", *VTS* VII, 1960, S. 154—164.

전통적인 文體論에 연결된 자료의 대부분이 樣式史學을 위하여 매우 중요한 것은, 정확히 검토하면 이겻에서 유형의 특징들을 찾아낼 수 있기 때문이다. 즉 類型體(Gattungsstil)라는 것이 있다.　그러나 유형의 修辭語들을 다루는 類의 연구는 文體와 文體論이라는 개념에 의해 제약되지 않는 것이 바람직 하다[41].

반면 다소간에 유형에 예속되지 않고 文筆家 개인에게 속하는 언어의 표현방식들과 構成들이 있다. 성서의 문헌들 중에도 개인體(Peronalstil)가 있음은 확실하다. 이사야와 바울 같은 言語驅使에 능한 저술가들은 물론 다른 많은 文筆家들에게서도 그것은 뚜렷하다. 유형의 규정이 선행된다면 이 개인體에 대한 연구는 유익한 과제가 될 것이다[42].

현대 文藝學에서는 개인體의 일방적인 浮刻에서 후퇴하여, 文體批判學의 본래적인 과제로서 작품文體의 해석을 지향하고 있다. 문예작품은 결국 작가의 개성에서 벗어나 독립된 언어 형태로 이해되어야 한다는 것인데, 이 경우에는 모든 文體의 특성들이 그 근저에 들어 있는 내적 태도를 추론하게 한다[43]. 이런 類의 文體批判學은 물론 성서문헌(과 古代 近東文獻 一般)을 대할 때 한계에 부딪힌다. 문예작품이 전제하고 있는, 독립된 개성이 여기서는 어디서도 발견되지 않기 때문이다. 성서의 어떤 부분들에 대한 文體論的 硏究들이 가능하고 유익한 것은 더 말할 나위도 없으나[44], 獨文學者들이 생각하는 것같이 그렇게 높은 문체비판학적 목표에 도달하지는 못할 것이다.

"文體"를 엄격히 역사적으로 시대의 文體로 이해하려는 사람들도 있다. 이것은 藝術學에서 볼 수 있다. 時代의 文體(Epochenstil)[45]를 찾는 일도 포로 이전과 이후의 이스라엘, 팔레스틴과 헬레니즘 초대교회를 감안할 때 확실히 의미심장한 것이다. 그러나 이를 위해서 준비작업이 필요하다. 그러나 이 작업의 완성은 고사하고 그 시작도 우리에게는 아직 멀다. 이에 관해서는 아래 文學史에 관한 항목에서 다시 한번 언급할 것이다.

---

41) 文體에서 단지 "···구성적으로 유형에 속하는, 講演類(Vortragsart)···" 만을 이해 한다면 그것은 잘못이다(Dibelius, *Formgeschichte*, S. 7; K. L. Schmidt, in: *RGG*² Ⅱ, S. 639에서 볼 수 있다).

42) 대표적인 겻 : L. Koehler, *Deuterojesaja* (Jes. 40—55): *stilkritisch untersucht*, BZAW 37, 1923.

43) E. Staiger 와 W. Kayser 의 경우 그렇다.

44) G. Gerleman, "The Song of Deborah in the Light of Stylistics", *VT* Ⅰ, 1951, S. 168—180. — L. Alonso-Schökel, "Erzählkunst im Buche der Richter", *B* 42, 1961, S. 143—172.

45) P. Böckmann 은 이 시도를 "樣式史學"이라고 부른다: *Formgeschichte der deutschen Dichtung*, 1949.

G. 類型規定 : 本文構造와 그 區劃

聖書 本文에서 類型을 規定하려면 우선 完結된 文學的 單一文에서 그 중 요한 序頭와 結語를 찾아냄으로 그것을 區劃하는 것이 필요하다. 그런 연후에야 그 構造, 즉 文章論的(syntaktisch) 語幹論的(lexikalisch) 특수성에 의거한 導入 및 終結의 分類(主導的인 낱말들과 文章樣式 등의 反復)를 규정할 수 있다. 그렇게 될 때 비로소 주어진 텍스트를 넘어서 제3의 단계로 갈 수 있고, 本文構造의 비교 할 수 있는 模範型들을, 우선 同時代의 文學을 共時的(synchron)으로, 다음에는 初期의 作品과 後期의 作品들을 時差的(diachron)으로 추구할 수 있다. 同一한 構造가 여러 방향에서 例證될 수 있을 때에만 하나의 類型이 浮刻될 수 있다(참조. 위의 축복문과 십계명)46).

類型規定에서 (그리스 혹은 히브리 原文에 대한) 外形的인 관찰들이 언제나 내용적인 熟考보다 先行되어야 한다. 다른 한편 어떤 언어적인 單一體도 外形的인 관찰만으로는 그 類型이 規定될 수 없다47).

---

46) Tucker, S. 11.

47) W. Richter(*Exegese als Literaturwissenschaft*, 1971)는 달리 생각 한다. 이에 관해서는 아래 附錄을 참조하라. ― 詩的인 本文構造를 위한 표준들에 대해서는 §8 을 참조하라.

§2. 類型史

A. 축복문의 변천

비교. §1 B — A. George, "La 'Forme' des Béatitudes jusqu'à Jésus" in: *Mélanges bibliques⋯A. Robert*, o.J.(1958), S.398—403.

저 광고편지에 다시 돌아가 보면, 관찰자는 그것이 현대에는 통용되지만, 결코 어느 시대에나 어떤 言語들에나 통용되는 類型은 아님을 알게 된다. 이것은 쉽게 설명되지만, 그것이 전제하는 것은 출판물의 대량 운송력뿐 아니라 극도로 확대된 우리 세기의 經營構造이다. 이 類型은 100년 이상의 역사를 가지고 있지는 않다. 이것은 이 시대에 와서 변화를 가져왔다. 선전문은 점점 더 강하게 심리학적 지식들에 적응해 왔다. 그러나 이미 수백년 이래 익숙해진 유형들도 오늘에 와서는 이미 전과 같은 형태를 볼 수 없다. 누구나 아는 바와 같이 이처럼 현대 戲曲은 괴테와 쉴러 시대의 것과 더우기 古代 그리스에서 悲劇이나 喜劇으로 저술되고 公演되었던 것과 구별된다. 이 두 例에서 곧 발견되는 것은 오랜 세월을 변하지 않고 영향을 주는 문학 樣式은 하나도 없다는 것이다. 기원전 8세기의 예언자가 말하는 것과 기원전 6세기의 예언자가 말하는 것이 다르고, 구약성서의 묵시문학이 신약성서의 그것과는 다른 특징들을 가진다면, 그것은 筆者들의 특유성뿐 아니라 유형의 변화에 훨씬 더 의존한 것이다. 유형들과 유형군(說話들, 詩歌들)은 결국 "어떤 내재적인, 그러나 著述하는 개인들에게만 예속되지 않은 法則에 의해" 변천한다(Dibelius). 이리하여 유형관찰은 필연적으로 類型史에 이르게 된다.

신약성서 축복문들의 극히 단순한 樣式까지도 분명히 인식할 수 있는 그것들의 흔적을 역사 안에 가지고 있다. 우선 분명한 것은 이 유형이 오늘날은 사라져 버렸다는 사실이다. 성서인용을 제외하고는 이런 문장들을 사용할 사람은 우리 중에 아무도 없다. 이 문장들은 예수 前시대 이스라엘에서는 例證을 찾을 수 있다. 그러나 축복문(Makarismos)은 구약성서의 초기층에는 없고, 더 나아가 古代 近東文化圈에는 생소하다[1]. 이것들이 이스라

---

1) 축복문들은 최근 에집트에서 입증되었다 : J. Dupont, *B* 47, 1966, S.185—222. 여기서 축복문들은 祭儀言語에 속하고, 神의 道를 지키며 사는 자를 찬양하고 있다. 구약성서에 있는 축복문들의 60%가 시편에 수록되어 있기 때문에 이스라엘에서도 祭儀的 用法이 원래적인 것이 아닌지(또는 지혜적인 것이 원래적인 것인지)를 물어야 할 것이다.

엘 世界에서 형성되었을 때, 처음에는 개체 문장들로 나타나고 계열들로서는
나타나지 않는다. 이것들은 지혜의 규율에 따라 살아가는 삶을 分詞節 혹은
關係文으로 찬양하고 있다.　따라서 지혜문학의 영향을 받은 시편들에서는
항상 야웨를 의지하는 태도를 칭찬하고 있다 : "그를 의지하는 자는 모두
복이 있도다"(시 2 : 12; 34 : 9; 비교. 84 : 6; 사 30 : 18)라는 확고한 표현이
되었다. 더우기 이 용법은 신약성서 시대에까지 이르도록 사용되었다(눅 1:
45; 요 20 : 29). 축복문은 賢者들 사이에서 인사말로도 흔히 이용되었다
(시 127; 128; 133)[2]. 후기 이스라엘 시대에 축복문들이 새로운 성황을 이
루었을때 좀더 확대되고 축복문-계열이 생겼으며, 묵시문학에서는 " · · ·
자는 복이 있도다"라는 宣言에 명백한 이유설명이 뒤따르게 되었다(Tob.
13 : 14; 1.Hen. 58 : 2; 99 : 10; 2.Hen. 42 : 11). 이때는 축복-선언(Selig-
Rufe)에 그와 반대되는 저주-선언(Wehe-Rufe)이 대립되어 나타났다(2.
Hen. 52; 비교. 1.Hen. 103 : 5; 2.Bar. 10 : 6—7)[3]. 그런데 여기서 문제
되는 것은 이미 일반적인 하나님 信賴가 아니라 이 세계의 종말에 대한 신
앙적인 대망, 즉 종말론적인 희망이다.

　공관복음서와 요한계시록에서 지배적인 것은 이렇게 확대된 축복문이다.
여하간 예수와 그 同時代人들이 말한 종말론적인 축복문들에는 거의 언제나
이유설명이 따르고, 때로는 강조를 위한 "진실로 · · ·, 이는 · · ·"이란 말
로 시작되고 있다(마 13 : 16—17; 16 : 17; 24 : 46—47; 눅 1 : 45; 12 : 37, 43;
14 : 14 등). 저주-선언과 댓귀를 이룬 형태는 누가복음서 6장 20절 이하에
(6 : 5 D에도) 이용되었고, 14개의 저주문이 7개의 축복문에 대립되어 있는
요한계시록의 合成文에서도 마찬가지이다(또 Didache 1 : 5). 그러므로 후기
이스라엘 묵시문학의 용법이 초대 그리스도교적 축복문에서 계속된 것이다.
이 사실은 樣式上으로만 중요한 것이 아니다. 오히려 예수와 그의 후계자들
이, 종말적인 歷史를 밝히고 그로부터 그 同時代人들을 확고한 兩者擇一 앞
에 세우는 통찰력있는 묵시문학적 경향을 채용한 것이다.　물론 종말론적
축복문의 類型이 그리스도교적 영역에서 오랫동안 사용되지는 않았다. 헬레
니즘적 초대 그리스도교에서는 기반을 닦지 못했던 것같이 보인다[4]. 그러
므로 마태복음서 5장에 수록된 축복문들의 成立時期는 유형사적인 검토에

---

　2) H. Schmidt, *HAT*, 해당귀절과 *ThSK* 103, 1931, S.145ff.

　3) 구약성서 중에도 이유설명이 있다 : 잠 3 : 13f.(二次的); 8 : 34f.(시 127 : 5f.?);
비교. 70人譯 창 30 : 13; 사 31 : 9; Sir. 28 : 19f.; 48 : 11. 축복문에 반대되는 형태
로서의 저주선언은 전혀 알려져 있지 않다(70人譯 전 10 : 16은 예외).

　4) Brun, 同上, S.44.

의해 놀라울 정도로 분명하게 파악될 수 있다.

공관복음서의 축복문들은 종말론적 희망이 역설적임을 여러번 강조한다는 점에서 묵시문학적 先行型들을 능가하고 있다. 세계완성은 모든 상황의 완전한 顚倒를 초래한다는 것이다 : 지금 가난한 자는 그때 富할 것이고, 여기서 주린 자(義에 대하여)는 그곳에서 배부르게 될 것이다(이것은 복음서들에서뿐 아니라 벧전 3 : 14; 4 : 14; 계 14 : 13의 격언들에서도 그렇다). 복음서들 중에서 가끔(마 16 : 17; 눅 6 : 20 이하), 그리고 위에 인용된 축복문들의 제 2 부에 들어있는 바, 직접적인 호칭도 새로운 것이다. 구약성서의 축복문들 중에는 호칭의 표현이 修辭的일 뿐이다. 즉, 결코 직접 청중을 부르는 일이 없고, 설사 2인칭으로 나타날 경우에도 그렇지 않다[5].

유형사적인 관찰은, 분명히 구약성서의 용법과는 무관하게 생겨난 비슷한 類型이 古代 그리스 지역에 있었다는 놀라운 결과에 도달했다. 일상적인 염려와 수고에서 초연한 자가 弔詞와 勝戰歌, 秘義宗教儀式에서 축복을 받는다[6] ($\mu\acute{a}\kappa\alpha\rho$, $\H{o}\lambda\beta\iota o\varsigma$, $\epsilon\dot{v}\delta\alpha\acute{\iota}\mu\omega\nu$). "수세기를 통해 詩文과 散文에 자주 나타나는 축복문들은 내용상 고통과 고난들, 그리스적 所願과 理想들을 반영시켜 준다"[7]. 그리스인은 한 인간, 그러나 또 한 神의 행복한 상태를 승인할 수 있게 되는 바, 그 선언을 흔히 상승시킨다 : "세배의···복이 있도다". 이것은 구약성서 영역에서는 불가능한 漸層法이다. 그리스적 축복문에는 이유설명도 없는 것같이 보이므로 공관복음서의 축복문들은 구약성서적 모범형이 개작된 것이지 그리스적인 것에 의해 영향을 받은 것 같지는 않다. 이와 반대로 하나님 자신이 복되다고 찬양되는 곳(딤전 6 : 15)에서는 헬라적 축복문이 신약성서 본문들을 채색했음이 분명하다. 그 영향은 續使徒 교부들에게서 더 강하다[8]. — 그러므로 마태복음서 5장의 말들은 축복문 類型의 成立과 消滅의 言語史的 과정 한가운데에 그 자리를 차지하고 있는 것이다. 그 광범위한 테두리에서 이 말들은 주석되어야 한다.

---

5) 신 33 : 29; 사 32 : 20; 시 128 : 3(비교. 2절); 전 10 : 17.

6) *ThW* Ⅳ, S. 366f.; E. Norden, *Agnostos Theos*, 1913, S. 100f.

7) *ThW* Ⅳ, S. 366, 30—32行.

8) Brun, S. 46f. — 그리스의 例들에서는 對稱樣式(Anredeform)이 더 자주 나온다. 여기의 이것이 공관복음서 해당 귀절들에 침투되었는가? 눅 1 : 45의 축복문에서 3인칭으로 옮아가는 뚜렷한 과정을 옛 셈어의 전승단편에 비교하라(Dupont, *Les Béatitudes*, ²1958, S. 277).

B. 斷言的 禁令계열의 변천

마태복음서 5장의 축복문들의 역사적 위치가 후기 이스라엘의 묵시문학과
헬레니즘적 초대 그리스도교 사이에 있음이 類型史를 통하여 인상적으로 확
인되는 한편,   이러한 숙고의 유익성은 위에 인용된 십계명을 위하여 한층
더 중요하다.   양식사학적 註釋이 등장하기 전에는,   이 중요한 禁令계열을
어느 정도만이라도 역사적으로 확실하게 정리하는 것이 불가능했다. 時期決
定은 학자의 개인적인 판단에 따라 모세 이전 시대로부터 포로 이후 시대에
이르기까지 매우 유동적이다.   類型史는 이 時期決定을 위해 도움을 준다.
斷言的 금령계열들은 이미 초기 구약성서 작품들, 즉 야웨文書(J, 900년경)와
言約의   책에 나타난다(출 22 : 17,20 이하; 23 : 1이하; 34). 그러므로 이런
금령계열들은 王國 前 시대에까지(1,000년 이전) 소급된다. 이에 반해 이것
들의 時期를 팔레스틴 占領 이전 시대, 가령 모세에게 소급시키기는 어렵다.
그 까닭은 첫째로 그후의 이스라엘인들이 이미 사막에서 히브리語로 말했다
는 것은 있을 법하지 않기 때문이다. 이에 반해 금령계열들은 철두 철미 히브
리語 類型에 속한다. 둘째로 이 계열의 가장 옛 것들은 農耕地의 농민의 상
황을 전제하고 있다(출 22 : 20,24,28; 34 : 25). ― 그러면 이 類型의 변천
의 결과는 어떠한가? 후기 왕국시대에는 '너는···하지 말라'는 條文들이
신명기에서 포괄적인 律法群들에 삽입되고 그 고유한 생명을 상실했으며(신
12 : 4―5, 8―9, 17―18; 14 : 3 이하 등), 複數形으로 된 호칭들이 나타난
다(신 1 : 17 등). 포로 이후 시대에는, 우리가 아는 한, 이미 이러한 계열
들은 생기지 않았다. ― 설명문들이 많이 붙어 있으나 단언적으로 否定하는
미완료형(Imperfekt)이 주로 사용됨으로 더욱 분명하게 분류된 典型的 십
계명은 후기 단계에 가까움이 분명하다.   내용상으로도 이것은 철저하게 반
성된 것임을 보여준다.   이 10條文은 종교적 大祝祭 모임 이외의 일상생활
全般을 규제하려는 경향이 농후하다. 그 포괄적인 경향을 통하여 이것은 단
지 특정한 생활영역만을 관장하는 다른 단언적 계열들과 대조를 이룬다. 따
라서 10個條로 된 십계명은 類型史의 始初에 속하는 것이 아니고, 그러므로
왕국 이전 시대로 소급시킬 수 없다. 그렇다고 유형사의 마지막에 속한다고
할 수도 없으므로, 포로기 이후에 비로소 생겨났다고 할 수도 거의 없다[9].

---

9) 십계명이 모세에게서 유래한 것이 아니라는 말을 처음 들은 神學徒는 충격을 받
는 것이 보통이다. 이로써 성서의 진리가 흔들리지 않는가? 그러나 이 진리는 독자

아마 10禁令의 개체 條文이 더 옛 것이 아닐까? 즉, 단언적 금령계열 類型과 함께 단 한 條文으로 되어있는 단언적 禁令語套들이 있다. 言約 책에서 단 한 條目으로 된 禁令을 볼 수 있다 :

"너는 巫女를 살려두지 말라."(출 22 : 18)[10]

비슷하게 古風을 풍기는 禁令語套들이 다른 율법집들 중에 있다(가령 레 6 : 6 P; 신 14 : 3 D). 금령계열들과 금령어투들은 대개 동일한 類型으로 간주된다. 그러나 정확한 유형연구는 兩者를 구별해야 한다. 이것은 이런 語套들로부터 나온 금령계열의 유형이 한때 특정한 목적을 위하여 成立되었음을 배제하지 않는다. 그렇다면 축복문의 경우에서와 같이 그 계열의 엄격한 一律性은 "오랜 발전과 가꿈의 결과"[11]일 것이다.

典型的 십계명에서 禁令群은 안식일과 부모에 관한 계명의 적극적 표현들, 즉 誡命들(Geboten)에 의해 중단되었다. 이것은 통상적인 命令文이 아니라, 더 엄격한 절대적 不定法(혹은 후속 미완료형과 함께)으로 되어 있다. 이것도 흔하게 散在해 있던 樣式에 일치하는 바, 특히 祭儀的 계명들 중에서, 가령 출애굽기 13 : 2에서 볼 수 있다 :

"모든 첫 所産은 내게 바치라 ! "[12]

이런 語套들은 시간이 흐름에 따라 적극적인 結語로서 단언적 禁令群들에 첨가되었다(레 19 : 9—10, 35—36; 신 25 : 13—15; 겔 18 : 8—9, 17). 이로부터 제기되는 문제는 인습적으로 십계명의 "첫 서판"이라고 표시되는 것, 즉 하나님에 대한 관계를 바로잡는 禁令들이 확정적인, 적극적인 부모에 관한 계명과 함께 보다 옛 단계이고, 인간 상호관계를 위한 禁令들은 후에 비로소 추가된 것이 아닌가 하는 것이다(참조. §4). 그러므로 십계명은 이스라엘에서 언제나 통용되는 類型의 개체 부분이 아니라 — 축복문과 같이 — 言語의 활동에 속하는 것이다. 이 두 例에서와 같이 신구약성서 어디서나

가 그것의 점차적인 言語史的 成立을 파악할 때 비로소 하나님의 말이며 동시에 인간의 말로 옳게 이해된다. 이때 비로소 그 줄기가 현재에로 확실하게 이어질 수 있다. 참조. §9.

10) 이귀절과 다른 개체 계명들(20 : 27)로부터 한 옛 誡命群을 구성해 내는 것(Alt가 그렇게 했는데)은 너무 가설적이다.

11) S. Mowinckel, "Zur Geschichte der Dekaloge", ZAW NF 14, 1937, S. 218—235.

12) 변화된 것 : 민 3 : 13(자기소개와 함께); 출 22 : 29; 34 : 19.

볼 수 있는 것은 本文들이 확고한 유형에 속한다는 것뿐 아니라 동시에　**類型史** 중 어떤 특정한 단계에 속한다는 것이다.

　예언자들의 神託 혹은 케리그마적인 語套들,　구약성서의 歷史書 혹은 신약성서의 書信들이 문제이든, 같은 유형에 속하지만 相異한 시대에 생긴 성서의 文段들 사이의 차이가 筆者의 개인적 특수성에서 설명되는 것은　부분적일 뿐이다. 대부분은 유형의 同時代的인 상황에 의해 제약되어 있다.　그러므로 어떤 註釋者이든 그 本文의 유형을 확정한 다음에는 곧 類型史도 물어야 한다.

C. 다른 古代言語들에 대한 一瞥

　축복문들(참조 40—42면)을 위해서와 같이 다른　성서적 類型들의 歷史를 硏究하기 위해서도 당시 이웃言語들을 자세히 검토해야 한다.　이로써 단언적인 禁令계열들의 근원에 관한 토론이 활발하게 진행된다. 학자들 중 일부는 이것들을 古代 近東文化圈에　유포되어 있던 智慧律들(Weisheitsregeln)로부터 유도해 내려고 한다. 에집트의 한 賢者는 이렇게 권고한다(Merika-re, 기원전 2000년) :

　　　우는 자를 진정시키라 !　　과부를 억압하지 말라[13].　어느 누구도
　　　그 아비의 소유로부터 쫓아내지 말라 · · · [14]

한 바벨론의(智慧的 ?) 祭儀律은 이렇게 말한다 :

　　　너는 소의 내장을 먹지 말고, 너는 그 피를 마시지 말라[15].
　　　너는 비천한 일을 행하지 말고, 너는 말을 거짓되이 사용하지 말라.
　　　너는 惡을 행하지 말라[16].

　그러나 경우에 따라 다른 종류의 本文과 뗄 수 없이 관련되어 있는 이 접촉들은 우연일 수 있다. 현대적 번역의 영향도 고려해야 한다. " · · · 말라"와 "너는 · · · 해야 한다"는 말도 原文들 중에는 매우 다양한 낱말들이 사용

---

13) 비교. 출 22 : 22.

14) *ANET*, S. 415; R. Kilian, "Apodiktisches und kasuistisches Recht im Licht ägyptischer Analogien", *BZ* NF 7, 1963, S. 185—202.

15) 비교. 창 9 : 4; 레 3 : 17; 17 : 12, 14.

16) Lambert, *Babylonian Wisdom Literature*, 1960, S. 247.

된 경우가 많다 ! 확고한 禁令계열은 증명되지 않는다.

어떤 사람들은 헷족의 帝王들(기원전 2000년)이 隷屬國王과 동맹을 체결한 국가조약의 書式을 지적했다[17]. 이런 "契約書式"은 언제나 a) 칭호로 시작한다. "태양인 某某, 大王, 헷땅의 王, 영웅은 이렇게 (말한다)". 이것은 단언적 禁令群들에 있는 "나는 야웨 (너의 하나님)이다"라는 자기소개를 상기시킨다. 그 다음에 뒤따르는 것은 b) 歷史的 序言인데, 이것은 大王이 지금까지 隷屬國 王家에 베푼 善行들을 장황하게 늘어놓는다. 이것은 "나는 너를 애굽땅으로부터 인도해 냈다"는 歷史的 序言 — 물론 아주 간략하고, 전형적인 십계명에만 들어 있지만 — 에 일치한다. 그 뒤에 나오는 것은 c) 原則宣言과 이로부터 직접 나타나는 命令들 : 즉 "그러면 王의 맹세와 王의 권세를 수호하라, 太陽인 나는 너 某某를 지킬 것이다. ···네 祖父와 네 아비에게 부과했던 貢物을 마찬가지로 獻納하라"이다. 이 문맥 중에는 단언적으로 들리는 禁令들도 들어 있다 :

네 눈을 다른 사람에게 향하지 말라;네 조상들은 貢物을 애굽땅에 바쳤다. 그러나 너는 그것을 바치지 말라[18].

그리고 d) 決疑論的 條件文으로 된 무기원조와 法律上의 도움에 관한 세부 規定들, e) 神的 證人의 호출, f) 저주와 축복이 첨가되는데, 마지막 3부분은 구약성서의 다른 곳에서는 그에 상응하는 것이 있지만, 단언적 금령계열에서는 볼 수 없는 것이다. 헷족의 禁令條文들이 전후문맥에 확고히 뿌리를 박고 있으며 독자적인 語套가 아닐지라도, a—c 계열에서의 뚜렷한 유사성 때문에 구약성서에 나오는 이 계열의 출처를 헷족 국가조약의 契約書式으로

---

17) G. Mendenhall, "Recht und Bund in Israel und dem Alten Vordern Orient", *Theologische Studien*, hg. v. K. Barth und M. Geiger 64, 1960, S. 9; D. J. McCarthy, *Treaty and Covenant*, Analecta Biblica 21, 1963; 비교. W. Beyerlin, *Herkunft und Geschichte der ältesten Sinaitraditionen*, 1961, S. 59ff.; K. Baltzer, *Das Bundesformular*, WMANT 4, 1960; E.v. Schuler, *Hethitische Königserlässe als Quellen der Rechtsfindung und ihr Verhältnis zum kodifizierten Recht*, Festschrift J. Friedrich, 1959, S. 469 註 70, S. 467. — "국가조약"이란 개념은 부적당한 현대주의의 産物이다. 헷族人은 "서약"에 관하여 말하고 전체를 王의 勅令으로 文體化한다. 비교. G. M. Tucker, "Covenant forms and contract forms", *VT* XV, 1965, S. 487—503.

18) Baltzer, S. 188; *ANET*, S. 204(비교. S. 183 註 24). McCarthy, S. 49에 있는 目錄; 놀랍게도 2인칭 단수로 된 命令形의 계열은 아카디아語로 된 條約文에서 보다 헷族 言語로 된 것에서 더 자주 나타난다. 동상, S. 35—37.

보는 것이 배제되지 않고 있다. 言約의 神 야웨는 그의 "隸屬國"인 이스라엘에게 그 시대의 帝王과 마찬가지로 무조건적인 義務를 지웠다. 그러므로 단언적 금령계열의 類型은 이스라엘 이외의 模型들에 의해 자극된 것같이 보인다. 그럼에도 불구하고 계열형성의 경향은 이스라엘 영역에서 비로소 생겨났다. 여기에만 規定을 선명하게 하기 위한 이유설명의 留保條件들이 추가되었다[19]. 가능한 한 많은 생활영역을 이런 條文들에 의해 언약관계의 모독행위들과 장애물들로부터 자유롭게 하려는 특유한 노력이 움튼 것이다. 단언적 금령계열이라는 類型의 歷史는 이스라엘이 어떻게 古代 近東言語에서 생각되고 樣式化된 것을 자기것으로 만들었으며, 이 영역에서 그의 유일무이한 하나님 경험을 어떻게 표현하였는가를 보여준다. 그러므로 이 유형의 역사는 출애굽기 20장의 십계명의 위치와 年輪에 대한 중요한 정보를 제공할 뿐 아니라, 동시에 야웨신앙의 중요한 神學的 樣相들을 밝혀준다.

古考學的 發掘物들과 그 判讀에 의해 밝혀진 많은 것이 성서본문들을 더 잘 이해하는 데 도움을 준다. 여기에 近東學과 古考學의 공헌이 있는데, 樣式史學者는 이것을 둔한히해서는 안된다. 이스라엘에 더 친근한 것은 强大國들보다 가나안 文化인데, 이스라엘은 이것을 시리아-팔레스틴에서 발견하고 부분적으로는 받아들였다. 우리는 특히 1929년 이래 발굴된 古代 가나안 都市 우가릿의 文書(Ras Schamra)로부터 그 文藝의 모습을 그려낼 수 있다[20].

신약성서 유형들의 경우, 무엇보다도 그리스 言語의 群小文學으로부터 훨씬 더 많은 헬레니즘적 유사형들이 발견된다. 이것은 기이한 일이 아니다. 異蹟行爲者를 神的인 사람($\theta\varepsilon\tilde{\iota}o\varsigma$ $\dot{\alpha}\nu\dot{\eta}\rho$)으로 존경하고 유랑설교자를 통해 선포된 통속적 哲學說들과 密儀宗教의 가르침을 존중하는 思潮가 당시의 정신생활을 지배하였다! 그러나 그 당시의 유대교는 그의 文學類型과 함께 특히 중요하다. 유대교도 이미 오래 전부터 宣教하는 종교공동체로 벼해 있었다. 초대 그리스도교는 차츰 이것으로부터 벗어나서 비로소 독립하게 되었다.

---

19) 참조. S. 12. 헷族 司祭의 교훈들에는 고작해야 이유설명의 유보조건이 있을 뿐이다. *ANET*, S. 207ff.

20) 가장 중요한 우가릿 本文들의 독일어 번역 : J. Aistleitner, "Die mythologischen und kultischen Texte aus Ras Schamra", *Bibliotheca Orientalis Hungarica*, VIII, 1959와 A. Jirku, *Kanaanäische Mythen und Epen aus Ras Schamra-Ugarit*, 1962. — 그 밖의 古代 近東의 비교자료 : H. Gressmann, *Altorientalische Texte und Bilder zum Alten Testament*, ²1926/7과 J. B. Pritchard, *Ancient Near Eastern Texts, relating to the Old Testament*, ²1955. — 신약성서와의 비교자료 : C. K. Barrett, *Die Umwelt des N.T.*, C. Colpe가 1959년 獨逸語로 번역한 것.

古代 文藝 유형들과의 비교는 물론 이스라엘과 초대 그리스도교가 어떤 점에서 어느 정도 그의 모든 이웃으로부터 자신을 구별하는가도 보여준다. 魔術의 영역 — 이것은 에집트와 바벨론, 헬레니즘적인 사본들에서 넓은 영역을 차지하고 있는 바 — 은 그의 魔術儀式들 및 呪文들과 함께 거의 완전히 消滅되었다. 죽음과 墓地에 관한 儀式文들은 완전히 사라졌거나 극도로 감소되었다. 神話들의 흔적은 오직 극소수만이 발견되는 반면, 다른 곳에서는 大叙事詩들로 형성되고 헬레니즘-로마 시대에 이미 널리 알려지고 해석되고 있다. 이 점에서 성서의 정신은 다른 곳에서 통용되는 많은 文藝樣式들을 그것들의 삶의 자리와 함께 축출했음을 보여주는데 반해, 다른 영역들에서는 완전히 새로운 類型들로 형성되었다. 이렇게 구약성서에서는 古代 近東에서 그 유례를 찾아볼 수 없는 歷史叙述이 발생하였다. 예수라는 인물을 둘러싸고 있는 것은 케리그마적으로 형성된 복음서들인데, 이것도 그 당시의 문학작품들 중에서 유례를 찾아볼 수 없는 것이다. 비슷한 것이 예언자의 연설 類型에도 해당되는데(참조. §18, C), 使徒의 書信들 — 이것들에는 비교될 만한 것이 전혀 없다 — 에는 물론 훨씬 더 심하다.

이스라엘 특유의 使命(Sendung)에 대하여 연구하는 사람은 그것을 유형사적인 영역에서 가장 쉽고 가장 확실하게 파악할 수 있을 것이다. 모든 文化的이고 言語的인 유사성에도 불구하고 이 民族은 그 文藝에 있어서 시간이 흐름에 따라 점점 확실하게 다른 古代 近東과 두드러지게 구별되었다. 이미 類型研究는 이스라엘이 唯一神과 그 神의 영향이 미친 歷史에 대한 — 그의 시대와 비교할 때 극히 특유한 — 신앙고백을 통해 얼마나 독특하게 형성되었는가를 보여준다. 헬레니즘적 話法과 文獻을 배경으로 하고 있는 신약성서의 類型들을 비교하는 것도 적지않이 유익할 것이다. 구약성서에서 신약성서에 이르는 길이 폐쇄적인 民族共同體에서 자유롭게 모인 宗敎的 共同體에 이르는 길로서 일반적인 헬레니즘-로마 시대에서의 상황에 일치하나, 이스라엘에서 태어난 나사렛 예수를 主($\kappa\acute{\upsilon}\rho\iota o\varsigma$)와 하나님의 아들로서 전하는 소식, 즉 그의 종말론적인 의미성에 관한 소식이 전혀 새로운 문학적 형태들을 낳았다는 것이 증명된다.

D. 外 類型과 內 類型

言語의 類型들은 어떤 靜的인 것이 아니라 항상 변천하고 있다. 이것들은 낡기도 하고 잊혀지는 한편, 서로 바뀌기도 한다. 그러나 이 변천들은 類型의 存在 자체나, 내적 構造, 樣式言語들, 序頭, 結語에만 관계된 것이 아니다. 오히려 單一文의 독자성과 짜임새도 변한다. 한 유형은 다른 유형과 결합될 수도 있고 다른 것에 삽입될 수도 있다.

여기에서 類型概念에 관한 追論이 필요하게 된다. 이 概念은 지금까지 마치 언제나 같은 방법으로 완결된, 독립된 언어적 통일성이 문제인 것처럼 사용되었다. 그러나 言語는 整然하게 서로 분리된 수많은 유형들에서 살아 있는 것이 아니다. 오히려 言語는 흔히 文學的 樣式들이 이용되는 순간 그것들을 보다 더 긴밀한 혹은 보다 더 광범한 상호간의 관계로 맺어준다.

이것이 전적으로 타당한 것은 아니다. 가령 저 광고편지는 독립적으로 존속한다. 광고문은 다른 글과 병합되어 있는 일이 거의 없다. 抒情詩도 빈약하게나마 詩集에서 연결되어 있는 경우 외에는 대개 결합되어 있지 않다. 그러나 詩가 小說 속에 들어 있는 例外는 있다. 이 경우에는 처음부터 큰 문맥에 속해 있다. 小說은 上位에 속하는 통일체이고, 詩 부분은 단지 보다 큰 전체를 위한 건축용 石材일 뿐이다. 그러나 "抒情詩"라는 유형에서 보면 이 隷屬은 우연한 일이다. 이 隷屬은 抒情詩의 본질에도 小說의 본질에도 일치하지 않는다. ― 頌詠(Choral)이 그리스도교 禮拜에서 祈禱 및 說敎와 함께 그 자리를 차지하고, 禮拜라는 포괄적인 유형의 일부가 되는 경우는 다르다. 여기서 개체 부분인 頌詠은 어떤 방식으로는 독립되어 있는 것이다. 그것은 아마 禮拜의 다른 부분들에 隷屬되지 않고도 불려질 수 있겠지만, 처음부터 이것들에 내적 관계를 가지고 있었다. 이는 頌詠의 본질이 禮拜를 지향하고 있으며, 반대로 말하면 적어도 改新敎 禮拜에는 반드시 頌詠이 속해야 하기 때문이다.

그러므로 글과 말에는 포괄적인 外 類型(Rahmengattung)들 속에서 그 內部를 구성하고 있는 內 類型(Gliedgattung)들이 있다. 특히 언어적인 통일체의 가장 작은 형태인 語套들은 거의 언제나 좀더 큰 類型들에 종속되어 있거나 편입되어 있다. 外 類型에 대한 內 類型의 관계는 시간의 경과에 따라 변할 수 있다. 이 관계는 서서히 成立될 수 있고 시간과 함께 중단될 수

도 있다. 그래서 50년 전에는 가령 독일 改新敎 頌詠을 禮拜의 연관성으로
부터, 그와 함께 外 類型인 禮典(Liturgie)으로부터 다소 풀어서 그것을 종
교적 抒情詩로 받아들이려는 경향이 생겼다. 이에 반해 현재는 교회 영역 內
에서 頌詠을 좀더 강하게 禮典에 고정시키려고 하는 반대경향을 느낄 수 있
다.

　이런 연결들은 성서에서 좀더 분명하게 인식된다. 시편들은 그것들이 祭
儀에 관련되어 있는 한 언제나 그것들의 朗誦을 넘어서는 祭儀行爲로서 다
른 祭儀 부분들 — 가령 司祭의 말 — 과 함께 전체를 이루게 된다. 그러므
로 이것들은 그리스도교적 頌詠에 비교되며, 처음부터 禮典, 즉 上位의 外
類型 중에 편입된 것이다. 예루살렘 祭儀가 기원전 587년에 갑자기 중단되
었을 때 아마 많은 시편들이 잊혀진 것 같다. 시편들 중에서 새로운 자리를
얻게 된 詩들은 기억 속에 남아 있었다. 이와 동시에 그것들은 새로운 外
類型에 편입된 것이다. — 다른 부분들에서 인식할 수 있는 것은 이런 관계
가 나중에 成立되었다는 것이다. 이전에는 독립적으로 있던 개체 설화들이
이스라엘의 초기 시대로부터 차츰 수집되어 民譚(Sage)集들이 되었고, 이
것들이 결국에는 구약성서의 제1부에 들어 있는 大作品들의 단순한 일부분
이 되었다. 원래 독립적인 多數의 單一文들을 다소간 기술적으로 綜合 構成
해 놓은 이러한 外 類型들이 야웨파(J) 혹은 司祭파(P)의 說話作品이다.
어느 시기에 출애굽기 20장의 십계명도 內 類型으로서 이런 작품에 편입된
반면, 신명기 5장에서는 율법책에 편입되었다(참조. §5), — 위에 인용된
신약성서의 축복문들은 예수의 다른 말들(Logien)과 함께 우선 山上說敎
(의 序頭樣式)에 종합되고 동시에 內 類型으로 되었으며, 그 다음에 로기온
資料인 Q에 文書로 수록되었고, 끝으로 복음서라는 外 類型에 受容되었다
(참조. §5). — 물론 內 類型들은 文書作品에 받아들여질 때 철저히 개작
되어서, 그것들의 옛 樣式의 특징들이 거의 완전히 사라지고 특별한 表象群
혹은 傳統의 복합체로서만 아직 그것들을 둘러싸고 있는 주변의 것들로부터
구별할 수 있게 되었다. 이러한 방식으로 가령 創造說話들이 특정한 시편
(74 : 12—17; 139 : 13—16) 혹은 신약성서 書信들(롬 4 : 17; 골 1 : 16)에
引用文으로 받아들여져 있다[21]. 그러므로 註釋에서는 언제나 類型의 경계를

───────────────

　21) 內 類型으로부터 엄격하게 구별되어야 할 것은 한 類型의 下位型들이다. 가령
個人의 歎息詩(Klagelied des Einzelnen)의 상이한 특수 형태들 : 회개의 탄식시
(Bußklagelied), 信賴의 노래(Vertrauenslied) 등. (이 경우 下位型으로부터 類型으
로 넘어가는 과정은 뚜렷하지 않고, 그 구별은 어디서나 단순히 용어문제에 불과하

설정해야 할 뿐 아니라 이 類型이 다른 類型, 혹시 外 類型들과 결합되어 있는가도 주의해야 할 것이다.

內 類型과 外 類型의 문제는 樣式史學的 研究에서 지금까지 등한시되어 왔다. 궁켈은 이것을 단지 祭儀的 禮典文들과 民譚集들에서만 보았고 다루었다. 이 두 경우에 그는 좀더 포괄적인 類型의 成立을 시간적으로 아주 후기의 현상으로 생각했다[22] : "'禮典文들'의 형성은 발전된 시기에 가능했다···'禮典文'의 이러한 文藝樣式에는 놀랄 만한 그리고 그 목적을 달성치 못한 적이 없는 方法이 있었는데, 이것은 좀더 풍부해진 種族의 다양한 분위기를 서술하는 方法이었다." 그러므로 이 정상적 경우는 궁켈에게 있어서 단순하고 原始的인 類型에 머무는데, 이것은 그의 견해에 의하면 완전히 독자적인 것이다. 그러나 이러한 견해가 생활과 言語樣式들의 多樣性을 정당하게 본 것인가? 유형을 절대적인 것으로 보는 이 類型概念은 그후 신약성서 분야에서 디벨리우스로 하여금 다음과 같은 결론을 내리게 했다 : "樣式史學은 알려진 바와 같이 완성된 문학작품들이 아니라 口傳的인 혹은 文書的인 傳承으로 계속 전해지고, 그것이 반아들여진 책들로부터 우리가 識別해 낼 수 있는 짧은 單一文들을 대상으로 한다. 그러므로 양식사학적 관찰은 엄격한 의미에서 이러한 짧은 單一文들의 수집물이거나 이 單一文들을 그 수집물들의 本文에 편입한 그런 작품들의 경우에만 거점을 잡을 수 있다"[23]. 이런 편협성은 궁켈과는 거리가 멀다. 그는 책들(Bücher)도 — 그것들이 독자적으로 개작된 것이고, 적어도 비교적 새로운 것을 담고 있으며, 단순한 옛 資料들의 수집물이 아닌 한 — 유형사적 연구대상으로 삼았다[24]. 그 동안에 신약성서 樣式史學에서도, 가령 복음서를 한 類型으로 간주하는 것, 즉 포괄적인 유형들도 양식사학적 관찰에 포함시키는 것이 자명한 것으로 되었다. 그러나 類型概念이 이런 方式으로 확대된다면, 이 概念에서 제기되는 문제는 거의 근본적으로 숙고되지 않고 있는 것이다. 내가 아는 한 오직 v. Rabenau만이, 예언자의 미래적인 말을 연구하는 기회에, 이 문제를 원칙적으로 표현했다 : "類型을 單一意味의 樣式을 규정하는 概念으로 파악하면, 가령 미래적인 말의 동일한 표현을 한번은 '類型', 다음에는 다시 '어떤 유형의 一部'라고···불러야 할 것이다. 왜냐하면 동일한 文章들이 때로는 독기적으로, 때로는 이야기의 연관성 속에 사용되기 때문이다." 그는 짧은, 때로 종속적인 單一文들을 위해서만 類型이란 말을 사용하고, 긴 형태들 — 즉 위에서 外 類型이라고 부른 것 — 은 "結合文"(Kombination)이라고 表記할 것을 제안하고 있다[25].

다. 民族의 歎息詩 혹은 王의 탄식시는 독자적인 類型인가 아니면 단지 탄식시 일반의 下位型에 불과한가? 그러나 이 질문들은 여기서 다루고 있는 문제와는 무관하다. 비교. *GuB*, S. 251ff.).

22) *GuB*, S. 28f.

23) *ThR* NF 1, 1929, S. 187.

24) *KdG*, S. 54.

25) *WZ der Martin-Luther-Universität Halle-Wittenberg*, Gesellschaft- und sprachwissenschaftliche Reihe V, 1955/6, S. 673.

E. 구약 및 신약성서의 類型에 관한 槪觀 試圖

많은 구약 및 신약성서 유형들은 어떻게 서로 결합되는가? 이 문제는 지금까지 신약성서 영역에서보다 구약성서 영역에서 더 강하게 제기되어 있다. 왜냐하면 모든 신약성서 類型들에 대한 체계적 槪觀이 아직 하나도 없기 때문이다[26]. 이에 반해 구약성서에 관한 한 이미 궁켈이 종합적 叙述을 시도했다. 이스라엘 文學에 대한 槪要[27]에서 그는 資料를 다음과 같이 분류했다:

    Ⅰ. 大 文筆家들의 등장까지의 民俗的 文學.

    Ⅱ. 大 文筆家들의 個性(약 기원전 750—540).

    Ⅲ. 그 후계자들.

즉, 궁켈은 歷史的으로 분류했다. 그의 중심사상은 다른 곳에서 표현하고 있는 바와 같다: "구분을 할 때는 類型들과 民族 및 文化史의 시대구분들이 철저히 일관성있게 고찰되어야 할 것이다. 왜냐하면 文學이 그 民族의 歷史로부터 어떻게 생겨났으며, 그의 정신생활의 표현이 어떠했는가를 文學史가 보여줄 수 있을 때에만 文學史는 있을 수 있다는 것도 자명하기 때문이다[28]. 그후의 學者들은 그러한 시대구분에 의해 가령 歷史叙述이라는 類型이 위의 3資料區分에서 드러나고, 그러므로 개체 서술들이 서로 유리되는 것을 위험하게 생각한다. 그 까닭에 "구약성서 개론"이 樣式史學 項에서, 순수하게 체계적인 분류를 하는데, 이것은 대개 두 부분으로 나누는 것이 보통이다.

A. 詩文   B. 散文

이것은 가령 봐이저(Weiser, ¹1939, ⁴1957)와 젤린-로스트(Sellin-Rost, ⁹1959)[29]의 책에서 볼 수 있다. 아이스펠트(Eissfeldt)는 세번째 부분으로 "격언들"(Sprüche)을 첨가한다. 이에 반해 덴첸(Dentzen, ¹1948, ³1953)은 한 부분, 즉 "아주 짧은 문학적 單一文으로부터 긴 문학적 複合文에 이르기까지"를 첨가한다. 이렇게 분류된 章의 내부에서도 순수히 체계적으로 취급되었는데, 가령 아이스펠트의 경우에는 散文 중에 다음 것이 나타난다:

    1. 연설들(Reden), 설교들(Predigten), 기도들(Gebete).

---

26) 유일한 예외는 M. Dibelius의 小册子이다: *Literaturgeschichte des Urchristentums* Ⅰ과 Ⅱ, Sammlung Göschen 934/5, 1926.

27) *KdG*, S. 56ff. *SAT*에서 이 분류도 이에 일치한다.

28) *RuA*, S. 37.

29) Fohrer에 의해 改訂된 제10판(1965)은 歷史書와 詩歌書, 智慧書, 預言書의 順으로 배열했다.

2. 기록문서들(Urkunden).
3. 설화들(Erzählungen).

이 경우 언제나 1000년간의 전체 자료들을 병렬시켰다. 이러한 취급방법에서 利點은 많은 구약성서 책들과 책의 각 부분들의 어려운 저작시기 결정이 무의미하게 되는 것이다. 그밖에도 이것은 "文學의 언어적 구조와 그 樣式을 형성시켜 주는 세력들은 거의 어디서나 동일하다"[30]는 신념하에 수행되는 현대 독일 文藝學의 경향들에 迎合한다. 그러므로 이미 욜레스(Jolles)는 "단순한 樣式들"은 결국 모든 民族들과 모든 時期에 무시간적으로 발견되는 것의 표현이라고 했다. 類型들은 이 경우 — 모든 시간적인 制約으로부터 말끔히 벗어나서 — 실에 꿴 진주처럼 서로 연결되어 있다. 그때 그때의 유형은 근본적인 槪觀이 가능하다.

　물론 이런 체계적인 관찰은 類型史를 무가치하게 하는 댓가를 지불해야 한다. 특정한 時點에 형성되어서 盛行하다가 시들어 버린 유형들이 성서 안에 있다는 것은 중요하지 않게 된다. 그러나 초기 이스라엘로부터 헬레니즘적 초대 그리스도교에 이르기까지 자신의 위치를 견지한 유형은 거의 없다. 아마 만날 때의 인사와 헤어질 때의 인사 같은 일상적인 語套들과 書信(이것이야말로 얼마나 변하는가！) 같은 "中立的인 글"은 예외일지 모른다[31]. 초대 그리스도교 시대와 같은 이스라엘 文學史의 大轉換들이 이런 관찰에서는 간과된다. 이에 반해 同屬的인 유형들의 乖離는 여기에서도 피할 수 없다. 그래서 어떤 때는 詩文으로 어떤 때는 散文으로 나타날 수 있는 하나의 類型 — 가령 (詩文的인) 시편 기자의 代禱와 (散文的인) 王의 代禱(가령 왕상 8장)같은 — 이 전혀 다른 章에 배열되어 있다. 그러므로 구약 및 신약성서 유형들을 포괄적으로 서술하려는 方法은 모두 결점을 가지고 있다. 물론 체계적인 서술에서 이 결점은 더 심할 것같이 보인다. 그러나 어떤 경우에도 결정적인 것은 서술에서 모든 개체 유형의 歷史를 드러내고, 그 유형이 통용되던 시기를 분명하게 浮刻시키는 것이다.

---

30) W. Kayser, 同上, S. 6.

31) 이것은 다른 言語들의 영역에서도 다를 리 없다. 가령 悲劇(Tragödie)이란 그리스적 유형은 무대(Theater)과 함께 후기 古典 시대에 몰락했다. 近世에 다시 이것에 손을 댔을 때 그것은 옛 유형의 근본적인 變造와 마찬가지 의미에서 模倣이었다. 그러므로 무시간적인, 일반적-인간적인 樣式으로서의 '悲劇'(Tragödie)은 있을 수 없다.

§3. 삶의 자리

A. 文學과 삶

어떻게 해서 모든 文學이 확고한 樣式의 특징들을 가진 그룹으로 분류되게 되었는가? 類型들의 相異性은 어디서 由來한 것인가? 그 原因은 筆者 혹은 말하는 자가 살고 있는 삶의 狀況의 相異性에 있다. 글을 쓰는 자는 그가 알고 있는 受信人 혹은 다소간에 확실한 讀者層의 윤곽을 생각한다. 연설을 하는 자는 특정한 청중을 향한다. 그러므로 두 상대자의 역사적 상황은 言語의 樣式에 반영된다. 그들의 私的인 혹은 公的인 관계는 경우에 따라 相異한 演說方式을 요구한다. 궁켈이 적절하게 이름붙인 대로 모든 類型에는 거기에 상응하는 독특한 삶의 자리(Sitz im Leben)가 있다. 개체 생활영역들의 필요성들과 法則性들은 이에 속하는 演說과 글쓰는 方式을 규정하고 樣式化한다. 반대로 전래적인 言語樣式들은 해당 생활영역의 樣相을 표현한다. 그러므로 한 民族의 文學에서 수많은 語套들과 類型들이 동시에 사용되는 것은 풍부한 환상의 跋扈가 아니라 인간적인 생활 영위의 多樣性의 표현이다. 類型史的 혹은 樣式史學的 方法은 "文學類型이 그 독자적인 삶을 영위하는 한 모든 개체 文學類型에는 특정한 내용들이 특정한 표현 양식들과 굳게 결합되어 있고, 이 성격적인 결합들이 가령 文筆家들에 의해 나중에 비로소 그리고 자유자재로 그 資料들에 형태를 준 것이 아니라, 엣부터 즉 이미 모든 文學 以前의 民俗的 口傳的 형태와 전승의 初期에도 근본적으로 합쳐 있었다는 견해에 근거를 두고 있다. 왜냐하면 이 결합들은 특수한, 규칙적으로 반복되는 生의 사건들과 욕구들에 일치하는 바, 이로부터 類型들이 각기 독자적으로 자라났기 때문이다"[1].

이와 같이 내가 출발점으로 삼은 광고편지는 現代文明의 經濟領域에 속한다. 西歐的 經濟構造, 공급과 수요의 관계 내부에서 광고문 같은 것은 불가결한 것이다. 이를 통해 商社는 고객층을 얻으려고 한다. 그러므로 企業의 販路確保가 광고문의 삶의 자리이다. 광고문은 아주 특정한 목적에 사용된다. 그것의 표현방법과 修飾은 이 목적에 적합해야 한다. ― 說敎의 삶의 자리는 다르다. 설교는 講壇, 즉 그리스도교의 禮拜에 속하고, 이 영역에서 수백년의 전통을 가지고 자라났다. ― 이런 例는 무수히 많다. 文學의 樣式

---

1) Alt, I, S. 284f.

들이 증명되면, 그것들이 특정한 생활영역에서 생긴 것임을 알 수 있다. 그러므로 중립적이거나 유형을 벗어난 글 혹은 演說이 있을 수 없다면 그것은 사람마다 그가 말하고 쓰는 한 특정한 삶의 자리에 속해 있다 ― 대개 그것을 의식하지 못한 채 ― 는 데서 기인한 것이다. 이 자리는, 사회학이 말하는 대로, 특정한 역할을 담당한다. 그러므로 해석자가 문학양식들과 그것들의 歷史를 검토하는 것으로는 충분하지 않다. 그는 그것들의 삶의 자리도 추적해야 한다. 모든 類型은 "社會學的 事實"을 서술하기 때문에, 양식사학적 研究에서는 文藝學과 社會學이 서로 접촉한다[2]. 이 認識은 精神史와 經濟-政治史 사이를 너무 간단히 분리하는 것을 방지한다.

대개는 그때 그때 삶의 자리에 단순히 하나의 類型만이 상응하는 것이 아니다. 企業의 販路確保에는 광고문과 함께 진열장 안의 포스터, 경우에 따라서는 광고탑의 현수막들까지도 혹은 직업인과 사사로운 개인에 대한 商社代表의 口頭宣傳도 속한다. 그리고 主日禮拜도 설교만으로 이루어지는 것은 아니다! 위에서 밝혀진 外 類型과 內 類型의 관계도 삶의 자리에 연결시켜서만 이해된다. 가령 그것의 삶의 자리인 主日禮拜에 속하는 禮典은 반드시 많은 內 類型들, 즉 노래와 기도, 축복, 설교 등으로 구성되어 있다. 교회의 禮拜行爲는 변화성 있는 것이기 때문이다. 처음에 회중은 신앙을 고백하면서 하나님에게 나아가는가 하면, 다음에는 하나님의 말씀을 낭독하는 것에 경건하게 귀를 기울인다. 그러므로 한 삶의 자리는 多數의 類型들 속에 겹쳐 있으며, 이 유형들은 긴밀하게 혹은 疎遠하게 서로 결합되어 있고 각기 그 특유한 기능을 행사한다. 삶의 자리는 사회적인 所與性을 뜻하는 바, 이것은 그때 그때의 文化의 관습을 통해 전래되고 말하는 자와 듣는 자에게 혹은 글을 쓰는 자와 읽는 자에게 아주 확고한 역할을 지목해 주기 때

---

2) K. L. Schmidt, *RGG*[2] Ⅱ, S. 639. 비교. Dibelius, *Formgeschichte*, S. 7과 Bultmann, *Tradition*, [2]S. 4, [5]S. 6; Mowinckel(*Prophecy*, S. 43)도 비슷하게 말한다: "삶에서의 전형적인 상황은 모두 행해야 하고 말해야 할 일정한 정황을 가지고 있다." 그러므로 Gressmann은 樣式史學을 촉진시킨 학자로 Taine, Riehl, Naumann, Lamprecht, Wundt도 열거한다(*A. Eichhorn und die religionsgeschichtliche Schule*, 1914).

Gunkel은 물론 口傳的 類型들의 경우에서만 삶의 자리를 論하려고 했다. 그는 주장하기를 "文書가 精神生活을 지배하게 된···더 발전된 시대에 와서, 文書化된 책들 때문에 다소간" 유형들은 이 기반을 "포기했다"(*ZAW* NF 1, 1924, S. 183)고 한다. 그가 책에도 삶의 자리가 있다는 것을 부정한다면, 그는 온갖 文獻이 쌓여 있는 현대의 書店을 보고 있는 것이지 古代 近東的 文筆活動의 전통적 方法을 본 것이 아니다. 현대생활에 있어서도 이 견해는 단지 피상적인 관찰에서만 타당하다.

문에 고유한 言語類型들의 사용이 불가피하게 된다.

B. 축복문의 배경

　오늘에 타당한 것은 초대 그리스도교에도 마찬가지로 타당하다.　삶의 자리인 그의 교회와 使徒의 交信은 敎會書信(Gemeindebrief)이라는 類型을 필요로 했다. 異邦人들 앞에서의 복음의 傳道的 宣布는 傳道 說敎의 典型을 이루어 놓았다. 그러나 삶의 자리가 多樣한 만큼 그것은 여러 유형들로 겹쳐 있다. 그리스도교회가 자기들끼리 主의 만찬을 거행할 때 교회는 聖禮의 집행을 위한 禮典的 樣式들, 즉 기도와 노래를 이용했다. 그러므로 경우에 따라서는 敎會書信의 경우와 같이 독자적인 單一 類型으로 족하고, 主의 만찬 禮式에서와 같이 外-內 類型들로 확대된 구조도 필요로 했다. ― 이와 같이 축복문들도 확고한 자리를 가지고 있었음이 확실하다. 이 자리는 우선 부활절 후의 그리스도교회에서 찾아야 할 것이다. 이는 마태복음서 기자 (혹은 그의 선행자인 말 資料 Q의 편집자)가 이 교회로부터 이 格言群을 받아들였기 때문이다. 유감스럽게도 초대 그리스도교회에서 어떤 경우에 축복문들이 낭독되었는지는 이미 알 수 없게 되었다. 곧 到來할 하나님 나라를 위한 축제가 거행되는 禮典에서 사용된 것은 확실하다. 그러나 이것이 說敎를 중심한 禮拜의 영역에서, 가령 교회에 대한 宣布를 시작할 때 사용하는 本文으로서 생겨났는가? 축복문들을 智慧演說의 시초에 두는 구약성서적 관습과 山上說敎 序頭에 둔 마태복음서와 平地說敎의 序頭에 둔 누가복음서(6장)에서의 축복문들의 지금의 위치는 이러한 추측을 낳게 한다. 그러나 증명할 수 있는 것은 아니다[3]. 유감스럽게도 우리는 그리스도교 前 시대 묵시문학 圈內에서 종말론적 축복문을 사용했는지에 관해서도 아는 것이 없다. 이곳에서 말하는 자는, 한때 지혜문학적인 축복문의 경우 지혜교사가 그랬듯이, 특별히 임명된 人物이었는가? 이런 격언들을 暗記할 수 있도록 부지런히 공부하는 一群의 학생들이 그 말하는 자를 상대했던 것인가? 동일한 것이 그리스도교회에서도 전제될 수 있는가?

　결국 예수 자신 ― 그에게서 초대 그리스도교회가 이 類型을 傳受했는데 ―

---

3) Arvedson은 헬레니즘 秘義宗敎들 중에 있는 祭儀的 축복문과 연결시키려고 한다(*Das Mysterium Christi*, Arbeiten und Mitteilungen aus dem Neutestamentlichen Seminar zu Uppsala, 1937, S. 95f.). ― G. Braumann("Zum traditionsgeschichtlichen Problem der Seligpreisungen Mt V. 3—12", *Novum Testamentum* IV, 1960, S. 253—260)은 그것들을 세례와 연결시킨다.

은 이런 축복선언을 어떤 기회에, 어떤 사람들에게 선포했는가?[4]

삶의 자리는 예수가 마태복음서 5장에 전승된 축복문들을 말한 특별한 一回的인 기회가 아니라, 그러한 禮典的인 말들을 그가 말하도록 한 그와 그를 신봉하는 자들 사이의 전형적인 관계이다[5]. 왜냐하면 축복문들이 현대인에게 어떻게 들리든, 즉흥적인 외침이 아니라, 그것의 類型史를 따라 숙고함으로 형성된 교훈으로 가르쳐야 하고 계속 전수되어야 하며, 傳受者 즉 학생, 제자를 전제하고 있는 것이기 때문이다[6]. 마태복음서 5장 3—4절을 양식사학적 배경에서 보면 신약성서 학자들 간에 지금 논쟁을 일으키고 있는 다음의 중요한 論點을 얻을 것이다 : 예수는 단지 임박한 종말에 의해 사로잡힌 民衆說敎者여서, 조직된 제자體制에 대한 사상은 그에게서 먼 것이었는가 아니면 그는 의식적으로 자기의 주변에 제자를 모으려고 했는가?

C. 단언적 금령계열의 배경

십계명(과 비슷한 禁令들)에 관해 다음과 같은 것이 자주 전해진다 : 모세가 이 말들(דְּבָרִים)을 石板에 새겼다. 혹은 다른 경우에 말하는 바에 의하면, 하나님 자신이 이 말들을 새겨 쓴 후 두 石板을 모세에게 넘겨주었다 (출 24 : 4; 31 : 18; 32 : 15—16; 34 : 1, 4 등). 이것은 삶의 자리에 관한 첫 암시를 준다. 이 기록의 歷史性이 어떻게 評價되든지 간에 이스라엘 說話들의 法則性들에 의하면 설화자들이 현존했던 시대에도 아직 그런 石板들을 볼 수 있었을 경우에만 이 빈번한 언급은 이해될 수 있다. 신명기 27장 1—4절; 여호수아 8장 32절; 24장 25—27절[7]에 의하면 옛부터 유명한 세겜에

---

4) 축복문들의 禮典的이고, 축복의 人事에 유사한 性格은 다음의 물음을 제기한다 : 이것들이 실제로 — 대부분의 사람들이 생각하는 바와 같이 — 원래 民衆言語인 아람어로 되어 있었는가 아니면 오히려 종교적 言語인 히브리語로 작성되어 있었던 것이 아닌가(쿰란의 例와 같이 : Starcky, *RB*, 1056, S. 67)?

5) H. Schürmann, "Die vorösterlichen Anfänge der Logientradition", in: *Der historische Jesus und der kerygmatische Christus*, hg. von Ristow-Matthiae, 1960, S. 342—370.

6) 축복문 마 13 : 16; 16 : 17; 눅 10 : 23f.; 12 : 37f., 43은 특별한 제자교훈과 연결되어 있다는 점에서 유형에 적합하다.

7) 지금의 신 27장의 문맥에 의하면 石板들에 기록되어 있어야 할 것은 신명기 책 전부이다. 그러나 이것이 石板들 안에 기록될 수는 없었을 것이다! 이 관습은 한때 말들(דְּבָרִים)에 한정되어 있었음이 분명하다. 수 24 : 25—27에 의하면 여호수아는 "그 말들"을 토라 책 안에 기록했다. 이와 함께 거의 이유설명이 없이 "야웨의 모든 말을 듣고" 증거하는 돌이 언급되었다. 아마 시간의 경과와 함께 세겜에서는 石板碑文이 책으로 대치되었을 것이다.

있는 聖所에 이런 石板들이 있었다. 보다 후기의 보도들이 전하는 바에 의하면 이 石板들은 언약궤 안에 있었다(신 10 : 1—5). 이 사실은 보존장소로서의 祭儀的 영역을 암시하기도 한다.

물론 오늘날 널리 알려진 바와 같이 "祭儀"(Kult)가 단언적 계명들의 삶의 자리라고 주장하는 것은 충분치 않다. 祭儀라는 낱말은 대략 다른 생활영역들과 구분되기는 하지만 그것대로 예리하게 서로 구별된 일련의 삶의 자리들로 구성된 이스라엘의 생활영역의 윤곽을 말해준다. 그러므로 "祭儀"라는 標識는 극히 잠정적인 규정이다.

그런 石板들에 관하여 말하고 있는 귀절들은 모두 계명들이 聖所에서 새겨지고 세워졌을 뿐 아니라 祭儀共同體에서 낭독되기도 했다는 것을 전제하고 있다. 이런 낭독이 언제 어디서 있었을까? 단 한번 아니면 자주?

이 문제를 처음으로 발견한 모빙켈(Mowinckel)[8]은 비슷한 표현들이 나타나는 시편 15편(시 24편도 비슷하다)을 지적했다 :

> 그는 그 혀로 誹謗하지 않았다.
> 그는 그 벗에게 惡을 행치 않았다.
> 그는 이웃에게 창피를 주지 않았다(3—4절).

여기서도 단언적 계명들이 시사되고 있음이 분명하다. 이 詩의 삶의 자리는 분명하다. 그것은 다음과 같은 관습이다 : 축제에 참석하기 위하여 예루살렘에 온 순례자들은 장엄하게 행렬을 지어 聖殿山에 오른다. 聖殿에 이르기 前 그들은 한 (頌詠) 司祭에 의해 정지당하고, 그들의 誠實性에 대한 질문을 받는다. 이것은 聖殿許入-禮典文 (Tempeleinlaß-Liturgie) 혹은, 흔히 사용되는 말로 하면, 入場法(Einzugstora)의 영역에 속한다. 이 전체 儀式은 그후에 聖殿 안에서 시작되는 본래의 祭儀行事에 선행되고 이를 위하여 불가피한 전제이다. 모빙켈은 여기서 十誡命의 삶의 자리를 발견할 수 있다고 주장한다. 그러나 이에 반대되는 것도 많이 있다. 특별히 지목되는 것은 사소하지만 중요한 형식상의 차이점이다. 단언적 계명들은 對稱(Anrede)으로 시작되고 미완료형(Imperfekt)으로 계속되는 반면, 許入-禮典文에서는 언제나 비인칭적이고 완료형으로 말해진다. 좀더 정확히 관찰하면 許入-禮典文들은 단언적 계명계열에 예속되어 있고, 아마 다른 곳에서 토착되었을 그 유형을 본래의 것으로 이용했다는 것이 드러난다[9].

폰 라트(v. Rad)[10]는 단언적 계명의 자리를 규정하기 위하여 다른 시편

---

8) *Le Décalogue*. Etudes d'histoire et de philosophie religieuses 16, 1927.
9) K. Koch, "Tempeleinlaßliturgien und Dekaloge", in: *Studien zur Theologie der alttestamentlichen Überlieferungen*, 1961, S. 45—60.

귀절을 例로 들었다. 그는 시편 50편을 지적하고 있다. 야웨가 어떻게 불과 폭풍으로 祭儀共同體에 접근했는가를 서술한 후 이렇게 계속된다(5, 7절) :

> 내게 공동체를 모으라 / 이는 나와 祭祀로 言約을 맺었느니라.
> 내 백성아, 들으라. 내가 네게 말하고자 하노라 / 이스라엘아,
>   내가 나를 네게 증거하고자 하노라.
> 나는 '야웨' 네 하나님이다 · · ·

마지막 文章은 십계명 序頭의 引用임이 분명하다. 아마 이 문장은 이 詩人에게 있어서 저 유명한 십계명을 인용한 座右銘이었을 것이다(여하간 이렇게 볼 때에만 눈맥상 기이하게 보이는 平行句 交替節의 結語가 설명될 수 있다). 이 시편에서 그후에 계속되는 것은 生活律的인 말이다. 이 本文은 하나님의 (시내산) 言約의 祝祭에 관계된 것이 분명한, 예루살렘 聖殿에서의 行事를 반영시켜 주고 있다. 祭儀過程의 동일한 標本은 시편 81편 배후에서도 파악될 수 있는데, 여기서도 역시 구원사(Heilsgeschichte)를 회상한 후에 하나님의 말이 울려 나온다(8, 10, 9절) :

> 들으라, 내 백성아, 나는 나를 네게 증거하고자 하노라 / 이스라엘아,
>   네가 내게 귀를 기울이면 !
> 나는 야웨, 네 하나님이다 / 너를 애굽땅으로부터 인도해 냈다.
> 너는 이방 神을 두지 말라 / 외국인의 神 앞에 굴복하지 말라.

십계명에 대한 示唆임이 분명하다. 여기서도 生活律的인 말이 뒤따른다.

이 시편들은 온 백성이 모인 祭儀行事에서 십계명이 규칙적으로 장엄하게 낭독되었음을 추측케 한다. 이 祝祭의 성격은 더 자세하게 규정될 수 있지 않을까? 1) 시편 50편은 장엄하고 무섭게 야웨가 이 祝祭의 祭儀場所에 나타나는 것(Theofanie, 神顯現)을 전제하고 있다. 출애굽기 19장과 신명기 5장 5, 22—23절도 神顯現을 십계명 낭독에 선행시켰다. 나는 야웨라는 자기소개로 시작하는 형식은 이것으로 설명된다. 출애굽기 34장의 단언적 禁令群도 이런 사건에 결부되어 있다(5—6절). 그러므로 神顯現과의 결합은 이 유형의 특징이다[11]. 2) 시편 50편은 言約의 祝祭 다음에 십계명을 배열

---

10) *Das formgeschichtliche Problem des Hexateuch*, BWANT IV, 26, 1938 = *GS*, S. 9ff.

11) 많은 例證들에 의하면 예루살렘에서 祭儀共同體가 大祝祭 때에 체험한 神顯現이 어떻게 일어났는가는 아직 밝혀지지 않았다. 참조 A. Weiser, in: *Festschrift für A. Bertholet*, 1950, S. 513—531; H.-P. Müller, *VT XIV*, 1964, S. 183—191; J. Jeremias, *Theophanie*, WMANT 10, 1965.

했는데, 시내산에서의 야웨와 이스라엘 사이의 옛 言約을 상기시키고 있는 것같이 보인다(비교. 왕하 17:35; 렘 22:9; 신 9:9,11,15). 출애굽기 20장(24장과 함께)과 신명기 5장(3절)은 바로 이 言約을 십계명의 첫 낭독에 결부시켰다. 전형적 십계명이 아니라 다른 말들(דברים)이 언급되고 있는 곳에서도 그 직전이나 그 직후에 言約締結이 示唆되고 있다(출 34:10, 27[24:8]; 신 27:9; 수 24:25). 단언적 禁令群의 낭독을 동반한 이런 言約回想祝祭들이 한때 세겜과 예루살렘 聖所에서 있었음이 틀림없다[12]. 이 유형을 言約祝祭 때 외의 다른 곳에 이용한 것은 어디서도 볼 수 없다[13][14]. 그런데 모든 단언적 誡命群들이 같은 聖所와 같은 기회에 낭독되지는 않았을 것이 확실하다. 그러므로 전형적 십계명은 예루살렘에서 처음부터 알려져 있었던 것 같지는 않다. 예루살렘 司祭 에스겔(18장)과 이 시편들의 許入-禮典文들(필시 예루살렘 聖潔法인 레위기 18—19장도 마찬가지로)이 禁令들에서 인용한 것은 다른 계열들로부터 유래한 것이다. 전형적 십계명 — "야곱"과 "요셉"을 부르는 시편 81편과 같이 — 은 北이스라엘에서 유래한 것일 수 있다. 북이스라엘의 예언자 호세아는 처음으로 이 십계명을 示唆한 예언자이다(4:2). 필시 이 계열은 요시야-신명기적 祭儀改革(622/1년) 過程에서 예루살렘에 도입되었을 것이다. 3) 祝祭에는 임명된 祭儀執禮

---

12) 후기에는 言約祝祭 때 전체 律法 수집록들이 낭독되었다: 왕하 23:1—3; 신 31:9—11; 느 8.

13) "종파 설립자"인 레갑의 아들 요나답이 남겨놓았고, Gerstenberger가 여기서 단언적 금령들은 결국 氏族倫理(Sippenethos)에서 유래했다는 증거를 본, 렘 35:6f. 의 5계율만이 예외이다. 그러나 이 귀절은 복수형으로 되어 있고 후세에 생긴 것이다. — 近親相姦에 대한 禁令群, 즉 레 18:6—17은 여러 세대를 거느린 大家族이 같은 집에 거주하는 것을 전제하고 있다. K. Elliger (ZAW 67, 1955, S.1—25)는 氏族의 共同居住가 이스라엘의 遊牧時代에서 유래한 것이 아닌가를 묻고 있다. 그러나 遊牧民의 천막이 아니라 古代 이스라엘 都市들 중에 있는 협소한 가옥에서 그렇게 많은 사람들이 함께 살았다. 그러므로 포로기 이후 시대까지 氏族의 의미는 축소되지 않고 증대되어(비교. P기자와 역대기 기자), 계속 하나님 관계를 위하여 중요한 것으로 남았다. 이와 함께 G. Fohrer (Kerygma und Dogma 11, 1965, S. 49—74)가 레 18과 렘 35에서 추출하려는 포괄적인 결론들은 그 근거를 잃게 된다.

14) 출 20장의 십계명이 祭儀에 관련된다는 데 대하여, 이 條文들 중에는 祭儀的 規定이 전혀 없다는 것을 들어 맞서는 것이 보통이다. 그러나 하나님의 이름과 偶像 그리고 안식일 계명도 분명히 禮典的인 사정을 문제하고 있다. 祭物과 祝祭에 관한 언급이 없음은 그것을 위해서는 다른 계열들이 있었기 때문이다. "십계명은 平民을 상대로 한 것인데, 그것도 그들의 日常生活을 위한, 멀리 外地에서 그들이 단결하여 사는 세속적인 共同生活을 위한, 즉 同盟이 締結된 후 그리고 그들의 고국으로 돌아온 후에 영위해야했던 生活을 위한 것이었다"(v. Rad, Theologie I⁴, S. 206).

者[15]가 대변자로서 등장하여 禁令들을 하나님 자신의 말로 선포한다. 祭儀的인 말과 하나님의 말을 동일시하는 것은 물론 시간이 흐름에 따라 한정되었다. 하나님을 1인칭(Ich)으로 표기한 시편 24편 4절의 옛 표현, 즉 "너는 내 精力(נֶפֶשׁ)을 불결한 목적에 사용하지 말라"(시 24 : 4)가 출애굽기 20장 7절에서는 (신명기적 영향하에) "너는 야웨(3인칭 !)의 이름을 불결한 목적에 사용하지 말라"로 변했다. "이는 나 야웨는···질투하는 神이기 때문이다"라는 이유설명의 유보조건(출 20 : 5)은 후기 단계(출 34 : 14)에서 "이는 야웨는···질투하는 神이기 때문이다"라고 되었다. 4) 호칭된 祭儀共同體는 成年이 된 그리고 自由人인 이스라엘 남자들(단언적 禁令들은 본래부터 어린 이들을 위한 교훈이 아니다 !)인데, 이들만이 祭儀에 참가할 자격이 있었다[16].

단언적 금령계열의 삶의 자리로 밝혀진 것은 여러 관점에서 헷 족속의 契約書式들(국가조약들, 비교. §2)의 삶의 자리와 동일하다. 즉, 이것들도 聖所에 所藏된 점토판에 새겨져 있다. 또한 이것들은 규칙적으로 禮典的이고 公的으로 선포되어야 했다. 이외에 隸屬君主는 해마다 한번 혹은 여러번 帝王 앞에 친히 調見해야 했다. 이것은 이스라엘에게 부과된 것과 비슷한 것이다(출 23 : 17; 34 : 23). 역시 이 차이는 간과될 수 없다. 야웨의 王的 性格은 言約締結에서 결정적 역할을 하지 않는다. 그리고 이스라엘 祭儀共同體와 民族共同體는 그들에게 부과된 계명들과 금령들을 맹세를 통해 받아들이지 않는다. 헷族 隸屬君主에 있어서 이것은 절대적인 것이었다.

이 삶의 자리는 물론 십계명을 신학적으로 정리하는데 큰 의미를 가지고 있다. 이런 禁令群들은 이것을 듣는 자로 절대적인 神的 要求들과 대결시켜서 罪를 承服시키려는 靜的인 律法이 아니라, 오히려 이런 계열들의 祭儀的 낭독은 言約設定의 神的 구원행위가 인간에게 요구된 모든 행위에 훨씬 선행한다는 것을 전제하고 있다[17]. 否定的 條文들은 한계들만을 표명할 뿐인데, 이 한계를 넘어서는 言約에 적합한 삶이 이미 불가능하다. 동시에 이

---

15) Alt 는 司祭를, Noth 는 "이스라엘의 士師"를 (*Festschrift für A. Berthole*, 1950, S. 404ff.), Kraus 는 祭儀預言者와 "모세"職의 담당자를(*Gottesdienst in Israel*, ²1962, S. 128—133.) 각기 생각한다.

16) 단언적 계열들의 낭독은 아마 (처음부터 ?) 좀더 정확한 法的 개체 規定들(출 21f.; 레 20f.?) 혹은 生活律들(시 50; 81; 신 6f.)을 통해 계속되었을 것이다. 祝祭는 축복과 저주의 선언으로 끝난 것같이 보인다. 비교. 출 23 : 20f. ; 신 27f. ; 레 26; 시 81 : 14f.).

17) 이스라엘 法 一般의 전제로서의 言約에 관하여 : M. Noth, *Die Gesetze im Pentateuch*, 1940 = *GS*, S. 9ff.

말들(דְּבָרִים)은 제의적으로 선포된 영향력있는 말로서 듣는 자에게 이 한계 선을 주의하고 침범하지 않는[18] 능력을 중개해 준다[19]. 이렇게 이 말들은 개체 "言約同志들"의 지속적이고 共同體에 성실한 행위를 통해 言約의 秩序를 보장한다.

樣式史學的 研究는 불과 수십년의 歷史를 가지고 있을 뿐이다. 그럼에도 불구하고 그 결과들은 다음의 사실을 인식케 한다 : 어떤 聖書의 本文도 그 類型의 삶의 자리에 관련시키지 않고는 충분히 파악되지 않는다. 반대로 말하면 : 옛 이스라엘과 초대 그리스도교회의 어떤 생활영역도 거기에 소속된 모든 유형들을 철저하게 고려하지 않고는 충분히 記述될 수 없다. 그러므로 어떤 本文으로부터 그것의 삶의 자리에 도달하려면 언제나 註釋에서 다음 물음들을 제기해야 한다 : "말하는 자는 누구인가? 듣는 자는 누구인가? 어떤 분위기가 그 상황을 지배하고 있는가? 여기서 추구되는 성과는 무엇인가?"[20] 커다란 歷史的 거리와 資料의 빈곤으로 聖書의 文學樣式들의 토착화를 분명하게 드러내는 일이 언제나 가능한 것은 아니라는 사실이 이 관찰의 불가피성을 계속 타당하게 한다.

생활영역이 특별히 확대되고 독자적으로 전개되는 곳에서 專門語가 생기는데, 그것은 일단 成立되면 그의 모든 類型들 속으로 스며든다. 가령 예루살렘 聖殿의 祭儀가 그런 것인데, 이것은 가령 法律生活의 表現方式과 구별되는 그 고유한 표현방식을 가지고 있다. 하나의 같은 말 — 가령 חֶסֶד(체데크), 구원의 능력을 보유하는 共同體에 대한 誠實 — 이 여기서 혹은 저기서 이용되느냐에 따라 아주 다른 의미들을 가질 수 있다. 십계명에서 야웨에 관련된 "질투하는"이란 말은 愛情生活에서의 같은 표현과는 다른 것을 뜻한다. 그러므로 히브리語 낱말의 모든 槪念史的 研究에서는 類型과 검토되어야 할 말에서 토착된 삶의 자리를 주목하는 것이 중요하다. 이것은 지금까지 아

---

18) 이스라엘과 하나님의 言約에 관한 가장 옛 전승들(창 15와 출 24의 기본자료)은 아직 公式化된 백성의 義務들에 관한 흔적을 보여주지 않는다. 아마 言約과 禁令의 이 연관성은 서서히 — 가나안적인 세겜의 בְּרִית אֵל(言約의 神)의 영향하에?— 이스라엘에게 의식된 것 같다. 비교. K. Koch, "Der Tod des Religionsstifters", *Kerygma und Dogma* 8, 1962, S. 110f.

19) 단언적 계명의 기능은 言約을 확인하는 일이다(עוד 〔증거하다〕, 시 50 : 7; 81 : 8; 수 24 : 27; 비교. 출 31;18; 32 : 15f.). 이스라엘인이 이것으로 무엇을 이해했는가는 양식사학적으로 밝혀지는 삶의 자리에 의해 가능한, 자세한 설명이 필요하다. 비교. 국가조약들의 標識인 아카디아語 *adê*.

20) Gunkel, *RuA*, S. 33; 분위기란 개념은 1910년대에는 대개 "상황의 분위기" (Stimmung der Situation)를 의미했고 좁은 의미에서의 심리적 상태를 뜻하는 것이 아니었다.

지 거의 손도 못댄 과제이다. 신약성서의 개념들의 경우에도 마찬가지로 팔레스틴 교회와 헬레니즘적 교회가 각기 다른 생활영역들과는 분명하게 구별되는 그들 자신의 **貫語를** 만들어냈는가를 주목해야 할 것이다. 바울이 로마 지방관리들과의 협상에서 $\delta\iota\kappa\alpha\iota\sigma\sigma\acute{\upsilon}\nu\eta$(義)라는 말을 사용했다면, 그는 이 말로 그가 교회의 모임에서 그같은 말을 사용했을 때와는 다른 어떤 것을 의미했을 것이다.

D. 古代 近東的 祭儀史 및 社會史와 헬레니즘적인 것의 類似性

양식사학적으로 연구하는 자는 누구나 그리스도교 前 이스라엘과 초대 그리스도교 시대의 생활영역들이 우리 세기의 생활 영역들과는 전혀 다른 데 대해 항상 경탄할 것이다. 당시 사람들이 현대 과학과 경제를 생각조차 할 수 없었던 것처럼, 오늘의 우리에게는 古代 近東 王宮이나 헬레니즘적 秘義 宗敎들의 생태와 活動相이 생소하다. 智慧의 育成 — 가령 우리는 格言集에서 이것을 아는 바 — 은 사라졌다. 예루살렘 聖殿도 이미 존재하지 않는다. 이 聖殿의 상황과 類型들은 현대 교회의 그것들과 거의 비교될 수 없다. 使徒들의 기능은 그리스도교 첫 세대의 죽음과 함께 끝났다. 당시와 오늘의 생활영역들의 차이는 言語的 樣式들의 차이 속에 반영되어 있다. 우리에게 자명한 文學의 종류들을 당시 사람들은 알지 못했다. 그리고 많은 성서의 유형들을 우리가 이해한다는 것은 오직 어려운 일일 뿐이다. 성서의 유형은 — 설사 심한 변화를 거쳤을지라도 — 그것이 近世에 이르기까지 관철된 곳에서 가장 쉽게 이해된다. 이에 해당하는 것은 무엇보다도 특정한 律法本文들, 혹은 설교를 삶의 자리로 가지고 있는 신약성서의 文段들이다. 그리스도교회들은 시편에도 쉽게 접근할 수 있다. 그리스도교 찬송가 속에는 이에 비교될 수 있는 素材들이 들어 있기 때문이다. 이런 類型들은 생생하게 남아 있다. 이 類型들을 지탱하고 있는 制度들이 계속 존속히기 때문이다. 그러나 이런 경우는 비교적 드물다. 대개는 먼저 옛 유형과 그 삶의 자리의 의미에 대하여 근본적 역사적으로 숙고해야만 그 이해가 가능하게 된다. 이럴 때에도 모든 標識는 여전히 오해의 위험성들을 내포한다. 왜냐하면 이 표지는 불가피하게 現代語로 연구된 것이기 때문이다. 내가 야웨의 이름으로 말해진 예언자의 神託을 法廷演說(Gerichtsrede)이라고 칭한다면, 나는 이것으로 너무 성급하게 현대의 관찰자에게서 어떤 관념의 聯想만을 일으킬 것이다! 내가 특정한 신약성서 전승들의 삶의 자리를 설교라고 말할 때, 특별히 改新敎 讀者에게 있어서 이것이 어찌 모든 것을 포괄하는 것을 뜻하지 않겠는가 !

古代 이스라엘 및 초대 그리스도교의 생활영역들이 이들로부터 생긴 文學樣式들과 함께 오늘날 통용되고 있는 모든 것에서 먼 거리를 가지고 있다면, 그것들은 古代世界의 制度들에 그만큼 더 가깝다는 것을 뜻한다. 이스라엘 사람들의 경우와 비슷한 방법으로 에집트인들과 바벨론인들, 앗수르인들도 그 日常生活은 王宮과 神殿에 의해 규제를 받았다. 스토아 통속철학에서와 같이 후기 이스라엘의 異邦人 宣敎에도 바울 — 그리고 예수 — 과 같은 유랑 설교자가 있었다. 많은 구약성서의 유형들이 이 인근 文學들 중에서도 입증되는 것은 놀라운 일이 아니다.

聖書의 言語가 한 하나님의 啓示와 人間存在의 궁극적 運命에 관한 신빙성 있는 정보라면, 이렇게 되는데 그 일익을 담당한 것은 古代世界의 言語들 뿐 아니라 이스라엘과 초대 그리스도교에 인접해 있던 민족들의 祭儀的인 그리고 社會的인 상황들이다. 이스라엘 및 초대 그리스도교가 그 이웃 민족들 및 종교들과 구별되는 점을 드러내는 것만으로는 불충분하다. 마찬가지로 그것들이 어떤 점에서 사상적으로 기구적으로 적극적인 관계를 맺었는가도 반드시 밝혀져야 한다. 이때 비로소 類型과 삶의 자리, 言語와 外的인 歷史의 연관성에 대한 양식사학적 認識이 신학적으로 진지하게 다루어질 것이다.

E. 文學的 類型들의 惰性과 다른 삶의 자리에로의 變遷

言語와 生活은 밀접하게 결합되어 있기 때문에, 삶의 자리 그리고 그와 함께 民族史, 宗敎史, 文化史의 변천들은 類型들의 변천에 함께 작용을 한다. 이 연관성을 궁켈은 창세기의 民俗的 民譚들(Sagen)에 관련시켜 다음과 같이 적절하게 표현했다: "새로운 세대가 등장하거나 外的 상황이 변하면, 혹은 사람들의 思想 — 종교이든, 윤리적 理想이든, 심미적 취향이든 — 이 변하면, 民俗的 民譚도 계속해서 같은 것으로 머물 수는 없다. 서서히 그리고 遲延되면서, 언제나 어느 정도의 거리를 두면서 民譚들은, 어떤 것은 적게 어떤 것은 많이 변하는 일반적인 변화의 法則들을 따른다. 그러므로 여기서 民譚들은 民族의 변천들을 인식하는 데 극히 중요한 資料를 우리에게 제공해 준다. 古代 이스라엘의 종교적, 윤리적, 심미적 판단들의 全歷史를 창세기로부터 얻어낼 수 있다"[21]. 그러나 이러한 사실은 民譚뿐

---

21) *Genesis*, S. LXV

아니라 文學 全般에도 해당한다. 文學의 변화와 文學 이외의 것의 변화의 결합은 어디서나 파악될 수 있다. 한 類型의 歷史는 그것의 삶의 자리의 歷史를 반영시켜 준다.

그러나 위의 引用文은 이밖에도 遲延의 계기를 지적하고 있는데, 이 계기는 삶의 자리, 즉 言語 이외의 사건에 비례되는 말과 文書의 변천들의 특징을 이룬다. 이 관계는 어떤 삶의 자리 혹은 全 생활영역이 사라지고 그와 함께 그 유형들이 지반을 상실하는 곳에서 특히 분명하게 나타난다. 이스라엘의 歷史에는 이런 계기가 여러번 있었다. 옛 12 部族同盟의 體制가 후퇴되고 君主制가 새롭게 설립된 다윗과 솔로몬의 통치기간에 言語樣式들의 상당한 부분, 즉 部族同盟體制에 근거를 둔 言語樣式들이 기반을 상실했다. 그러나 君主制에는 동시에 많은 수의 새로운 유형들이 당연히 필요했다. 그럼에도 불구하고 祭儀와 결부된 옛 설화들이 어떻게 좀더 오랫동안 전해졌는가는 구약성서에서 볼 수 있다. 이 說話들은 시온산에 세워진 새로운 국가질서와 새로 成立된 祭儀 중심지를 지시하는 바 없이, 마치 12 部族同盟이 아직 현재의 현실인 것처럼 말하고 있다. — 기원전 721년 사마리아의 멸망, 587년의 예루살렘 멸망과 독립 국가의 終焉은 좀더 철저한 변화를 가져왔다. 君王들 및 관리들과 함께 聖殿 및 祭儀도 사라지고, 預言者들은 입을 다물고, 賢者들은 보기 드물게 되었다. 그러나 이스라엘 및 유다의 王들에 대한 예언자들의 말과 시온의 聖殿을 찬양한 詩歌들 — 그것들의 내용과 樣式은 실제로 무의미하게 되었지만 — 은 사람들의 기억에 남아 있고 계속 전승되었으며 새로 복사되기도 했다. 言約의 祝祭들은 중단되었으나 십계명은 계속 살아 있다. — 예수가 죽은 후에 그 자신의 선포가 중단된 것도 이와 비슷한 관계를 가지고 있다. 따르라는 요구들은 地上의 예수가 떠나버렸기 때문에 그것들의 구체적인 삶의 자리를 잃었을지라도 그에 상응하는 전승들은 여전히 생생하게 지속된다. 사실 초대 그리스도교 예언자들은 神的인 靈感에 힘입어 그 이상의 따르라는 宣言들을 첨가했을 것이다. 제자들의 직접적인 교훈은 끝났으나 축복문들은 여전히 잘 알려져 있었다. 그의 교회에 보낸 바울의 편지들도 사정은 꼭 같다. 使徒가 죽은 후에도 — 바울이 전제하고 있던 특수 사정은 사라졌을지라도 — 편지들은 계속 전해지고 계속 낭독된다. 한걸음 더 나가서 바울의 이름으로 새로운 편지들이 기록되기까지 하고 혹은 목회서신들이 보여주는 것처럼 그런 것들이 개편되기도 한다. — 그러므로 文書的, 口傳的 類型들의 惰性, 삶의 자리의 소멸을 극복하고 계속 작용하려는 그것들의 경향을 잊어서는 안된다. 어떤 경우에도 이용된 유형으로 미루어 그것에 속하는 삶의 자리도 동시에 존속한다는 추론을 해서는 안된다. 결론을 내릴 수 있는 것은 단지 그 삶의 자리가 언젠가 틀림없이 존속했었다는 것 뿐이다. 유형이 이렇게 지반을 상실하면, 어떤 유형도 오랫동안 생생하게 지속되지 못한다. 그것은 언젠가 사람들의 기억에서 사라지고 傳統은 소멸한다.

  해당 類型에서 진술되었던 개체 자료들은 기껏해야 그것들이 다른 유형으로 바뀌고, 그 후에는 변화된 樣式으로 계속 존속한다는 식으로만 보존될 수 있을 뿐이다. 이처럼 어떤 유형이 제2의 삶의 자리로 交替되는 경우는 허다하다. 이 현상은 원래 口傳 類型이었던 것이 文書作品 속에 들어오는 곳에서 가장 쉽게 알아낼 수 있다. 소박하게 말하면 이로써 유형은 거리로부터 책상으로 옮아간 것이다. 위에 인용된 성서의 두 例, 즉 십계명과 축복문들도 이 과정을 겪었다. 이 두 경우에 유형은 우선 그 첫 삶의 자리(言約祝祭와 초대 그리스도교의 종말론적 선포)에서, 口傳的인 방법으로 존속했었다 (文書化로의 變遷은 특수한 문제들과 결부되어 있는데, 이에 관해서는 編輯史學과 口傳 傳統에 관한 項目에서 상세히 論할 것이다). 책의 문맥 속으로 옮아간 특수한 사정은 도외시할지라도, 십계명과 축복문들은 시간이 흐름에 따라 다른 영역을 얻고 다른 삶의 자리를 발견했다. 십계명은 늦어도 587년 聖殿의 몰락과 함께 그의 祭儀的 연결점을 상실했다. 그것은 포로 이후 시대에 이르러 會堂 石板들에 나타나고[22], 따라서 會堂禮拜에서 역할을 했을 것이다. 그후 십계명은 — 그리고 현재에 이르기까지 — 그리스도교회의 指導敎本 중 교리문답서의 일부가 되었다. 축복문들은 그리스도교회당들의 入口 혹은 벽에서 碑文으로, 또는 그리스도교인들의 집에서 簇子로, 뿐만 아니라 우편엽서에서조차, 즉 다양한 삶의 자리를 가진 교회생활의 많은 영역에서 볼 수 있다.

  이 변화는 특히 인상적인 개체 單一文의 言語에 의해 制約되었을 수 있다. 이 言語는 그 일부분을 다른 곳에서도 이용하도록 유혹한다. 이런 경우에는 대개 유형이 아니라 단지 개체 부분만이 바뀐다. 그러나 한 특정한 삶의 자리는 확대되어서 새로운 樣式들이 요구되고, 그 樣式들은 다른 삶의 자리에서 이용되는 경우도 있을 수 있다. 이때에는 유형들 자체가 바뀌고, 여기서 유형의 模倣이 생긴다. 가령 事故防止運動 團體가 "교통규칙 10개 조항"을 만들었다면, 이것은 구약성서의 유형을 본뜬 것이다. 좀더 진지한 경우이기

─────────────

22) Alt, *VT* II, S. 273—276.

는 하지만, 교회의 찬송가가 축복문들을 이용한 경우에도 비슷한 일이 일어
난다 :

　　복되도다. 실로 야곱의 하나님의 도움을 받는 자는 복되도다.
　　그는 믿음에서 떠날 수 없으리로다 · · · [23]

성서 자체의 내부에서도 같은 것을 볼 수 있다 : "현대 그리스도교가 옛날에
상속된 유형들이 설교와 主日學校를 위해 이미 충분하지 못함을 인식하고,
원래는 실상 종교적이 아닌 다른 유형들을 이용하여 그리스도교적 年曆과
講演集, 雜誌, 신문과 소설까지도 발간하고 실로 전문 '그리스도교 書籍
商'의 기초를 닦은 것같이, 예언은 그 원래의 話法이 만족할 수 없게 되었
을 때, 다른 유형들을 받아들이고 이것으로 백성에게 더 접근할 수 있기를
희망했다[24]. 그러므로 유형들을 빌려 쓰는 것과 그로 인해 한 유형이 다른
삶의 자리로 바뀌게 되는 결과는 결코 과소평가할 수 없는, 오히려 삶 자체
의 움직임에 속하는 극히 일반적인 현상이다[25]. 개체 부분들이 다른 삶의
자리로 옮아가는 경우 때로는 혼합 유형들이 형성된다. 즉, 개체 부분들이
아직 부분적으로는 원래의 옷을 입고 있어서 아직 새로운 자리에 완전히 적
응되지 않았을 때 그렇게 된다. 이것은 樣式상의 불일치에서 나타난다. 시
편들 중에서 그런 例를 볼 수 있다. 즉, 아직 탄식시 유형에 속하지만 분명
히 이미 탄식시가 속했던 옛 자리에서 읊어지지 않고 賢者들의 계층에서 어
떤 역할을 하며, 그러므로 지혜적인 색채들을 보여주는 시편들이 있다(가령
시 119편).

　즉, 삶의 자리에 대한 類型 및 語套의 관계가 이렇게 긴밀한 만큼, 이 관
계는 어떤 단순한 개념으로 종합될 수 없고 아주 다양하고 철저한 변화들에
예속되어 있다.

　성서의 유형들이 이스라엘人과 초대 그리스도교인의 생활영역들에 결부되
어 있다는 사실은 神學者에게 특히 중요하다. 여하간 성서의 개체 부분들은
공중에 걸려 있거나 하늘과 땅 사이에 떠 있지 않고, "거룩한" 歷史 — 물론
특별히 격리된 공간이 아니라 古代世界의 일상적인 진행과정 한 가운데서 일
어나는 歷史 — 와 불가분리하게 결부되어 있다는 사실이 드러난다. 삶의
자리의 발견은 하나님의 啓示에 관한 가장 훌륭한 證言인 성서에서 방향을

---

23) *Evangelisches Kirchengesangbuch*, 198장 3절.
24) Gunkel, *GrPro*, S. XLVI.
25) 의도적인 變造들이 아니라면 !

설정하려는 그리스도교회와, 즉 옛 이스라엘 民族 및 (팔레스틴적, 헬레나
즘적) 초대 그리스도교 및 이 兩者를 결합시키는 歷史와 불가분리하게 결부
되어 있다는 것을 상기시켜 준다.

유형 관찰을 삶의 자리에 연결시켜 준 것은 궁켈의 천재적인 착상이었다. 그가 이
架橋를 착상하게 된 것은 一般文學과는 건혀 무관하게, 단지 성서의 資料들 때문인
것으로 보인다. 그러므로 그가 유형과 생활영역의 관련을 점차적으로 명백히 의식하
게 되고, 삶의 자리라는 개념은 비교적 후에 만들어낸 것은 이상할 것이 없다[26].

오늘에 이르기까지 독일文學과 라틴文學에서는 文學的 類型들과 社會學的인 상황들
의 결합을 거의 그 과제로 보지 못하고 있다. 뵉크만(P. Böckmann) 같은 사람은 예
외로 보이는데, 그는 가령 바로크文學의 연구가 성과를 거두려면, 그 社會의 전체 연
관성에서 그것이 가졌던 위치가 검토되어야 한다는 주장을 내세웠다 : "오직 그때 그
때의 生의 전체 구조에 있는 文學의 자리에 대한 이런 숙고만이 各時代의 文體에 대
한 물음에 좀더 깊은 배경을 제공할 수 있다"[27]. 순전히 무시간적인 형태학적 관찰
(Jolles 가 그렇다)을 넘어서서 類型史를 추구하는 곳에서도 역시 社會學的인 成分들
은 중요시되지 않는다. 가령 피에토르(K. Viëtor)는 유형사적 연구계획을 할 때, 悲劇
(Tragödie)이 宮中演劇으로부터 大衆演劇으로 넘어가는 과정에 관련시켜 이렇게 말
하고 있다[28] : "나는 이러한 것들은 悲劇의 基本要素를 이루고 있는 類型의 특수성들과
직접적으로는 무관하다고 말할 수 있다고 믿는다. 宿命에 대한 인간의 영웅적인 抵抗,
價値들의 불행한 충돌 — 이런 현상들 중에서 生의 비극적 기본성질이 드러나는 바 —
이것들은 오직 지배적인 사회계층의 사회적 환상을 위해서만 계급에 알맞게 결부되어
있다."고작해야 精神史에 관심을 가진 歷史家인 非專門家는 "사회학적 관점에서 기
록된 중세기 라틴文學의 歷史는 아직 없다"[29]는 불만을 가끔 토로할 뿐이다. 프랑스
의 文藝學者들은 좀더 통찰력이 있는 것으로 보인다 : "各己의 감정적 趣向, 各己의 社
會的 혹은 宗敎的 요구는 어느 정도 훌륭하게 발전하는 다른 쟝르의 기초를 이룬다"[30].

---

26) 1906년 처음으로 "民衆生活의 자리"(Sitz im Volksleben)라는 말이 나오고
(*RuA*, S. 33, 비교. *KdG,*, S. 55), "삶의 자리"(Sitz im Leben)라는 개념은 1917년
에 도입된 것 같다(*ThR* 20, S. 269). — 신약성서 영역에서 이 개념은 Dibelius 와
Bultmann 에게서 자명하지만, 고작해야 說敎 혹은 辨證과 같은 일반적인 낱말에 의
해 밝혀질 뿐이다. "삶의 자리를 구체적으로 이해하려는 관심이 부족하다"고 하는 K.
StendahI (*The School of St. Matthew*, Acta Seminarii; N.T. Upsaliensis XX,
1954, S. 14)의 지적은 옳다.

27) "Von den Aufgaben einer geisteswissenschaftlichen Literaturbetrachtung",
DVfLG IX, 1931, S. 465.

28) "Probleme der literarischen Gattungsgeschichte", *DVfLG* IX, 1931, S. 436.

29) K. Hauck, in: *Geschichtsdenken und -bild im Mittelater*, hg. v. W. Lammers,
Wege der Forschung XXI, 1961, S. 166.

30) v. Tieghem(참조. S. 34), S. 97. — 모든 著述家는 유형의 선택에 있어서 어떤

英國系 哲學에서는 후기 비트겐슈타인(Wittgenstein)의 경우 言語活動(Sprachspiel)과 生活樣式의 관계가 類型과 삶의 자리의 관계에 일치한다[31]. 獨逸語 영역에서는 이러한 문제제기를 民俗學에 넘겨주는데, 民俗學은 물론 어느 정도 단순한 유형들만을 취급한다[32].

類型과 삶의 자리의 결합은 樣式史學이 다루는 내용이 중립적으로 대립하고 있는 形式的인 관점들에만 국한되지 않는다는 것을 다시 한번 분명히 해준다. 本文의 樣式들이 파악되는 경우에는 오히려 내용의 태반도 이미 파악된다. 궁켈이 다음과 같이 강조한 것은 옳다 : "文學史的 관찰은 결코 樣式뿐 아니라 내용도 꼭같이 … 취급한다"[33]. "樣式"이란 표현을 전문용어로 사용하는 것은 가능한 한 피해야 할 것이다. 그것은 극히 불분명해졌기 때문이다[34].

많은 註釋學者들[35]은 類型-삶의 자리 대신 樣式-機能(Form-Funktion)이란 双 概念을 사용한다. 여기에 전제되어 있는 것은 모든 樣式에는 처음부터 어떤 機能이 일치한다는 것, 兩者는 서로 분리될 수 있으며, 樣式은 전혀 다른 機能을 가지고 나타날 수 있다는 것이다. 그러나 이것은 複合的인 歷史 現象들을 설명하기에는 너무 단순한 圖式이다.

또한 그 槪念들도 너무 애매하다. 어느 것이나 다 文學的 樣式으로 표시될 수 있는 것은 아니다[36] ! 텍스트들도 言語 內에서 그 機能들을 가지며, 그것을 구성하고 있는 一部 文段이나 內 類型들은 모두 보다 큰 外 類型 안에서 각기 그 機能을 가지고 있다[37].

어떤 文化나 社會에서도 生活領域들 및 그것을 지탱하는 制度들은 무수한

내적 강요에 따른다는 것을 진술한 후에 이렇게 계속 말한다(S. 99) : "그러나 예술작품은 보통, 작가와 그리고 그가 그 속에서, 그것을 위해 활동하는 (사회)환경의 협동에 의한 것임을 잊지 말자. 大衆은 쟝르의 구별을 결정하는 두번째 요소이다."

31) Koapel, "Wittgenstein…", *ZThK* 63, 1966, S. 72f.

32) 민속학 측에서 만족할 만한 관점들 : M. Lüthi, *Volksmärchen und -sage*, 1961, S. 160—184.

33) *GuB*, S. 33; 비교. Mowinckel, *Prophecy*, S. 42—44.

34) 文學的 樣式으로 간주되지 않는 것이 무엇인가 ! Jolles의 경우 이 개념은 유형과 같은 의미를 가지고, W. Kayser의 경우에는 — 文法形式으로 시작된 — 유형의 개체 成分들과 같고, H. Kees의 경우 이것은 文書의 종류와 자료를 표시한다 (*HdO* I 2, S. 1ff.).

35) H. W. Hoffmann, "Form — Funktion — Intention", *ZAW* 82, 1970, S. 341—346(그곳의 A. 1 Lit.).

36) 위의 註 34를 참조하라.

37) 言語科學에서는 "機能"이 그때 그때의 言語들의 全 體系 또는 유사한 言語들에서 그에 상응하는 것에 대한 관계로 이용된다 : L. Hjelmslev, *Die Sprache*, 獨逸語版, 1968, S. 13f.

삶의 자리와 거기에 적합한 언어적 표현 수단을 만들어 낸다. 그러므로 모든 類型은 社會的인 欲求에 일치하며, 모든 개인의 充足에 앞서 이미 하나의 확고한 목표에 기여한다. 註釋者가 이 목표를 인식하려면, 類型의 旣存 표현에서 추론해내야 한다. 구약 및 신약성서 시대의 制度들에 대한 우리의 지식은 불완전하기 때문에 이런 推論은 종종 가설적인데 머물고 만다. 그럼에도 불구하고 이런 試圖는 계속되어야 한다. 왜냐하면 삶의 자리에 대한 지식이 없을 때 本文의 註釋은 공중에 뜬 것이 되고, 종교와 삶, 신앙과 역사의 연관성은 이해될 수 없기 때문이다.

§4. 傳承史

A. 개체 부분의 변천

지금까지 樣式史學的 註釋의 첫 단계들, 즉 a) 類型, b) 類型史, c) 삶의
자리를 規定하는 일이 서술되었다. 이 세 단계만으로는 아직 성서의 각 개
체 부분이 註釋되는 것은 전혀 아니다. 겨우 그것의 言語的 주변, 그것이 나
타나는 일반적인 文學樣式을 설명할 뿐이다. 지금까지 단언적 禁令群들과 그
것들의 言約祝祭에 대한 관계 혹은 예전적인 종말론적 宣布로서의 축복문들
에 관하여 언급된 것은 구약성서에 있는 다른 禁令群들과 신약성서에 있는
축복문들에도 꼭같이 해당한다. 그러나 樣式史學은 그러한 일반적인 배경의
硏究에서 그치는 것이 아니다. 類型과 삶의 자리가 설명된 후에 樣式史學은
개체 本文을 향한 또 다른 硏究過程, 즉 傳承史(Überlieferungsgeschichte)
를 다루게 된다[1].

傳承史는 한 類型의 독립된 개체 部分, 간단히 말하면, "한 傳承"을 그것
의 특유한 歷史와 그것의 특수한 삶의 자리를 향해 검토한다. 개체 傳承의
변천을 분리시켜 밝히는 일이 필요한 까닭은 많은 성서의 文段(Abschnitt)
들이 — 그 마지막 형태를 취하기 전에 — 긴 세월을 통해 文書的으로 혹은
口傳的으로 전승되어 왔고, 그러면서 變해왔기 때문이다. 이 變化들은 다른
곳에서도 관찰될 수 있는 유형과 그것의 삶의 자리의 변화들에 상응하면서,
類型史의 테두리 어디에서나 일어났다. 그러나 천재적인 思想家 혹은 詩人
이 類型史의 통속적 과정에서 벗어날 정도로 독자적인 표현을 개체 부분에
제공하는 경우도 — 언제나 고려에 넣어야 할 것이다 — 나타난다. 혹은 문
제되고 있는 傳承이 한번 또는 여러번 유형과 삶의 자리를 바꾸는 경우도
있다. 이 경우 傳承史는 한 유형과 그 변천들의 영역을 벗어난다. 獨逸文學
史에서 유명한 例를 들 수 있다. 괴테의 大戱曲 파우스트는 周知하는 바와
같이 原 파우스트에서 戱曲類의 前段階를 가지고 있었다. 여기까지는 파우스
트 資料의 傳承史가 당시 戱曲의 類型史 내부에서 진행된다. 그러나 前段階

---

1) 이 개념은 이미 Gunkel 에게서 나타난다 : *Schöpfung*, S. 209. 그러나 Gunkel
과 Gressmann 時代에는 資料史(Stoffgeschichte) 혹은 傳統史(Traditionsgeschichte)
란 말이 더 자주 사용되었다(W. Bousset, *Der Antichrist*, 1895, S. 5). 참조. H.-J.
Kraus, "Zur Geschichte des Überlieferungsbegriffs in der alttestamentlichen
Wissenschaft", *EvTh* 16, 1956, S. 371—387.

에서 이 資料는 그것대로 民俗的인 笑劇들과 民譚들 그리고 결국은 野話들에 포함되어 있던 "파우스트 박사"(Dr. Faust)에 관한 民俗册에서 유래한 것이다. 즉, 동일한 개체 부분이 수백년간에 여러번 類型 및 그와 함께 삶의 자리도 바꾼 것이다. 그러나 괴테가 編修한 작품은 戲曲이라는 유형의 당시 수준을 훨씬 능가하는 것이다.

개체 부분의 傳承史는 어떻게 밝혀지는가? 傳承史는 同一資料가 두번 各異한 시대에 확고한 형태를 취한 경우(民俗册 → 괴테의 戲曲) 쉽게 파악될 수 있다. 이 경우 양식사학적 비교는 대개 1단계로부터 2단계로 넘어가는 전승과정을 그것의 중간단계들과 함께 분명히 해줄 뿐 아니라, 그 1단계 이전에 있는 더 옛 樣式化 과정을 시사해 준다. 傳承史는 상실된 한 原本의 독립된 두 改作品이 있는 경우에도 밝혀질 수 있다. 그 때에는 2a 단계와 2b 단계를 비교함으로 1 단계를 再構成할 수 있다. 위에서 확증된 성서의 두 例가 이 사실을 설명해 줄 것이다. 시내산의 십계명도 축복문들도 다행히 두가지로 전승되어 있다. 뿐만 아니라 이 두 單一文의 개체 귀절에 대한 또 다른 유사형들도 있다.

B. 축복문들[2]

마태복음서 5 : 3—10	누가복음서 6 : 20—21
3 靈으로 가난한 자들은 복이 있으니, 이는 천국이 그들의 것임이라.	너희 가난한 자들은 복이 있으니, 이는 하나님의 나라가 너희 것임이라.
5 온유한 자들은 복이 있으니, 이는 그들이 땅을 소유할 것임이라[3].	
4 슬퍼하는 자들은 복이 있으니, 이는 그들이 위로를 받을 것임이라.	
6 義에 주리고 목마른 자들은 복이 있으니, 이는 그들이 배부르게 될 것임이라.	너희 지금 주리는 자들은 복이 있으니, 이는 너희가 배부르게 될 것임이라.
7 자비로운 자들은 복이 있으니, 이는 그들이 자비를 얻을 것임이라.	

---

2) 文獻, 참조. §1, B.

3) 옛 사본과 같이 5절은 4절 앞에 있어야 한다. 셈어적 平行法 עָנָו—עָנִי(가난한—힘없는)를 그리스도교인들은 이미 이해하지 못했다. Dupont, S. 252—255.

8 마음이 청결한 자들은 복이 있으니,   너희 지금 우는 자들은 복이 있으
　 이는 그들이 하나님을 볼 것임이라.   니, 이는 너희가 웃을 것임이라.
9 화평케 하는 자들은 복이 있으니,
　 이는 그들이 하나님의 자녀라 일컬
　 음을 받을 것임이라.   베드로 전서 3 : 14
10 義를 위하여 박해를 받는 자들은   너희가 義를 위하여 고난을 받으면
　 복이 있으니, 이는 천국이 그들의   복이 있도다 !
　 것임이라.

이 두 編修文[4]은 유사성과 상이성을 분명하게 보여준다. 이것은 한 복음서 기자가 다른 복음서 기자의 本文에 예속되어 있기 때문이라고 간단히 해결할 수는 없다. 오히려 이 둘은 상호 연관성없이 그것들이 筆者들에게 입수되기 전에 이미 各異하게 발전되었을 엣 前 단계에 소급되는 것임이 분명하다. 이 前 단계들에 관해 인식되는 것은 무엇인가? 뚜렷하게 드러나 보이는 차이는 누가가 對稱(Anrede)을 이용하는데 반해, 마태는 3인칭으로 행복한 자들에 관해 말하고 있는 것이다. 어느 것이 더 옛 것인가? 디벨리우스는 對稱 편을 드는데, 그것은 條文들이 "믿고 따르는 자들에게 말해졌기" 때문이라[5]고 한다. 그러나 축복문의 유형은, 구약성서의 例들이 증명해 주는 바와 같이, 인습적으로 3인칭을 사용하였고, 對稱 양식으로 변하는 것이 그 반대 경우보다 훨씬 더 쉽게 생각될 수 있기 때문에 — 누가에서의 變形은 특히 후속 格言과의 균형을 맞추기 위해 이루어진 것일지라도 — 이 관점에서 마태의 文體가 더 옛 것임이 확실하다[6].

더 어려운 문제는 어느 條文들이 원래 이 계열에 속해 있었는가 하는 것이다. 마태는 8개의 축복문을 전하고 누가는 셋만을 전한다. 누가의 세번째 것은 마태의 슬퍼하는 자들에 관한 것에 일치하는데, 누가는 이것을 더 강한 표현으로 그리고 더 일반적으로 만들었고, 그 때문에 비구이 놓기도 했다[7]. 마태는 개체 條文들을 해석하는 말로 보충했다. 그가 가난한 자들에 관한

---

4) *Kerygmata Petri* 에 있는 제 3 編修本에 관하여 : H. Waitz, *ZNW* 4, 1903, S. 335—340. 제 4 編修本은 새로 발견된 도마복음서에 있다 : 54, 68f. (7, 19, 49, 58, 103); K. Aland, *Synopsis Quattuor Evangeliorum*, 1961.

5) *Botschaft und Geschichte* I, S. 92, 104.

6) Bultmann, *Tradition*, S. 114(한국어 번역판, 허혁譯, 대한기독교서회, 1971, S. 134); *ThW* IV, S. 370 註 43; 특히 Dupont, S. 272—282. *Kerygmata Petri* 에서도 그렇다. 그러나 이에 상당하는 아람어 אַשְׁרֵי는 종종 2 인칭과 결부된다.

7) Dupont, S. 269—272.

축복문에 "靈으로"라는 해석을 첨가한 序頭에서 그렇다. "굶주림"에 "義에 목마름"이 부가된 중간 부분도 마찬가지다[8]. 자비로운 자들에 대한 약속은 전부 그에게서 유래한 것이리라[9]. 敷衍된 것들은 다른데, 마태는 原本에서 이미 발견했으나[10] 누가는 그렇지 않다[11]. 이것들은 구약성서의 引用에 의해 확대되어 있다. 즉, 5절은 분명히 시편 37:11을 모방한 것이고, 8절은 시편 24:4,6의 餘韻을 풍기며, 9절은 에녹 2서 52:11과 유사하다. 그러나 10절은 베드로 전서 3장에 의하면 독자적인 축복문이었는데, 후에 — 그러나 마태 이전에 — 이 계열에 추가되었고, 그렇게 함으로 이 全文이 균형상 하늘나라의 약속으로 시작하고 끝나게 되었다.

따라서 단지 세 축복문만이 아주 확실하게 두 복음서 기자의 공통된 前 단계에 소급된다 :

> 가난한 자들은 복이 있으니, 이는 하나님의(?) 나라가 그들의 것임이라.
>
> 슬퍼하는 자들은 복이 있으니, 이는 그들이 위로를 받을 것임이라.
>
> 주리는 자들은 복이 있으니, 이는 그들이 배부르게 될 것임이라.

이 세 條文 배후에는 이사야서 61:1—7의 인용문이 들어 있을 수 있다 :

> 1 만유의 主 야웨의 靈이 내 위에 임하니 · · ·
>   가난한 자들에게 기쁜 소식을 전하도록 나를 보냈도다 · · ·
> 2 슬픈 자들을 위로하도록 · · ·
> 6 그러나 너희는 야웨의 제사장이라 일컬어질 것이고, 사람들은 너희를 우리 하나님의 일꾼이라 부를 것이다.
>   너희는 민족들의 재물을 향유할 것이고 · · ·
> 7 내 백성의 치욕은 갑절이었고 그들의 '상속'분은 수치였던 대신, 그 까닭에 그들은 그들의 땅에서 갑절을 소유하리라.

구약성서의 예언에 결부된 것이면서도, 이것들은 함축적으로 수정되었다. 다른 민족들보다 이스라엘이 우세하다는 示唆와 그들이 재물을 향유하리라는 말은 탈락되었다. 그 대신 깨지지 않는 하나님 자신과의 미래적인 공동생활

---

8) 두 附加文은 도마복음서에 없다.

9) 마태는 자비를 중요시한다(15:22; 17:15; 18:33을 공관서의 平行句와 비교). 先行文과 後續文에서 動詞가 동일한 것은 관례를 벗어나고 있다.

10) Dupont은 마태복음서 기자의 敷衍을 물론 더 높이 評價한다.

11) 누가에 의한 생략이란 Dupont의 견해는 설명하기 어려울 것이다. S. 256—258.

이 전면에 부각되었다.

위에서 이미 類型에 대한 일반적 해석을 설명할 때 말한 示唆, 즉 축복문들은 원래 德目들을 성격지으려는 것이 아니라는 示唆는 이로써 확인된다. 왜냐하면 바로 이 세 條文에서 거론되고 있는 것은 특정한 행동을 촉구하는 것이 아니고, 오히려 이 세계의 종말인 지금 받는 고난의 댓가인 미래적인 보상의 위로와 약속이기 때문이다. 이 세 條文은 예수 자신에게 소급되는 것이 확실하고, 그의 宣布의 일부였다. 그것들의 역설적 性格(즉, 지금 가난한 자들—미래의 지배자들, 여기서 굶주리는 자들—저기서 배부른 자들)과 함께 이것들은 예수의 종말론의 기본내용에 일치한다.

원래의 單一文이 마태복음서에까지 이른 저 傳承의 흐름에서 댓귀법의 형식을 취한[12] 세개의 二重的인 雙으로 확대되었다 :

> Ⅰ. 가난한 자들[13]은 복이 있으니, 이는 하늘 나라가 그들의 것임이라.
>
> Ⅱ. 힘없는 자들[14]은 복이 있으니, 이는 그들이 땅을 소유할 것임이라.
>
> Ⅲ. 슬퍼하는 자들은 복이 있으니, 이는 그들이 위로를 받을 것임이라.
>
> Ⅳ. 굶주리는 자들은 복이 있으니, 이는 그들이 배부르게 될 것임이라.
>
> Ⅴ. 마음이 청결한 자들은 복이 있으니, 이는 그들이 하나님을 볼 것임이라.
>
> Ⅵ. 화평케 하는 자들은 복이 있으니, 이는 그들이 하나님의 자녀들이라 일컬음을 받을 것임이라.

先行文에서도 後續文에서도 각기 연속되는 두 文章이 엄격히 상응한다. 詩的인 표현은 이것이 필시 禮典文으로 사용되었으리라는 추측을 하게 한다. 이사야서 61장의 또 다른 引用(Ⅱ와 Ⅵ에서)과 함께 종말론적으로 이해된 시편 귀절들이 받아들여졌음이 분명하다 : 시편 37 : 11→Ⅱ, 시편 24 : 4—6→Ⅴ. 이 단계가 아직 아람어를 사용하던 팔레스틴 교회에 속하는지 아니면 이미 그리스어를 사용하던 "異邦" 그리스도교회에 속하는지는 결정하

---

12) 참조. §8, B.

13) 히브리어 עֲנִיִּים, 아람어 עניּיא.

14) 히브리어 עֲנָוִים, 아람어 ענותניא.

기 어렵다. 한편 구약성서에 혼한 '가난한 자들 — 힘없는 자들'이란 平行法
이 사용되었으며, 다른 한편 非구약성서적인 '하나님을 봄'(Gottesschauen)
이란 말이 사용될 수 있었다.

시간이 흐름에 따라 심한 박해를 받게 되자 끝 부분에 또 다른 축복문이
첨가되었다. 이것은 언젠가 다른 기회에 예수가 말한 것일 수 있다. 이것이
끝에 첨부되면서, 이것은 이 群의 절정을 뚜렷하게 부각시켰다 :

> Ⅶ. 박해를 받는 자들은 복이 있으니, 이는 하늘나라가 그들의 것
> 임이라.

이로써 세개의 二重的인 雙은 7條目으로 변하였는데, 이 경우 後續文은 마
지막 節에서 아주 기교적으로 첫째 節의 것을 다시 받아들이고 있다.

마태복음서에서의 編輯은 이 傳承史를 잠정적으로 종결짓고 있다. 살아
있는 말의 흐름 속에 있는 單一 이야기는 언젠가 文書化, 이른바 응고되
고 변하지 않는 외모를 취한다[15]. 그러나 傳承은 다른 次元에서 계속 변한
다[16]. 후기 교회의 실제적인 사용에서 이것은 폴리갚(Polykarp)에 의해 다
시 짧게 編修되었다 :

> 가난한 자들과 義를 위하여 박해를 받는 자들은 복이 있으니, 이
> 는 하나님 나라가 그들의 것임이라.

그리고 靈知主義者들은 도마복음서(Thomasevangelium) 69에서 이렇게 改
作했다 :

> 그들의 마음에 박해를 받는 자들은 복이 있다!
> 저들이 바로 아버지를 참으로 안 자들이다.

여기서와 같이, 많은 귀절들의 경우 성서의 成立史는 그것들의 解釋史에서
끊임 없이 계속된다.

원래 독립적인 두번째 축복문은 달리 보인다 :

---

15) 마태와 누가는 말資料인 Q에서 先行者를 가지고 있었으며, 兩者는 이로부터
원래적인 세 축복문을 입수했다. 마태는 누가와 다른 텍스트를 입수하지 않았을 것
이라는 견해는 가능하다. 그 敷衍된 樣式은 口傳傳統으로부터, 즉 그의 교회가 禮典
文으로 사용한데서 그에게 알려져 있었을 수 있다. 자비로운 자들을 위한 약속은 그
자신이 첨가한 것이다. 위를 참조하라.

16) J. H. Robinson, *ZThK* 62, 1965, S. 314—316.

나를 인하여 저들이 너희를 욕하고 박해하고 너희를 거슬러 온갖 악한 말을 하고 너희를 속이면, 너희는 복이 있다.	人子을 인하여 사람들이 너희를 미워하고, 그들이 너희를 쫓아내고 욕하고 너희 이름을 악하다고 추방하면, 너희는 복이 있다.
기뻐하고 즐거워 하라. 이는 너희의 상이 하늘에서 큼이라.	그날에 기뻐하고 뛰놀라. 이는 보라, 너희의 상이 하늘에서 큼이라.
그들이 너희 전에 있던 예언자들을 이와 같이 박해했음이라.	그들의 조상들이 예언자들에게 이와 같이 행했음이라.

일치점이 훨씬 더 많다. 그럼에도 불구하고 복음서 기자들이 해석하는 方法을 드러낸다[17]. 누가에서는 "사람들"이 압박하는 主體로 나타나고(비교. 눅 5 : 18, 20등), "악한 이름을 추방한다"라는 셈語 표현이 그리스어 표현 "이름을 악하다고 추방한다"로 되었다. 복음서 기자는 "그날에"를 첨가함으로(비교. 21절에서 "지금"의 삽입) 환란의 순간에 기쁨이 생긴다는 것을 부각시켰다. 가장 심하게 변한 것은 結語이다. "그들이 예언자들을 박해했다"는 모호한 構文은 그의 그리스어 감각에 모순되고, "너희 전에 있던 자들"은 예수의 제자들을 예언자들과 대등하게 취급하는 것인데, 이것 역시 누가의 思想에 모순된다. 그래서 그는 표현을 새로이 하고 단지 "예언자들"만 남겨 두었다. ─ 마태도 전승된 本文에 손질을 加했으나 심하지는 않다. 초대 그리스도교의 쓰라린 경험으로부터 "미워하다"와 "쫓아내다"를 한데 묶어 "박해하다"로 상승시켰다. 복음서 기자의 신중한 性格에 일치하게 "속이다"를 첨가함으로 나쁜 소문을 문제했다. 교훈자료에 있던 "人子를 인하여"를 좀 더 분명하게 예수가 "나를 인하여"(마 10 : 32도, 비교. 눅 12 : 8)라고 말한 것으로 만들었다.

여기서 이 格言의 原形을 위해 밝혀지는 것은 무엇인가? 이 格言은 Q에서 예수의 제자들에 대한 高潮되는 박해를 묘사했다 : 미움으로부터 회당에서의 축출, 이름의 除名에 이르기까지. 박해가 클수록 그런 運命에 의해 이스라엘 예언자들과 대등한 취급을 받게 되는 자들을 위한 하늘의 상도 그만큼 크다. "그들은 너희 전에 있던 예언자들을 이렇게 박해했다"라고 말한 것

---

17) 이하의 설명은 Dupont, S. 227ff. ; O. H. Steck, *Israel und das gewaltsame Geschick der Propheten*, WMANT 23, 1967, S. 20—27.

은 물론 지금도 예언자들이 있다는 것, 그리스도교인 讀者들 중에 마찬가지로 박해를 받는 새로운 예언자들이 있다는 것[18], 예언은 먼 옛 시대에 해당되는 것이 아니라는 것이 전제되어 있다. 랍비들의 귀에는 불가능한 주장이다!

이 확대된 축복문을 자신있게 예수 자신에게 소급시킬 수는 없다. 이에 대한 反證은 곧 이 축복문의 對稱-樣式(Anrede-Form)인데, 이것은 이 傳承의 경우 분명히 원래의 것이지만 歷史的 예수의 경우 — 그가 직접 청중을 대했을지라도(마 11 : 6; 눅 7 : 23) — 흔하지 않다[19]. 또한 예수는 이곳 외에서는 자기를 위해 (회당 연합체로부터) 추방을 당하는데 관해 말한 일이 없다. 여기서는 아마 유대교인 敵들에 의한 초대교회의 환란이 전제되어 있고, 이것이 (부활절 후 높임을 받은) 主($\kappa\acute{\upsilon}\rho\iota\omicron\varsigma$)의 말이라는 사실에 의해 설명된다. 따라서 이것은 교회의 작품일 수 있다. 樣式史學者들은 歷史的 예수에 소급되지 않는 이런 格言들을 교회의 작품이라고 칭한다(이 표현은 오해를 받기 쉽다. 초대 그리스도교의 傳統을 가지고 있는 자의 작품이라고 하는 것이 더 좋을 것이다[20]). 그러나 예수에 기원을 둔 것일 수 있다는 가능성도 완전히 배제될 수는 없다. 왜냐하면 이 格言은 초대 그리스도교 文獻에 눈에 뜨일 정도로 널리 퍼져 있고[21], 베드로전서 4장 14절에 단축된 형식으로 인용되어 있기 때문이다. — 축복문들이 특별히 보여주는 것은 첫눈에 평면적으로 나타나 보이는 성서 本文이 전승사학적 관찰에 의해 깊은 次元을 얻는다는 것이다. 복음서들에 나타나 있는 표현은 후기 단계의 것으로 보이는데, 우리가 두 복음서 안에 있는 동일한 格言 單一文을 전승사적으로 비교하면 그것의 前 단계를 분명히 인식하게 된다.

십계명의 傳承史도 비슷하게 啓發的이다.

---

18) Schniewind, *ThR*, 1930, S. 176.

19) 마 16 : 17; 눅 14 : 14는 예수의 말이 아니다.

20) Bultmann 과 Dibelius 가 도입한 "교회작품"(Gemeindebildung)이란 표현은 많은 批判을 불러일으켰다(비교. Schniewind, *ThR*, 1930, S. 153). 사실 이 표현이 아주 잘된 것인지는 문제이다. 초대 그리스도교회와 옛 이스라엘 民話에서 특정한 說話들이 생겨났고 개작되었다는 것은 생각할 수 있다. 그러나 축복문과 같이 禮典的인 樣式이 "교회에서"(in der Gemeinde) 匿名으로 생길 수 있다면, 그것은 직업적인 대변인 그리고 그와 함께 아주 좁은 의미의 삶의 자리를 필요로 하지 않을까?

21) W. Nauck, "Freude im Leiden. Zum Problem einer urchristlichen Verfolgungstradition", *ZNW* 46, 1955, S. 68—80. — 예수가 자신을 到來한 "人子"로 호칭했는가에는 異論이 많다(참조. L. Goppelt, "Zum Problem des Menschensohns", in: *Mensch und Menschensohn*, Festschrift für K. Witte, 1963, S. 20—32; 反面 Ph. Vielhauer, "Jesus und der Menschensohn", *ZThK* 60, 1963, S. 133—177).

C. 십 계 명[22]

출애굽기 20 : 2—17	신명기 5 : 6—21
나는 너를 애굽 땅, 종 되었던 집에서 인도하여 낸 야웨 네 하나님이다.	(같음)
내 앞에서 다른 神들을 네게 있게 하지 말라.	(같음)
너는 너를 위하여 偶像을 만들지 말라.	(같음)
(그리고) 위로 하늘에 있는 것이나 아래로 땅에 있는 것이나 땅 아래 물 속에 있는 것의 아무 形像도 (만들지 말라).	(같음)
너는 그것들 앞에 절하지 말며 그것들을 섬기지 말라.	(같음)
이는 나 야웨 네 하나님은 질투하는 하나님이고, 나를 미워하는 자들에게는 그 아비의 罪를 자녀들 (그리고) 3, 4대 까지 罰하나, 나를 사랑하고 내 (그의) 계명들을 지키는 자들에게는 천대까지 誠實을 다할 것임이라.	
너는 야웨 네 하나님의 이름을 헛된 목적을 위하여 이용하지 말라.	(같음)
이는 야웨는 그의 이름을 헛된 목적을 위하여 부르는 자들을 그대로 내버려 두지 아니함이라.	(같음)
안식일을 기억하고[23] 그 날을 거룩하게 하라 —	안식일을 지키고 그 날을 거룩하게 하라 —
	야웨 네 하나님이 네게 命한 바와

---

22) 文獻, 참조. §1, C.— N. Lohfink, "Zur Dekalogfassung von Dt. 5", *BZ* NF 9, 1965, S. 17—32. — R. Knierim, "Das erste Gebot", *ZAW* 77, 1965, S. 20—39. — A. Jepsen, "Beiträge zur Auslegung und Geschichte des Dekalogs", *ZAW* 49, 1967, S. 277—305. — W. H. Schmidt, "Überlieferungsgeschichtliche Erwägungen zur Komposition des Dekalogs", *VTS* 22, 1972, S. 201—220. 개체 십계명에 관한 文獻: Richter(위의 §1, C).

23) "Zur Übersetzung WATTS", *ZAW* 74, 1962, S. 141—145.

	같이 —
엿새 동안 너는 일하고 네 모든 일을 하라. 그러나 제 7 일은 야웨 네 하나님을 위한 안식일이다.	(같음)
너는 아무 일도 하지 말라. 너와 네 아들과 딸, 네 남종과 여종, 네 (소와 나귀와 네 모든) 가축, 네 문 안에 유하는 거류민은 (아무 일도 하지 말라).	(같음 그렇게 함으로 네 남종과 여종이 너와 같이 쉬게 하라. 그리고 기억하라 !
이는 엿새 동안에 야웨가 하늘과 땅과 바다와 그것들 안에 있는 모든 것을 만들고 제 7 일에 쉬었음이라. 그러므로 야웨는 안식일을 축복하고 그 날을 거룩하게 하였느니라.	이는 야웨 네 하나님이 강한 손과 편 팔로 너를 거기서 인도하여 냈음이라. 그러므로 야웨 네 하나님이 안식일을 지키도록 네게 命하였느니라.
네 아버지와 어머니를 공경하라.	(같음) 야웨 네 하나님이 네게 命한 바와 같이.
그리하면 야웨 네 하나님이 네게 주는 땅에서 네 생명이 길고 (잘 지내리라).	(같음)
너는 살인하지 말라.	(같음)
너는 간음하지 말라.	(같음)
너는 도둑질하지 말라.	(같음)
(그리고) 너는 네 이웃에 대하여 거짓 증인으로서 말하지 말라.	(같음) · · ·헛된 증인으로서· · ·
너는 네 이웃의 집을 탐내지 말라.	그리고 너는 네 이웃의 아내를 탐내지 말라. 그리고 너는 네 이웃의 집과 그의 밭, 그의 남종과 여종, 그의 소와 나귀, 네 이웃에 속하는 모든 것을 욕심내지 말라.
너는 네 이웃의 아내와 그의 남종과 여종, 그의 소와 나귀, 네 이웃에 속하는 모든 것을 (탐내지 말라).	

이 두 本文 사이에는 20개 이상의 相異點이 있다. 단지 중요한 것들만 위에 식별되게 했다.

1) 안식일계명은 첫번 텍스트에서 "기억하라"인데 반해, 두번째 텍스트에서는 "지키라 ＝ 준수하라"를 사용했다. 두번째 경우의 動詞가 더 엄격하고 더 후기의 것임이 분명하다.

2) 안식일 휴식으로 비호를 받은 동물의 경우 신명기에서 가축과　나란히 소와 나귀가 분명하게 지칭되었고, 그밖에 다음　文章이 첨가되었다 : "그렇게 함으로 네 남종과 여종이 너와 같이 쉬게 하라." 특히 마지막 文章은 신명기의 人道的 경향에　일치하고, 십계명이 文書的 複合體에 받아들여질 때 첨가되었을 것이다.

3) 안식일계명의 근거가 출애굽기에서는 創造에 의해, 신명기에서는 애굽으로부터의 탈출에 의해 설정되었다. 표현들 사이에 어떤 접촉도　없다. 이 점은 이 두 텍스트가 서로 접촉없이, 아직 어떤 이유설명의 유보조항도　이 귀절에 들어 있지 않았던,　상실된 옛 텍스트에 소급된다는 것을 보여준다. 說明文들은 이렇게 서로 무관하게 생겨난 것이다. 신명기의 條文들은　역시 위에서 언급된 人道的 경향을 가지고 있다.

4) "야웨 네 하나님이 네게 命한 바와 같이"라는 안식일계명과　부모계명에 대한 설명은 신명기에만 들어 있고, 律法순종을 엄격히 命하는　이 책의 언어사용에 따른 敷衍임이 분명하다[24].

5) 신명기는 부모계명에 "네가 잘 지내리라"를 첨가했다 ― 이것은　전형적인 신명기적 표현이다(신 5 : 29 ; 6 : 18 ; 12 : 25).

6) 誹謗에 관한 禁令은 출애굽기에서　일반적인 표현, "거짓 증인"을 이용했다(시 27 : 12; 잠 6 : 19등). 신명기는 이 표현을 "헛된 증인"으로 예리화하고 "헛된"이란 말로 하나님 이름에 관한 禁令과의 연결을 만들어냈다.

7) 탐욕에 관한 禁令은 첫 텍스트에서 '이웃의 집'을 앞에 두고 다음에 옛 시대의 의미에서 이 개념을 아내, 남종과 여종, 가축으로　설명한다. 이에 반해 신명기에서는 이웃의 아내가 '집'이란 연관성으로부터 이탈되어 앞에 나온다. 性的 欲望이 소유에 대한 탐욕으로부터 구별된 것이다.

여기에서 신명기의 敷衍들이 바로 이 책 특유의 言語的 특징들, 즉 신명기 기자에 의해 비로소 생긴 표현들을 지니고 있다는 사실이 밝혀진다. ― 출애굽기 20장은 많은 귀절에서 보다 더 옛 텍스트의 흔적들을 보여주지만 附加文들이 없다는 것은 아니다. 이 附加文들은 한 귀절 즉 안식일계명의 경우 필시

─────────

24) 3인칭으로 된 야웨의 말은 십계명의 경우 類型의 후기 단계에　일치한다(참조. S. 61).

신명기보다도 후기의 것이리라. 이 귀절에서 출애굽기 20장의 이유 설명은 말
하자면 기원전 6세기에 비로소 기록된 司祭文書의 創造史話를 상기시킨다[25].
두 텍스트에서 附加文들은 계명의 數와 내용에 거의 無關하고, 그것들은 무
엇보다도 이유설명들을 추가했다. 이스라엘은 첫 텍스트가 성립된 시대에도
둘째 텍스트 시대에도 神의 계명들을 그것들의 意味에 맞게 청중이 통찰할
수 있고 이해할 수 있게 만드는 것이 필요하다고 생각했음이 분명하다. 야웨
가 계명으로 制定한 것은 무엇이든 개개 이스라엘人은 맹종적으로 받아들여
서는 안되고 이해하면서 따르라는 것이다. 이런 경향은 이미 초기 言約更新
祝祭에서의 십계명 낭독에서 주도적이었는가 아니면 계명의 낭독(언제?)에
司祭的(레위적) 해석이 끼어든 경우 비로소 시작되었는가?[26] 이러한 敷衍
들의 삶의 자리에 대한 물음에 관하여 우리는 아직도 暗中摸索하고 있다.

전형적인 십계명의 두 현존 텍스트는 상실된 하나의 옛 기본자료(1 단계)
가 서로 독자적으로 확대된 두 형태(2a+2b 단계)인데, 이것은 전승사적으
로 비교적 쉽게 밝혀진다. 그러나 1 단계가 확실히 原本인가? 출애굽기 20
장과 신명기 5장에서 일치하는 本文은 아직 특이하게 신명기적이 아니면 신
명기史家적이고[27] 쉽게 분리될 수 있는 일련의 표현들을 포함하고 있다.

1) 自己紹介語套에서의 附加文은 "종 되었던 집" ― 그곳에서 야웨가 인
도해 낸 바 ― 이다(출 13 : 3, 14; 신 6 : 12; 7 : 8 등). 시편 81편 10절의
십계명 引用(비교. 왕하 17 : 38―39)은 다소 다른 本文을 가지고 있다 : "나
는 야웨, 너의 하나님이니, 너를 애굽땅으로부터 인도해 낸 자이다". 이 짧
은 本文은 확실히 더 옛 것이다[28]

2) "다른 神들"이라는 표현은 신명기에서 아주 잘 쓰이나(13회) 다른 데
서는 거의 볼 수 없다. 시편 81편 9절에서도 신명기史家 이전의 표현을 볼

---

25) 창 2 : 1―3.

26) 祭儀共同體 앞에서의 律法의 레위적 해석을 G. v. Rad (*Deuteronomium-Stud-
ien*, FRLANT 58, 1947)는 신명기의 成立史와 느 8 : 7f.로부터 추론한다.

27) Stamm, S.203―206. ― 신명기적이라는 개념과 신명기史家적이라는 개념은 엄격
히 구별되어야 한다. 신명기적이란 신명기적 律法의 言語用法에 일치하는 것이다. 이
에 반해 신명기史家적이란 신명기에 관련된 이른바 포로시대의 신명기학파 그룹에서 생
겼으나 다른 많은, 특히 예루살렘 傳統들에 의해 순화된 話法과 思考方式을 말한다.
이것은 특히 사사기와 열왕기서들의 영역에서 발견된다. 신명기 5장은 신명기적이고,
이에 반해 출애굽기 20장과 신명기 1 : 1―4 : 43(그리고 더 후기 단계에 속하는 신
5장?)은 신명기史家적이다. 참조. 구약성서개론서들.

28) עלה hi.는 יצא hi. 보다 禮典的인 색채가 강하다. Wijngaards, *VT* XV, 1965,
S. 91―102.

수 있다 : "네게 다른 종류의 神(אֵל זָר)이 있어서(나타나서)는 안된다."

3) "위로 하늘에···것의 어떤 形像도···"라는 설명은 신명기 4장 19, 23절에서 近似한 유사형을 볼 수 있다. 形像禁令(Bilderverbot)은 그런 敷衍없이 나타난다(출 34 : 17; 비교 20 : 23; 레 19 : 4). 그리고 銅으로 부어 만든 神像(אֱלֹהֵי מַסֵּכָה)에만 관계되는데, 이것이 더 옛 것임은 확실하다. 옛적에는 야웨를 그리는 것이 禁止되었었다. (출 20장과?)신명기 5장의 本文은 이미 이스라엘이 하나님을 그리려 한 試圖를 전혀 모르고 있다. 그러므로 그것들은 異邦 神들의 像을 생각한 것이며 形像禁令을 第一誡命에 예속시켰다. 원래 形像禁令은 아마 보다 뒷 부분에 있었을 것이다.

4) "너는 그것들 앞에 절하지 말고 그것들을 섬기지 말라"는 지금의 텍스트에서 形像들에 관련되어 있다(비슷하게 신 4 : 19). 그러나 이 文章 — 그리고 특히 그의 예전적 이유설명 — 은 시편 81편 9절에도 들어 있는 異邦神禁令에 더 잘 맞는다 : "너는 異邦神(אֵל נֵכָר, 창 35 : 2, 4; 수 24 : 20, 23)을 경외하지 말라." 이 표현에서 禁令은 第一誡와 나란히 다음 意味를 가진다 : 최초에는 이스라엘 民族 內部에서 야웨와 나란히 등장한 神이 문제되었다면, 이제는 이스라엘이 경외할 수 있는 異邦民族들의 神이 문제되고 있다. 이 두 유혹은 긴밀히 관련되어 있어서, 그것들은 질투하는 야웨의 성격을 지시하는 이유설명의 조항도 공통되게 가지고 있다.

5) 이유설명에서 "나를 미워하는 자들"과 "나를 사랑하는 자들" 그리고 "내 계명을 지키는 자들"이라는 설명은 신명기적으로 개작 표현된 것이고, 따라서 후기의 敷衍[29]이다(참조. 출 34 : 6—7; 민 14 : 18).

6) 야웨의 이름에 관한 말은, 하나님 자신은 하늘에, 그러나 그의 이름은 地上 祭儀場所에 거주한다는 신명기적 思想에서 기인한 것이다(신 12 : 11 등). 또한 시편은 옛 표현을 보존하고 있는데, 이 표현에는 아직 야웨를 "1인칭"으로 기술하는 형식도 남아 있다. 주 시편 24편 4절 : "너는 나의 精力(נֶפֶשׁ)을 헛된 목적을 위하여 이용하지 말라"[30]. 이에 따르면 그 이유설명 조항은 다음과 같았을 것이다 : "이는 야웨 너의 하나님(참조. 70人譯)은 정녕 그대로 버려두지 않을 것임이라"(נַקֵּה לֹא יְנַקֶּה, 출 34 : 7; 민 14 : 18).

·7) 안식일계명에서 "너와 네 아들과 딸, 네 남종과 여종, 네 가축과 네 문안에 유하는 네 거류민"이라고 정확히 열거한 것은 신명기적 話法이다

---

29) Scharbert, (B 38, 1957, S. 130—150)는 集合物(Kollektivhaftung)이란 견해를 거부한다.

30) K. Koch, "Tempeleinlaßliturgien und Dekaloge"(참조. S. 58 註 9).

(신 12 : 12, 18 ; 16 : 11, 14).

그밖에 이 귀절에서는 적극적인 규정과 소극적인 규정이 근저에 놓여 있는 것으로 나타난다. 즉 "엿새 동안 너는 일하고 제7일에는 쉬라"(출 34 : 21 ; 비교. 31 : 15a)와 너는 안식일에 아무 일도 하지 말라"(비교. 31 : 15b)[31].

8) 부모계명의 목적진술에 나타난 첫 부분의 "그렇게 함으로 네 생명이 길리라"와 둘째 부분의 "야웨 네 하나님이 네게 주는 땅에서"도 신명기적 言語이다(신 4 : 26, 40등).

신명기적으로 채색된 이 표현들도 추가문임이 확실하다. 이렇게 전승사적 검토는 출애굽기 20장과 신명기 5장의 공통적인 토대가 되는 前 단계도 밝혀내는데, 이 前 단계는 쉽게 기억할 수 있으며, 暗誦文으로 정해진 것임이 확실한 아주 단순한 樣式으로 특징지어진다.

최근 수십년간에는 이로부터 원래의, 거의 예외없이 否定的인, 韻律的으로 同一하게 構成된 계명계열, 즉 傳承 초기에 있었던 계열을 再構成해 내려는 試圖들이 수없이 많았다[32]. 그러나 현재에는 이와 반대되는 경향을 볼 수 있다. 단언적인 개체 계명을 그 類型이 파악될 수 있는 가장 옛 표현으로 보는 모빙켈(Mowinckel)의 주장에 일치하여, 各異하게 형성된 개체 계명 혹은 계명群들의 多數性을 십계명의 前 단계로 취급하는 경향에 기울고 있다[33].

그러나 다른 文書資料, 즉 마찬가지로 "십계명"(출 34 : 28)이라고 일컬어지는 禮典的 십계명(ritueller Dekalog)도 이 연관성에서 간과될 수 없다.

이것도 두 텍스트로 전승되었는데(출 23 : 10 이하와 34 : 6 이하), 이것들의 臺本은 전형적인 십계명 臺本의 첫 條文들과 긴밀히 연결되어 있다[34].

---

31) 포로기 (후)의 안식일의 큰 역할은 해당 계명의 특별한 敷衍을 초래했고, "머리만 큰" 십계명의 構造를 中心이 강조된 것으로 만들어냈다(Lohfink).

32) Hempel, *Literatur*, S. 71 ; Alt I, S. 317f., 333ff. ; Fohrer, *ZAW* 66, 1954, S. 214. — 비교. K. H. Rabast, *Das apodiktische Recht im Dtn. und im Heiligkeitsgesetz*, (o.J.) S. 33—38 혹은 Nielsen, S. 68.

33) Gerstenberger, S. 86f. ; Reventlow, S. 93 ; Richter, S. 107 ; W. H. Schmidt, S. 216—218.

34) 출애굽기 34장이 "二次的인 혼합체"(Alt I, S. 317 註 1)라는 方策으로 禮典的 십계명에서 제기되는 문제를 피할 수는 없다. 왜냐하면 그때에는 곧 무엇으로 언제 혼합되었는가? 가 설명되어야 하기 때문이다. 본래는 한때 전형적 십계명이 야웨파 (J)적인 출애굽기 34장에 들어 있었는데 나중에 禮典的 계열에 의해 배제되었다는 주장도 만족한 것은 못된다. 도대체 배제를 초래한 것이 무엇이란 말인가? (Beyerlin, S. 101f.는 하나의 설명을 시도하고 있다). 28절에 의하면 출애굽기 34장에서 중요한 것은 "열마디 말"이다 : 지금의 本文은 상당히 불어난 것이다. 그러므로 註釋家는

禮典的 십계명 (臺本)	典型的 십계명 (臺本)
34 : 6—7/ — 야웨가 그(모세)의 앞을 지나며 선포했다 : 야웨라, 야웨라, 자비하고 은혜로우며 노하기를 더디하고 인자와 성실이 많은 하나님이라. 인자를 천(대)까지 베풀며 악과 과실과 죄를 용서하나, 그는 정녕 그대로 내버려두지 않고 아비의 악을 자녀와 3, 4대까지 갚으리라 · · · 34 : 10/ — 보라, 내가 네 온 백성과 '더불이' 언약을 맺으리라[35] · · · 34 : 11b/23 : 23, 28 보라, 내[36]가 네 앞에서 아모리사람, 가나안사람, 헷사람, 브리스사람, 히위사람, 여부스사람을 쫓아내리라.	나는 야웨 너의 하나님, 너를 애굽 땅에서 인도해 낸 자이다.
Ⅰ 34 : 12/23 : 32—33 너는 그 땅의 거주민들과 더불어 언약을 맺지 말라. 이는 그들이 네게 함정이 될까 함이라[37].	Ⅰa 네게 다른 종류의 神이 있어서는 안된다.
Ⅱ 34 : 13—14/23 : 24 너는 다른 神을 경배하지 말라. 이는 네가 그의 酒壇들을 헐어야 함이라(이는 야웨가 질투하는 神임이라).	Ⅰb 너는 異邦의 神을 경외하지 말라. 이는 나 야웨 너의 하나님은 질투하는 하나님임이라(아비의 죄를 자녀와 3, 4대에 까지 갚지만 성실은 천대에 까지 베푸는 자니라).
Ⅲ 34 : 17[38] 너는 너를 위하여 神像	Ⅱ 너는 너를 위하여 形像을 만들지

傳承史를 연구하지 않을 수 없게 되었다. 사실 이것은 이미 자주 수행되었고 여러 상이한 결과를 가져왔다. 내 생각에는 출애굽기 23장을 독자적인 變形으로서 그것에 병행시킬 때에만 그 목려을 달성될 수 있다고 본다. 위의 번역은 兩者에게 공통된 本文을 제공한다. 이 경우에 10개조가 쉽게 인식된다. 23 : 10ff.에 있는 서열은 "言約冊"(21 : 1—23 : 9)과의 연결을 마찰없이 형성하기 위하여 二次的으로 바꾸어 놓은 것이다. 그러므로 나는 34장의 서열을 따랐다.

35) 序詞(34 : 6—10)는 시내산 神顯現인 19—24장에 삽입된 23장에서는 탈락되었다.

36) 혹은 "내 천사", "내 두려움".

37) 言約禁令은 신 7 : 2에도 나타나기 때문에 그것은 대개 신명기적인 것으로 간주된다. 그러나 禁令의 成立은 그렇게 후기로 생각될 수 없다. 그러므로 신 7장은 오히려 더 옛 傳統에 소급시켜 파악해야 한다(비교. Eissfeldt 도, *ThLZ* 91, 1966, S. 3f.).

38) 지금의 출 23장에는 없다. 비슷한 禁令이 20 : 23에서 先行하기 때문이다.

을 부어 만들지 말라.

Ⅳ 34 : 18/23 : 15 너는 무교절을 지키라. 내가 네게 命한대로 수확의 달 중 정해진 때에 7일 동안 너는 무교병을 먹으라. 이는 그 달에 네가 애굽에서 나왔음이라.

Ⅴ 34 : 20/23 : 15 너는 빈 손으로 내 얼굴을 보지 말라.

Ⅵ 34 : 21/23 : 12 엿새 동안 너는 일하고 일곱째 날에 쉬라.

Ⅶ 34 : 22—23/23 : 16—17 너는 칠칠절을 첫 열매로 지키고 해가 바뀔 때에 수장절을 지키라[39] (매년 세번씩 남자는 모두 만유의 主 야웨의 얼굴을 뵈우라[40]).

Ⅷ 34 : 25/23 : 18 너는 내 희생제물의 피를 유교병 위에 드리지 말라.

Ⅸ 34 : 25—26/23 : 18—19 유월절 '어린 양'(?)은 아침까지 밤을 넘겨서는 안된다(너는 네 토지소산의 처음 익은 열매의 가장 좋은 것을 야웨 네 하나님의 집에 가져오라[42]).

Ⅹ 34 : 26/23 : 10 너는 염소새끼를 그 어미의 젖으로 삶지 말라.

말라.

Ⅲ 너는 나의 정력을 헛된 목적에 이용하지 말라. 이는 야웨 너의 하나님이 그대로 내버려두지 않을 것임이라.

Ⅵ 엿새 동안 너는 일하고 일곱째 날에 쉬라. 너는 안식일에 아무 일도 하지 말라.

Ⅴ 네 아버지와 네 어머니를 공경하라.

Ⅵ 너는 살인하지 말라.

Ⅶ 너는 간음하지 말라.

Ⅷ 너는 (사람을[41]) 도둑질하지 말라.

Ⅸ 너는 거짓 증인으로서 네 이웃에 반대하여 진술하지 말라.

Ⅹ 너는 네 이웃의 집을 탐내지 말라.

一致點들이 前半部 계명들 중에서는 분명하나 後半部에는 전혀 없다. 이 사실은 그의 言約의 神에 대한 이스라엘의 특수한 관계를 위한 3 혹은 4 禁令만을 수록했고 안식일 준수를 위한 적극적 계명으로 완결된 原本이 근저에 들어 있음을 추측케 한다. 이 原本은 아마 모든 계명 혹은 모든 第二誡

───────────────

39) 안식일에 뒤따르는 것은 안식일보다 윗 단계인 칠칠절인데(7×7은 23 : 10—11에서와 같이 안식년이다), 이것을 23장의 筆者는 이미 이해하지 못했다. 적극적인 계열들인 Ⅳ, Ⅵ, Ⅶ은 한때 독자적인 것이었는가 (Richter, S. 96—101)?

40) 다른 문맥으로부터 삽입된 것이다. 호칭인 "너"가 없기 때문이다. Ⅳ 및 Ⅷ과 함께 불필요한 것이다.

41) Alt I, S. 333—340 : "Das Verbot des Diebstahls im Dekalog".

42) 이 적극적인 규정은 희생제에서 주의해야 하는 禁忌(Tabu)들 사이에는 맞지 않는다. 더우기 "야웨의 집"은 새로 건립된 것이다.

를 위한 이유설명 조항도 이미 포함하고 있었을 것이다[43]. 이것이 한편 禮典的인, 다른 한편 倫理的인 요구들에 의해 각기 10개[44]가 되도록 보충된 것이다. 이렇게 해서 傳承史의 다음 도식이 드러난다 :

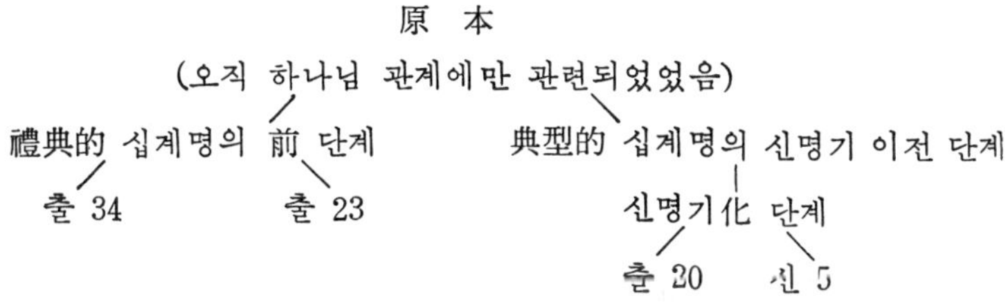

原 本

(오직 하나님 관계에만 관련되었었음)

禮典的 십계명의 前 단계   典型的 십계명의 신명기 이전 단계

출 34   출 23   신명기化 단계

출 20   신 5

原本은 확실히 王國 이전 시대(기원전 1000년 이전)로 소급된다. 이것의 시대를 광야시대 혹은 모세에 소급시키는 것이 배제된 것은 아니나 역시 개연성이 적다. 부어 만드는 形像의 禁令은 아무래도 農耕地에 속한다 ! 또 다른 문제는 야웨가 배타적으로 경배를 요구하고 그에 대한 祭祀는 形像없이 거행된다는 思想은 이미 광야시대에도 자명했던 것이 아닌가 하는 것이다. 그때에는 禁令群에 나타난 이 思想의 표현이 세겜에서의 契約書式의 전수와 연관성을 가진다. 그러므로 傳承史는 축복문들의 경우와 같이 최초의 確定點, 즉 — 예수가 그러했던 것같이 — 歷史的으로 증명될 수 있는 人物에 의한 최초의 표현에까지 소급되지는 않는다.

그러나 축복문들에서와 같이 전형적인 십계명의 경우에도 출애굽기와 신명기에 文書로 기록되면서 傳承史에 절대적인 終止符가 찍혔던 것은 아니다. 오히려 곧 — 이미 그리스도교 이전 시대에 — 두 텍스트를 調和시키려는 試圖들이 시작되었다. 이를 위한 證書는 무엇보다도 나쉬 사본[45](Papyrus Nash)이다. 그러므로 이 例에서도 傳承史는 解釋史에서 계속된다. 그러나 십계명은 이 배경에서, 선택된 그의 백성에 대한 神의 뜻에 결정적 표현을 부여하려는 수백년간의 활기찬 노력의 표현으로서 나타난다.

이러한 전승물들, 즉 한 類型의 개체 부분들의 성립과정이, 출애굽기 20장의 십계명이나 마태복음서 5장의 축복문들의 성립과정처럼, 연구되는 곳에서 傳承史學은 수행된다. 전승사학적 硏究는 한 문학적 單一文의 마지막 단계

43) J. Scharbert, "Formgeschichte und Exegese von Ex. 34 : 6f. und seiner Parallelen", *B* 38, 1957, S. 130—150.

44) 전형적 십계명이 敷衍될 때 첫 두 계명은 하나로 종합되었다. 同族들에 대한 관계를 규정하는 禁令들(Ⅵ—Ⅹ)은 한때 독자적인 계열을 형성했었다.

45) Jepsen, S. 277—281.

로부터 출발하여 먼저 文書的 前 단계들, 그리고 그 다음에 口傳的 前 단계들을 밝힌다.

類型史學이 한 文學樣式의 가능한 한 많은 개체 부분들을 탐구하나 개체 부분들 자체가 아니라 그 유형의 발생과 몰락에 관심을 두는 반면에, 傳承史學은 특정한, 文學的으로 완결된 한 개체 부분으로부터 출발하여, 전승이 특별한 유형들에서 그 형태를 얻은 한에서만 유형의 歷史를 고려한다.

D. 本文 背後에 대한 물음의 據點

비록 소수의 경우이긴 하지만, 우리는 한 聖書 文段의 두 가지 編修本을 가지고 있는 다행한 처지에 있다[46]. 단 한번만 나타나지만, 그런데도 분명히 긴 전승에 소급되는 많은 本文들은 어떠한가? 그것들도 傳承史學的 검토의 대상이 될 수 있는가? 물론 가능하다. 그러나 주의해서 다루어져야할 것이다. 樣式史學徒는 우선 二重 傳承物에서 훈련을 쌓아야 그런 어려운 文段들을 다룰 수 있을 것이다. 뿐만 아니라 문제되는 모든 類型의 歷史에 정통해야 한다는 것이 전제된다. 그러나 그외에 몇 마디 附言해야 할 것이 있다. 다음과 같은 熟考와 함께 研究를 시작하는 것이 가장 좋다. 즉 "한때 옛 문맥에서 적합한 意味를 가지고 있던 어떤 표현들이 새로운 관계에서 계속 전승되었으나 여기서는 그 연관성을 상실하고 있다는 것이다. 그러한 옛 표현들은···연구자에게 보다 옛 형태의 존재와 개체 표현들을 드러내 준다"[47]. 그러므로 긴 傳承의 歷史가 전제될 수 있는 경우, 現存 本文이 제공하는 마지막 결과는 대개 어떤 관점에서는 통일성을 가지지 못한다. 이 不一致가 개체 부분의 변천들을 再構成할 수 있는 據點이다. 類型史는 또 다른 점들을 示唆해 준다. 왜냐하면 한 傳承의 과정은 그 類型의 과정에 일치한다는 것이 승인될 수 있기 때문이다.

이러한 과정에서 발견되는 결과들이 얼마나 확고한 것인가는 近年에 얻은 우연한 發掘物이 보여준다. 여러가지 이유에서 사람들은 느부갓네살의 狂氣에 관한 說話(단 4장)의 경우, 원래 느부갓네살이 아니라 新 바벨론의 마지막 王 나보니드(Nabonid)가 이 說話의 주인공이었다는 추론을 했었다. 王에게 다시 幸運과 명예를 회복시켜 준 한 유대인 점장이에 관해 자세히 보

---

46) 일련의 구약성서 자료들을 위해서는 전승사학적 研究를 가능하게 하는 다른 古代近東의 유사형들을 들 수 있다 : 가령 창세기 1장을 위해서 에집트와 바벨론의 창조론들, 창세기 6—9장을 위해서 메소포타미아의 홍수에 관한 叙事詩.

47) Gunkel, *Schöpfung*, S. 6. — 그러므로 무엇보다도 텍스트에서 별로 두드러지

도한 나보니드의 기도문이 쿰란 發掘物들 중에서 발견됨으로 순수하게 전승
사학적으로 밝혀낸 저 전 단계가 아주 훌륭하게 확인되었다[48].

　개체 부분이 그 역사과정에서 겪은 변천들이 과소평가되어서는 안된다.
그 意味가 정반대로 變한 경우의 例로 창세기 4장 23절의 라멕의 노래를 들
어보자 :

　　　아다와 씰라여, 내 말을 들으라／너희 라멕의 아내들이여,　내 말
　　　　을 경청하라 !
　　　내 상처로 인하여 나는 한 사람을 죽였고／내 채찍 자국을　인하
　　　　여 소년을 죽였도다.
　　　이는 가인은 7배의 벌을 받았으나 라멕이 받은 벌은 77배임이라.

이것은 원래 自慢에 차서 잔혹한 보복을　뽐낸 어떤 아랍 部族의 自慢歌였
다. 가인에 관한 이스라엘의 民譚에 삽입되면서,　이것은 神的인, 인간적인
질서를 방자하게 무시하는 인간적 自慢의 가증스러운 例話가 되었다.

　개체 부분의 傳承史는 어디까지 소급 추구되어야 하는가? 어떤 경우에도
가능한 한 멀리 추구해야 한다. 내가 그 길을 멀리 소급 추구하는 만큼, 註
釋해야 할 마지막 형태를 그만큼 더 잘 이해할 것이기 때문이다. 궁켈의 시
대에는 흔히 낙관적으로, 樣式史學은　資料들을 그것들의 가장　원래의 형태
까지 소급 추구할 수 있다고　말했다.　그러나 언제나 혹은　어떤 경우만이
라도 根源에 도달할 수 있을 것인가를 의심하게 되는 것은 당연하다.　어쨌
든 傳承의 歷史가 너무 오랜 시대에까지 미치지 않는 곳에서도 單一文의 成
立이 자주 발견될 수 있다[49]. 예언서들이 개작되었음에도 불구하고, 대개는
한 예언적 神託의 가장 옛 樣式이 밝혀질 수 있다[50].　공관복음서들에서 그
原形을 읽어낼 수 있는 예수의 말들(Logien)의 경우도 비슷하다.

　이미 이 몇몇 示唆로써 특정한 개체 부분들의 변천을 추구하는 것이 얼마

지 않는 主題들이 그 출발점이다.

48) R. Meyer, *Das Gebet des Nabonid*, Sitzungsberichte der Sächsischen Aka-
demie der Wissenschaften zu Leipzig, Philol.-hist. Kalsse 109, 3, 1962.

49) 本文들은 각기 類型에 따라 곧 ― 가령 詩文的인 것보다 散文的인 것이 더 빨
리 ― 상이하게 변천한다는 것을 주목해야 한다. ― 어떤 경우에나 그 결과의 확실성
은 그 先行 텍스트와의 거리에 비례하여 감소된다.

50) 일련의 예언적 부분에서 그것들이 한 유명한 예언자의 말 자체에 소급되는지,
그렇다면 어떤 점에서 그런지를 이미 알 수 없을지라도, Birkeland 가 원칙적으로 생
각한 말, 즉 "무엇이 예언자에게서 그리고　무엇이 傳統에서 생긴 것인지는 결코 확
실히 결정될 수 없다"(*Vom hebräischen Traditionswesen*, 1938, S. 18)는 말은 그

나 매력적인 과제인가하는 대략적인 인상을 받았을 것이다. 한 성서[51] 本文을 실제로 이해하기 위해서는 그것의 지금의 형태 배후를 전승사적으로 소급해 묻는 것, 즉 그것의 前 단계를 추구하는 것이 불가피하다.

원래 口傳으로 전승된 모든 부분들의 경우, 가장 중요한 轉機는 확실히 그것들의 文書化인데, 이를 통해 本文이 고정되고 그 후는 훨씬 더 변하기 어려운 것이 된다. 이 경우 그것들은 대개 독자성을 상실할 뿐 아니라, 거의 언제나 지금까지의 양식상의 특징들을 상실함으로 類型이 바뀐다. 그러나 이에 관해서는 아래 口傳傳承과 文書傳承에 관한 項目에서 다루어질 것이다.

독일어계의 聖書學, 특히 구약성서 영역에서 현재는 "傳承史"라는 개념을 배제하고 — 단순히 유형관찰로 이해된 — 樣式史學으로 대치하려는 경향이 있다. 이에 반해 여기서는 — 궁켈의 意味에서 — 전승사학적 方法을 양식사학적 熟考의 一部로 파악하는 것을 고수했다. 그 까닭은 첫째로 樣式史學은 반드시 文學的 斷片의 성립에 대한 물음을 포함하고 있기 때문이다. 달하자면 그것의 類型에 관련시켜서 뿐 아니라 개체 표현에 관련시켜서도 그러하다. 傳承史에 관련시키지 않으면 類型과 삶의 자리에 관한 관찰은 곧 무시간적인 抽象化를 초래한다. 이 위험성은 반대 方法을 취할 때, 즉 傳承史를 類型과 삶의 자리에 대한 추궁에서 독립시킬 때 더 커진다. 또 이렇게 이해된 傳承史學은 곧 방종적인 思辨에 빠지기 때문이다. 오직 類型과 삶의 자리의 歷史만이 전승사학적 추궁에 확실한 테두리를 제공한다.

E. 外 類型에 속하는 單一文들의 변천

한 文學的인 單一文이 비교적 긴 成立過程을 겪은 경우에 傳承史學이 필요하다. 즉 本文이 지금 있는 그대로 처럼, 어떤 특정한 筆者의 창작적 着想 — 최초의 編修本에서 文書로 확정되어 있는 — 에 직접 소급되지 않고 口傳的으로 혹은 文書的으로 전수되는 과정에서 한번 혹은 여러번 개작된 경우에 필요하다. 가령 후에 現存 열왕기서에 받아들여진 예루살렘 王室의 年代記 抄錄 혹은 바울書信들의 마지막에 있는 인사 부분에서는 대개 전승사학적 研究가 불필요하다. 왜냐하면 이것들은 어떤 특정한 時期의 創作物이기 때문이다. 그러나 지금 이 부분들이 수록되어 있는 보다 큰 複合體들의 사정은 다르다. 열왕기서들은 점진적으로 생겨났고, 年代記와 함께 다른 많

정도가 너무 지나치다.

51) 물론 이것은 聖書 외의 文獻에도 타당하다. 참조. S. Herrmann, *Untersuchungen zur Überlieferungsgestalt mittelägyptischer Literaturwerke*, 1957.

은 資料들을 받아들였으며, 이미 그 배열을 통해 年代記 부분들에도 새로운 강조점을 부여했다. 그 최초의 형태로 우리에게 보존된 갈라디아서 같은 바울 서신일지라도(로마서에서, 더우기 고린도서들의 경우에서는 논란이 많지만), 몇몇 귀절에는 바울 이전의 케리그마적 語套들 혹은 헬레니즘-그리스도교 傳道說敎에서 유래한 資料가 포함되어 있는데, 이것은 전승사학적인 관찰을 요구한다.

傳承史學은 單一文이 클수록 그만큼 더 필요하고, 그러나 그만큼 더 有望하게 수행될 수 있다는 원칙은 전적으로 타당하다. 특히 원래 독자적인 전승 분들이 外 類型들의 樣式 안에 內 類型으로 융합된 부분들은 좋은 대상이 된다. 그러므로 무엇보다도 구약 및 신약성서의 큰 說話作品들이 더욱 전승사학적 관찰을 자극한다. 예언서들 혹은 요한계시록의 경우에도 비슷하다. 單一文이 포괄적인 것일수록 그것의 傳承史學은 그만큼 成果가 크다. 왜냐하면 이 경우 그것은 입수된, 전에는 독자적이었던 모든 單一文들의 성립과정을 포괄하기 때문이다. 그러므로 구약성서에서 야웨파(J) 혹은 司祭파(P)적인 文書作品의 傳承史뿐 아니라, 후에 이 兩者를 받아들여 만든 複合體, 즉 우선은 四經, 다음은 — 포로기 이후에 성서라는 확고한 類型에서 토라로 완성된 — 五經의 傳承史도 거론될 수 있다[52]. 이와 비슷하게 크고 포괄적인 複合體로의 발전이 신약성서의 복음서들에서는 완전히 관철되지 않았다. 이미 속사도시대 교회에서 시작된 것 같은 복음서들의 調和 작업은 개체 복음서를 대신할 만한, 어디서나 통용될 수 있는 마지막 형태를 이루지 못했다. 여하간 마태복음서의 傳承史는 개체 傳承들의 成立史뿐 아니라 마가복음서와 Q의 成立 — 마태복음서의 第二 前 단계 — 도 포함한다.

F. 說話의 歷史性에 대한 물음

傳承史學的 관찰이 밝혀내는 것은 무엇인가? 이 관찰은 언제나 해석자가 다루어야 할 本文의 背景, 그것의 類型과 그 유형의 삶의 자리를 분명히 드러내고 그와 동시에 해석에 필요한 歷史的(historisch) 윤곽들을 그 本文에 제공한다. 그러나 전승사학적 研究는 구약 및 신약성서의 說話的 부분들, 즉 이스라엘과 초대 그리스도교의 宗敎的 혹은 民族的 歷史를 해명해 주는 說話 部分들을 다룰 때 특별한 역할을 수행한다. 그러므로 여기서 문제되는 것은

---

52) 樣式史學的 작업의 이런 확대는 傳承史라는 좁은 개념 자체와 함께 양식사학자들의 처음 세대에는 아직 생소했고, 특히 M. Noth와 G. v. Rad에 의해 설명과 함께 樣式史學에 도입되었다.

다소간에 분명히 그 時期를 判定할 수 있는 事件들이다. 구약성서의 歷史書
들, 신약성서의 복음서들 및 사도행전 중에서 개체적인, 전에는 口傳으로 전
승된 부분들의 전승사학적 研究에서 밝혀진 前 단계에 의해, 그 시대사정,
즉 어떤 同時代人의 文書들도 말해주지 않는 시대사정이 밝혀진다.

　이것은 이스라엘의 初期 歷史, 즉 기원전 1000년 이전 時代를 위하여 특별
한 意義를 갖는다. 文獻批判學 時代에는 초기 이스라엘 시대에 대한 보도 ―
즉 밝혀진 가장 옛 文書資料에 수록되어 있는대로의 보도 ― 로부터 곧 事
件들 자체로 뛰어넘어 갔는데, 이것은 오늘날 우리의 통찰에 있어서는 이미
불가능하게 된 유치한 方法이다. 왜냐하면 이스라엘 이전 傳承들의 변천에
대한 樣式史學的 관찰은 이런 연관성에서 불가능한 전제이기 때문이다. 주어
진 것은 事實이 아니라 傳承이다. 우리는 傳承의 세계를 再構成하면서 동시
에 事實들에 접근한다[53]. 이스라엘의 祖上들이 애굽으로부터 나올 때 갈대
바다에서 무엇이 일어났는가 혹은 가나안에서의 土地占領이 어떻게 진행되
었는가에 대하여 물을 수 있으려면, 먼저 해당 本文들의 가장 옛 전승단계
를 인식해야 한다. "구약성서 특히 이스라엘의 起源을 비판적으로 연구하던
지나간 시대에는 ― 옛 그리고 가장 옛 傳承들은 民譚의 性格을 가지고 있
다는 그 시대의 지식에 관계없이 ― 그때 그때 보도되는 것 (Was)에 대한
물음, 즉 역사적 과정에 대한 물음이 가장 중요했다. 이 물음은 당연한 것
이었다. 단지 그 물음이‥‥너무 일찍 本文들에 제기되었을 뿐이다. 왜냐하
면 우리는 전승된 모든 單一文에서 먼저 다음 문제를 다루어야 하기 때문이
다 : 누가 보도한 것인가? 어떤 관점에서 보도되었는가? 보도자의 ― 추
측할 수 있는 ― 역사적 신학적 자리는 어디 있는가? 이 경우 어떤 의도가
그를 지배했는가? 어떤 견해, 어떤 傳統에 그는 자신을 예속시켰는가?"[54]
때로는 저 前 단계들을 팔레스틴의 發掘物들의 결과와 결부시키는 어이없는
일이 생기는가 하면, 반면 古考學的인 사실을 너무 성급하게 現存 형태의 本
文들과 비교하는 불만스러운 일이 종종 진행되거나 그것을 조화시키려는 애
매한 결과를 초래하기도 한다. 傳承史學은 古考學과 구약성서의 보도들 사
이를 일단 구별한다[55]. 이스라엘 종교가 成立되고 이 民族의 특수성이 형성
된 이스라엘 初期時代를 밝히는 것이 얼마나 중요한가에 대해서는 더 말할

---

53) Dibelius, *ThR*, 1929, S. 210.
54) v. Rad, *Theologie* I, [1]S. 14, [4]S. 18.
55) M. Noth, "Der Beitrag der Archäologie zur Geschichte Israels", *VTS* VII,
1960, S, 262―282.

나위도 없다. 이를 위해서 불가피한 것이 傳承史學이다.

다윗 時代, 혹은 그 이후 에스라의 宗敎改革에 관해서도 확실한 것을 알려주는 것은 傳承史學的으로 정돈된 資料뿐이다. 이스라엘에 대하여 역사적으로 묻고 그 時期를 判定할 수 있는 事件들에 대하여 관심을 가지고 있는 자는 전승사학적 작업의 주변을 겉돌지 않는다. 노트(Martin Noth)는 이 관계를 이스라엘 政治史의 全 領域에서 實例를 들어 보여주었다. 그는 먼저 그의 두 著書, '傳承史學的 硏究'(*Überlieferungsgeschichtliche Studien* I, 1943)와 '五經의 傳承史'(*Überlieferungsgeschichte des Pentateuch*, 1948)에서 해당 本文들을 그것들의 가장 옛 傳承層에서 찾고, 그후 그의 '이스라엘史'(*Geschichte Israels*, 1950)에서 그 全體 像을 철저하게 서술하는데 이르렀다[56].

傳承史學的 硏究의 필요성은 歷史的 예수에 관련시킬 때 가장 절실해진다. 예수 자신의 文書는 하나도 없다. 복음서 안에 있는 예수의 歷史의 틀은, 이것을 文獻批判學(Literarkritik) 時代에는 검토하지도 않고 예수-생애-硏究의 토대로 삼았던 바, — 그 동안에 밝혀진 바와 같이 — 복음서 기자들에 의해 생긴 것이다[57]. 즉 이것은 事件들이 있은지 수십년이 지난 후에 비로소 생긴 것이다. 歷史的 예수에 접근하고 그의 생애를 어느 정도 밝히고 그의 교훈과 설교의 내용을 탐구하는 것은 오직 傳承史學的 方法으로만 가능하다. 신약성서를 양식사학적으로 연구하는 사람 중 몇몇 대표자들이 복음서들의 傳承史를 다룰 때, 보도된 事件의 歷史性에 대한 문제를 의식적으로 배제하는, 아니 허용될 수 없는 것으로 처리해 버리는 경향에 기울어지는 것은 기이하다[58]. 歷史性의 취급이 樣式史學的 문제설정에 직접 속하는가에 대해서는 異論이 있을 수 있다. 여하간 歷史性이 가장 옛 전승부

---

56) 이미 Gressmann이 그의 책 (*Mose und seine Zeit*, FRLANT NF 1, 1913)에서 비슷하게 시도했다.

57) K. L. Schmidt, *Der Rahmen der Geschichte Jesu*, 1919.

58) M. Dibelius가 그런데, R. Bultmann이 (*Tradition*, S. 6 〔한국어판 S. 6〕에서)이에 반대한 것은 옳다. 그러나 Bultmann 의 경우에도 歷史性의 검토가 의미하는 것은 다음과 같은 물음일 뿐이다 : 로기온이 예수에게서 유래한 것인가 혹은 아닌가 ; 둘째 경우라면 다음 물음이 보충되어야 한다 : 팔레스틴 초대 그리스도교인가 헬레니즘 초대 그리스도교인가. — 이 단순한 해결에 반대하는 사람들 : G. Schille, "Der Mangel eines kritischen Geschichtsbildes in der neutestamentlichen Form-geschichte", *ThLZ* 88, 1963, S. 491—502; H. Schürmann, "Die vorösterlichen Anfänge der Logientradition", in: *Der historische Jesus und der kerygmatische Christus*, hg. von Ristow-Matthiae, 1960, S. 343—370.

분들과 그것들의 삶의 자리를 밝혀내는데 관련된다고 보는 것은 극히 자연
스럽다[59].

그러나 傳承史學이 단지 "事實들"(Fakten)을 밝혀내는 보조수단으로만 수
행된다면, 이것 역시 불행한 과오이다. 가장 옛 전승 단계가 아무리 중요
할지라도, 시간이 흐름에 따라 이스라엘 혹은 초대 그리스도교에서 그러한
傳承들로부터 형성된 것이 더 중요하다. 전승단계들이 후기에 속한 것일수
록, 그것들에 관하여 표명될 수 있는 진술들도 그만큼 확실하다. 전승사
학적 敍述의 본래적인 가치는 그것이 우리에게 성서를 전해준 사람들의 信仰
과 思惟, 宣布의 흐름들을 확실하게 보여주는데 있다. 이미 궁켈은 창세기
에 관련시켜 다음과 같이 표현할 수 있었다 : "그러므로 우리는 저 본래 이
스라엘적인 것을 이해하려고 할 때 물론 民譚資料 자체가 아니라 이스라엘
이 그것으로부터 만들어낸 것 혹은 그 資料가 이스라엘에서 겪은 歷史를 주
목해야 할 것이다"[60]. 바로 이와 동일한 것이 신약성서 本文들에도 적용된
다. 그것들의 傳承史는 초대 그리스도교의 가르침과 禮典文의 道程을 분명
하게 해준다. 즉 傳承史라는 개념은 類型과 삶의 자리에 결부되면서 오늘의
역사적 관찰을 위하여 — 가능한 곳에서는 어디서나 — 퇴색된 표현 "傳統"
(Tradition)을 대신하고 神的인 행위, 즉 神的인 啓示가 옛 그리고 새 하나
님 百姓의 말과 글에 결합되어 있음을 밝혀준다[61].

G. 主題史

이 연관성에서 主題史(Motivgeschichte)라고 지칭되는 것과의 구별이 뚜렷해진다.
때때로 이 개념은 전승사학적 연구를 위하여서만 이용되었다[62]. 그러나 정확히 이해
하면, 主題는 "한 詩的인 資料의 기본적이고 독자적인 成分"[63]이다. 이 경우에 力點
은 "成分"에 두어야 한다. 主題는 한 傳承의 이른바 기본적 構成要素이고 文學的 單
一文에 관련되어서만 등장할 수 있고 독자적으로는 결코 그렇지 못하다. 이 意味에
서 樣式의 특징들은 보통 主題로 표시될 수 있다. 그러나 다소간에 필연적으로 文學

---

59) J. Dupont (*Les Béatitudes*, ²1958)의 말은 아주 적절하다 : "예수가 무엇을 말
했고 무엇을 행했는가를 자문하기 전에 根源的인 傳統에 의해 전파되고 복음서들에
의해 기초된 말들이나 행동들의 상태들을 인식해야 한다"(I , S. 10).

60) Gunkel, *Genesis*, S. LXVIII.

61) R. Rendtorff, "Geschichte und Überlieferung", in: *Studien zur Theologie
der alttestamentlichen Überlieferungen*, 1961, S. 81—94.

62) Mowinckel, *Prophecy*, S. 25.

63) Gunkel, *Genesis*, S. XX 註 1.

樣式에 屬하는 類型 主題들과 함께 모든 言語的인 개체 부분에는 어떤 때는 이 類型, 어떤 때는 저 類型에서 結晶될 수 있는 특별한 主題들이 있다. 우리는 이것들을 類型에 예속되지 않은 혹은 流動的인 主題라고 부른다. 이에 속하는 것으로 가령 의미심장한 數들 — 3, 4, 7, 12 — 도 생각할 수 있는데, 이 背後에는 구약성서의 경우 심오한 의미내용이 숨겨져 있고 (신약성서에도, 가령 요한계시록에 자주 나온다) 극히 다양하게 연결되어 나타난다. 이런 象徵的인 數의 유래와 변천을 검토하면, 主題史를 다루는 것이 되는 바, 그러나 이 경우에는 樣式史와의 연결이 弱化되고 民俗心理學의 영역에 더 기울어진다[64]. — 혹은 다른 性格을 지닌 例를 든다면 — 하나님은 바로 人間的인 尺度에 의하면 쓸모없는 사람을 찾아내서 그의 道具로 택하고 외견상 훨씬 더 적합한 자를 간과해 버린다(삿 6 : 15; 삼상 9 : 12)는 表象을 들 수 있다. 이러한 主題에서는 확실히 다음과 같이 물을 수 있다. 즉 그것의 자리는 召命譚 안에서 찾아져야 할 것이 아닌가? 말하자면 그것이 반드시 召命譚의 樣式構造에 속하는 것은 아니나 — 이것은 召命이 문제되는 곳이면 어디서나 나타나는 것이 아니다 — 한편 전혀 다른 곳, 가령 소송행위에서도 발견될 수 있는 것은 아니라는 의미에서 그렇게 물을 수 있다. 다른 主題들은 좀더 강하게 유형에 맞게 결부되어 있다. 그러므로 집과 가정에서 전형적인 日常現象들을 實例로 들어 설명하는 것은 특수한 民譚 類型에 속한다. 가령 사랑하는 혹은 사랑하지 않는 아내에 대한 남편의 관계(삼상 1장) 혹은 그의 아들들에 대한 아버지의 관계(요셉 이야기) 혹은 노예에 대한 주인의 관계(창 24장). 물론 이런 主題가 예언자의 말에서 나타나는데(사 1 : 2—3), 이것은 단지 유형과 무관한 것으로 판단될 수 있을 뿐이다. 主題로 생각된 것이 一部는 類型史에서, 一部는 傳承史에서 역할을 하고, 그러나 一部는 그때 그때의 言語와 결합된 어떤 表象들 안에도 들어 있어서(象徵的인 數들처럼), 여기서도 저기서도 다룰 수 없게 되는 것은 그 이유를 主題라는 개념의 애매한 사용에 둘 수 있다. 뿐만 아니라 類型과 결합된 主題들과 그렇지 않은 것들 사이의 한계는 대개 유동적이다[65].

H. 傳統史 ?

最近 독일의 註釋學者들에게는 傳承史로부터 독자적인 傳統史를 분리시키려는 경

---

64) 비교. Gressmann, *SAT²* II, 2, S. 74.

65) 主題들에 대한 評價가 양식사학자들 중에서 아주 다양한 것은 이 불확실성에서 설명된다. Gunkel은 主題를 樣式의 불가결한 構成要素로 보았다(*Genesis*, S. XX 註 1; *GuB*, S. 25). 반면 Noth는 主題의 研究를 傳承史로부터 완전히 배제하려고 했다(*ÜGP*, S. 67—69). 위의 구분은 중간노선을 찾으려고 한다. 비교. Bultmann의 시도. 그는 복음서들의 로기온 研究에서 구성적인 主題들과 修辭的인 것들 사이를 구별했다(*Tradition*, S. 73 〔한국어판, S. 81〕).

향이 있다. 이 傳統史는 "여러 가지의 主題들로 뭉쳐진 구약성서의 傳統의 흐름들을 추궁하는 노력을 한다"[66]. 이것은 "확고한 精神的-言語的 複合體들이 상이한 本文들 중에서 천편일률적으로 반복되어···이것들이 나타날 경우 그것은 특정한 傳承物이나 특정한 類型을 받아들이는 것과 결부되지 않는다"[67]는 사실에서 출발한다. 類型들에 예속되지 않은 表象의 複合體들이 있었다는 있을 법하지 않은 가정을 도외시하면, — 우리는 이스라엘적 類型들을 이미 모를 뿐이다 — 이러한 생각들의 인증된 출발점은, 가령 聖殿과 같은 生活領域들이 여러 가지의 삶의 자리들(痛哭祭, 秋收祭 등)을, 즉 각기 여러 類型들을 가지고 있는 삶의 자리들을 제시하지만 역시 동일한 理念들이 다양한 진술들을 일관하고 있다는 관찰이다. 그러나 여기서는 "傳統"보다 特殊言語의 現象이 더 중요하게 문제된다. 이 特殊言語現象을 해명하는데는 語義學的 方法들이 필요하다(참조. 附錄)

---

66) Sellin-Fohrer, *Einleitung in das AT*, [10]1965, S. 27f.

67) Barth-Steck, *Exegese des AT—Leitfaden der Methodik*, [1]1971, S. 71과 §8.

§5. 編輯史

A. 傳承의 最終단계로의 還元

編輯史學을 위한 참고서 : J. Rohde, *Die redaktionsgeschichtliche Methode*. 1966 — N. Perrin, *What is Redaction Criticism?*, 1970.

傳承史學은 — 방금 서술한 바와 같이 — 개체 부분의 최종단계로부터 출발하여 여러 시대를 거친 그것의 道程을 (類型과 삶의 자리의 규칙에 따라) 밝힘으로, 확인할 수 있는 가장 옛 前 단계에까지 소급하여 더듬어 찾는 것이다. 그러나 註釋家에게는 여기서부터 다시 지금 있는 대로의 本文에 되돌아 오는 길을 찾을 義務가 있다. 註釋家는 이제 이 최종단계를 새로운 빛에서 보게 된 것이다. 傳承史的 次元에 관한 知識이 풍부해졌으므로, 그는 文學形成 즉 各 傳承의 文書化의 意義를 파악하고 자세히 설명할 수 있다. 이 — 마지막 — 樣式史學的 硏究過程을 編輯史學이라고 부른다. 編輯史學的으로 다룬다 함은 한 文書的 本文을 類型과 삶의 자리, 傳承史의 背景에 依據하여 해석한다는 것을 뜻한다.

"編輯者"(Redaktor)는 創作品을 만드는 作家 혹은 著者와 달리 완결되어 있는 文書作品에 손질을 加하는 者를 뜻한다. 編輯者라는 개념은 半世紀 前에는 聖書學에서 경멸적인 意味로 사용되었었다. 編輯者들은 聖書의 歷史叙述家와 預言者, 복음서기자의 偉大한 作品들에 附加文들과 — 대개는 적절하지도 않고 아주 散文的으로 — 說明들을 追加함으로 에 끌어 시켰디는 비난을 받았다. 樣式史學은 作家와 編輯者의 관계에 대한 評價를 근본적으로 바꾸어 놓았다. 대개의 성서 本文들의 傳承史는 文書化되기 전 口傳 傳統의 긴 成長過程을 보여준다. 그러므로 첫 筆者는 — 그가 歷史叙述家이든 복음서기자이든 — 文學的 獨創性을 가지고 자신의 構想을 著述한 것이 전혀 아니고 그가 그의 생활영역에서 통용되는 傳承으로 발견한 것을 수집하고 다소간 자유롭게 배열한 것이다. 그러므로 그가 叙述하는데 사용된 資料는 이미 오래 전에 形成된 것이고, 그는 이것을 단지 입에서 입으로 전해지는 생생한 言語史的 흐름으로 터 취하여, 이른바 그의 붓으로 고정시키고 한장의 파피루스에 적어 넣었다. 물론 첫 筆者들은 말로 옮겨지는 單一 이야기들을 현대의 녹음기와 같이 단순히 잡아두지만은 않았다. 그들은 오히려 構成作業을 수행했다. 그들은 전래적인 言語資料로부터 — 낱말로부터도 — 그들의 意見에 이미 非現實的이거나 혹은 오해를 초래할 것으로 보이는 것을 삭제하고 그것을 그들 시대의 言語로 補充했다. 그들은 설명적인 解釋들과 場所 및 時間的인 상황에 대한 지시들을 삽입했다. 그들은 특정한 主導思想들로 全 作品을 관철시켰다. 첫 筆者의 所任은 이런 것이었다. 그러나 — 소수의 신약성서 書信 외에는 — 처음 文書化된 형태대로 우리에게 전해진 책은 성서에 없다! 바로 다음 세대들은 編輯者들의 손을 거쳐 첫 筆者들의 作品을 받아들였고, 첫 筆者와 같이 그나름으로 口傳 資料들을 기록해 넣었다. 물론 떠돌아다니는 口傳傳承들을 종합하고 文書化한 자의 作業은 加筆者의 作業보다 더 위대하고 어렵다. 그러나 기본경향과 작업 方法은 서로 비슷하다[1]. 그러므로 編輯史學은 첫 筆者와 編輯者들에게 꼭같은 주의를 돌리고, 한 本文이 그것의 文書化로부터 그것의 文學的 최종형태에 이르기까지의 과정을 추적한다. 즉 編輯史學的 관찰은 개체 부분이 文書化되는데 긴 成立過程을 거쳤다고 생각되는 곳에서는 어디서나 불가피하다. 이런 경우에 먼저 傳承史學이 필요한 것이다. 말하자면 이제 이 作業이 지향하는 목표가 逆轉되었다는 점에서 다를 뿐이다. 즉 최초의 단계들로부터 마지막 단계를 향해 시선을 돌리는 것이다.

　編輯史學은 확고한 本文을 다루기 때문에 대개 前 단계들의 윤곽만을 밝혀주는 傳承史學에서 보다는 다른 박력을 가지고 해석할 수 있다. 그러므로 편집사학적 진술들은 다른 모든 양식사학적 관찰들보다 훨씬 더 강한 밀도를 가진다. 이 진술들은 계속해서 설명하는 釋義에, 즉 各 文段의 개체 註釋에 부단히 자신을 傾注한다. 대부분의 경우 단 하나의 편집자만 아니라 잇단 편집자들을 주목해야 하고 — 그렇기 때문에 편집의 歷史가 문제된다. 대개의 성서 文獻들은 개인들의 作品이 아니라 — 예언자들, 司祭들, 혹은 복음서

---

　1) 첫 筆者와 編輯者 사이를 구별하는 일이 얼마나 어려운가는 四經의 文書化에서 드러난다. 야웨학파의 기자가 사실상 처음으로 붓을 든 자였는가 아니면 그는 더 옛 기초文書(G)를 근거로 했는가(Noth 는 이렇게 본다 : *ÜGB*, S. 40—42)? 이 문제는 마태 및 누가복음서를 위해서도, 그들이 예수의 談論으로 이용한 Q 資料에 관련시켜, 비슷하게 제기된다. 이 자료는 文書로 아니면 口傳으로 유포되어 있었는가? 즉 마태와 누가는 談論部分의 첫 筆者였는가 아니면 편집자였는가?

기자이든 — 교육기관들, 학과들로부터 생긴 것이다[2]. 이 作品들은 여러번 복사되었고, 복사되면서 동시에 改作되었고 새로운 思想들로 敷衍되었다. 이것은 물론 탁월한 사람들의 영향력을 배제하지는 않는다. — 삶의 자리는 相異한 編輯에도 불구하고 계속 동일한 것으로 남아 있다. 이것은 물론 文書的 단계에서는 口傳的 전수의 경우와 다르다. 그러므로 공관복음서의 교훈 부분들에서는 가령 세가지 삶의 자리로 구별될 數 있다 : 첫째 것은 역사적 예수의 宣布에, 둘째 것은 초대교회의 (口傳的) 禮拜 혹은 가르침을 위한 낭독에, 다음으로 셋째 것은 복음서기자 자신 혹은 그의 학과가 일을 착수한 곳에 있다. (이와 유사한 사정은 구약성서의 預言文書와 歷史書에서 볼 수 있다).

이 양식사학적 작업은 성서의 경우 筆者들이 대개 큰 경외심을 가지고 전래된 개체 부분에 접근했다는 사실에 의해 쉽게 진행된다. 그들이 자신의 것에 附加한 것은 대개 널리 散在해 있는 口傳的 傳承의 資料를 종합한 테두리 안에만 있다. 이에 속하는 것은 대개 한 개체 부분을 전에 독립되어 있던 다른 부분과 이어주는 아주 간결한 架橋들이다. 이것은 "이 일 후에 그것이 일어났다" 등의 간단한 표현들로 이루어진다[3]. 혹은 이 架橋들이 相異한 傳承들에서 나온 場所들과 人物들을 결합한다. 특히 이것들은 — 자세히 관찰할 때 드러나는 바 — 명확히 구획된 부분들로 나누어져 있는 한 構造를 전 作品에 제공한다. 각 책의 序頭 및 終結部와 결정적으로 구별되는 章節들의 序頭 및 終結部들도 주목되어야 한다. 편집자들은 대개 그들의 견해를 談論(Rede), 즉 다소간에 기교적으로 說話의 主人公들의 입을 빌린 談論으로 표현하기를 좋아한다. 이것은 야웨파 기자(J)에게도 이사야서의 편찬자 혹은 마태복음서 기자에게도 마찬가지로 해당한다. 그러므로 편집사학적으로 다루는 자는 우선 성서의 해당 책의 序頭 및 終結部分, 그것의 構成 및 배열 원칙을 추구하고, 이로부터 계속 개체 부분들의 해석을 진행시켜야 한다.

---

2) 이미 Gunkel이 四經 資料 J+E 배후에 그런 學派들이 있었으리라는 추측을 했다(*Genesis*, S. LXXXVI). 신약성서 영역에서의 토론에서 이 개념은 특히 K. Stendahl에 의해 도입되었다 : *The School of St. Matthew*, Acta Seminarii Neotestamentici Upsaliensis XX, 1954.

3) I. L. Seeligmann, *ThL* 18, 1962, S. 315—324. Seeligmann의 경우도 한 異質的인 傳承을 삽입함으로 계속 결합된 자료를 다시 받아들여 서술한 것으로 본다. 비교. C. Kuhl, *ZAW* 64, 1952, S. 1—11.

B. 복음서에서의 축복문의 위치

우리가 이 관점에서 山上說敎의 축복문들에 접근하면, 신약성서 硏究에서
거의 일반적으로 확인되는 바, 이것들이 처음에는 格言 및 Q(文書的?) 資
料에 확고한 자리를 잡고 있었으며, 아마 아람어로 되어 있었으리라는 것을
생각할 수 있다. 이 수집록의 類型은 예수 시라크(Jesus Sirach)의 智慧書
의 類型 및 탈무드의 피르케 아보트(Pirke Abot), 영지주의의 도마복음서
(Thomasevangelium)를 — 어떤 권위있는 敎師의 金言들이 산만한 연결로
배열되어 있다는 점에서 — 닮았다[4]. Q資料集은 이미 보존되어 있지 않고,
단지 마태 및 누가복음서의 공통된 資料로부터 추론해 낼 수 있을 뿐이며 더
우기 계속 보충과 개작을 당했을 것이므로, 축복문들의 편집사학적 해석은
Q의 문맥을 벗어나서는 불가능하다.

이에 반해 편집단계는 한편 마태복음서, 다른 한편 누가복음서에서 보는 바
와 같이 분명하다. 이와 함께 축복문들은 독창적인 그리스도교 創作品인 복
음서라는 外 類型에 흡수되었는데, 이 유형은 使徒 이후 첫 세대에서 나온 소
수의 창작 단편들[5]에만 보존되어 있고 그리스어로 말하는 초대 그리스도교
에서 생긴 것으로 추측된다. 복음서라는 유형은 각기 예수의 교훈과 행위 및
그의 고난, 간단히 말해서 인간들의 구원을 위한 기쁜 소식과 神的 啓示로
서의 그의 運命을 서술한다. 이 형태의 특수성은 그것을 叙述하기 위해서는
새로운 文學樣式을 찾아야 했을 만큼 재래적인 모든 尺度를 파괴하는 것이
었다[6]. 이것은 물론 처음에 마가에 의해 일어났고, 그 후에는 마태와 누가
에게서 계속 수행되었다. "예수의 地上活動을 이야기하게 된 것은 그리스도
의 소식을 명백히 하기 위한 것이었다"[7]. 복음서들의 삶의 자리는 — 조심
스럽게 표현하면 — 그리스도교 神學의 前 단계들이 놓여 있던 곳에서 찾아
야 할 것이다[8]. 그리스도교의 제 2 세대는 감동을 받고 감동을 주는 예수와

---

4) J. M. Robinson, "Logoi Sophon, Zur Gattung der Spruchquelle Q", in: *Zeit
und Geschichte*, Festschrift für R. Bultmann 1964, S. 77—96.

5) 이 유형은 물론 正經 복음서뿐 아니라 이 밖에 2, 3세기의 外經복음서 文獻도 대
표한다.

6) 복음서($\epsilon\grave{v}a\gamma\gamma\acute{\epsilon}\lambda\iota o\nu$)라는 말이 본래부터 유형 개념이 아니라 점차로 — 제 2 세
기에 — 유형 개념이 되었다는 것은 이에 일치한다.

7) G. Bornkamm, *RGG*[3] Ⅱ, S. 749.

8) K. Stendahl(*The School of St. Matthew*, 1954)은 랍비들에 비교될 수 있는 그
리스도교의 "敎師들"의 학파들을 복음서 자료들의 母體로 추측한다.

使徒들의 宣布를 회고했다. 지도적인 人物들은 옛 하나님의 백성(이스라엘)과 새로운 하나님의 백성(그리스도교인) 사이의 차이와 공통성뿐 아니라, 그리스도의 歷史와 임박한 세계의 마지막 시대 사이의 관계도 반성하기 시작했다.

복음서기자들은 각기 자신의 특징적인 관찰방향을 가지고 있었다. 마태복음서에서 특히 중요한 것은 예수를 구약성서에서 약속된 구원의 王, "하늘나라"의 메시야적 宣布者, 이상하게도 옛 하나님의 백성에 의해 배척을 받은 자로 묘사하는 것이었다. 그런 까닭에 항상 구약성서의 豫言들이 언급되있다. 이스라엘이 예수를 배척한 행위는 교회의 創始를 야기시켰고, 이 교회의 制度는 복음서기자의 특별한 관심사였다. 마태는 메시야와 교회, 종말대망의 관계를 설명하는데서 자신의 과제를 찾았다[9].

이것은 이미 그 책의 序頭 및 終結部에서 분명해진다. 마태는 "아브라함과 다윗의 자손, 예수 그리스도의 족보"라는 말로 시작하고, 여기에 그 계보를 연결시킨다. 그는 이미 序頭에서 다른 어떤 복음서기자와도 달리 예수의 歷史를 이스라엘의 歷史에 결부시키고, 구약성서의 歷史書들의 文體(창 5:1 등; 대상 1—9장)에 의존하고 있다. 그의 복음서는 모든 民族들을 얻고 그들에게 洗禮를 주라는, 즉 교회를 확장하라는 使命을 제자들에게 부여함으로 끝난다 : "그리고 보라, 내가 세상 끝 날까지 항상 너희와 함께 있겠노라." 이로써 분명해지는 것은 종말론적 경계설정이다. — 복음서의 構造는 두 臺本 즉 옛 마가복음서와 Q資料의 윤곽이 서로 얽혀 있기 때문에 쉽게 인식될 수 없다. 같은 형식으로 된 다섯 談論의 結語들, 즉 "그리고 예수는 이 談論을 마쳤다" 등은 책의 개체 부분들 사이의 停讀을 분명히 하여 주지 않는가(7:29; 11:1; 13:53; 19:1; 26:1)?

여하간 분명한 것은, 누가의 平行句가 입증해 주는 바와 같이, 축복문들은 상당히 긴 예수의 談論의 序頭로서 마태에게 이미 전승되어 있었다는 것이다. 그러나 마태는 이 談論을 다른 예수의 로기온들과 함께 山上說敎로 만들고(5—7장), 예수의 첫, 기초를 닦는 宣布를 축복문들로 시작하게 한다. 그는 먼저 간단하게 예수가 임박한 하늘나라를 선포하고(4:17), 첫 異蹟을

---

9) G. Bornkamm, in: *Überlieferung und Auslegung im Matthäusevangelium*, WMANT 1, 1960, ²1961, S. 13ff. 이 밖에 편집사학을 위한 겻 : W. Trilling, *Das wahre Israel. Studien z. Theol. d. Matth.*, Erfurter Theol. Studien 7, 1959. — G. Strecker, *Der Weg der Gerechtigkeit. Untersuchungen z. Theol. d. Matth.*, FRLANT 82, 1962. — R. Hummel, *Die Auseinandersetzung zwischen Kirche und Judentum im Matthäusevangelium*, Beitr. z. ev. Theol. 33, 1963.

통해 그의 全權을 증명했다(4 : 24)는 것을 보도함으로, 이제 축복문들은 "하나님에 의해 제정된" 하늘나라에 "들어가는 條件들의 宣布로서" 나타난다[10]. 이로써 전승된 예수의 命題들은 새로운 力點을 얻는다.

口傳단계에서 — 묵시문학적 축복문들의 유형에 일치하게 — 약속들, 즉 "복이 있으니"와 그 條文들의 下半部들이 강조되었던 반면, 지금은 사람들의 行動方式들이 더 강하게 부각되어 있다. 즉 靈으로 가난하고, 겸손하고, 박해를 받는 행동방식이다(이 목적을 위해 복음서기자는 소금과 빛 및 등경 위에 있어야 하는 등불의 두 로기온을 바로 다음에 연결시켰다 ; 13—16절). 그리스도교회의 제자된 자는 세상 앞에서 그의 더 善한 "義"(20절)에 의해 자신을 증명해야 한다는 것이다. 그러므로 義에 대한 示唆가 축복문들 중에 삽입되었다(6, 10절). 동시에 필시 자신이 만들었을 축복문에 의해 자비로울 것을 촉구한 것 같다[11].

마태는 간단한 이음 말에 의해 산상설교의 意義를 뚜렷이 한다. Q 臺本에서 축복문들은 아마 제자들에게만 타당한 것이었을 것이다(눅 6 : 20). 복음서 기자는 이 기록을 예수 주위에 많은 무리가 있었다는 것을 말하고 "그리고 그는 山에 올라갔다"(막 3 : 13a)는 말로 끝을 맺는 마가복음서의 부분에 연결시킨다. 마태는 이 두 보도를 결합했다 :

"그러나 그는 무리를 보고 山으로 올라갔다. 그가 앉아 있는 동안에 그의 제자들이 그에게 다가왔다. 그때 그는 그의 입을 열어 가르쳐 말했다.…"

예수의 주변에 모인 백성의 무리는 마태에서 자주 등장한다(4 : 25—26; 7 : 28 등). 그러나 동시에 제자들의 특별한 위치도 부각되어 있다. 이들은 律法을 선포할 때(느 8 : 4) 레위인들이 에스라를 둘러싸고 있는 것 같이 둘러싸고 있다[12]. 제자들은 교회와 종말론적 인류의 胚胞에 해당했다. 그리고 山은 예수가 모세의 原型임을 알게 한다. 옛날 시내산 위에서와 같이 새로운 하나님의 戒律(토라)이 선포된다. 그러나 축복문들은 바로 메시야가 왔고 종말론적 하늘나라[13]가 임박한 지금 하나님의 부름이 얼마나 더 희망적

---

10) Bornkamm(同上, S. 14)도 이 표현은 물론 전체 산상설교에 해당한다는 Windisch(*Der Sinn der Bergpredigt*, ²1937, S. 9)의 견해를 따르고 있다.

11) 축복문의 9라는 數는 3×3의 도식을 지향한 것일 수 있다. 마태는 象徵的 數를 좋아한다(13장의 7비유, 23장의 7저주문).

12) Lohmeyer, *Meyer K.* 해당 귀절.

13) "하나님 나라"를 "하늘 나라"라는 표현으로 바꾼 것(마 5 : 3[과 10])은 하나님의 이름을 부르는데 대한 랍비적 두려움에 일치한다. 이것은 이 복음서기자 — 만일 개인이었다면 — 가 본래 유대교의 성서 敎師이었음을 추측케한다. 아니면 이 표현은 이미 그의 교회 傳統에서 변한 것이었는가?

으로 들리는가를 보여준다.

누가복음서도 축복문들을 받아들였다.   누가는 다른 복음서기자들처럼 그리스도의 歷史를 이야기하는 것에만 국한하지 않고, 부활절 후에 교회의 시대가 반드시 따르는 시간의 중심(Mitte der Zeit)으로서[14] 그리스도의 歷史를 묘사한다. 누가는 이것을 그의 作品의 제 2 부를 이루는 사도행전에서 서술하고 있다.   복음서라는 유형이 이미 그의 시대에 그렇게 확고하게 되어 있어서 讀者가 — 著者의 의도와는 달리 — 누가의 作品 제 1 부를 독립시킬 수 있고 누가복음서 24장 뒤에 계속이 불가피하다는 느낌을 가지지 않게 되었나는 깃이 특이하다.

누가는 歷史의 時期를 옛 하나님의 백성의 시대, 시간의 중심, 교회의 시대, 세계의 종말로 나누어 생각한다. 이것이 축복문들에 관한 그 짧은 文段까지도 윤색시키고 있다. 그는 두번 先行文에 "지금"을 첨가하고,   그렇게 함으로 고난에 찬 現在를 구원의 미래로부터 예리하게 구별한다.   Q 資料의 축복문 끝 부분에서는 敵들에 관해 :

그들은 예언자들을 이와 같이 박해했다(마 5 : 12, Q 를 따른 것임).

고 되어 있던 것을 누가는 다음 말로 부연했다 :

그들의 조상들은 이미 예언자들을 같은 방법으로 대우했다(6 : 23).

"그들의 조상들"을 첨가한 것은 세대들 상호간의 예리한 구별을 보여준다. 예언자들의 시대는 지나갔다. 不幸이 연속되지만 敵들은 같지 않다.

누가가 축복문의 첫 계열에서 단지 가난한 자들과 굶주리는 자들, 우는 자들에 관계된 것만을 인용한 이유는 그가 Q 資料에서 단지 이 세 條文만을 발견한데 있을 것이다. 그러나 이것들은 그의 淸貧神學에도 일치한다. 왜 냐하먼 누가에 따르면 예수는 특히 멸시빝는 자들과 社會的으로 소외된 자들, 즉 세리들과 죄인들을 위해 나타났다(7 : 36 이하; 8 : 1 이하; 12 : 13 이하). 또 다른 특유성은 축복문들이 이미 무리가 아니라 단지 제자들에게만 향해지고 對稱語套(Anrede)로 바뀐 것이다. 특히 출중한 人間에게 해당시켰던 그리스적 축복문이 여기에 영향을 끼친 것인가 아니면 복음서기자는 제자들과 미래의 교회 지도자들이 주위의 미움을 받으면서 가난과 궁핍으로 살아가야 한다는 것을 말한 것인가? — 그러므로 編輯史學은 복음서기자

---

14) 이것은 누가의 編輯史를 밝혀준 H. Conzelmann 의 作品의 標題이기도 하다. BHTh 17, 1954, ⁵1964.

들이 그들의 作品에서 무엇인가를 생각했음을 밝혀준다. 그들의 同時代人들에게 예수의 歷史의 意味性을 보여주기 위하여 그들은 예수의 말을 敷衍하고 改作하는데 서슴지 않았다. 그들은 자신이 살아 있는 主의 靈으로 충만해 있다고 생각한 때문에, 그러한 편집작업에 대해 義務를 느꼈을 뿐 아니라 그렇게 말할 수 밖에 없었다. 이것이 聖書의 靈感(Inspiration)이란 主題를 촉진시킨 중요한 계기 중의 하나이다.

C. 歷史書와 律法書에서의 십계명

전형적인 십계명에 대한 編輯史學的 관찰도 신약성서의 例들의 경우에서처럼 많은 成果를 얻을 수 있다. 이것은 출애굽기 20장과 신명기 5장 두 곳에 文獻으로 전해진다. 처음부터 편집사학적으로 정리하기는 극히 어렵다, 계명계열은 그 지금의 형태에서 신명기사학파적 표현을 지니고 있음이 분명하다 : 이를 위한 결정적인 증거는 "종의 집", 애굽, "다른 神들", "경배하고 섬기라", "야웨 네 하나님의 이름" 같은 표현들이다(참조. §4). 따라서 출애굽기 20장 1—7절은 처음 4권의 모세의 책에는 아주 드물게 나타나는 신명기사학파적 부분들(그 외에는 가령 창 15 : 1—6, 13—14; 출 13 : 3—10)에 속한다. 언제, 어디서 그리고 어떻게 이 신명기사학파적인 追加文들이 생겼는가는 아직 분명하지 않다. 그들은 십계명을 구원사의 책에 삽입했다. 이 歷史書는 오직 이스라엘에서만 생겼고, 복음서들이 초대 그리스도교의 특징을 나타내는 것처럼, 이스라엘의 信仰을 위해 특징적인 外 類型이다. 십계명이 이비비 이 신명기사학파적 改作 이전에 시내산 단편의 文學的 연관성 속에 들어 있었다면, 그것은 아마 단지 단편적으로만 전승된, 옛 예언자 그룹에서 생긴 엘로힘학파(Elohist)의 四經 史料에 속해 있었을 것이다. 이를 입증하는 것은 序頭의 하나님 이름이다 : "하나님(אֱלֹהִים)이 이 모든 말씀을 말했다." 더우기 여기의 계명낭독도 시내산 說話의 야웨학파적 혹은 司祭학파적인 줄거리에 들어맞지 않고 엘로힘학파의 문맥에 들어맞는다[15]. 이것은 엘로힘학파적인 문맥에서 19장 19절 뒤에 있었을 것이다 :

　　나팔소리가 일어났고, 점점 더 크게 울리는데,
　　모세가 말하니, 하나님이 음성으로 대답했다.

____

15) 물론 四經에서는 이 외의 신명기사학파적 文段들이 야웨학파의 作品에 삽입되어 있다 : Noth, *ÜGS*, S. 32 註 106. 더우기 옛 번역은 20 : 1에서 "야웨"로 읽고 있다.

그렇지 않으면 ― 엘로힘학파적인 문맥이 비교적 후기의 편집들에 의해 끊겨지고, 20장 18―21절이 20장 1절 앞에 속한다는 것을 전제하면[16] ― 20장 21절의 계속으로 있었을 가능성도 있다 :

백성은 멀리 서 있었다. 그러나 모세는 어두운 곳으로 가까이 갔는데, 그곳에 하나님이 있었다.

십계명이 엘로힘학파의 시내산 단편의 테두리 안에서 어떤 역할을 했는지, 이 筆者의 견해에 의하면 십계명에 표현되어 있는 계명과 言約의 관계가 어떤 것인지, 엘로힘학파의 作品 전체가 개체 계명들의 이해를 위하여 밝혀주는 빛은 어떤 것인지, 지금까지의 연구상황에서는 아직 설명되지 않는다.

신명기에서의 십계명의 위치는 비교적 더 분명하다. 신명기는 본래 특유한 종류의 律法책으로, 祭儀的인 律法낭독을 위해 만들어진 것이고(비교. 31 : 10―11), 契約書式의 도식(§2)에 따라 구성되었다 : 救援史의 生活律적 해석(4 : 45; 6 : 4―11 : 30) ― 律法(12 : 1―26 : 15) ― 言約締結(26 : 16―19) ― 祝福과 詛呪 (27―28장)[17]. 祭儀 慣習에 일치시켜서 옛 신명기기자는 이스라엘을 單數 "너"로 호칭한다. 그러나 5장의 십계명은 아직 이 原 신명기에 속하지 않는다. 여기서도 단언적인 禁令系列을 위한 옛부터 전래된 '너'-文體가 보존되어 있을지라도, 그것은 역시 複數形 호칭을 더 좋아하고[18], 그러므로 백성 전체가 아니라 그 개인들을 상대하는 문맥에 긴밀하게 연결된 것이다(4 : 46―6 : 3). 그러므로 이것은 기원전 6세기에 律法책을 결정적으로 改作하고 敷衍했으며, 이 律法책을 告別談論(Abschiedsreden)의 유형에로 옮겨 놓은 후기 신명기기자에 속하는 것이다 : 모세는 죽기 전에 약속된 땅의 경계에서 다시 한번 특유한 통찰자로 파악되고, 그의 백성들에게 하나님의 뜻을 종합적으로 설명한다(Jubiläen書도 같은 유형에 속한다). 시간적, 장소적인 상황을 묘사하는 두 架橋文(4 : 46―5 : 5; 5 : 23―6 : 5)을 가진 십계명은 單數形으로 된 옛 신명기에 편입되었다. 출애굽기 19―24장에 예속되어, "오늘" 수립되는 호렙산의 言約締結이 지시된다. 당시 백성은 십계명을 직접 하나님의 입으로부터 들었다. 하나님의 나타남은 심한 공

---

16) 이 견해의 대표자 : Stamm, S. 218 註 3.

17) v. Rad 는 여러 글을 통해 증명하고 있다. 최근의 것 : *Das fünfte Buch Mose, Deuteronomium*(ATD), 1964, 序論.

18) Minette de Tillesse 는 *VT* XII, 1962, S. 29―87에서 복수형으로 기록하는 후기 신명기기자는 신명기사학파적 歷史書(여호수아―열왕기하)의 저자와 같다는 추측을 하는데, 흥미있는 일이다.

포를 초래하는 것이어서 백성은 그밖에 있을 법한 하나님의 말을 들려만 달라고 모세에게 간청할 정도였다. 죽음이 임박하고, 그의 백성은 약속된 땅의 경계에 서 있는 지금 비로소 모세는 그가 시내산에서 들은 십계명의 기본법을 위한 세부적인 施行令들을 전달할 자격을 부여받는다. 편집적 틀에 의해 條文들의 효능과 내용이 달라졌다. 십계명은 여기서 사람을 두렵게하고 자신의 약함을 의식케하는 하나님의 뜻이 된다. 그것은 이미 일차적으로는 善行을 하도록 능력을 부여하는, 구원을 일으키는 말이 아니다. 그것은 生活律的인 부분인 6—11장과 본래의 律法集인 12—26장 앞, 눈에 띄는 자리에 있다. 이로써 십계명은 이 책 전체에서 두드러진 위치를 차지하고 있다. 주도적인 의도는 全 신명기적 律法을 호렙산에서 선포된 십계명의 해석으로 서술하는 것이다. 그러므로 십계명은 편집자에게 있어서 시내산 言約締結과 함께 직접 주어진 이스라엘에 대한 기본적인 하나님의 말이 된다. 이렇게 단언적인 계명계열, 즉 한때 같은 종류의 많은 계명계열 중 하나였던 것이 하나님 관계를 위해 새로운 意味와 비할데 없는 비중을 얻고, 하나님의 말 자체가 된 것이다. 그러나 이것은 (제2) 신명기기자의 손에 의해 비로소 이루어졌다.

축복문들과 십계명에 대한 이 약간의 소견으로 두 傳承文의 편집사학적 해명의 가능성들이 모두 밝혀진 것은 결코 아니다. 그러나 비교적 간결한 示唆들은 이 研究方法이 성서 本文들의 이해를 위하여 얼마나 결정적인가를 잘 보여주었을 것이다. 編輯史學은 文書化 및 잇단 편집들에 의한 言語的 單一體의 改作을 文學的 최종 형태에까지 추궁하는 것이다. 이것으로 樣式史學的 研究는 끝난다.

D. 研究史

樣式史學 初創期의 研究計劃을 표명한 글들을 읽어 보면, 당시에도 編輯史學的 관찰의 필요성을 알고 있었던 것 같은 인상을 받게 된다. 가령 그레스만(Gressmann)[19]은 이렇게 진술하고 있다 : 원래의 것들을 찾음에 있어서 "결코 잊을 수 없는 것은 후기의 발전이다." 궁켈도 창세기 註釋에서 같은 것을 말하고 있다 : "그러므로 우리가 본래 이스라엘적인 것을 파악하려면, 우리는 民譚資料 자체가 아니라 이스라엘이 그것으로부터 만들어 낸 것 혹은 그 資料가 이스라엘에서 겪은 歷史를 주목해야 할

---

19) *A. Eichhorn und die religionsgeschichtliche Schule*, 1914, S. 35.

것이다"[20]. 붓세(Bousset)는 요한계시록에 관해서 좀더 분명하게 말하고 있다 : "물론 더욱 더 중요하게 남는 것은 — 이 관점이 거의 간과되는데 — 묵시문학자 배후에 있는 묵시문학적 傳統의 어두움 속에서 불안한 몇 걸음을 내딛는 것보다는 그 자신이 이것들(그의 資料)로 만들어 낸 것이 무엇인가를 확인하는 것이다. — 그러나 이 硏究도 수행되어야 한다. 말하자면 資料들과 묵시문학에 들어 있는 傳統의 정확한 硏究는 간접적으로 다시 이것 자체의 특유하고 성격적인 것을 보다 명백하게 밝혀주기 때문이다"[21]. 즉 樣式史學的 理論에는 처음부터 編輯史學的 관찰이 포함되어 있다. 그러나 실제로는 그레스만 — 궁켈은 더 한데 — 도 이것에 가치를 두지 않았다. 그들은 도달할 수 있는 가장 옛 說話의 단계로부터 文書化 직전 口傳的 전수에서의 그 마지막 완성에 이르기까지의 변천을 검토하는데 한정시켰다. 전승이 어떤 다른 凝集狀態(文書의 그것)로 바뀌기 전, 비교적 마지막에 속하는 이 단계를 궁켈은 흔히 "히브리적 說話者"로 특징짓고, 이것을 그의 해석 본래의 목표로 삼았다. 그 결과로 나타난 것, 즉 야웨학파와 그 후의 편집자들의 作品은 단순한 편찬물로 간주했다[22]. 四經의 筆者들은 資料들을 "대체로 그들이 그것들을 발견한대로 받아들였고, 그들은 그들 자신의 精神의 흔적"을 남기지 않았다[23]. 단지 어느 정도의 說話들의 "精神化"만이 그들에게 소급되고, 이 改作이 잘못된 것이 아닌가는 결정하기 어려운 것이다[24]. 예언서들을 그것들의 현존 형태대로 종합해 놓은 사람들에게서는 더욱 어떤 意味도 찾을 수 없다. 그들은 고작해야 — 에스겔서에서 예언자 자신이 그랬듯이 — 시간적인 정리는 했어도 내용상의 정리는 하지 못했다[25]. 이런 反文學的 立場은 독일 낭만주의와 그들이 民俗的인 것을 강조한 영향을 받은 것임이 분명하다[26]. (아마 당시 生哲學이 非合理的인 生의 흐름, 확정되지 않은 것, 아직 凝結되지 않은 것을 높이 評價한 것도 영향을 주었을 것이다).

신약성서 영역에서도 비슷한 것을 볼 수 있다. 공관복음서 傳承의 歷史가 양식사학적으로 밝혀지는 경우, 복음서기자들의 편찬작업이 언급되지만 이 작업에 큰 중요성

---

20) *Genesis*, S. LXVIII, 비교. S. LXVIf. 참조. S. 94.

21) *Die Offenbarung Johannis*, 1896, S. 164 (Meyer K.).

22) 이 급격한 변화에 대한 評價는 다음과 같은 기록에서 드러난나 : "文書的 定着은···과 함께 아직 남아있는 口傳傳承의 殘餘의 抹殺을 촉진시켰다. 말하자면 律法의 文書化는 司祭律法의 制度를 신약성서의 經典化가 초대 그리스도교의 靈받은 자를 抹殺한 것과 같이 말살했다." *Genesis*, S. LXXX.

23) *Genesis*, S. LXXXIIf.

24) *Genesis*, S. LXXXV.

25) Gunkel, *GrPro.*, S. XLf.

26) L. Uhland, *Vorlesungen über die Geschichte der deutschen Poesie im Mittelalter*, S. 112 : "文書作品 자체, 즉 개체 詩는 예술作品으로서, 각 筆者와 편집자들의 근본적인 관심의 대상이 되지는 못한다. 그들은 그들의 특수성들을 자세히 앎으로 文書로 編修된 民譚들의 民俗的 순수성을 우리에게 제공하여 비판적으로 평가하도록 하는 한에서만 중요하다."

을 두지는 않는다. 가령 불트만의 경우 1953년에 출판된 그의 大作 '신약성서신학'
(*Theologie des Neuen Testaments*)에서는 아직 개체 복음서기자들의 思想들 ― 요한
복음서를 제외하고는 ― 이 그 고유한 가치를 인정받지 못하고 있다. "예수의 宣布"
와 "초대 교회의 케리그마", "헬레니즘 교회"의 케리그마, "바울 및 요한의 神學"은
자세히 거론되고 있으나, 공관복음서 기자들의 神學은 다루어지지 않았다[27]. 디벨리
우스의 경우에는 樣式史學이 명확하게 口傳的 전수시대에 한정되었다[28]. 복음서기자
들은 편찬자이고[29], 원칙적으로 새로운 것은 아무 것도 첨가하지 못했으며[30], 그러
므로 筆者의 個性들은 문제되지 않는다. 슈니빈트(Schniewind)의 경우도 비슷하다 :
"註釋者가 바울 硏究에서 노력하는 바 思考過程들의 再構成은 공관복음서기자들의 경
우 方法論的으로 부당하다"[31].

　구약성서 영역에서는 편집사학적 관찰을 위한 素地들이 이미 예언서들과 그것들의
구조에 관한 모빙켈(Mowinckel)의 硏究에서 드러난다[32]. 모빙켈은 여기에서 궁켈 없
이 이런 硏究가 생각될 수 없었으리라는 것을 분명히 고백하고 있다[33]. 그러나 그의
試圖들은 너무 개략적인데 머물고, 文獻批判學的인 영향을 너무 강하게 받아서 실제
로 새로운 방향을 설정할 수는 없었다. 모빙켈은 그의 후기 作品인 '예언과 傳承'
(*Prophecy and Tradition*, 1946)에서 훨씬 더 철저하게 편집사학적인 문제를 제기하
고 있다. 그러나 이것은 이 관찰방법이 이미 오래 전에 구약성서 다른 분야에서 성숙
되고 익숙해진 때였다. 그 轉換은 폰 라트의 책 '六經의 樣式史學的 問題'(Gerhard
von Rad, *Das formgeschichtliche Problem des Hexateuch*)에 의해 일어났다[34]. 키
(Steuer)를 힘차게 急旋回시켜 대부분의 六經資料에 대한 포괄적인 전승사학적 方法
의 인식으로부터 물었다 : 도대체 어떻게 六經이 야웨학파의 作品처럼 그렇게 완결된
최종 단계에 도달할 수 있었는가? 여기서 양식사학적 물음은 결국 그것의 최종 목표
에까지 관철되었다. 그렇게도 相異한 資料를 결합해 주는 이 作品의 틀은 ― 폰 라
트는 이렇게 발견했다 ― 단순히 筆者의 미봉책이 아니다. 이 틀은 오히려 救援史 ―
族長들 혹은 애굽에서의 탈출로부터 팔레스틴 土地占領까지 ― 를 규칙적으로 祝祭

---

27) 공관복음서 기자들은 단지 "Paradosis und historische Tradition"의 項에서만
가볍게 다루어졌다('S. 464—473, ⁴S. 471—480).

28) *Formgeschichte*, S. 4.

29) Dibelius, *Formgeschichte*, S. 2.

30) Bultmann, *Tradition*, S. 347(한국어판, S. 402).

31) Schniewind, *ThR*, 1930, S. 164.

32) "Zur Komposition des Buches Jeremia", *SNVRO*, 1913, S. 5; "Die Kom-
position des Jesajabuches Kap. 1—39", *AcOr* 11, 1933, S. 267—292.

33) *Buch Jeremia*, S. 67.

34) BWANT Ⅳ, 26, 1938=*GS.*, S. 9ff. ― 비교. H. W. Hertzberg, *Die Nach-
geschichte alttestamentlicher Texte innerhalb des A.T.*, BZAW 66, 1936, S. 110—
121 = *Beiträge zur Traditionsgeschichte und Theol. des A.T.*, 1962, S. 69—80.

에서 장엄하게 낭독하고 그것을 찬양하면서 고백하는 太古的 祭儀慣習에서 생긴 것이다. 이 전래적인 信仰告白은 첫 四經資料 즉 야웨학파의 틀이 되었다. 構想의 골격 (Rahmenkonzeption)으로부터 개체 부분들은 그것들의 특수한 비중을 얻고, 한때 독자적이었던 전승들이 완전히 새로운 강조점들을 얻게된다. 폰 라트가 성서의 첫 책들에서 시작한 것을, 마틴 노트는 그의 책 '전승사학적 연구' (Martin Noth, *Überlieferungsgeschichtliche Studien*, 1943)에서 신명기사학파의 歷史書와 歷代記的 歷史書를 위해, 그리고 '五經의 전승사' (*Überlieferungsgeschichte des Pentateuch*, 1948)로 발전시켰다. 여기서 傳承史學(Überlieferungsgeschichte)이라는 표제下에 논술되는 것은 근본에 있어서 本文들의 文書的 전승과정에 관련된 양식사학적 관찰방법의 一部分 즉 편집사를 다루는 것이다.

이 개념은 물론 제 2 차 세계대전 후에 비로소 등장했는데, 말하자면 공관복음서 硏究에서 맑센(W. Marxsen)[35]에 의해 유포되었다. 맑센과 콘첼만(Conzelmann)[36] — 그는 前者의 작품에 비견되는 누가복음서 成立에 관한 작품에서 — 은 폰 라트와 노트의 方法들을 신약성서 복음서에 적용했다.

樣式史學의 편집사적 관점은 아직 그 歷史가 짧다. 모든 성서 文獻들이 이 方法으로 硏究되려면 아직 요원하다. 그러나 편집사학은 양식사학이 진지하게 수행되는 곳에서는 불가피하다. 편집사학적 硏究들에 의해 비로소 실제로 역사적인 개체 註釋을 위한 토대가 마련된다.

양식사학적 硏究에 불가결한, 여러 관점들에 관한 槪括인 類型과 삶의 자리의 관찰, 類型史, 傳承史, 編輯史의 탐구는 이 硏究方向의 幅을 보여주고, 모든 성서 文獻들의 해석을 위한 그것들의 중요성을 예측케 한다. "따라서 類型硏究는···하고 싶으면 하고 싫으면 그만둘 수 있는 취미작업이 아니라, 그것은 기초를 닦는 작업이고, 이것 없이는 다른 어떤 것에서도 확실성을 가질 수 없는 것이다"[37]. 文法的인, 文章論的인 形式들의 고려가 모든 진지한 해석자에게 자명한 것같이, 文學樣式들, 정확히 말해서 言語的 類型의 고려도 자명한 것임에 틀림없다. 그러므로 樣式史學은 결국 一種의 "高級 文法學"이다. "저 古代人들은 어릴때부터 文學的 樣式言語의 法則들에, 가령 히브리어 文法의 規則들이 그러했듯이, 익숙해 있었다"[38]는 것이 구약

---

35) *Der Evangelist Markus*, FRLANT NF 49, 1956.

36) 참조. S. 103 註 14.

37) *GuB*, S. 8.

38) Gunkel, *RuA*, S. 32. — 재래적인 文法硏究는 文章(Satz)을 기본 單位 및 思想의 기본적 표현으로 간주해 왔다. 그러나 言語의 有機的 單位들은 語套(Formel)와 類型들이고 文章들이 아니다. 文章은 論理的 抽象化이고, 원래 자라난 어떤 것이 아니다. 物理學的인 物體가 아니라 物理學의 分子에 비교된다. "그러나 다른 한편 우리

성서 著者들에게 자명한 것으로 생각되었던 바와 마찬가지로 신약성서 筆者들에게도 같은 것이 해당한다. 그러므로 양식사학적 기본개념들에 관한 지식은 모든 신중한 註釋을 위해 불가결하다[39].

는 전혀 文章들, 잇달아 배열된 文章들이 아니라 '談論'(Reden)으로 말한다. 실제로 文段(Abschnitt)들의 정확한 분석은 특수한 종류의 文章結合들(Satzverbindungen) 뿐 아니라 비교적 완결된 談論의 單位들인 構成文(Gebilde)에 도달한다"(W. Keyser, *Das sprachliche Kunstwerk*, S. 150).

39) 유형들의 法則들이 이스라엘人들과 초기 그리스도인들의 피와 살에 — 모든 言語共同體에서와 같이 — 스며들어 있었을지라도, 우리가 그것들을 철저하게 聖書 文獻들로부터 찾아낼 수 있다는 것을 뜻하는 것은 물론 아니다. 이 점에 사실 樣式 史學의 "한계들"이 있다. 이 한계는 히브리語 혹은 코이네 그리스語 文法의 경우와 같다. 이 한계점들은 유형이 극소수의 개체 부분들에만 나타나고 聖書 외의 유사형들이 없거나 삶의 자리가 이미 발견될 수 없는 곳에서 드러난다. 참조. Bernhardt, *Die gattungsgeschichtliche Forschung*, S. 30 (참조. §1).

제 2 장 주변의 문제들

§6. 文獻批判學과 樣式史學

H. Gressmann, *Albert Eichhorn und die Religionsgeschichtliche Schule*, 1914. — 同, "Die Aufgaben der alttestamentlichen Forschung", *ZAW* NF 1, 1924, S. 1—33. — W. Baumgartner, "Zum 100. Geburtstag von Hermann Gunkel", *VTS* IX, 1963, S. 1—18. — H.-J. Kraus, *Geschichte der historisch-kritischen Erforschung des A.T.*, 1956. §§74—78, 80, 83f., 89—92. — W. G. Kümmel, *Das Neue Testament*. Geschichte der Erforschung seiner Probleme, Orbis Academicus Ⅲ, 3, 1958, S. 177—230, 310—393, 417—438. — W. Klatt, *Hermann Gunkel*. Zu seiner Theologie der Religionsgeschichte und zur Entstehung der formgeschichtlichen Methode, FRLANT 100, 1969. — J. Schniewind, "Zur Synoptiker-Exegese", *ThR* NF 2, 1960, S. 129—189. — R. H. Lightfoot, *The Gospel Message of St. Mark*, 1950, S. 98—105.

A. 史料 區分

처음으로 어떤 聖書 文段의 註釋을 시도하고 옛 註釋書를 펴 보는 학생은 대다수의 경우 類型과 삶의 자리에 관해 전혀 혹은 거의 읽을 수 없는 반면, 史料들과 編輯作業, 欄外註들에 관해서는 많이 기록되어 있는 것을 보고 놀랄 것이다. 간단히 말하면 이른바 文獻批判學이라는 관점이 前面에 부각되어 있음을 보게 될 것이다. 그러면 옛 文獻批判學的 研究는 새로운 樣式史學的 研究에 대해 어떤 관계를 가지는가? 오늘날도 樣式史學을 文獻批判學에 예속시키고, 이를 단지 뛰어난 姉妹의 補助學으로만 보는 學者들이 있다. 다른 한편 文獻批判學的 作業을 전적으로 배제하고 樣式史學만을 認定하는 시도들도 있다. 그 사이에는 이 두 研究方法의 차이와 관계에 관해 명확히 이해하지 못해서 어찌할 바를 모르고 서 있는 학생들이 많이 있다. 說明은 오직 研究史를 회고하는 것으로서만 가능하다.

제 1 장에서 그 方法들에 관해 論한 양식사학적 研究方式은 오늘날 聖書學 (Bibelwissenschaft)에서는 거의 일반적으로 承認되고 있다[1]. 이 方法이 실제로 수행되지 않는 敎壇에서까지도 無言中에 容認되고 있다. 단호하게 거부하는 경우는 거의 없다. 복음서들에 관련시켜 그 "한계점들"을 力說하고 특정한 결론들을 거부하는 경우에도, 樣式史學 자체의 거부가 아니라 그 적용에 있어서 어떤 方式이 문제될 뿐이다[2]. 그러나 이 研究方向이 聖書學에서 관철될 수 있었다는 것은 몹시 놀라웁다. 그러나 이 研究의 歷史는 겨우 半世紀에 지나지 않으며, 그 始初에는 당시 지배적이었던 學問, 특히 "자유주의적"인, 그리고 "보수적" 입장의 옹호자들로부터 맹렬한 공격을 받았다.

지난 世紀 初에 일반적으로 인정을 받았던 研究方法은 이른바 文獻批判學 (Literarkritik)이었다. 구약성서 영역 ― 그리고 그 외에서도 ― 에서 가장 탁월한 대표자는 벨하우젠(J. Wellhausen)이었다. 신약성서학에는 이에 비교할 만큼 뛰어난 人物이 없었는데, 굳이 이름을 든다면 여기서는 누구보다도 홀츠만(H. J. Holtzmann)을 들 수 있을 것이다. 文獻批判學과 새로 등장한 樣式史學 사이의 차이는 어디에 있는가? 문헌비판학적 방법은 성서의 문헌들이 그것들의 成立時期에 관해 자주 어려운 문제를 줄 뿐 아니라 저자들의 상황도 重疊된 편집과정에 의해 극도로 불투명하게 되었다는 인식에서

---

1) 가톨릭 영역에서는 Enzyklika "Divino afflante spiritu"(1943.9.30)를 인용해 보자 : 성서 영감론에 관하여 올바른 개념을 가지고 있는 자는 "그럼에도 불구하고 다른 옛 저자들에게서와 마찬가지로 성서의 文筆家들에게서도 叙述과 說話의 어떤 樣式들 특히 셈語들에 속하는 어떤 單一文들이 나타나는" 것에 놀라지 않을 것이다. 분명히 지적된 것은 이 관점이 최근 수십년간에 정당화되었다는 것이다. ― 이밖에 J. Dupont, *Les Béatitudes*, ²S. 25 : "교황은 문학의 쟝르나 형태에 관한 연구를 가톨릭 주석자들의 현 시점에서 가장 중요한 일로 삼고 있다." 라틴어 텍스트 : H. Denzinger, *Enchiridion Sympolorium*, ³²1963, Nr. 3830. 비교. 1964년 4월 21일부 복음서들의 역사적 진실성에 관한 교황청 성서위원회의 訓令(참조. J. Helewa De la Croix, *Ephemerides Carmeliticae* XVI, 1965, S. 371―383).

2) 비교. H. Riesenfeld의 연구 : *The Gospel Tradition and its Beginnings*, 副題 : A Study in the Limits of 'Formgeschichte', 1957. ― 물론 나는 이 副題를 이해하지 못했음을 고백하지 않을 수 없다. 왜냐하면 Riesenfeld가 복음서 전승들의 삶의 자리에 대한 물음을 제기했다면, 이것으로 그는 양식사학적 논증들을 잘 이용하고 있는 것이기 때문이다. 그가 전승의 근원을 설교에서 찾아야 한다는 Dibelius의 주장을, 너무 改新敎的으로 생각되었고 초대 그리스도교의 선교 宣布와 교회의 가르침의 결합된 양식류에 일치하지 않는다는 이유로, 거부할 때도 마찬가지이다. 물론 양식사학적 연구방식은 유형의 相異性에 대한 관찰이 Riesenfeld에 의해 완전히 도외시된데 대해 항의한다. 말하자면 다음 세가지 관점에서 : 1. 복음서 資料, 2. 당시 이스라엘의 文學, 3. 당시의 구약성서에 대한 評價(토라가 예언서들, 더우기 聖文書들과 대등하게 취급되었는가?).

출발한다. 전에는 독자적이었던 史料들이 서로 結合, 아니 뒤섞이거나 쪼개져서 相異한 독자적인 册들로 확정되었다[3]. 그러므로 문헌비판학자는 본래의 作品을 다시 찾아내고, 그것의 執筆年代를 정확히 규정하고, 筆者의 個性을 가능한 한 예리하게 파악하려고 시도한다. 이로써 그는 이른바 解剖刀를 가지고 本文에 접근해서, 무엇보다도 문맥상의 틈새들, 즉 思想들의 무리한 연결, 혼란을 가져오는 重複들과 내용상의 모순들, 各異한 時代狀況과 宗敎的 表象들에서 기인한 言語用法상의 차이들을 주목하게 된다. 이 문헌비판학적 작업은 史料를 區分(Quellenscheidung)하기에 이르렀다. 원래의 (文書類의) 史料들이 다소간 假說的으로 복구되어, 그것들의 원래의 텍스트로 再構成되었으며 모든 후기의 설명적인 혹은 재해석적인 附加文들이 編輯者들의 作業으로, 따라서 비본질적인 것으로 분리되었다. 18세기 이후 등장하여 19세기 末傾에 널리 수행된 이 硏究方法은 확실히 주목할 만한 결과들을 밝혀냈다. 구약성서의 歷史書들(특히 四經), 예언서들(제2 이사야의 발견등), 신약성서의 복음서들(마가를 가장 옛 복음서로 본 것 ; 그와 함께 Q資料)에서 그 成果들은 오늘날 일반적인 承認을 받고 있다. 이런 硏究의 문제점들과 결과들은 구약 및 신약성서 "槪論書들"에 종합적으로 서술되어 있다.

先入見이 없다는 견지에서, 문헌비판학자들은 성서가 근본적으로는 현대의 書店에서 보는 바와 같은 종류의 文獻을 보유하고 있다는 것을 전제한다. 그러므로 이스라엘-초대 그리스도교의 文筆家들은 近代의 著者들과 같은 尺度에서 가늠되어야 한다는 것이다. 그들은 천재적인 同時代人들에게서와 같이 四經史料 혹은 예언서, 복음서, 使徒의 書信으로부터 짜임새있고 論理的으로 熟考된 秩序를 기대했었다. 물론 성서의 문헌들이 그 시대의 言語를 사용했고, 그런 점에서 그 주변으로부터 영향을 받았을 뿐 아니라 이미 형성된 전승을 광범위한 영역에 받아들였다는 것을 간과할 수는 없었다. 그러나 그것을 중요한 것으로 보지는 않았다. 그러므로 가령 애굽의 재앙설화에 관하여 이렇게 말하고 있다 : "이 전승의 가장 옛 형태는 물론 이미 확인할 수 없게 되었다. 그리고 이 이상 우리의 관심을 끌지도 못한다"[4]. 저 유

---

3) 많은 성서 문헌들의 혼란을 신학자들은 이미 오래 전부터 의식하고 있었다 ; 비교. 위(S. 30 註 17)의 루터 인용.

4) Baentsch, *Exodus* (HKAT I/2, 1903), S. 57. — 오늘날도 Albright 학파의 미국 구약성서학자들은 이와 비슷하다 : "···전승의 역사를 추적할 수 있는 객관적 方法은 하나도 없다." ; J. Bright, *A History of Israel*, 1960, S. 69.

명한 벨하우젠은 같은 의미에서 요한계시록에 대하여 다음과 같이 記述하고 있다 : 이 계시록은 실제로 어떤 귀절들의 경우 "著者의 構想에 의해 완전히 윤색되지는 않은···자료를 받아들였지만, 이 자료가 원래 어디서 왔는가는 方法上 전혀 중요하지 않다"[5].

지금부터 2세대 전에는 놀랄 만큼 열정적으로 성서 문헌에 몰두했는데, 아주 정밀하게 문맥상의 모든 틈새와 모든 모순을 찾아내고, 그런 다음에는 문학적인 解剖刀로 史料들과 편집문들을 분리시켰다. 한번도 이 세심한 개체분석에 몰두한 경험이 없고 그것에 매혹되지 않은 자는 註釋者라고 칭함을 받을 자격이 없다. 문헌비판학이란 성서 문헌들에서 ― 思想들의 무리한 연결과 중복들, 모순들, 개인적 언어용법을 주목하면서 ― 개개 저자들과 편집자들의 의도 및 成立 장소와 시기를 정확히 규정하려는 목표하에 진행하는 분석작업을 뜻한다.

B. 文獻批判學의 歷史像

벨하우젠은 문헌비판학적 방법들을 발견한 것이 아니라 단지 그것들을 大家답게 다루었을 뿐이다. 그의 본래적인 공헌은 문헌비판학적 成果들을 전혀 새로운 이스라엘(및 초대 그리스도교)의 歷史像과 결합시킨 것인데, 이 像은 전통적-교회적 성서의 歷史像을 무너뜨렸다. 이때 그가 취한 方法은 어떤 史料의 筆致 혹은 어떤 편집자의 筆跡에 대한 시간 및 장소적 결정으로부터 직접 의적인 歷史의 진행과정으로 移行하는 것이었다. 성서의 저자들은 언제나 그때 그때의 국가 및 종교적 時局에서 靈感을 받았고, 가령 옛 傳統 자체에 대해 반성하지 않았다. 그들은 바로 이 현재의 상황에 그들의 글로 영향을 주려고 했다. 여러 相異한 歷史 영역들을 취급하는 벨하우젠의 방법을 특징짓는 것은 史料區分과 歷史敍述을 직접 결합시킨 것이다. 이를 위해 몇 例를 들면 :

a) 文學史 : 구약성서의 律法책들은 예언자 시대 이후에 비로소 文書化되었다. 즉 순수한 문헌비판학의 대표자들이 이렇게 추론하는데, 예언자들 이전에는 神的 律法에 관한 관념이 이스라엘에 없었다. 신약성서에서는 바울의 문헌들이 비로소 그리스도에 관한 교의학적 진술들을 제시하고 있으며, 따라서 가장 옛 그리스도교회에는 어떤 그리스도론도 없었으며 특히 예수 자신은 완전히 "非敎義的"이었다. 순수하게 문헌비판학적으로 보는 이런 종류의 歷史觀에서 보면, 모든 성서 文筆家는 어떤 매개도 없이 그의 先行者가 이루어 놓은 결과를 답습했다.

---

5) *Skizzen und Vorarbeiten* 6, 1899, S. 233.

구약성서의 율법책들의 경우 그 成果는 대략 이런 것이다 : 가장 옛 것은 언약책 (출 21—23장)이고, 이것은 7세기에 신명기에 의해 받아들여졌거나 대치되었다. 포로기 이후의 司祭文書는 다시 신명기를 부정하고 그것을 새로운 작품으로 대치했다[6]. 또한 신약성서에서는 : 예수는 그의 宣布의 근거를 구약성서 文獻에 두고, 이로부터 그의 교훈을 발전시켰다. Q資料와 마가복음서는 예수의 교훈을 토대로 조성되고, 이 둘을 토대로 다시 마태와 누가복음서가 구성되었다. 한 저자는 이른바 그의 작품을 후계자의 손에 넘겨주었다. 이 사이에 끼어든 것은 별로 중요하지 않은 소수의 欄外註들 외에 아무 것도 없다. (이 완결된 테두리 안에 바울을 배열해 넣는 것만은 불안을 조장했다. 그는 점점 더 그리스도교의 제2 創始者로 나타났던 것이다.)

史料區分으로부터 더 절실하게 나타난 것은 b) 外的이고 c) 종교적인 이스라엘 및 초대 그리스도교의 歷史像이다. 벨하우젠은 그의 제자들에게 — 신약학자들 중에서 바우르(F. C. Baur)는 어떤 의미에서 이미 앞서 가고 있었다 — 모든 성서 문헌은 그 저자의 경향에 의해 규정되어 있고, 그러므로 우선 그것의 執筆時代의 史料로 평가되어야 한다는 것을 인상적으로 새겨주었다. 바울이 예수에 관해 기록한 것은 우선 이 使徒의 그리스도론과 그의 생애의 증거문서이다. 司祭文書가 모세에 관해 보도하는 것은 포로기 혹은 포로기 이후의 祭儀 및 律法과 함께 司祭학파에 속하는 筆者의 경험들을 반영시켜 준다[7]. 물론 筆者의 경향을 제거한 후 역사적 보도들에 남는 것은 대개, 있을 법한 非蓋然性을 제거하면, 그 시대에 관한 — 史料는 이에 관해 반드시 보도해야 하는데 — 증서적 보도로 평가될 수 있다. 그러므로 가령 言約締結과 시내산의 律法制定에 관한 說話는 五經史料들의 경향에서 나왔고, 그러므로 이 설화는 執筆時代의 歷史를 위해서만 가치가 있는 것이다. 이에 반해 야웨가 시내산 가시덤불에서 모세에게 나타나고 그후 모세는 애굽으로 떠났다는 것은 이와 같은 경향으로부터 설명될 수 없다. 즉 이것은 모세시대의 신빙성 있는 보도이다[8]. 어느 것이 더 후기의 것이고, 어느 것이 더 옛 것인가를 확인하기 위해서는 이 외에 18세기의 단순한 進化論的 圖式을 이용했다. — 이 도식에 의하면 宗敎는 단계적으로 物神崇拜(후에는 : 萬有精神論)에서 多神論, 唯一神論으로 발전했다고 본다. 이 단순하고 초보적인 전제들에서 벨하우젠은 "이스라엘 및 유대 歷史"(*Israelitische und jüdische Geschichte*)를 著述했는데[9], 이것은 이스라엘과 초대 그리스도교 시대에 관한 수많은 類似 作品들의 표본이다. 공관복음서에 관련된 한, 이 계획은 대개의 문헌비판학자에 의해 철저

---

6) 비교. 바벨론 홍수民譚을 받아들인 것이라는 假說들 : Gunkel, *Genesis*, S. 72ff.

7) 그러므로 일상적인 사건들로부터도 직접 本文成立을 추론할 수 있다. 가령 신명기의 경우 : 왜냐하면 "일반적으로 학문적인 成果들의 承認이 예상되는 그룹에서는 어디서나 그것이 발견되고, 요시야王의 改革을 그 根幹으로 한 시대에 그것이 執筆되었다는 것을 승인할 것이다" Wellhausen, *Prolegomena zur Geschichte Israels*, [6]1927, S. 9.

8) Wellhausen, *Geschichte*, S. 11(참조. 다음 註).

9) [1]1894, [9]1958.

히 관철되지 못했다. 벨하우젠의 견해에 의하면 마가가 예수의 교훈에 관하여 기록한 것은 대개 본래 마가의 가르침인데, 특히 종말론적, 그리스도론적인 진술이 그렇다. 예수의 歷史적인 복음은 벨하우젠에게 있어서 "非메시야적"이고 "非終末論的"이다. 당시 전문가들은 종말론적인 것의 제거에는 동의(!) 했으나, 예수의 메시야 自意識이 歷史家의 시야에서 사라지게 된 것은 자유주의적인 예수-생애-연구(Leben-Jesu-Forschung)의 대표자들에게 지나친 것이었다. — 그러나 복음서기자들의 경향에서 생기지 않은 것은 모두 틀림없이 직접 使徒들 혹은 예수로부터 생겼다는 점에 일치했다.

문헌비판학적 방법과 그것의 문학적 자료로부터 역사과정에로의 직접적인 移行은 분명하고 확실하게 발전되었고 풍부한 자료로 擴充되었기 때문에, 오직 교의학적 편견에 사로잡힌 者만이 이에 항의할 수 있는 것으로 보였다. 이 시대 성서연구의 정확성에 대한 강한 충동은 같은 시대에 절정에 달했던 古典物理學과 직접 비교될 만하다. 오늘날도 아직 문헌비판학적 方法들을 유일하고 진정한 객관적 方法으로 간주하는 구약 및 신약성서학자들이 있음은 이해될 만하다[10].

C. 樣式史學에 의한 方法들의 擴充[11]

문헌비판학적 方法은 그 자체로서 결정적인 것이었다. 그러나 이른바 그것의 객관적인 전제들이 대부분 그렇게 객관적인 것이 못되고, 너무도 近代的으로 생각되었던 것은 어찌된 일인가? 그의 친구들과 제자들이 받아들

10) 이 경우 사람들은 계속 진척되는 문헌비판학적 研究가 전래된 책들을 점점 더 산산조각으로 분해하는 결과를 예나 지금이나 감수한다. 왜냐하면 새로운 모순들과 非연결성들이 항상 나타나고, 이것들이 계속적인 해체를 촉구하기 때문이다. 점점 더 개개의 節들이 半으로, 넷으로 나뉘어지고, 相異한 史料들 혹은 편집자들에게 귀속되었다. 이와 같이 문헌비판학의 저명한 대표자인 H. Holzinger(*KHCAT* Ⅵ, 1901)에 의하면 여호수아서 5장 중 4—8절은 다섯 이상의 相異한 손길을 거쳤는데, 이 경우 8절만이 실제의 史料에 속한다는 것이다. 그 외의 귀절들은 이렇게 처리되고 있다: "5절은 R^{je}, 6a절은 JE^{s}, … 6b 절은 D^{s}, 4,7절은 P학파의 註解者에게 각기 귀속시키는 것이 가장 자연스럽다"(相異한 略符號들은 시대적으로 구별되는 상이한 개작을 뜻한다). 순수한 문헌비판학은 이런 너무나도 면밀한 개체의 분석과 함께 머리칼 만한 차이에도 의혹을 품는다.

11) 신약성서 양식사학의 길은 *Theologische Rundschau*의 연구보고에서 잘 추적되었다. §1에서 소개된 Dibelius와 Iber의 종합보고 외에 M. Dibelius의 "Zur Formgeschichte des N.T.(außerhalb der Evangelien)", *ThR* NF 3, 1931, S.207—242도 참조하라. — 구약성서의 연구를 위한 것으로는 유감스럽게도 이에 비교될 만한 개관이 없다.

인[12] 궁켈의 기본적 견해들 중의 하나는 우리 시대에는 매우 큰 역할을 하고 문헌비판학의 자명한 전제들에 속하는 문학적 독창성의 사상이 구약 및 신약성서 문헌에는 전혀 생소했다는 것이었다. 창작적 個性은 여기서 거의 아무 역할도 하지 못했다. 여기서 다음 異議가 일어났다 : 문헌비판학은 "너무 배타적으로 위대한 人物들"만을 생각하고 "과거와의 歷史的 연결 및 同時代的인 주변세계와의 관련을 충분히 고려하지 않고 無知에 미혹되어서" 그들을 "지나치게 原作者들이라고 내세우기" 일수였다[13]. 구약 및 신약성서의 歷史書들은 "著者들"에 의해 형성된 것이 아니고 오랜 성립과정을 겪은 傳承物을 편찬한 것이다. 이 전수된 자료를 밝히지 않고는, 가령 복음서기자들의 정확한 이해에 도달할 수는 전혀 없다. 그 자료가 어디서 유래했으며 口傳 단계에서는 어떻게 형성되었는가를 아는 일은, 당시 聖書學의 상식과는 반대로, "方法論的으로 결코 무의미한 것이 아니다". "만일 한 人物의 意味를 바로 평가하려면, 우선 어느 정도 그의 思想이 과거의 세대들 혹은 그 주변세계에 예속되어 있는가를 알아야 한다"[14]. 한 성서의 筆者가 그 다음 사람에게 그의 作品을 직접 전수하여 관심과 개작을 유발시켰다

---

12) Gunkel의 주변 그룹에 속하는 사람들은 특히 解釋書인 *Die Schriften des AT in Auswahl neu übersetzt und für die Gegenwart erklärt* 및 총서류인 *Forschung zur Religion und Literatur des A. und N.T.* 그리고 *RGG*[1]의 同人들이다. 구약성서 학자들 중에는 특히 着想力과 지식에 풍부한 그러나 다소 무비판적인 Hugo Greß-mann, 다음에는 Willy Staerk 와 Paul Volz, Hans Schmidt, Max Haller 가 있다. 제2세대에 속하는 사람들로는 무엇보다도 Gunkel 에 비길 만한 Sigmund Mowinckel 이 있으며, 그 외에 Joachim Begrich, Kurt Galling, Emil Balla, Walter Baumgartner, Otto Eißfeldt, Johannes Hempel, Friedrich Horst, Curt Kuhl, Christian Johannes Lindblom 이 있다. 신약성서학자들 중 처음에는 Wilhelm Bousset 만이 양식사학적 취급에 — 그것도 오직 계시록에 관련시켜서만 — 동의했다(그는 주저하면서 복음서에 적용할 것을 결심했다 : Kümmel, S. 316f., 344f.). 이를 타개한 것은 제2세대, 특히 Martin Dibelius 와 Rudolf Bultmann 에 와서야 비로소 가능했다. 이와 함께 Martin Albertz, Georg Bertram, Lyder Brun, Paul Fiebig, Ernst Lohmeyer, Karl Ludwig Schmidt, Julius Schniewind 등의 이름을 들 수 있다. Gunkel 이 죽은 후 양식사학의 주변은 비교적 조용해졌다. 구약성서 영역에서는 거의 Albrecht-Alt 그룹에서만 장려되었다. Gerhard von Rad 와 Martin Noth 도 이 그룹에 속했는데, 이들은 원칙적인 것에 그 이상의 설명을 加했다. 신약성서 분야에서도 停滯狀態에 빠졌다. — 제2차 세계대전 후에 양식사학적 연구는 전에 예측하지 못했던 만큼 광범하게 전개되었다. 독일어계와 스칸디나비아 지역에서 — 부분적으로는 미국에서도 — 이 영역에 종사하는 모든 학자의 이름을 여기에 소개하는 것은 불가능하다. 英國에서는 R. H. Lightfoot가 양식사학의 길을 개척했다.

13) Gressmann, *A. Eichhorn*, S. 38; 비교. Gunkel, *RuA*, S. 30f. 와 *Genesis*, S. LXXXII; Schniewind, *ThR* NF 2, S. 139 및 S. 152에서의 확인 : "이미 복음서들에 관한 Papias 와 Justin 의 견해가 비슷한 오해에 의해 불투명하게 되었다."

14) Gressmann, 同上, S. 32f.

는 가정으로는 충분하지 않다. 오히려 성서의 저자들은 종교적으로 말하고 생각하는 여러형태의 움직임 — 여기서는 결코 文書 資料만이 결정적인 것은 아니다 — 안에 서 있다. 그를 추적하려는 자는 누구나 無名의 團體, 종교적 共同體 혹은 民話의 創造力을 생각하지 않을 수 없다. 이 관점에서 처음으로 발견된 것들 중의 하나는 대개 짧은 傳承物들만이 口傳으로 전수 되었다는 것이었다. 그러므로 (복음서들, 四經 文書들의) 틀들은 筆者들에게, 그러나 독립적으로 작용하는 개체 文段들은 口傳傳承에 돌려야 할 것이다. 현존 문서작품들로부터 더 옛, 더 짧은 單一文들을 구분해낸 것이 곧 양식사학적 연구의 據點이 되었다.

이런 고려들이 아직 재래적인 史料區分의 方法과 불가결하게 결합되어야 했다면, 다음 熟考는 역시 철저한 문헌비판학의 무비판적인 속행을 의심스럽게 했다. 筆者들은 그들의 자료를 단 하나의 傳統에서 취했던가? 이것은, 성서문헌들 배후 어디서나 인식되는 바와 같이, 그렇게 상이한 종류의 유형들을 고려할 때 거의 받아들일 수 없는 것이다. 歷史書들은 여러 장소와 많은 人物들에게서 나온 전승들을 찾아내서 文書的으로 종합한 것이라는 가설은 근거를 가지고 있다. 그러나 상이한 종류와 유래를 가지고 있는 단편들이 수집된 경우, 說話의 진행에서 나타나는 너무도 빈약한 연결의 틈새들, 확실한 重複들과 모순들을 초래하게 되는 결과도 면치 못한다. 그러므로 우리가 현대 小說 혹은 학문적인 硏究에서 기대하는 것 같은 엄격한 논리적인 構成은 처음부터 문제도 되지 않는다. 史料區分에 정당성을 주는 것은 문맥상의 모든 틈새가 아니라, 오히려 본문 연결에서의 비약들이 설하의 口傳단계에서 일어난 상이한 전승물들의 결합을 示唆해 주는 경우가 많다. 重複들은 口傳 전수시대에 특정한 진술들을 기억에 새겨 넣기 위하여 의도적으로 이용되었다.

궁켈의 프로그램의 또 다른 要點은 성서주석을 위하여 크게 도움이 되는 古代 近東 및 헬레니즘적 비교자료를 類型史 및 傳承史의 도움으로 비로소 발굴할 수 있었다는 것이다. 궁켈이 동시에 지도적 동역자로서 "종교사학파"에 속해 있었다는 것도 우연이 아니다. 문헌비판학자들은 발굴물들에 의해 점점 더 밝혀지는 이스라엘 밖의 텍스트들의 처리방법이 없음을 알고 있었으며, 소위 비벨-바벨-논쟁 (Bibel-Babel-Streit)[15]에서 일어났던 바와 같이, 이 텍스트들이 神學에 반대하는 적대적 그룹에 의해 이용될 때 속수

------

15) *RGG* 1³, S. 822f.

무책이었다. 양식사학이란 표지하에서 비로소　성서의　本文들을　古代　近東 및 헬레니즘적 텍스트들과 비교하는 — 方法的으로　숙고된 — 方策이 발전 되었는데[16], 이 方策은 그때까지 어두움 속에 묻혀 있던 성서의 많은 귀절들 을 밝혀낼 수 있었고, 바로 이웃 文化들의 배경에서 이스라엘과　그의　運命 의 특수성 및 예수라는 人物의 특유성도 인식하게 했다.　동시에 수세기 전 성서 밖의 증서들에 의해 증명된 것은 많은 구약 및 신약성서의 전승들이 史 料들 안으로 받아들여지기 전에 긴 道程을 거쳤다는 것이다. 이런 통찰들에 의해 本文에 대한 주석자의 태도도 필연적으로 달라지게 되었다. 동시에 각 기 다른 삶의 자리도 주목되었다 : 사회학적 사실들은 지속적인 주의를 요 구했다. 史料들과 편집자들의 평면적인 분류는 점점 이른바 긴 言語史의 三 次元的 파악 뒤로 후퇴되었다.

D. 歷史像의 변화

a) 이로써 文學史의 像은 더 복잡해졌다. 주석자는 이미 한 文書가 "틈새"없이 先 行 文書에 연결되고 그것 위에 구성될 경우, 빈틈없이 연결된 것을 볼 수 없게 되었 다. 오히려 그는 가령 마가복음서와 Q資料로부터 마태로 넘어갈 때 우리에게 알려지 지 않은 수많은 口傳的인 (그리고 文書的인?) 傳承들 — 이것들에 다른 共同體의 생 각과 사정이 작용한 것인데 — 이 함께 流入되었다는 것을 염두에 두어야　한다. 그 때 그때의 臺本에 도달하려면 마지막 筆者의 경향을 제거하는 것만으로는　충분하지 않다. 이와 같은 사실은 마가 및 Q로부터 예수의 가르침을 소급 추론할 때 타당하 다. 兩者의 "경향"을 제거하면, 겨우 팔레스틴 혹은 헬레니즘 초대교회에 도달하며, 그들의 口傳的 예수-傳承들에도 접하나 예수 자신과는 아직 거리가 멀다.

b) 마찬가지로 이스라엘 및 초대 그리스도교의 宗敎史도 일거에 극도로 분렬되고, 이미 史料들과 편집자들의 確定點들로부터는 간단히 도달할 수 없게된 것으로 나타났 다. 문헌비판학자들에게 있어서 초기 이스라엘은 당시 급속도로 그리고 스스로 발전 한 原始宗敎를 보여주는 것이었다. 지금은 이렇게 인식된다 : "사실 그것(종교)은 이 미 우리가 생각할 수 있는 가장 옛 시대에 생겨난 歷史의 産物이고, 결정적인 主題 들을 가나안 宗敎로부터 받아들였다. 그러므로 이 종교는 우리의 史料들이 형성되던 시대에 이미 복잡하게된 현상이다"[17]. 성서의 宗敎史에 관한 지금까지의 견해는 너무 소박했던 것으로 드러났다 : "어떤 견해가 언제 그리고 누구에게서 처음으로 증명될 수 있는가를 확인했을 경우, 사람들은 대개 여기에 연결시켜 해당 理念이 바로 그

---

16) 이 方策은 Gunkel 의 *Schöpfung*, 1895와 함께 시작되었다.

17) Gunkel, *Schöpfung*, S. 157.

시대와 그 筆者, 즉 그 理念이 처음으로 증명된 筆者에게서 생겼다는 그릇된 결론을 내렸다. 어떤 表象 혹은 資料도 前歷史를 가질 수 있다는 사실을 생각하게된 학자들은 거의 없었다. 이렇게 해서 맨 처음으로 세계 滅亡의 思想을 생각한 사람은 스바냐이고, '만군의 야웨'라는 칭호를 만들어낸 사람은 아모스, 악마를 생각해낸 사람은 스가랴라는 — 이미 오늘날 우리에게는 전혀 불가능하게 보이는 — 결론에 도달했었다. 신약성서 영역에서도 사정은 낳을 것이 없었다 : 하나님의 나라는 물론 예수가 만들어낸 개념이고,···하나님과 하나됨은 특수한 바울적 神秘主義의 標識이고, 진리와 거짓, 빛과 어두움의 댓귀들은 요한에게 根源을 가졌다고 보았다"[18]. 그런데 歷史叙述을 위한 새로운 原則은 이렇다 : "하나의 宗敎的 表象은 그것의 法典編纂 시대에 의해 그 시대가 결정될 수 없다는 命題 — 이 명제는 구약성서 영역에서 점차 公理가 되기 시작했다 — 는 초대 그리스도교 歷史에서도 그 타당성을 주장해야 할 것이다"[19]. 이스라엘宗敎가 1000년 안팎에 原始的 自然宗敎로부터 일약 唯一神論的인 절정에 도달했다고 본 유서깊은 進化의 도식은 무너진다[20].

그러나 文書化의 時期가 傳承史的으로 이른바 歷史性의 時期에 도달하기까지 옛날로 소급될 수 있기 때문에, 양식사학자에게는 수많은 성서의 보도들이 돌연 문헌비판학자들이 가정했던 것보다 훨씬 더 옛 것으로 보인다는 식으로만 풀이된다는 것은 아니다.

c) 그 반대의 경우도 그만큼 많다. 外的 歷史, 즉 순수한 문헌비판학이 한 筆者의 경향으로부터 추론해낼 수 없고, 그러므로 蓋然性이 없고 믿을 수 없는 표현들을 제거한 후에 역사적 사실로 간주되는 歷史에 관한 진술들의 경우를 들 수 있다. 여기서는 양식사학을 통해 우선 類型과 개체 부분의 歷史를 공부하고 삶의 자리와 비교해서, 시간이 흐름에 따라 口傳으로 전수되는 동안에 敷衍된 것이 무엇인가를 살펴야 한다. 이로써 說話들 중 대부분의 개체 單一文들은 지금까지 가정했던 것보다 더 후기의 것임이 증명되고, 순수한 문헌비판학자들이 事實報道로 간주했던 많은 것이 解釋文으로 드러난다. 이렇게 해서 포괄적인 時間的 틀은 四(내지 六)經에서도, 복음서들에서도 "후기 세대의 신학적 프로그램"[21]으로 증명된다. 이 경우 가령 모세에 관한 說話의 歷史性을 천명하는 것으로 남는 것은 거의 없게 된다. 口傳 傳承기간에 대한 이 비판적 관찰은 특히 예수-전승들의 경우, 그 歷史像에 혁명적인 변화를 초래

---

18) Gressmann, *A. Eichhorn*, S. 31.

19) Dibelius, 1911: Kümmel, S. 334에서 重引.

20) 이에 반해 Wellhausen은 "이스라엘인들과 이방인들에게 공통된 民俗信仰"의 소박한 자명성에서 출발했다. *Skizzen und Vorarbeiten* 6, 1899, S. 232f.

21) **v.** Rad는 문헌비판학파에 관하여 이렇게 말하고 있다 : "많은 개체 전승들의 民譚的 性格을 철저히 의식했으면서도, 역시 그것을 구성하고 있는 큰 틀(족장시대 — 애굽에서의 압제 — 출애굽 — 시내산 啓示 — 광야에서의 유랑 — 토지점령)에서 어느 정도 믿을 만한 역사과정의 윤곽을 볼 수 있다고 믿었다."(*Theologie* I⁴, S. 19).

했고, 19세기의 예수-생애-연구에 終焉을 가져왔다. 어느 정도 그 年代를 분명히 정할 수 있는 소수의 史料들 대신, 돌연 대체로 年代를 정하기 어려운 많은 전승단계들이 고려되어야 하고 그 歷史像이 일그러진다는 것만이 그 이유가 아니다. 수직선상에서의 이 연장과 함께 수평선상에서 넓게 펼쳐진 局面이 등장했는데, 구별없이 전제되었던 생활영역 즉 "文學" 대신 수많은 삶의 자리가 — 이것들은 고려되어야할 것인데 — 갑자기 부각되었다. 성서 자료들의 전수 배후에서 이스라엘의 祭儀祝祭와 초대교회의 禮拜, 司法과 民俗的 說話術 같은 생활영역들, 즉 전에는 생각지도 못했던, 직접적인 보도들이 없고, 本文들 중에 있는 暗示들에서 비로소 추론할 수 있으며, 이로부터 다시 본문들 자체를 이해할 수 있게 하는 영역들이 나타난 것이다. 벨하우젠의 역사관찰의 平地에 돌연 盆地와 峽谷이 나타나는데, 역사가는 간단없는 叙述을 할 수 있도록 우선 이 귀찮은 지역들을 探檢해야 한다. 양식사학자들의 첫 세대가 문학사의 영역에서도, 政治史, 宗敎史의 영역에서도 아직 새로운 전체 설계를 제시할 수 없었던 것은 조금도 이상한 일이 아니다.

엄격한 문헌비판학파에서 자라서, 실증주의적 객관성의 理想에 맞추어 — 外科醫師가 그의 解剖刀를 다루는 것처럼 — 이 方法을 다루는데 익숙해진 자는, 이러한 결론들에 놀라서 당황할 수밖에 없을 것이다. 문헌비판학파는 자신의 일에 대하여 確信을 가지고 있었기 때문에, 궁켈과 그의 친구들의 생각을 고작해야 웃음거리로 밖에 생각지 않았다. 벨하우젠이 전승사학적으로 기획된 궁켈의 첫 작품 "原初時代 및 終末時代에 있어서의 창조와 혼돈"(*Schöpfung und Chaos in Urzeit und Endzeit*)을 읽었을 때, 그는 "이에 대해서는 抗議만이 있을 뿐이다"[22]라는 인상을 받았다. 구약성서 문헌비판학의 제2인자인 둠(B. Duhm)은 이렇게 반대했다 : "세계를 변화시키는 思想들을 거의 무의식적으로 이루어진 견해들과 반성들의 수집물로부터 설명하고, 이 거대한 일이 偉人들에 의해 수행되지 않고 無名의 群衆 혹은 資料 자체의 熱氣에 의해 案出되었다고 생각하는 것을 비판적이고 역사적이라고 하는 것은 정신적인 프로레타리아의 猜忌에서 發想된 命題이다"[23]. 신약성서학자 바이스(B. Weiss)는 궁켈을 베르린大學校에서 추방함으로 그의 대담한 가설에 의해 학생들이 혼란을 일으키지 않도록 온갖 힘을 기울였었다. 이러한 노골적인 거부보다 더욱 궁켈을 고통스럽게 한 것은 대부분의 주석자들이 그의 命題들을 默殺해 버리는 것이었다[24]. 겨우 객관성이 없다는 비난이 한번 일어났을 뿐이었다[25]. 구약 및 신약성

---

22) 후에 그는 자신의 비판을 완화시켰다 : *Skizzen und Vorarbeiten* 6, 1899, S. 225f.

23) *Jesaja*³(HKAT), S. 99, 14 : 26을 다루는 자리에서.

24) *GuB*, S. 21.

25) "모든 현상이 문헌상으로 확인되는 시점에서 비로소 요청되는, 문헌비판학의 토대 위에 세운 歷史像은 수많은 우연성들에 고착되어 있는 문학적 전통에 노예처럼 예속된다는 비난을 받을 만하다. 그러나 이에 대하여 상당한 정도까지 그 객관성의 性格을 주장할 수 있다는 것을 승인하지 않을 수 없다. 그러나 資料批判的 方法으로 다

서 문헌의 像과 이스라엘 및 초대 그리도교 歷史의 像이, 양식사학적 思想들이 연구에 도입된 오늘날보다, 순수한 문헌비판학 시대에 더 짜임새있는 것이었음은 의심할 수 없다. 그러나 그 원인은 양식사학자들의 理論이 불명료하다는 데 있지 않고 역사적 현실의 성격이 그만큼 복잡하다는 데 있다.

E. 케리그마적 性格의 발견

양식사학자들이 구약 및 신약성서의 說話들에서 많은 해석을 지적하고, 모세 혹은 예수에 관해 기록된 것의 歷史性에 관하여 신중을 기하는 것은, 그런 설화들과 설화의 복합체들이 옛날부터 케리그마적인 性格을 지니고 있다는 인식과 결부되어 있다. 케리그마는 信仰을 호소하는 하나님의 행위의 宣布를 뜻한다. 케리그마적 성격은 먼저 복음서들에서 발견되었다. "양식사학적 관찰이 도달한 첫 통찰은 예수에 관한 '순수하게' 역사적인 증언은 결코 없다는 것이다. 예수의 말과 행위에 관해 보도된 것은 이미 설교와 권고를 위하여 규정된 신앙의 증언이었고, 不信者들을 얻고 信者들을 확고하게 하기 위하여 표현된 것이다"26).

후에는 구약성서의 歷史書들도 케리그마적으로 정돈되어 있음이 밝혀졌다. 폰 라트는 야웨학파와 엘로힘학파가 祭儀에 토착된 옛 신앙고백(Credo)의 도식을 따랐고, 그것을 해석하고 뚜렷하게 하는 것 외에 다른 어떤 것도 의도하지 않았다는 것을 알아냈다(비교. §12). 따라서 성서의 전승들은 信仰과 告白에 의해 형성되었고 현대 歷史科學의 意味에서의 "객관적" 叙述과는 전혀 다른 것이다. 이 傳承의 발견을 간단히 무시해 버리고 자연스럽게 역사적 사실들에 육박할 수 있다고 생각한다면 그것은 망상이다. 註釋家와 歷史家는 오히려 우선 실제적인 이해의 작업에 열중하고 이스라엘 혹은 초대 그리스도교의 信仰과 告白에 어느 정도 접근해야만 있을 수 있는 역사적 사실들을 추리할 수 있을 것이다27). 歷史와 告白, 信仰의 이 결합이 오늘날

루는 역사관찰은 문헌비판학의 성과들을 능가할 수 있다고 확신할수록 그만큼 객관성의 토대로부터 멀어진다." O. Eissfeldt, *Preußische Monatshefte* 23, 1919, S. 175＝*Kleine Schriften* I, 1962, S. 35. 내가 이 命題를 여기에 인용한 것은 그것이 당시의 분위기에 대한 조짐을 나타내기 때문이다. Eissfeldt도 오늘에 와서는 아마 다르게 말할 것이다. ― 전승사학적 입장은 놀랍게도 이렇게 확인한다 : "우리에게 인식될 수 있는 가장 옛 전승을 역사적 사건 자체와 동일시해야 한다고 믿는 사람들이 실제로 있다."(Kümmel, S. 320에서 Eichhorn).

26) Dibelius, *Formgeschichte*, S. 295.

27) 양식사학에서의 케리그마의 발견은 제1차 대전 후 독일의 교의신학에 막대한 영향을 주었다. 참조. *RGG* Ⅲ³, S. 1251―1254.

그리스도교 神學을 위해 어떤 意味를 지니고 있는지는,　지난　수십년　동안 격렬하게 싸워온 문제인데, 그 해명은 아직 요원하다[28].

F. 樣式史學의 一部로서의 文獻批判學

양식사학이 불가피한 것으로 증명된 후에 문헌비판학적 방법은 끝났는가? 소수의 극단적인 풋나기들만이 이 결론을 내리고 있다.　그러나 열왕기서, 역대기 혹은 누가복음서 같은 몇몇 성서 문헌들은 분명히 각자의 臺本들을 지적함으로 직접 史料區分을 촉구하고 있다[29].　불트만과 디벨리우스 같은 양식사학의 化身들도 공관복음서의 두 資料說을 자명한 전제로 받아들이고, 궁켈도 문헌비판학적인 분석들의 정확성에 있어서 벨하우젠 學徒들 중 어느 한 사람에게도 뒤지지 않을까 걱정스럽게 생각한 일이 있다[30]. 현대 양식사학의 가장 탁월한 대표자 중 한 사람인 노트(M. Noth)는 바로 문헌비판학파의 상징인 四經硏究를 한 걸음 진척시켰다.

물론 문헌비판학의 적용범위는 그 초기의 실제적인 응용에 비교하면 놀랄 만큼 축소되었다. 정확히 이해하고 보면,　문헌비판학은 다른 것들과　함께 樣式史學의 한 分科에 불과하다. 즉 文書들의 전승에 관련되어 있고 그것들의 成立過程이 포괄적인 文書資料들의 樣式으로 나타날 때 까지 그것을 추궁해 올라가는 分科이다[31]. 正經 마지막 형태까지의 文書적 전수의 기간은 대체로 先行하는 口傳 傳承의 긴 기간에 비하여 비교적 짧다.　이렇게 이해하면, 문헌비판학은 編輯史學的 硏究의 一部 혹은 적어도 그것의 前단계이다. 문헌비판학적인 硏究에서 결코 잊지 말아야 할 것은 보통 文書的 전수에 口傳的 전수가 先行했다는 것이다. 문헌비판학적인 관점도 오직 다른 양식사

---

28) 참조. Conzelmann—v. Rad 사이의 논쟁(*EvTh* 24, 1964, S. 113—125, 388—394) 혹은 프로그램적인 설계 : *Offenbarung als Geschichte*, W. Pannenberg 편집, ³1965.

29) Mowinckel, *Prophecy*, S. 20f.

30) Gunkel이 이점에서 그의 친구 Eichhorn의 문헌비판학에 대한 증오를 잠시 동안도 잊지 않는 것은 그의 비판정신에 대한 증거이다. 그런데 Eichhorn이 Gunkel의 종교사학 理論에 끼친 영향은 강하나, 양식사학적 방법의 형성에 끼친 영향은 아주 미미한 것은 도대체 어찌된 일인가(H.-J. Kraus 는 다르다 : "Zur Geschichte des Überlieferungsbegriffs in der Alttestamentlichen Wissenschaft", *EvTh* 16, 1956, S. 379—383).

31) 이미 문헌비판학에 대한 우리의 평가는 양식사학적 관찰에 의해 열린 관점들 위에 근거를 두고 있다 : "문헌비판학은. 정확히 보면, 전승들의 역사를 뜻했다." Schniewind, S. 161.

학적 작업과정들, 즉 類型과 삶의 자리의 規定 및 文書化 이전 傳承史의 제시와 분명한 관련을 맺을 때에만 적절하게 된다.

실제적인 運用面에서 볼 때, 대개 어떤 부분을 주석할 경우 먼저 지금의 최종형태에서 출발하고 문헌비판학적 熟考들에 의거하여 문학적인 최초의 형태에까지 소급해 올라간 다음에 비로소 그 외의 양식사학적 관점들을 이용하는 것이 바람직하다. 양식사학적 문제제기에 관계하는 오늘날의 註釋書들도 이렇게 構成되었다[32]. 그러나 이것은 이미 말한 바와 같이 실천적인 이유에서 일어나는 것이지 결코 문헌비판학에 더 중요한 위치가 주어져야 한다는 것은 아니다. 오히려 모든 잠정적인 문헌비판학적 成果는 類型과 삶의 자리, 傳承史의 規定에 따라 많은 문헌비판학적인 區分이 口傳 傳承의 歷史에 의해 무용지물이 되지 않는가라는 관점에서 다시 한번 재검토되어야 한다. 문헌비판학자들의 관찰의 출발점은 대체로 옳은 반면, 樣式史의 보다 큰 틀이 알려지면 그 결론들은 근거를 잃는 경우가 종종 있다[33].

이를 명백히 하기 위해서는 위에서 例를 든 십계명에 관한 示唆가 좋은 본보기이다. 종래의 문헌비판학적 論證, 즉 엘로힘학파의 作品에 속하는 출애굽기 20장 1절 이하는 어떤 臺本도 가지고 있지 않으며, 어떤 영향도 받은 흔적을 보이지 않는다는 논증은, 四經史料들이 지금까지 독립적으로 있던 傳承들을 심하게 倂合했다는 것이 인식되면, 이미 그 중요성을 잃을 것이다. 그러나 다른 한편 역시 의심스러운 것은 얼마나 경솔히 오늘날 많은 학자들이 樣式史學의 이름하에 문헌비판학에 의해 출애굽기 20장에서 확실하게 밝혀진 신명기사학파적 전승층을 간과하고, 얼마나 희열에 차서 엘로힘학파적 기본성분을 주장하는가이다, 그 외에도 신명기사학파적인 附加文들이 엘로힘학파에서 밝혀질 수 있는가, 그리고 어느 시대, 어떤 관심에서 四經 중의 다른 신명기사학파적인 부분들이 생겼는가를 먼저 꾸밈없이 문헌비판학적으로 설명해야 하지 않는가?[34] 바로 이 중요한 例에서는 문헌비판학 없이 처리될 수 없다. 그러나 문헌비판학을 절대화하고 가령 엘로힘학파에서 십계명의 基礎者를 찾아내는 것은 불가능하다[35]. 이런 종류의 종교적 증서들은 옛 이스라엘의 경우 어떤 한 사람에 의해 "만

---

32) Gunkel은 이미 그의 창세기 주석에서 그렇게 했다. 오늘날에는 특히 Biblischer Kommentar 총서가 있다(Neukirchen).

33) "오늘날 유행되는 문헌비판학적 연구에는 엄격한 한계가 설정되어야 할 것이다. 이제는 칼로 짜르고 거친 손으로 史料들을 갈기갈기 찢어내는 것은 중지되어야 한다. 비판을 시작할 수 있으려면, 무엇보다도 자료의 연관성에 대한 훨씬 더 정확한 인식이 요청된다." Bousset, *Der Antichrist*, 1895, S. 5.

34) Noth(*ÜGP*, S. 32 註 106)에 의하면 신명기사학파적인 부분들은 "특별히 눈에 띄게 J-成分들에 연결되어 있고", E에 연결되어 있지 않다.

35) G. Fohrer는 다르다 : *Kerygma und Dogma* 11, 1965, S. 66 : "물론 십계명을

들어"졌을 수 없다.

　많은 神學者들은 文獻批判學的 관찰들의 귀결인 五經이나 공관복음서의 史料區分
을 批判家들의 思辨이란 이유로 배척한다. 왜냐하면 현대의 文獻에서는 "가위와 풀을
가지고" 쪼각 쪼각 뜯어 맞출 수 있는 것이 전혀 없기 때문이다. 그러나 古代의 事情
은 다르다. 聖書 밖에서는 알렉산더大帝[36]에 대한 歷史를 叙述하는 자들이나 바벨론
인들[37]에게서도 文書的 臺本들의 綜合作業이 분명히 例證되는데, 이것은 聖書文獻의
史料區分을 충분히 정당화시켜 준다.

출애굽기 20장에 — J가 그것을 출애굽기 34장에 한 것같이 — 편찬해 넣은 것은
바로 E였다는 가정이 가장 그럴 법하다."
　36) J. Seibert, *Alexander der Große*, Erträge der Forschung, 1972, S. 25—42.
　37) H. Hunger, *Babylonische und assyrische Kolophone*, 1968, Nr. 292; Lam-
bert, *Journal of Cuneiform Studies* 11, 1969, S. 8f.

§7. 口傳 傳承에 대한 論爭

구약성서의 成立에 있어서의 文書 傳承에 대한 口傳 傳承의 先位性 거부 :
H. Birkeland, *Zum hebräischen Traditionswesen*, ANVO, 1938 : 1; I.
Engnell, *Gamla Testamentet*, en traditionshistorisk inledning I, 1945, ; 同,
"Methodological aspects of O.T. study", *VTS* Ⅶ, 1960, S. 13—30; E.
Nielsen, *Oral Tradition*, StBTh, 1954.

이에 대한 비판적 입장 : J. v. d. Ploeg, "Le rôle de la tradition orale dans
la transmission du texte de I'A. T.", *RB* LIV, 1947, S. 5—41. — G. Wi-
dengren, "Literary and Psychological Aspects of the Hebrew Prophets",
UUA, 1948 : 10. — 同, "Oral Tradition and Written Literature among
the Hebrews in the Light of Arabic Evidence, with Special Regard to
Prose Narratives", *AcOr* (H) XXIII, 195⟩, S. 201—262. — A. H. J. Gunne-
weg, *Mündliche und schriftliche Tradition der vorexilischen Propheten-
bücher als Problem der neueren Prophetenforschung*, FRLANT 73, 1959.

仲裁的인 立場 : S. Mowinckel, *Prophecy and Tradition*, ANVO, 1946 :
3. — H. Ringgren, "Oral and Written Transmission in the O.T.", *StTh*
Ⅲ, 1950/1, S. 34—59. — R. C. Culley, "An approach to the problem of
oral tradition", *VT* XIII, 1963, S. 113—125.

신약성서 성립에서의 口傳 傳承의 意義는 먼저 H. Riesenfeld (*The Gospel
Tradition and its Beginnings*, 1957)가 示唆했고, 다음에 B. Gerhardsson
(*Memory and Manuscript*, Acta Seminarii Neotestamentici Upsaliensis
XXII, 1961과 *Tradition and Transmission in Early Christianity*, Coniec-
tanea Neotestamentica XX, 1964)이 포괄적인 증명을 시도했다. 仲裁的인
立場에 있는 자 : W. D. Davies, "Reflections on a Scandinavian Approach
to 'The Gospel Tradition'", in: *Neotestamentica et Patristica*, Festschrift
O. Cullmann, 1962, S. 14—34; 비판적 立場 : 同上, A. N. Wilder, S. 3—
13과 M. Smith, *JBL* 82, 1963, S. 169—176.

이미 궁켈은 구약성서의 유형들이 "원래 거의 전부 기록된 것이 아니고 말
로 존속해 왔다"[1]는 인식을 토로했다. 이로부터 註釋은 本文들의 相異한 文
書的 단계들뿐 아니라 그것들의 口傳的 前歷史도 다루어야 한다는 결론을
처음으로 내린 사람도 궁켈이었다. 어떤 점에서 文書로 확정된 것으로부터 口
傳的 前단계들을 추론해낼 數 있는가를 그는 그의 大作 창세기 註釋(HKAT)
에서 實例를 들어 보여주었다. 그러나 궁켈의 경우 文書傳承과 口傳傳承의

---

1) *RuA*, S. 33; 비교. *Schöpfung*, S. 135.

일반적인 구별, 따라서 文書의 類型들과 談論[2]의 類型들의 구별이 부각된 경우는 극히 드물고, 거의 특별한 熟考의 대상이 되지 못하고 말았다. 신약성서의 樣式史學에서는 이미 슈니빈트가 일찌기 복음서기자들의 史料利用을 先行된 口傳傳統의 특수한 性格으로부터 설명하려는 시도를 했다[3].

談論의 유형들은 註釋家들에 의해 대개 文學 以前의 것으로 지칭된다. 그런데 이 槪念에는 — 是認되든 않든 — 어떤 價値判斷, 즉 文學化된 것은 이른바 口傳으로만 돌아다니는 것보다 더 높은 "存在方式"에 도달했다는 信念이 같이 들어 있다. 그러므로 文學 以前的 이라는 標識는 시간적으로 文書的 本文들에 先行하는 口傳傳承 단계들로만 이해되는 것이 아니고 "下級文學的인 것이다는 의미에서"로 이해되는데, 이것은 항상 "民衆生活 및 祭儀生活의 下層으로부터 文學의 영역에로 上昇"하려는 움직임 속에 있는 것이다[4]. 마치 文書化하는 것이 思想의 최고목표인양. 그러면 무엇 때문에 말하고 이야기하는 것은 모든 文書化된 것과 함께(以前 뿐 아니라!) 그것의 고유한 권리를 향유하지 못하는가? 히브리 言語의 初期 類型들과 신약성서의 복음서에서 증명된 類型들은 우리의 認識에 비추어 볼 때 거의 모두가 文學以前의 것이다. 우리는 단지 지금의 문헌에 의해서만 저 口傳的 類型들에 도달할 수 있다. 그러나 방법적인 면에서 文書的인 것을 優位에 두는 것이 원칙적인 것으로 되어서는 안된다. 아마 "文學以前的"이라는 개념을 가능한 한 피하는 것이 바람직할 것이다.

A. 傳統史學派

口傳 傳承物에 대한 일반적인 過小評價는 심한 論爭을 불러일으켰는데, 이 논쟁은 이런 方式으로 계속 전수된 類型들과 單一文들이 聖書學에서 차지하는 地位에 관한 것이었다. 이 논쟁은 양식사학적인 고려가 아니라 本文批判學的(textkritisch) 고려에서 불붙었다. 스웨덴의 셈語學者 뉘베르크(H. S. Nyberg)는 그의 책 "호세아서 硏究"(*Studien zum Hoseabuch*)[5]를 통해 맛소라 本文의 절대적 신빙성을 증명하고 지금까지 遂行해 온 모든 本文批判(Textkritik)을 철저히 괴멸시키려고 했다. 이 경우 그는 다음 前提로부터 출발했다: 구약성서는 맛소라 以前 시대에는 주로 口傳으로 전승되었고 文

---

2) "談論"(Rede)은 여기서 포괄적으로 사용되었다. 그러므로 어떤 특정한 그룹의 사람들 앞에서 행해지는 公的 演說뿐 아니라 모든 일상적인 대화도 포함되어 있다.

3) *ThR*, 1930, S. 141ff.

4) Eissfeldt, *Einleitung*, ¹S. 8, ³S. 10f.(下傍點에 의한 강조는 筆者에 의한 것임).

5) *UUÅ*, 1935 : 6.

書化 후에도 — 기록된 구약성서는 그에게 있어서 포로기 이후 유대교의 創
作이다(S. 8) — 口傳 傳承은 계속 표준적인 것으로 남았다는 것이다. 그러
나 일종의 口傳 傳承들의 歷史는 이미 밝혀질 수 없게 되었다. 그런데도 확
실하게 가정할 수 있는 것은 古代 近東的인 狀況에 예속되어 있던 口傳 傳
承의 歷史에서는 그 후에 따른 文書 傳承에서보다 훨씬 덜 변했다는 것이
다.

뉘베르크에 의해 일반적인 이해에 소용돌이를 일으키게 된 깃발은 비르
켈란트(Birkeland)에 의해 계승되었는데, 그는 아랍적-모하멧교적인 전승
방법들로부터 이스라엘의 것을 추론했다. 오늘날도 그렇듯이 어떤 귀절을
찾아낼 때 코란(Koran)을 펴보는 이슬람 學者는 없다. 그들은 오히려 暗記
해서 인용한다. 코란과 하디츠(Hadits : 초기로부터 전해지는 民譚的인 이슬
람교의 전승들)의 變造된 讀法에 관한 중세기적 論戰에서도 學者들이 기억
속에 暗記하고 있었던 것이 결정적인 것으로 간주되었다. 13세기의 어떤 아
랍 歷史家의 권고는 記錄物에 대한 不信을 특징지어 준다[6] :

> 내 친구여! 열심히 (傳統들을) 얻도록 노력하고···중단하지 마시
> 오. 그것들을 기록된 文書들로부터 받지 마시오. 그렇게 함으로 그
> 것들이 本文墮落의 病에 걸리지 않도록 하시오.

비르켈란트는 모하멧교의 例를 근거로 해서 이스라엘에도 확고한 전승전
달자들, 즉 "傳統그룹"이 있었고, 이들이 표준적인 종교적 전승을 口傳에 의
해 대대로 저수했다는 결론을 내렸다. 이와 함께 文書記錄物들이 存在하게
되었을 때, 그리고 존재하게 되자 곧 이 記錄物들은 사람들이 暗記해서 알
고 있었던 것에 의해 계속 새로 검토되고 수정되었다.

그의 命題는 傳統史學派(Traditionshistorische Schule)에 의해 받아들여
졌는데, 이 學派는 제2차 세계대전 후 스칸디나비아에서 형성된 것이다(특
히 웁살라의 엥그넬〔Engnell〕을 들 수 있으나 카펠루트〔A. Kapelrud〕 같은
놀웨이人, 닐젠〔Nielsen〕 같은 덴마크人도 이에 속한다). 맛소라 以前 시대
에는 口傳 傳承만이 표준적이었고, 口傳 傳承의 相異한 여러 단계들을 추후에
밝히는 것은 맹목적이라는 信念에서, 일반적인 本文批判學뿐 아니라 — 그
리고 특히 예리하게 — 빌하우젠 學派의 文獻批判學, 끝으로(表明은 하지 않
았을지라도!) 궁켈 이래 등장한 성서의 單一文들의 傳承史 研究도 역시 철

---

6) Abu-l-Qāsim ibn 'Asākir(Birkeland, S. 11).

저히 배척되었다. 例를 들어 예언서에서 어느 말들이 이사야 혹은 예레미야 자신에게 소급되는가를 묻는 것, 즉 이른바 본래의 말(*ipsissima vox*)을 찾는 것은 幻影을 쫓는 것이나 다름없다는 것이다. 최근에는 이 관찰방법의 결과들이 신약성서, 특히 복음서들의 說話들과 談論들에 轉用되고 있다. 口傳 傳承이 이스라엘과 초대 그리스도교에서 막중한 역할을 했다는 이 주장과 이와 결부해서 전수하는 권위적인 傳統그룹이 있었다는 주장은 정당한 것인가?

비르켈란트의 출발점인 아랍 文化圈의 사정을 비덴그렌(Widengren)은 자세히 검토하고 아주 상반된 결론에 도달했다. 이미 모하멧 시대에 文書의 使用이 널리 유포되어 있었다. 口傳 傳統을 先位에 두려는 시도들은 후기에 비로소 나타났고, 결코 일반적으로 인정된 것도 아니다. 아랍 詩人들까지도 자신들의 詩를 곧 받아 기록할 것을 가령 다음과 같은 말로 청중에게 권고하고 있다:

> 책은 詩人이 오랜 시간을 들여 지은 낱말이나 귀절들을 잊어버리거나 변경시키지 않는다[7].

傳統史學者들은 그후 이슬람교의 사정에 의존하는 것을 단념했다. 그러나 이것으로 ─ 후에 밝혀지겠지만 ─ 구약 및 신약성서에 관련된 이 문제가 처리된 것은 결코 아니다.

B. 구약성서 本文들의 口傳 傳統

비르켈란트와 그의 후계자들은 사실 옳게 보았다. 近東人들은 옛날이나 지금이나 우리 西歐人과는 다른 記憶力을 소유하고 있다. 오늘날도 많은 모하멧교의 學校에서는 全 코란經을 暗記하도록 가르친다. 구약성서의 例를 들면, 예언자 예레미야는 20년 후에도 자신의 초기 예언들을 아직 기억하고 있었다[8]. 이스라엘의 文化도 印刷術의 발명 이후의 近世文明보다는 文書에 의해 규정되는 것이 훨씬 적었다. 오늘날은 기록되거나 인쇄된 것의 대부분이 전혀 말로 표현되지 않는다. 이에 반해 구약성서에 수록되어 있는 것은

---

7) Du-l-Rúmmah(Omajjadenzeit): Widengren, 1948, S. 24.

8) 렘 36 : 4. 물론 예레미야의 제자 바룩은 神託들을 暗記할 수 없었던 것같이 보이고 새로 받아써야 했음에 틀림없다. V. d. Ploeg, S. 36.

거의 모두가 文書化 전에 오랫동안 口頭로 낭송되었다. 그것이 四經의 說話들이든 詩篇 혹은 예언자의 談論이든 마찬가지였다[8]. 이러한 부분들이 文書로 확정되었을 때도, 그것은 다음 기회에 ― 예언자들의 제자들 앞에서이든 예루살렘 聖殿(렘 36 : 6)이든, 후기에는 會堂에서이든간에 ― 그것들을 다시 큰 소리로 暗誦하려는 목적에서였다. 口頭 朗讀에 대한 존중은 비길데 없이 컸다. 오늘날 교수가 강의를 하면, 그가 강의하는 그것은 그의 학문적인 견해이다. 그러나 그는 이 진술된 말들에 ― 그가 그의 이름으로 印刷하도록 한 것에서와 같은 方式으로 ― 고정되기를 원치 않는다. "文書化"된 것은 한층 더 확실하고 더 가치있는 것으로 간주된다. 한정된 범위 ― 가령 "너는 이미 들어 알고 있는가?"라는 전형적 질문을 수반하는 소문의 경우 ― 에서는 아직도 존재하는 구전적 전수, 이러한 구전적 전수에는 부정확성, 불확실성의 의혹이 따른다. 이스라엘人들의 경우에는 전혀 다른 意識이 전제되어야 한다. 이 古代人들은 확고하게 새겨진 변하지 않는 구전 전승을 염두에 두고 있었다. 다음 귀절들을 찾아보라! : 출 12 : 24―27; 13 : 7―8, 14―15; 민 21 : 27; 신 4 : 9―10; 6 : 6―7, 20―25; 11 : 19; 32 : 7; 수 4 : 6―22; 22 : 24―28; 삿 6 : 13; 시 44 : 2; 78 : 2―6; 사 38 : 19. 이 귀절들이 보여주는 바와 같이, 이미 家庭에서 종교적 語套들과 전승들을 전수할 때 엄격한 尺度들이 있었는데, 그것들의 정확성에 대한 책임은 家長이 지고 있었다. 어린 시절부터 이런 습관에 익숙해진 사람들은 일생동안 口頭朗讀에 대하여 엄중한 注意, 즉 오늘날도 아이들로 하여금 때때로 그들이 이미 알고 있는 이야기를 하게하고 이 이야기의 결정적인 대목에서 그들에게 친숙한 표현이 반복되는 것을 정확히 注意하는, 그런 注意를 보여줄 것이다[10].

口傳 傳承의 不變性을 한 例로 설명할 수 있을 것이다 : 아모스는 한번 (4:11) "엘로힘(*개역 : 하나님)이 옛날에 소돔과 고모라를 뒤집어 엎은 것" 같이 멸망한다고 그의 백성에게 경고했다. 엘로힘이라는 하나님 標識가 유난하게 눈에 띈다. 이 예언자는 이곳 외에서는 언제나 야웨라고 말하기 때문이다. 그러나 이것은 아마 소돔-고모라-전승에 속하는 것으로, 당시 유포

---

9) 히스기야의 신하들이 솔로몬의 지혜 격언들을 수집했다면, 이것들은 그때까지 口傳으로 유포되어 있었음이 분명하다. 잠 25 : 1.

10) 口傳 說話에 대한 어른들의 그러한 태도는 몇십년 전만해도 아직 독일 僻地農村(Westeifel)에서 볼 수 있었는데 童話와 笑劇을 朗讀할 때 관찰된다. V. d. Ploeg, S. 30f.

되어 있던 이 傳承에서 야웨가 아니라 엘로힘이라고 말해진 것 같다. 예언자 자신도 이 상황에서 벗어날 수 없었다. 아마 그는 의식하지 못한채 그에게 口頭로 전승된 것의 불가항력적인 힘에 지배되었을 것이다. "뒤집어 엎다"(*개역 : 무너뜨리다)라는 말도 저 전승의 확고한 成分이고, 그러므로 이 예언자의 경우 이 귀절에만 나타난다(비교. 창 19 : 21, 25, 29; 신 29 : 23).

구약성서 자체 內에 있는 이런 보도들에 직면할 때, 傳統史學派의 대표자들이 포로 전에는 단지 현존 經典의 소 부분만이 문서화되어 있었고, 문서화된 후 그리스도의 탄생 이후 시대에 이르기까지도 구전 전승이 아직 오랫동안 문서 전승과 나란히 유포되어 있었으며, 논쟁이 생기는 경우에는 결정적인 것으로 남아 있기까지 했다는 주장을 고집하는 것이 설명된다.

C. 구약성서에서의 記錄文書의 역할

구전 전수의 중요성에 대한 示唆들과 함께 역시 文書의 중요성을 示唆하는 귀절들도 있다. 우선 否認할 수 없는 것은 이스라엘이 移住해 간 古代 近東 세계가 이미 기원전 2,000년 이래 文書를 使用할 줄 알았고, 무수한 碑文과 土板들이 보여주는 바와 같이 많은 생활영역에서 文書를 이용했다. 에집트나 메소포타미아 지역에서는 구전 전승이 구약성서에서보다 훨씬 덜 문제되었다[11]. 이스라엘 以前 팔레스틴도 뚜렷한 文書文化로 특징지어져 있다. 이것은 특히 엘-아마르나(El-Amarna)書庫에서 볼 수 있는 그곳 小君主들의 바로王과의 外交的 交信과 우가릿(Ugarit) 發掘에서 나온 政治的, 宗敎的, 經濟的 內容을 수록한 수많은 土板들에 의해 증명되는데, 우가릿에서는 특히 정규의 筆生學校가 神殿 근방에서 발견되었다. קִרְיַת סֵפֶר(책의 都市)라는 가나안의 都市名도 이를 말해준다. 自國語로만 기록된 것이 아니고 國際的 교환까지도 성행했다. "(팔레스틴)지방 이곳 저곳 小君主의 궁정이 있는 곳이면 어디서나···바벨론語로 기록하고 읽을 수 있는 그 君主의 官吏가 적어도 한사람은 있었다"[12].

---

11) Nielsen(S. 19f.)이 구전 전승을 위해 인용하고 있는 메소포타미아 지역에서 나온 몇몇 例證은 거의 효력이 없다. 이 경우 특히 문제되는 어떤 文書的 本文의 暗記는 그것을 口傳的 방법으로 전수하는 것에 전적으로 관계된 것이 아니다. 이 관습은 현대의 學校講義에도 있다.

12) Hempel, *Literatur*, S. 12. — 에집트에는 이미 古代 王國 時代, 祭儀에 파피루스 두루마리를 들고 나오는 朗讀司祭가 있었다; S. Schott, *Mythe und Mythenbil-*

우가릿과 엘-아마르나가 속해 있는 2천년대의 사정과 천년대의 사정 및 이스라엘의 사정 사이에 文書의 種類와 資料에 심한 변화가 일어났다는 점에서 물론 큰 차이를 보여준다. 배우기 힘들고 다루기 번잡한 土板과 楔形文字 혹은 象形文字 대신 쉽게 배울 수 있는 알파벳文字와 파피루스나 陶片이 常用되었다. 이로써 文書를 사용하는 것이 더 넓은 계층의 사람들에게 가능해졌다. 이스라엘에서 이것을 사용했다는 것은 사마리아의 陶片들 혹은 一般官吏 및 軍官들이 쓴 라기스(Lachisch)의 편지들[13]이 보여준다. 이 구별은 오히려 문서 전승의 意義가 이스라엘時代에 더 적었다는 것이 아니라 더 컸다는 것을 말해준다. 설사 2천년대(이스라엘 以前時代)의 문헌적 遺産이 더 견고한 材料로 인해 비교적 더 잘 보존되었을지라도 그렇다[14].

그러므로 특정한 개체 부분들의 文書化에 관한 분명한 증언들이 구약성서에 있는 것은 이상할 것이 없다. 십계명과 같은 誡命群들이 기록되거나 돌에 새겨졌고(출 24 : 4; 32 : 15; 수 24 : 26; 사 10 : 1; 렘 8 : 8; 호 8 : 12), 늦어도 신명기, 즉 7세기 이후는 율법책들이 있었다(신 17 : 18; 31 : 24; 수 8 : 31—32)[15]. 法律行爲에서의 文書記錄(신 24 : 1; 삼상 10 : 25; 렘 32 : 10; 비교. 삿 8 : 14)에 관해서도, 기록된 祭儀的 詛呪文(민 5 : 23)에 관해서도 언급되어 있다. 중요한 歷史的 事件들은 碑文(*개역 : "책", 출 17 : 14)에 혹은 야웨의 戰爭記(민 21 : 14) 같은, 유감스럽게도 상실된, 옛 작품들 중에 혹은 대리석 판(수 10 : 13)에 수록되었다. 이사야 이후의 예언자들은 짧은 神託을 文書化하여, 그것들이 "오랫동안 작용"을 하게 했다(사 8 : 1—2; 30 : 7—8; 렘 51 : 60; 합 2 : 2). 그후 곧 포괄적인 예언서가 있었음을 보게되는데, 예레미야서 36장(과 30 : 2)에서는 그것이 특수한 사정에 의해 성립되었다고 기록되어 있으나, 에스겔서 2 : 9—10에서는 이미 알려진 類型으로 전제되어 있다(비교. 겔 43 : 11—12). 유대 王宮과 마찬가지로 北이스라엘 王宮에는 물론 年鑑이 있었고, 지혜격언들은 에집트式으로 수록되었다

---

dung im Alten Ägypten, 1945 = *Untersuchungen zur Geschich'e und Altertums-kunde Ägyptens* XV, 1964, S. 1.

13) *ANET*, S. 321f. ; Galling, *Textbuch zur Geschichte Israels*, 1950, S. 63ff.

14) 土板에 비교하면 파피루스는 훨씬 더 상하기 쉽다. 그러므로 古考學的으로 그렇게 철저히 탐색된 팔레스틴에서 다른 近東 文化들에 비해 거의 아무런 本文들도 발견되지 않았다는 Engnel의 論證(*The Call of Isaiah*, UUÅ, 1949 : 4)은 오직 구전 전수만이 통용되었다는 것을 증거할 수 없다.

15) 本文의 지시들에는 이미 古考學的 지시가 따른다 : 창세기 및 신명기에서 나온 많은 단편들이 쿰란에서 포로 이전의 書式으로 발견되었다.

(잠 22 : 20). 중요한 일이 있을 때는 편지들이 발송되었다(삼하 11 : 14 이하 ; 왕상 21 : 8 이하 ; 왕하 10 : 1—2). 후에는 보다 폭넓게 다루어진 年代記들이 생겼는데, 이 책들은 王들의 日誌로 열왕기들도 뚜렷한 인용문투로 표현해서 여러번 이를 인용하고 있다(왕상 11 : 41 ; 14 : 29 등). 그러므로 특정한 생활영역에서는 文書로 진술할 수밖에 없었다.

文書化의 이유는 적어도 포로 前 시대에는 부분적으로 기록된 말이 특별한 힘을 발휘할 수 있다고 믿었다는 데 있었다. 이미 오래 전부터 文字의 作用力이 古代 에집트의 피라밋 碑文들 — 여기서 가령 뱀의 모습을 보여주는 象形文字는 특히 위험하게 생각되었기 때문에 讀者를 害하지 않도록 전혀 쓰이지 않았다 — 에서와 같은 정도로 魔術的으로 느껴지지는 않았을지라도, 本文들의 文書性은, 있을 법한 영향력들을 감안할 때, 이스라엘에서도 역시 중요했다. 神의 宣言 혹은 神託을 文字化하면, 그것은 곧 그것에 특별한 능력을 부여하는 것이었다(민 5 : 11이하 ; 사 8 : 1 ; 30 : 7—8). 예레미야서 36장에서도 이것을 알 수 있다 : 예언적인 파멸의 말들이 수록되어 있는 두루마리책을 여호야김 王이 파괴한 것은 그것의 영향력을 아주 소멸하려는 것이 아니었다면 막기 위한 것이었다. 그러나 예레미야는 그 말들의 세력을 회복시키기 위하여 두루마리를 새로 썼다[16].

D. 구약성서에서의 口傳 傳承과 文書 傳承의 竝立

이렇게 相反된 보도들에 직면하여, 성서 문헌들의 成立과 傳授는 어떻게 설명되어야 하는가? 여기서 단순한 兩者擇一로 대답될 수 있는 것이 아님은 분명하다. 오히려 口傳 傳承과 文書 傳授는 나란히 진행되었고 가장 초기 시대부터 여러번 뒤얽혔다. "이스라엘의 文學은…근원적으로 그 땅에 침입한 부족들의 생생한 — 적어도 상당한 부분을 차지하는 — 口傳 傳統과 설사 相異한 정도로이기는 하지만 그들에게 익숙해진 가나안 문헌의 두 成分으로 결합되어 자라났다"[17]. 農耕地에 토착화한 후에도 상당히 오랫동안 구전 전승方法과 문서 전승방법, 兩者가 동시에 이용된 것은 이스라엘의 특유성에 속한다. 이를 위해 결정적 역할을 한 것은 類型과 그때 그때의 삶의 자리이다[18]. 神的인 계명들의 특정한 그룹들은 아주 일찍 文書化되어 聖

---

16) Gunneweg, S. 33ff., 38f.

17) Hempel, *Literatur*, S. 11.

18) 비교. V. d. Ploeg, S. 24.

所들에 보존되었다. 아마 "거룩한 說話들"도 聖所에서 文書로 확정되었고
그곳에서 祭儀的인 行事 때 朗讀되었을 것이다[19]. 그러나   禮典的 言語資料
일 경우에는 물론 暗記해서 낭송되었으리라는 것을 생각할 수 있다(신 31:
28). 그러나 이것은 문서 전승이 이미 오래 전부터 표준적인 전승이었다는
것을 배제하는 것은 결코 아니다. 暗記한다는 것이 곧 무조건 구전 전승을
의미하지는 않는다[20]. 宮中에서는 기록하는 일이 더 널리 보급되어 있었
음이 확실하다. 여기에서 유래한 것이 의심스러운 경우 문서로 소개되어야
했을 것이다. 늦어도 예레미야 시대 이후에는 예언자의 神託들의 수집물
들도 文書化되었다. 대략 같은 시기에 예언자들의 생애에 관한 설화들을
文書로 고정시키기 시작했다. 이것이 이런 종류의 모든 설화들에 해당되는
것은 아니다[21]. 그러나 무엇보다도 창세기로부터 사무엘서에 이르는 책들에
서 발견될 수 있는 것 같은 民俗的인 설화들은 비교적 후기에야 문서화되었
다[22]. 그러나 文書化와 함께 생생한 口傳 傳授가 중단된 것은 결코 아니다.
시편의 경우에도 비슷하다. 희생제 및 그와 유사한 祭儀的 行事들에 관한 규
정들은 司祭文書의 시대, 즉 적어도 제 6 세기에 이르기까지 오직 口傳으
로만 떠돌아다닌 것같이 보인다. 동일한 유형의 경우, 즉 율법본문들의 경
우에도, 예언서 본문들의 경우에도 구전 傳授와 문서 傳授는 다양하게 유포
되어 있었다. 그러므로 그 事情은 늦어도 바벨론 포로시대에 이르기까지는

───────────────

19) 聖所에서 전승된 이스라엘의 전승들은 모두 文書 종류였다는 Gunneweg(S. 78
ff.)의 假說은 지나친 것이다. 특히 土地占領 전에 이미 律法集들과 결정적인 사건들에
관한 보도들이 文書로 되어 있었다는 것(S. 28)은 우선 전승사적으로 증명되었어야 했
을 것이다.
20) Widengren, 1959, S. 214; v. d. Ploeg, S. 27.
21) 예레미야(26 : 18)가 그의 파멸선포 때문에 재판을 받아야 했을 때 장노들은 예
언자 미가의 神託, 즉 실제로 미가서에 들어 있는 神託(3 : 12)을 지적했을 뿐 아니라,
그곳에 전해지지 않는 부수상황에 관해서도 알고 있었다. 이 사건은 100년이나 지난
일인데도 그렇다 ! 여기서 우리는 아마 생생한 구전 전통을 볼 수 있을 것이다. 예레
미야서 序頭記錄인 1 : 1—3은 아마 예언자가 죽은 훨씬 후 편수되면서 예레미야가
司祭의 아들이었다는 것을 지적하게 되었는데, 이것은 이 책 다른 곳에서는 어디서도
보도되지 않았고 그러므로 이 편수자는 풍문을 적어 넣은 것이다(겔 1 : 3도 비슷함).
22) 한 귀절이지만 시 78 : 3 같은 증언은 Gunkel이 그랬듯이 중요하게 다루어져
야 한다 : "과거에 대한 그의 보도를 위하여 편수자는 그의 禮典的인 序頭에서 구전
전승을 인용했다…; 그러나 사실은 옛 歷史에 관한 시편기자의 지식은 우리에게도 전
해진 文書史料에 근거를 두고 있다"(*Psalmen*, HKAT, S. 341). 다른 한편 설화들의
전승이 어떤 특정한 전승단체에서 일어났는가는 물론 물어져야 할 것이다. "五經에서
확인되는 性格의 散文說話들을 구전 전승에 의하여 충실하게 보존하는 전승자들의 단
체를 언급하는 귀절들이 구약성서 어디에서 발견되는가?" Widengren, 1958, S. 229.

아주 다양했다. 口傳으로 아니면 文書로 전승되었는가, 얼마나 오랫동안 그랬는가라는 물음은 各種 文獻, 아니 결국은 모든 文學的 單一文에서 새로이 제기되어야 할 것이다. 뿐만 아니라 구전 전통들이라고 모두 같은 것은 결코 아니다. 傳授의 方式은 類型과 삶의 자리에 따라 아주 다르다. "口傳文學"이라는 것은 모두(Culley), 특히 詩부분들은 조심스럽고 별로 변하지 않은채 확고한 團體에 의해 傳授되었다. 民衆의 입으로 만들어지고 주저없이 거듭 개작된 民譚들이나 俗談들과는 달리!

제6세기 중엽 포로기는 이스라엘 文學史 中 놀랄만한 轉機를 이룩했다. 포로 후 시대에는 물론 文書로 된 것이 표준적인 종교적 전승들이었다. 이것은 포로 前 시대의 실정에는 — 이미 드러난 바와 같이 — 부분적으로만 해당한다. 이 옛 문헌들의 경우 특별히 어떤 方式으로 그것들이 포로기를 넘겼는가라는 중요한 문제가 제기된다. 기원전 587년 유다 국가의 멸망과 함께 그때 있던 문헌도 얼마나 많이 소실되었는가? 장소에 따라 그 사정이 달랐는가? 대부분의 포로 전 문헌들은 오직 사람들이 그것들을 외우고 있다가 정세가 안정되자 새로이 문서화함으로써만 보존되었는가? 아마 포로기 동안에 팔레스틴에서 여호수아서로부터 열왕기하까지의 책들을 편수했을 신명기사학파는 몇몇 史料들을 이용했다. 그러나 소수의 史料만 사용한 것으로 보인다[23]. 바벨론으로 추방된 유대인들이 文書 두루마리를 휴대하고 갈 수 있었는가 아니면 그들이 기억하고 있었던 종교적 전승들의 眞髓만으로 명맥을 유지했을까? 어디서 어떻게 포로 前 문헌이 "보존"되었는가라는 질문은 현재 격렬한 토론을 불러일으키고 있다[24]. 여하간 우리가 아는바에 의하면 포로기 동안 그리고 그 직후 종교적 전통을 문서화하는 적극적이고 계획적인 노력이 시작되었다. 이를 증거하는 것은 신명기사학파의 編修作들과 司祭文書뿐 아니라, 바로 다음에 있었던 五經과 詩篇의 편찬도 그것이다. 이것은 엥그넬의 命題[25], 즉 문서적 전수로의 移行은 信賴의 위기에서 자주 발단하고 전승이 중단되는 절박한 위기에 직면하여 성립한다는 명제를 대변

---

23) 신명기사학파의 작품은 예언자들의 등장과 그들의 선포를 설화체로 전하고, 그러므로 이에 상응하는 전승들을 알고 있으나 이런 경우에 史料를(王들에 대한 보도들의 경우와 같이) 말한 적이 없다. 그러므로 예언자에 관한 문헌은 그에게 없었던 것 같다(Noth, *ÜGS*, S. 97f.).

24) 수많은 두루마리들이 감추어져 있었던 쿰란을 참조하라는 지시 — Gunneweg, S. 50 — 는 적절하지 않다. 그곳에 있던 宗派는 항상 박해들을 예측했고 전혀 다른 방법으로 예방책을 생각했기 때문이다.

25) *Gamla testamentet*, S. 42.

한다. 만일 (原)신명기가 ― 오늘날 부분적으로 받아들여지는 바와 같이 ― 이미 北王國이 종말을 고한 후에 편수되고 문서화되었다면, 그것도 비슷한 경우에 있었을 것이다. (메소포타미아 지역에 대해서도 같은 것이 해당한다: 口述的인 言語로서의 수메르人의 言語의 死滅은 대대적인 문서화 과정을 발단시켰다[26]. 그러나 기원후 19세기에도 비슷한 관계들을 유럽 民俗童話의 文書化에서 볼 수 있다[27]).

E. 초대 그리스도교 주변세계의 口傳 및 文書 傳統

초창기의 교회가 속해 있던 헬레니즘시대는 확대된 文學 生產의 시대였다. 그럼에도 불구하고 초대 교회에 가장 가까운 주변에서는 口傳 傳授가 규칙적으로 행해지고 탈무드의 정신적인 조상인 랍비들에게서는 다른 어떤 곳에서도 볼 수 없는 엄격한 규칙들에 의해 규제되는 경향이 있었다. 여기서는 끊임없는 筆寫와 함께 구약성서도 놀라울 정도로 口傳에 의해 傳授되고 있었다. 그렇지 않았다면 맛소라학파 ― 이들이 구약성서 문헌들의 母音符號를 만들었다 ― 의 本文 編修는 전혀 생각할 수 없었을 것이다. 그러나 랍비들의 記憶力은 구약성서뿐 아니라 학가다(Haggada, 說話資料) 및 할라카(Halacha, 율법적 규칙들)에 의한 그것의 해석과 敷衍에도 숙달했다. 특히 조심스럽게 傳授된 것은 미쉬나(Mischna), 즉 口傳 토라(Tora, 律法)의 條文들인데, 이에 대해서는 그것이 결코 文書化되어서는 안된다는 규정까지 유포되어 있었다[28]. 랍비學派 전통의 본래적인 創始者 요하난(Johanan ben Zakkai)에 관해서는 다음의 傳說이 보도되고 있다 : 그가 베스파시안(Vespasian) 陣營에 갇혀 있으면서 서슴지 않고 그 時日을 결정할 수 있었던 것은 개체 미쉬나 단편들을 朗誦하는데 소요되는 시간을 알고 있었기 때문이다[29]. 성서의 단편들을 暗誦하는 것은 랍비적 바리새 집단뿐 아니라 모든

---

26) Falkenstein-v. Soden, *Sumerische und akkadische Hymnen und Gebete*, 1953, S. 12f.

27) "19세기 유럽에서 구전 설화문화가 사라져갈 때, Grimm 형제와 그들의 후계자들이 童話와 民譚들을 책으로 엮어 구출했다. 물론 그들의 작품은 구전 전승의 붕괴를 더욱 촉진하는 결과를 낳았다. 그런데도 우리는 이것을 구출이라고 말할 수 있다. 왜냐하면 옛 설화 공동체들의 몰락과 함께 구전 전통의 몰락도 불가피했기 때문이다." M. Lüthi, *Volksmärchen und Volkssage*, 1961, S. 7f.

28) 이 규정의 年代에 관해서는 물론 異論이 많다. 후기에 나타난 敎義學的 理論일 수도 있다.

29) *Midrasch Echa* I, S. 31(G. Dalman, *Aramäische Dialektproben*, ²1927, S. 19f.에서 重引).

경건한 이스라엘人들에게 자명한 일이었다. 토라를 기억으로 朗誦하고 朗讀하지 않은 것은 會堂禮拜에서 흔히 있는 일이었다[30]. 아마 이밖에도 在外僑胞의 群小集團들이 각기 토라의 두루마리 ― 혹은 全 구약성서 ― 를 마련하는데 필요한 경제적 부담을 감당할 수 있었는가를 물을 수 있을 것이다.

그러나 이와함께 확대된 宗敎文學에 관한 보도들을 당시 非바리새學派에서 볼 수 있다. 대략 200명의 住民으로 구성된 쿰란(Qumran)의 작은 宗派社會는 자신의 筆寫室을 가지고 있었고, 천개가 넘는 寫本들을 우리에게 남겨 주었다(구약성서 寫本들과 共同體 秩序律, 詩歌)! 당시 그렇게 널리 유포되어 있던 默示文學 運動이, 많이 消失되었으나, 수많은[31] 포괄적인 文書들을 가지고 있었다는 것은 이 이스라엘의 賢者들의 정열적인 文筆活動을 도외시하고는 설명되지 않는다. 다니엘書와 제 1 에녹서 ― 이 둘은 默示文學書인데 ― 같은 책들은 물론 口傳傳統을 改作한 것이지만 口傳過程의 경우에도, 후기에 생긴 文書傳承의 경우에도 그 傳授는 조심스럽게 보존되었던 랍비적 傳統의 條文들의 경우와는 훨씬 다른 종류의 것이었음이 분명하다. "靈을 소유한 자"마다 필시 새로운 자료를 사용하고 전래된 것을 全權的으로 改作한 것 같다[32]. 이 시대의 다른 이스라엘 文化團體에서는 어떠했는가는 고작해야 추측이 가능할 뿐이다. 사두개파는 아마 文書的 傳承들만을 토라와 함께 인정한 것 같다[33].

F. 신약성서의 口傳 傳統

복음서들에 대한 양식사학적 연구가 시작된 이후 분명해진 것은 예수의 말과 행위에 관한 구전 전통의 意義가 얼마나 컸는가 하는 것이다. 개체 단편들이 10년동안이나 暗記로 傳授되었고 文書化는 비교적 늦게 시작되었다는 것이 밝혀진 것이다. Q資料가 애당초 文書로 돌아다니던 것인가 혹은 오히

---

30) Mowinckel, *Prophecy*, S. 17.

31) 4. Esra 14 : 44―46은 70개의 비밀文書들에 관해 언급하고 있다.

32) Gerhardsson(1961, S. 30)은 이 단체에서는 "바리새파의 것과는 대체로 다른 傳授의 기술이 적용되었다"는 것을 부정하는데, 물론 바리새파는 단지 "피상적인 點檢"을 했을 뿐이라는 附言을 잊지 않았다. 그렇다면 그는 다양한 묵시문학적 문헌의 성립을 어떻게 설명할 것인가? 그의 판단도 마찬가지로 대담하다(S. 20 註 1) : "D. Rössler(*Gesetz und Geschichte*, 1960)가 주장한 바, 묵시문학적 단체는 바리새파적 랍비들과는 전혀 다른 토라 이해를 가지고 있었다는 命題는 과장된 것이다."

33) Gerhardsson, 1961, S. 24.

려 口傳 蒐集物이 아니었던가를 물어야 할 정도이다[34]. 만일 그것이 文書로
編修되어 있었다면, 이와 함께 동등한 권위를 지닌 구전 전승들도 계속 존속
했을 것이다. 그러나 이러한 구전적 傳授의 삶의 자리는 어떤 것이었으며
原文 보존에는 어떤 엄격성이 이와 결부되어 있었는가? 디벨리우스의 주장
은 傳道說敎와 敎會說敎라는 二重形態를 가진 說敎가 대부분의 예수-傳承
들의 자리였고, 그 결과 처음부터 傳承의 카리스마적인 改作에 큰 활동의 여
지가 주어져 있었다는 결론에 도달했다. 불트만은 좀더 뚜렷이 구별하고 설
교와 함께 가르침 및 유대인 敵들과의 대결들을 공관복음서 傳承의 삶의 자
리로 보았다. 사실 그는 예수 자신에 관련해서 다음 사실을 인식했다 : "전
승의 전체 구조에 의하면 예수가 랍비로서 가르치고 '弟子들'을 모으고 토
론했다는 것을 거의 의심할 수 없다[35]". 그러나 예수의 이 敎育活動이 어떤
결과를 낳았으며, 사정에 따라서는 그의 弟子들에게서도 계속되었는가의 여
부는 검토되지 않았다. 불트만도 디벨리우스와 같이 傳承의 특수한 傳授者들
을 주의하지 않았다. 兩者는 오히려 극히 일반적으로 예수-전승을 창작적으
로 대대로 傳授한 敎會神學(Gemeindetheologie)에 관하여 말하고 있다.

  이러한 일반화에 대하여 최근에 와서 특히 스웨덴 학자들이 抗議했다. 디
벨리우스가 생각했던 바와 같이[36) 그렇게 매인데 없고 프로테스탄트적인 것
이 아닌 說敎와 나란히, 초대 그리스도교에는 다른 그리고 적어도 祈禱, 聖
禮的인 晩餐, 惡魔逐出, 敎會秩序와 같이 중요한 교회의 생활기능들이 있었
다. 이것들은 모두 삶의 자리를 물을 때, 간과될 수 없는 영역들이다. 그러
나 무엇보다도 뚜렷이 부각된 가르침이 있었다. '敎師' ($\delta\iota\delta\acute{a}\sigma\kappa\alpha\lambda o\varsigma$)라는 예
수의 칭호와 '가르친다' ($\delta\iota\delta\acute{a}\sigma\kappa\alpha\lambda\epsilon\iota\nu$)는 그의 活動으로부터 출발하면서, 리
젠펠트(Riesenfeld)와 게르하르트손(Gerhardsson)은 랍비학파와 비교하여
엄격한 傳統系列(Traditionskette), 즉 예수로부터 시작하여 후에 바울이 부

---

34) 이로 인해 좀더 쉽게 생각할 수 있게 된 것은 마태복음서 5장과 누가복음서 6장의
두 축복문 계열에서의 차이가, 두 筆者의 各異한 사상에 그 근거를 둘 뿐 아니라, 부
분적으로는 Q가 두 복음서기자에게 다른 형태로 알려져 있었다는데도 있다는 것이다.
그러나 마찬가지로 가능한 것은 마태복음서기자가 Q文書와 함께 구전적으로 전승된
(禮典的?) 축복문들의 계열을 알고 있었다는 것이다. 왜냐하면 아마 마태가 이미 가
지고 있었던 것으로 보이는(참조. S. 73f.) 6(혹은 7) 條文이 아주 간결하고 인상깊은
것이어서 구전 전수에 가장 적합하기 때문이다.

35) *Tradition*, S. 52(한국어판, S. 59).

36) 신약성서에 散在해 있는 초대 그리스도교 설교에 대한 示唆들은 다음 사실을
밝혀준다 : "우리의 복음서들을 구성하고 있는 자료들을 상기시키는 것 중, 우리는 유
감스럽게도! 아무런 흔적도 가진 것이 없다." Riesenfeld, S. 12.

가된 "敎職의 권위자들"(Lehrautoritäten)[37]로서의 12弟子를 거쳐서 초기 교부들 — 여기서는 특히 이레니우스(Irenäus)가 使徒의 弟子인 파피아스 (Papias)의 口傳的 敎示에 의한 그 자신이 받은 교육을 강조하는 바 — 에 이르기까지의 계열이 있었음을 고려에 넣는다. 바울의 書信들 중에서 케리 그마적 語套를 誘導하는(고전 11 : 23 이하; 15 : 1 이하) 확고하게 새겨진 傳統 受納에 관한 표현 "받아들인다"($\pi\alpha\rho\alpha\lambda\alpha\mu\beta\alpha\nu\epsilon\hat{\iota}\nu$)와 傳統 傳授에 관한 표현 "전하다"($\pi\alpha\rho\alpha\delta\acute{\iota}\delta\sigma\nu\alpha\iota$)는 예루살렘에서 守護된 使徒의 가르침에 소급된다. 후기 신약성서 문헌에 가끔 보이는 바, 예수와 그의 제자들을 배운 것이 없 는 사람들로 설정하는 記錄들(요 7 : 15; 행 4 : 13)은 후기의 교리적 구성문 으로 나타난다[38]. 확고하게 형성된 傳統 傳達者들이 있었다면, 랍비의 例에 의해 格言들(Sprüche)과 설화들의 原文이 충실히 수호되었다는 가정을 받 아들여야 할 것이다. 그러므로 디벨리우스와 불트만이 출발점으로 삼고 있 는 카리스마적 改作은 그렇게 큰 역할을 하지 않았다. 예수의 行蹟에 관한 설화들을 포함한 全 공관복음서 資料는 이 관점에 의해 예수 자신에게 溯及 되어야 한다.

이 傳統史學的 命題에 대해 무엇을 말할 수 있는가? 이것은 물론 "敎會 神學"이란 일반적이고 애매한 圖式에 비해 옳다. 사실 예수 이후의 어떤 敎 職傳統이 생각되어야 할 것이다[39]. 초대교회의 '傳承' ($\pi\alpha\rho\acute{\alpha}\delta\sigma\sigma\iota\varsigma$)이라는 개 념은 설명을 요한다. 그러나 傳統史學者들은 두 중요한 문제를 너무 경솔하 게 무시해 버렸다. 全 공관복음서 資料가 그렇게 엄격한 敎職傳承에 돌려질 수 있을까? 바로 이 관점에서 類型과 삶의 자리의 相異性들이 조심스럽게 고려되어야 할 것이 아닌가? 축복문들 및 主祈禱文 같은 단편들의 경우에 接著點(Haftpunkt)에 대한 이러한 규정이 가장 속히 드러난다(마태 텍스트 와 누가 텍스트의 차이가 그럼에도 불구하고 얼마나 심하게 變造될 수 있는 가를 보여줄시라노). 그러나 다른 格言 類型들의 경우에는 그 사정이 더욱 의심스럽고, 공관복음서의 모든 治癒說話들까지도 뚜렷하게 새겨진, 확고한 형태를 갖춘 이런 전승방식에 의해 이해하는 것은 지나친 모험이다. 다른 한 편 傳統을 안전하게 보호하고 확실하게 보증하는 랍비적 方法을 무조건 초대 그리스도교적 상황에 옮겨놓을 수 있을까? 초대 그리스도교에서 傳統系列

---

37) 使徒들에게는 "하나님의 말씀", 즉 구약성서와 예수-전승의 해석이 위탁되었 다. 비교. 행 2 : 42; 6 : 2, 4.

38) "틀림없이 교리적인", Gerhardsson, 1961, S. 13.

39) 참조 S. 57.

이 결코 증명될 수 없다는 것은 우연인가? 傳統 傳授의 묵시문학적 方法을 강한 카리스마적 敷衍[40]과 비교하는 것[41]이 더 현명하지 않을까? 이런 문제들의 경우 신약성서의 양식사학은 아직 초보적인 단계를 벗어나지 못하고 있다.

G. 일반적인 註釋的 歸結들

일상적인 경험에 의하면 사람들은 文書에서는 談論에서와 달리 표현한다. 이것은 고의적인 것이 아니다. 일단 자기 자신을 주의깊게 관찰해 보면, 편지에서는 상대자를 직접 대했을 때보다 얼마나 다른 표현들을 사용하고 얼마나 더 신중하게 말을 골라쓰는가를 깨닫게 될 것이다. 이런 차이는 물론 성서의 문헌을 위해서도 전제되어야 한다. 傳統史學派에 의해 제기된 문제는 ― 지금까지와는 전혀 달리 ― 傳授의 상이한 方法에서 생긴 구약 및 신약성서 單一文들의 類型史와 傳承史에서 차이점을 注意하도록 했다.

특히 상기해야 할 것은 구전적 傳授가 文書的 傳授로 急變한다는 것이 강조될수록 좋다는 것이다. 그때까지 단지 구전으로만 전해지던 單一文의 文書化는 대개 이 單一文을 근본적으로 바꾸어 놓는다. 개체 단편들은 대개 이로 인해 보다 큰 문맥에 삽입되었다. 지금까지 독립적이었던 類型의 導入部와 終結部를 손질하는 것은 이 유형을 보다 큰 전체 문맥의 복잡한 思想 줄거리에 이용하기 위해서 필요하다[42]. 그러므로 우리는 가령 예언자의 말이 원래 口頭로 낭독될 때 언제나 이른바 使者의 語套 "야웨가 이렇게 말했다"로 도입되었다는 假說의 근거를 얻는다. 그러나 예언서들 중에는 이 표현이 없는 경우가 많다. 책의 표제 때문에 무용하게 되었고, 전에는 독립되었던 단편들이 이제는 연속적인 思想을 묘사하기 때문이다. 이런 語套들이 반복된다면, 이제는 斷切시키는 작용을 할 것이다. 暗記할 수 있도록 인상 깊은 樣式으로 작성되었던 단편들은 文書化될 때 散文的인 설명들로 기획되었고, 풀어 기록되었다. 동일한 樣式을 사용하는 方式과 반복되는 표현들은

---

40) Gerhardsson(1961)은 예수-전승이 續使徒 敎父들에게서 얼마나 자유롭게 인용되었는가도 지적하고 있다(S. 198).

41) 랍비적 傳承方法에 관한 탈무드의 자료가 기원전 70년대 이전 즉 Johanan ben Zakkai의 시대를 위해 얼마나 가치있게 평가될 수 있는가라는 근본문제는 여기서 다루지 않을 것이다. 이미 締結된 民族同盟의 와해로 끝난 기원후 70년과 135년 2차에 걸친 반란에서 이스라엘의 共同體는 파멸된 바, 이로 인해 변한 사회적, 경제적 推移를 도외시하고는 랍비적 실천의 엄격성은 생각할 수 없다. Smith, *JBL*, 1963.

42) Gunkel, *RGG* [2]Ⅲ, S. 1679.

너무 단조롭게 느껴지기 때문에 수정되었다. 새로운 文書的 類型들이 생겨
났는데, 이것들은 좀더 포괄적이고, 그 樣式의 특수성들은 구전적 유형들의
그것들 만큼 분명하게 드러나지는 않는다[43]. 傳承史的으로 소급하여 묻고
구전 단계의 보다 짧은 類型들을 찾는 註釋家에게 이것은 특수한 난점을 안
겨준다. 원래의 單一文의 區劃은 그 경계를 설정하는 그것이 나중에 文書化
되었기 때문에 이미 분명하게 인식될 수 없는 경우가 많다. 이것은 공관복
음서 註釋에 특별한 어려움을 안겨준다[44].

일단 文書化된 것도 계속되는 傳承의 歷史에서는 전과 다른 方式을 취하게 된다.
傳承의 傳授者와 受納者 사이에 "非人格的인 사물적 매개체"가 끼어드는데, 이것은 언
제나 創始者와 원래의 受納者와는 무관하게 재생될 수 있는 것이다[45]. 解釋의 문제가
나타나는 것은 文句들을 지금 읽을 때 단순히 들을 때보다 더 오래 생각할 수 있고,
그 言語가 구전으로 傳授될 경우에는 그때 그때 무의식적으로 자신의 현재에 동화
되는 반면, 기록된 것의 言語는 시간의 경과에 따라 낡기 때문이다. 구전으로 傳授되
는 경우에 변화들이 생기는 것은 주로 의도적이 아니고 유동적인 것이라면, 문서의
경우에는 아주 미미한 附加句일지라도 의도적인 행위이다[46]. 이미 文書化된 것의 변
화들이 드물다는 것은 아니다! 문학적 獨創性의 사상이 이스라엘과 초대 그리스도교
에 알려져 있지 않았기 때문에 문헌은 거듭 改作되고, 그때 그때 새로운 세대를 위해
실제화되었다. 그러나 文書의 改作은 그때까지의 자료를 대개 그 전체 原文대로 받아
들여서 그것을 고쳤을 뿐이며, 달리 배열하고 이런 저런 낱말들을 설명했다. 그러므로
해석자가 후기의 작품들 배후에서 상당한 蓋然性을 가지고 옛 文書的 臺本을 識別하는
것은 비교적 용이한 일이다. 달리 말하면 문헌비판학적 작업이 가능하다는 말이다.
이에 반해 구전 전승에서는 變造의 정도가 아주 심했다. 그곳에서는 各 世代가 마치
"용광로"처럼 작용했다[47]. 오히려 傳統을 전한 각 개인이 고친 것은 극히 적었다[48].
더우기 언제나 취사선택이 있었다. 이해할 수 없게 되었거나 이미 전승그룹과 무관하
게 된 것 ― 아마 이미 재미없는 話題가 된 것도 ― 은 삭제되고 잊혀졌다[49]. (그러므

---

43) 이 변혁은 물론 傳統史學者들에 의해 거부되고 있다. 구약성서의 결정적인 부
분들은 "이미 구전 단계에 결정적으로 樣式化되고 확정되었으며, 文書化 자체는 완전
히 새롭거나 혁명적인 의미를 전혀 가지지 않는다." Engnell, *The Call of Isaiah*,
S. 57.
44) Iber, *ThR*, 1957, S. 288—290.
45) Nielsen, S. 34; Gunneweg, S. 72.
46) Gunneweg, S. 73.
47) Birkeland, S. 23.
48) Gunkel, *Genesis*, S. XXX.
49) Birkeland 는 "生存을 위한 社會史學的으로 규정된 투쟁"과 "適者生存"에 관하
여 말하고 있다(S. 16). ― "口傳文學은 그것이 受納될 때 生存할 수 있다. 적어도 한

로 가령 예언자들의 선포 중에서 많은 것이, 그들의 생애에 관한 설화들 중에서는 더 많은 것이 분실되었다. 확고하게 보존된 것은 그들의 豫言들 중에 成就된 것 혹은 — 경우에 따라서는 추후의 再解釋에 의해 — 유효한 것으로 남아 있는 것이다). 독자적인 單一文들의 結合은 文書化될 때 편찬들에 의해 실현되었는데, 이 편찬들은 주석가가 史料區分을 하는 계기가 될 수 있다. 구전 전승에서도 마찬가지로 결합이 자주 일어났으나 이음새가 없다[50]. 그러므로 성서 單一文들의 비교적 초기 단계들의 내용은 구전적 傳承史에서는 아직 대략적인 것만 밝혀지고, 극히 드물고 대개 詩文으로된 경우에만 겨우 정확한 文句로 밝혀진다[51]. 링그렌(Ringgren)은 구약성서에 二重으로 나타나는 부분들을 검토하고(삼하 22=시 18; 시 14=53; 사 2：2—4=마 4：1—3등), 한때 동일한 文句로 표현되었던 이 本文들에서 지금 나타나는 變造들 중 상당 수가 단순한 誤記에서 기인했으나 대부분은 구전적 傳授의 변동에서 생긴 것임을 확인했다[52]. 예레미야서의 散文 부분들이 詩文 부분과는 달리 보다 긴 구전 전승에 소급된다

人物이 그 작품을 받아들이고 다시 전하려 하지 않으면, 傳承은 끝날 것이다.” Culley, S. 121f.

50) 유럽의 例：英國의 한 女學者는 신데레라 童話의 變形 약 300편을 수집했다. 이 경우 대부분이 백설공주, 오색 연기, 라푼첼 등의 동화와 혼합되어 있음을 알게 되었다. 구전 설화들은 이렇게 쉽게 서로 결합된다! 비교. v. d. Leyen, *Das Märchen*, ²1917, S. 32.

51) 구전 전승에 의한 보다 심한 變造는 이슬람교의 학자들뿐 아니라 Engnell과 그의 동조자들에 의해서도 거부되는데, 이들은 바로 이 전수방법을 훨씬 더 신빙성있는 것으로 생각한다. 그러나 근동지역에서도 구전 전승이 문서 전승보다 신빙성이 적다는 사실은 근동지역을 여행하면서 비상한 기억 현상들을 목격한 현대의 여행자들을 증인으로 내세울지라도 부정되지 않는다. Nielsen(S. 24)은 눈먼 베다經 學徒에 관하여 이렇게 전한다. 즉 그는 印刷版 베다經에 의거해서 개체 귀절들에 대하여 질문을 받고 그 질문에 언제나 정확히 대답할 수 있었다고 한다. Nyberg(S. 57f.)는 한 조로아스터교 司祭에 관하여 이렇게 전한다. 즉 그는 야스나를 이해하지 못하는데도(혹은 못하기 때문에！) 그것을 처음부터 끝까지 暗記해서 인용한다는 것이다. 이런 공부 재줏군은 기억력에 약한 유럽에도 아직 존재한다. 그들은 일정하게 새겨진 전승들의 일반적인 전달자들로서는 거의 상대가 되지 않는다. 여기에 해당하는 자들은 오히려 위에 인용된 아랍 詩人의 말이다(S. 99). 傳統史學者들의 입장을 받아들이려면 물론 구전 전승의 “확실성에 대한” 확고한 “신념”이 필요하다(Nielsen, S. 39f.).

52) 變造들의 유래는 그 오류의 원인이 구전적 혹은 문서적 傳授에서 相異하기 때문에 확인될 수 있다. 비슷하게 기록된 文字들의 뒤바뀜, 동일한 또는 비슷하게 기록된 말들의 생략들 혹은 重複들이 誤記들의 특징을 나타낸다. 이에 반해 입에서 입으로 전수되는 경우에는 낱말 하나 쯤은 잘못 듣기 쉽고 비슷하게 들리는 말로 대치하게 되며, 시대에 뒤진 말은 바꾸거나 개체 말의 일부 혹은 귀절의 위치를 변경한다(이러한 과오들은 물론 받아쓰기에 의해서도 일어날 수 있고 구전 전승에만 해당하는 절대적인 증거는 아니다; Widengren, *AcOr*, 1959, S. 213). 敷衍들은 그것들이 구전적으로 의도된 한, 유기적으로 문맥에 삽입되고, 눈에 띄게 문맥을 깨뜨리는 傍註들로 보이게 하지 않는다.

는 모빙켈의 말[53]이 옳다면, 저 단편들은 입에서 입으로 전수될 때 심하게 改造된다
는데 대한 특히 적절한 증거이다.

더우기 口傳 傳統과 文書 傳統 사이에도 이미 큰 차이들이 있다. 구약성서의 시편
들과 예언자의 神託들은 그것들이 詩文的 樣式이란 이유뿐 아니라, 그것들이 聖禮的
말이기 때문에도, 설화들이나 사랑의 노래들보다 훨씬 더 조심스럽게 전승된다. 신약
성서에서는 축복문들과 주기도문, 예수의 로기온 전부가 主의 行蹟에 관한 설화들이
나 使徒들의 經歷들에 관한 설화들과는 전혀 달리 새겨져서 남아 있다.

어느 정도 성서 本文이 구전적 傳授의 특수성에 의해, 문서적 전수의 특
수성에 의해 인상적으로 새겨졌는지는 類型 및 삶의 자리에 달려있다. 이 사
실은 모든 類型史와 傳承史에서 주목되어야 할 것이다.

---

53) *Prophecy*, S. 21.

§8. 히브리 詩의 特徵

풍부한 문헌소개를 겸한 연구상황에 대한 좋은 개관서들 : J. Begrich, "Zur Hebräischen Metrik", *ThR* NF 4, 1932, S. 67—89; F. Horst, "Die Kennzeichen der hebräischen Poesie", *ThR* NF 21, 1953, S. 97—121. 최근 상세하게 다룬 것 : Mowinckel, *Psalms* Ⅱ, 1962, S. 159—175.

方法論 부분의 終結部에 들어가기 前에, 현대의 聖書學에서 口傳 傳承의 地位만큼 격렬하게 논란되지는 않지만 그 意義는 구약 및 신약성서의 樣式史學을 위하여 거의 前者에 못지않은 영역을 잠간 살펴보는 것이 바람직하다. 그것은 바로 詩文 부분들인데, 이것들은 장중하고 韻律的인 言語에 의해 부각되어 있고 아주 특정한 類型들과 삶의 자리들에 속해 있다.

옛 그리스인들이 처음으로 우리가 文學이라고 부르는 것을 반성하기 시작한 이래, 詩와 散文 즉 韻律的인 詩文들과 평범한 口語 사이의 구별은 모든 文藝學의 기본 전제가 되었다. 누구든지 한번 히브리語 구약성서를 들여다 보면, 그곳에는 이미 킷텔(Kittel)의 히브리語 성서(Biblia Hebraica)의 印刷를 통해 詩部分들이 분명히 구별되어 있음을 알수 있을 것이다. 相異한 書體가 이미 옛 성서 寫本들 중에서 — 설사 그것이 그곳에 일률적으로 적용되지는 않았을지라도[1] — 증명된다. 신약성서에서 詩文部分을 알아내기는 더 어렵다. 여하간 누가복음서 前史(1—2장) 혹은 요한계시록에 들어 있는 詩歌들은 넷슬(Nestle)의 그리스어 신약성서(Novum Testamentum Graece)에서 분명하게 설화적 部分들로부터 뚜렸하게 구별되어 있다. 그러나 다른 귀절들, 가령 빌립보서 2장 5—11절의 그리스도讚歌의 경우 단순한 讀者는 詩的 構造를 발견하기 어렵다. 아뭏든 신약성서적 詩文의 양식상의 法則들은 규정하기 어렵다. 이것은 첫째로 초대 그리스도교에는 예루살렘 王宮이나 聖殿에서처럼 그렇게 현저한 純粹文學이 존재하지 않았으며, 둘째로 신약성서의 문헌들이 부분적으로 번역文學이어서, 가령 예수의 로기온의 構造가 상당히 파괴되었다는데서 설명된다[2]. 더구나 신약성서의 어떤 詩가 본래부터

---

1) 쿰란 寫本들에 대하여 : 참조 P. Skehan, *RB* 63, 1956, S. 59. — 성서 외에 아람語 墓碑文들과 粘土版들에 詩句들을 새겨 놓은 것이 있다. B. Meissner, *Die babylonisch-assyrische Literatur*, 1928, S. 25—27.

2) C. F. Burney(*The Poetry of Our Lord, An Examination of the Formal Ele-*

이미 그리스어로 作文된 곳에서조차 구약성서의 그리스어 번역(70人譯)의 셈語化 및 聖歌化한 文體가 표본이었기 때문에, 아주 제한된 범위에서만 그리스 詩의 규칙들을 따르고 있다. 그러므로 초대 그리스도교의 詩文 類型들의 이해를 위해서도 구약성서 詩의 規則들로부터 출발하는 것은 불가피하다. 그러므로 나는 이 節에서 이에 한정시켜 다룰 것이다.

A. 平行法

Hempel, *Literatur*, S. 21—23. — J. Begrich, "Der Satzstil im Fünfer" *Zeitschrift für Semististik* 9, 1933/4, S. 169—209 = *Ges. Studien*, 1964, S. 132—167.

유사한 우가릿 詩文學에 관하여 : 참조. *UT* I, § 13. S. 107—170; C. I. K. Story, "The Book of Proverbs and Northwest Semitic Literature", *JBL* 64, 1945, S. 321—324. 이스라엘 以前 팔레스틴의 詩文에 대하여 : F. M. Th. Liagre-Böhl, "Himnisches und Rhythmisches in den Amarnabriefen aus Kanaan", *Opera minora*, 1953, S. 375—379.

유럽 詩文에서 가장 두드러진 특징인 韻이 성서에서는 단지 드물게 부수적으로만(가령 렘 1 : 5) 나타난다. 이로써 여기서는 적어도 두 (音調상으로 서로 조화되는) 行을 詩文의 기본 단위로 해야 한다는 철칙은 없다. 오히려 단 한 行으로 넉넉히 詩가 된다. 말하자면 이것은 停讀에 의해 나누어진 의미상의 한 行, 즉 긴 詩句이다.

히브리 詩句에서는 가끔(게르만 詩文學에서도 잘 사용되는) 頭韻法(Alliteration)이라는 文體法이 중요한 역할을 한다. 이 頭韻法은 平行句節體들로 나타난다. 가령 잠언 13장 14절 :

תּוֹרַת חָכָם מְקוֹר חַיִּים

("지혜로운 자의 가르침은 생명들의 원천이라")

혹은 交叉的 排列法(Chiasmus)으로서도 나타난다. 가령 잠언 13 : 3 :

נֹצֵר פִּיו שֹׁמֵר נַפְשׁוֹ

("입을 지키는 자는 그 생명을 보전하나")

---

ments of Hebrew Poetry in the Discourses of Jesus Christ, 1925)의 시도는 그가 모든 전승사학적 검토를 포기했기 때문에 충분하지 않다. 불충분한 취급 때문에 문제의 意義가 감소되는 것은 아니다. 비교. Dibelius, *ThR* NF 3, 1931, S. 219—225.

그러나 英國學者 로드(Lowth)[3]가 이미 200년전에 주의를 환기시킨 바, 詩文 部分들의 본래의 기본특징은 平行法(Parallelismus membrorum)이다. 이 것이 뜻하는 바는 유럽인에게 가장 기이하게 여겨지는 바, 詩的 진술들의 重 複, 즉 思想韻(Gedankenreim)이라고 일컬어지는 것이다.

1. 그 가장 단순한 形式은 민수기 21장 28절에 의해 입증된다 :

불이 헤스본에서 나오고／火炎이 시혼의 城에서.

"불"이란 말은 後半部에서 "火炎"으로 交替되고, "헤스본"이라는 이름은 "시혼의 城"으로 대치된다. 前後半 句節體(行, 半行, 列, 마디, Kolon이라 고도 부른다)의 內容들은 서로 일치한다. 이 詩行(反復詩句, 2行詩, Biko- lon이라고도 부른다)은 같은 思想의 變形에 의해 생긴다. 이 단순한 方式 은 흔히 同義的 平行法(synonymer Parallelismus)이라고 일컬어 진다[4].

좀더 정확히 유의해 보면 두개의 下位形式이 구별된다. 위의 例에서는 단지 두 文 章의 成分만 바뀐 반면, 셋째 것은 動詞가 한번만 나타난다(하나의 動詞와 함께 하나 의 副詞가 두 줄에 다 걸리는 경우도 많다 : 잠 6 : 21). 이것은 베그리히(Begrich)의 "形式 3"($a-b-c/a'-c_1'-c_2'$)이다[5]. 그러나 모든 마디가 反復될 수도 있다. 즉 꼭 같은 구조의 두 文章이 한 詩句에 모여 있을 수도 있다($a-b-c/a'-b'-c'$, 비교. 시 27 : 5b) : 베그리히의 "形式 4".

2. 일종의 古代的인 形式으로서 段階的, 漸層法的, 同義異語的 혹은 反復 的 平行法이 있다 : 가령 시편 29 : 1 :

야웨에게 돌리라. 너희 하나님의 아들들이여／'야웨에게 돌리라. 영 광과 능력을.

여기서 나란히 나오는 교체마디들은 비슷한 표현들이 아니고, 두 마디가 축 자적으로 反復되었는데, 세째 마디가 바뀜에 따라 그 思想이 확대되었다($a- b-c/a-b-d$). 이 形式이 구약성서에 나오는 경우는 드물다(삿 5; 출 15;

---

3) *Praelectiones de sacra poesia Hebraeorum*, 1753, E. F. K. Rosenmüller에 의 해 독일어로 번역됨(1815).

4) 신약성서에서는 마 10 : 16 : "뱀같이 현명하라／비둘기같이 순결하라." — 시편 에는 자주 사용된 교체마디로서 확고하게 짝을 이루는 語句들이 있는데, 이들의 경우 처음 인용된 말이 결정적이다. R. G. Boling, *Journal of Semitic Studies* V, 1960, S. 221—255.

5) 이런 경우 後半節에서는 자주 한 마디가 반복되는데, 前半節의 해당 부분 만큼 길어진다 : C_1'과 C_2'가 합친 것이 C에 일치한다(이 연장된 교체마디는 "剩餘變形" 〔ballast variant〕이라고 부른다〔*UT*, §13, S. 116〕).

합 3; 시 20; 68). 그러나 우가릿에는 자주 나온다[6].

3. 둘째 行이 반대 진술에 의해 思想을 深化시키는 경우는 자주 나온다 : 가령 잠언 10 : 1 :

　　　지혜로운 아들은 아비를 기쁘게 하거니와／어리석은 아들은 어미의 근심이니라.

이런 경우를 反義的 平行法(antithetischer Parallelismus)이라고 부른다.

4. 두 마디의 상호관계가 더 복잡하게 된 例들이 있다 : 가령 시편 30 : 6 :

　　　한때 나는 평온한 행복 중에서 생각했다 : ／결코 나는 망하지 않으리라고.

여기서는 反復된 것이 없고 思想이 확대되지도 않고, 오히려 분명히 되었다. 첫 句節에서 근심없는 생각을 지적한데 이어 둘째 句節에서는 그 구체적인 內容이 뒤따른다. 이 경우에도 詩는 계속되지 않고 제자리 걸음을 하지만, 變形에 의하지 않고 진술의 보충에 의한다. 이것이 綜合的 平行法(synthetischer Parallelismus)이다[7]. 이것은 이렇게도 이해될 수 있다. 즉 文章이 後半行에서 연속적으로 계속된다. 그러므로 韻律的인 停讀에 논리적인 停讀이 일치하지 않는다(Enjambement, "어떤 詩句의 意味가 다른 詩句에 계속되는 것")[8]. 후기의 축복문들에서 많이 사용되는 形式의 하나가 이것이다 : 시편 127 : 5 :

　　　복되도다. 그의 箭筒을／그것들(＝아들들)로 채운 자는.

이 마지막 경우를 베그리히는 "形式 1", 앞에서 例를 든 것을 "形式 2"(논리적으로 연결된 상이한 詩句들의 排列)라고 한다.

5. 綜合的 平行法의 變種으로서 비유적 平行法(parabolischer Parallelismus)이 있는데, 이것은 비교를 첫 行에서 具象, 둘째 行에서 內容을 나타내는 式으로 표현한다 :

　　　하늘이 땅에서 높음 같이／그의 誠實은 그를 경외하는 자들에게 높

---

6) *UT*, §13, S. 111.

7) 신약성서에서 가령 마 6 : 34 : "내일을 위해 염려하지 말라／내일은 그 자체의 염려를 가지고 있음이라."

8) Robinson의 反論(*ZAW* NF 13, 1936, S. 30) : "그러므로 意味가 단절되는 곳에는 반드시 韻律도 단절된다." 이에 대한 반대 : Melamed, *Scripta Hierosolymata* 8, 1961, S. 115; M. Dahood, *Psalms* Ⅲ, S. 413f.

　　도다(시 103 : 11).

이런 平行法은 이스라엘人의 詩뿐 아니라 가나안人, 에집트人, 아카디아人
의 詩에서도 볼 수 있다. 그러므로 이것은 古代 近東人들에게 공통된 詩習
이다. 우리의 느낌에는 일관된 思想表現의 이런 重複은 진술의 진척을 저해
하고 지루하게 만들 뿐 아니라, 그것의 명백성 및 확실성도 해친다. 두 낱
말이 의미상 결코 완전히 일치하지 못하기 때문이다. 그러나 이 詩作法이
수천년을 통해 지속되었다면, 이것은 우리의 것이 아닌 특수한 思惟方式에
의해 설명될 수 있을 것이다. 이 배후에는 다음과 같은 신념이 들어 있다.
즉 인간의 現存에 관한 궁극적 진리들은 단일한 思考過程으로는 결코 표현
될 수 없고 오직 많은, 다양한 진술들로만 표현될 수 있다는 것이다[9]. 이
배경을 간단히 언급해야 할 것이다. 이것을 자세히 검토하는 것은 樣式史學
的 作業 의의 일이다.

　　類型들과 그것들의 歷史를 인식하는데는 平行法의 成立, 특히 그 변천에
관해 자세히 아는 것이 유익할 것이다. 그러나 이 점에 관한 研究는 아직
초보적인 단계를 넘지 못하고 있다.

B. 詩文과 歌詞의 構造

　　長詩句는 독립된 單一文일 경우가 많다. 대체로 智慧格言(참조. 위의 잠
10 : 1), 그러나 단언적인 하나님의 法의 死刑規定들에서도 그렇다(출 31 :
15b) :

　　　구누든지 안식일에 일을 하는 사내마/반드시 죽여야 할 것이다
(מוֹת יוּמָת)[10].

또 예수의 많은 格言들 중에서도 그렇다. 때로는 詩句가 셋째 行에 의해 확
대되는바, 이것을 三行詩(Trikolon)라고 한다 :

------

9) 이 思惟方式을 위해 비교. "(사상적) 접근의 다양성"(multiplicity of approa-
ches): H. Frankfort 外, *Frühlicht des Geistes*, Urban-Bücher 9, 1954, S. 24; 同,
Ancient Egyptian Religion, 1948, S. 4. — 이 思惟方式은 그리스言語에 아주 생소하
기 때문에 70人譯은 광범위한 改作을 불가피하게 생각했다. 참조. G. Gerleman,
"Studies in the Septuagint", *LUÅ* N.F. Avd. 1. Bd. 52 : 3, 1956, S. 18.

10) Alt (1, S. 307ff.)는 언약책과 성결법전에서 나온 이 分詞形 法條文들과 다른
分詞形 法條文 배후에서 일련의 옛 "死刑에 해당하는 범죄들"을 추측한다. 그러나 동
일한 類型이기는 하지만 아주 다른 文學作品들에 속하는 條文들의 蒐集을 원래의 單
一文으로 본 것은 지나친 모험이다(分詞形의 條文들이 단언적 계명들과 결합된 것도
같다). 비교. S. 186.

이에 초 같고／눈에 연기 같으니／이는 그를 부리는 자에게 게으른
자라(잠 10 : 26)[11].

그러나 이와 함께 이미 지혜서에서 두 詩句가 二重 二行詩로 결합된 것을
볼 수 있다. 이것은 특히 綜合的　平行法에서 자주 볼 수 있다. (엄격한 의
미에서 이로써 이것은 비로소 平行法이 된다). 가령 시편 40 : 16 :

　　더욱 즐거워하고 당신을 기뻐하리라／당신을 찾는 자는 모두 ;
　　당신의 구원을 사랑하는 자들은 항상 말하리라 : ／야웨는 크도다.

잠언 25—27장의 많은 지혜격언들은 二重 二行詩로 형성되어 있다. 이에 의
해 포괄적인 "外向的" 平行法[12] 혹은 平行法的 詩形(parallelismus versuum)
이 이루어진다.

보다 긴 詩的 單一文들에서는　平行法的 行들의 중첩으로도 충분치 않다.
이 경우 詩文들은 유형에 따라 달리 分節되는데, 그것은　아래 시편의 例들
의 경우에 後半部에서 볼 수 있는 것이다. 分節에 있어서 결정적인 것은 意
味上의 分類이다.

물론 특정한 유형들에 한정되어 있지 않은 것으로 보이는 더 큰 構成文들에도 몇몇
특징이 있다. 그 중 하나는 鈍重한 結文이다 : 詩文 혹은 어떤 단편의 마지막에 긴 二行
詩[13] 혹은 三行詩가 나타난다. 平行法이 아닌 半行詩도 結語로 이용된다(시 2 : 12b)[14].
히브리 詩文의 또 다른 특징은 삽입문(Anakrusis, 韻律에 무관한 삽입문)이다 : 導入
語套 혹은 호칭은 平行法이 고려되지 않고 삽입된다[15]. 기도문들 중에서 그렇다
(시 13 : 1) :

　　얼마나 오랫동안 — 오, 야웨여 — 당신은 나를 이렇게 완전히 잊으시려나
　　이까?
　　얼마나 오랫동안 당신은 당신의 얼굴을 내 앞에 숨기시나이까?

혹은 에언지의 宣布에서(렘 2 : 9) :

---

11) Mowinckel, "Real and Apparent Tricola in Hebrew Psalm Poetry",
ANVAO, 1957, S. 2.

12) Th. H. Robinson, "Some Principles of Hebrew Metrics", *ZAW* 54, 1936,
S. 28—43. — 이 종류는 축복문들의 경우에도 어떤 특정한 단계에서 볼 수 있다. 참
조. S. 74ff.

13) 비교. *UT* 13, S. 110.

14) 에집트의 유사형들 : *HdO* I, 2 (Ägyptologie), S. 28.

15) Th. H. Robinson, in: *Werden und Wesen des A.T.*, BZAW 66, 1936, S.
37—40.

그러므로 나는 반드시 너희와 다시 다투리라 ─ 야웨는 속삭이신다 ─ /반드시 너희 후손들과 다투리라.

끝으로 Akrostichon(各行의 첫字 또는 끝字를 모으면 詩題 또는 語句가 되는 詩形)에 의한, 즉 行의 첫 머리가 알파베트 字母順으로 된 어떤 詩歌類型이 있다. 詩篇 9─10편에서 그런데, 첫 두 行은 알레프(א), 다음 두行은 베드(ב) 등으로 시작된다. 이와 같은 方式으로 애가 1─3장에서는 3行씩 모아 놓았고, 시편 119편에서는 8行씩으로도 모아 놓았다. 이와 동일한 文體法은 바벨론 頌歌에서 例證될 수 있다[16].

몇몇 곳에서는 분명히 한 文段을 끝내는 후렴(Kehrvers)도 나타난다 : 시 42 : 5, 11 ; 43 : 5 ; 46 : 7, 11 ; 80 : 3, 7, 19. 그러나 이런 文段들에 속하는 行들의 數와 韻律은 변화가 심하기 때문에 "節"로 보지 않는 것이 더 좋을 것이다[17].

C. 短詩 系列

G. Fohrer, "Über den Kurzvers", *ZAW* 66, 1954, S. 199─236. ─ S. Mowinckel, "Marginalien zur hebräischen Metrik," *ZAW* 68, 1956, S. 97─123.

최근에 다음과 같은 문제가 제기되었다 : 히브리 詩에는 이미 오래 전에 발견된 長詩와 나란히 停讀과 平行法도 없는 ─ 물론 독자적으로가 아니라 언제나 短詩의 연결로 나타나는 ─ 短詩는 없었는가? 포러(Fohrer)는 이 문제를 분명하게 긍정했고, 모빙켈은 강력히 부정했다. 여기서 무엇이 문제인가는 십계명 특히 그 後半部가 가장 간결하게 보여준다 :

너는 살인하지 말라.
너는 간음하지 말라.
너는 도둑질하지 말라.
너는 거짓 증언을 하지 말라.

이 계명들은 옛날에 장중한 言語로 言約祝祭 때 낭독되었음이 ─ 설사 지금

---

16) Falkenstein-v. Soden, *Sumerische und akkadische Hymnen und Gebete*, 1953, S. 42. ─ 이런 알파베트式 詩歌는 단지 교양있는 讀者의 눈을 위한 것이고 聽衆의 귀를 위한 것이 아니라는 주장이 자주 나타났었다. 이 경우에 물론 간과된 것은 셈人이 유럽人과는 전혀 다른 方式으로 言語에서 子音들을 母音보다 더 잘 感知한다는 것이다.

17) Eissfeldt (*Einleitung*[3], S. 85)는 후렴에 의해 분리된 詩의 단면들을 "轉換點"(Wenden)이라고 부른다.

의 本文이, 특히 계명群 첫 부분에서 상당히 풀어 기록되어 있을지라도 —
확실하다(참조. 1장). 이 계열을 감안하면 포러는 확실히 옳다. 단언적 계명
들은 이스라엘에서 흔히 系列 樣式으로 결합되었고 장중한 言語로 낭독되었
다. 그러나 이것들은 平行法에 의해 순수한 詩에 同化되지는 않았다. 모빙켈
이 이 연결은 기교적인 것이고 십계명의 條文들도 옛날에는 각기 독자적으로
떠돌아다니던 것이라고 반대한다 해도, 이 명제가 배제되는 것은 물론 아니
고 전혀 증명되지도 않았다. 이는 어떤 文體의 작용력이 系列形成에 — 이르
든 늦든 — 영향을 끼쳤으며, 祭儀共同體 앞에서의 낭독이 장중한 효과를
중요시하게 되었는지, 그리고 韻律的인 言語라는 느낌을 받게 되었는지가
문제되기 때문이다. 이것은 분명히 긍정되어야 한다. 이런 系列은 그것들
중에서 유사한 思想들이 "綜合的으로" 서로 연루되어 있는 條文들이 나타난
다 — 물론 2라는 數를 고려하지 않고 — 는 점에서 平行法에 유사하다.

　이 발견[18]에 心醉한 나머지 포러는 너무 지나쳤다. 그는 모든 가능한 예언서 本文
에서도 역시 短詩를 識別해 내려고 했다. 그는 이를 위하여 결정적인 증거를 거의 제
시하지 못하고 있다. 그러나 短詩의 存在가 부정되는 것은 아니다. 이것은 신약성서
를 위해 매우 중요하다. 가령 마태복음서 5장과 누가복음서 6장의 축복문들이 平行
法을 가지고 있지는 않을지라도 역시 詩 종류임을 증명해주기 때문이다.

D. 이스라엘에서의 詩의 役割

　韻律的인 詩語는 실용적인 우리 시대에서보다 이스라엘에서 훨씬 더 큰
意義를 가졌었음이 분명하다. 詩는 결코 사사로운 讀書와 同志들의 모임에
서의 朗讀에만 사용된 것이 아니다. 그것은 하기 싫으면 그만둘 수도 있는
娛樂이란 의미에서의 藝術이 아니다. 그것은 오히려 필요불가결한, 바로 생
활상 중요한 자리를 民衆生活에서 차지하고 있었다. 聖所에서의 司祭의 神
託 혹은 共同體에 대한 예언자의 演說, 아니 政治的 口號까지도 대개 韻律
的으로 作成되었고 韻律的으로 作成되어야 했다는 假定에 충분한 이유가 있
다. 우리에게 있어서 公的인 演說과 詩는 서로 다른 두 종류의 것인 반면,
이스라엘人들의 경우는 분명히 달랐다[19]. 현대 西歐社會는 最高의 眞理들을
— 그것이 哲學的 文獻에서든 혹은 교회의 宣布에서든 — 散文的으로 말하

---

18) 이것은 정확히 말해서 Fohrer 의 스승 Balla 에 의한 것이다.
19) Gunkel, *GrPro*, S. XLI.

는 — 우리의 견해에 의하면 詩라는 것은 이것들에 관하여 상징적으로만 말
하는 것이다 — 반면, 古代 近東人은 인간 現存의 심오한 문제를 오직 詩的
으로만 설명할 수 있었다. 詩는 어디서나 결코 美學的인 規則들에　따라 의
도적으로 作文한 것이 아니라　言語的 感情에서 생긴　것이다(日常言語에서
文法的으로 정확한 樣式들이　생기는 것처럼[20]). 더우기　사람들은　평범한
言語보다 韻律的인 言語에 더 큰 영향력을 인정한 것 같다[21].

그밖에 고려해야 할 것은　셈人이 우리보다　훨씬 더 신속하게 散文을 詩
文으로 바꾼다는 것이다. 가령 20년 전에 아라비아　南方 사막지대를　두루
여행한 어느 여행자가 베두인에 관하여 이렇게 전한다 : “아라비아人들은 무
엇인가에 感動만 하면 쉽게 詩句로 말한다. 나는 한 牧童이 그가 방금 발견
한 草原을 자연스럽게 詩句로 묘사하는 것을 들었다 : 이처럼 그는 자연스럽
게 그의 느낌들을　표현했다”[22]. 古代　이스라엘人들에게 있어서도　다르지
않았을 것이다. 그 반대 현상도 쉽게 — 특히 詩的　단편들을　文書化할 경
우 — 일어났음을 구약성서에서 엿볼 수 있다.　그래서 예언서들 중 해석적
인 附加文들이 거리낌없이 散文으로 韻律的인 言語에 삽입된　것이다. 이런
관찰들은 구약성서의 주로 詩文書들 중에 들어 있는 특수한　언어적 관찰의
결과들을 간단히 “詩語”에 소급시키는 것을　현명치 못한 것으로 보게한다.
왜냐하면 이것은 이스라엘에 없었던 詩와　詩人들의 특수 영역을　전제하는
것이 되기 때문이다. 특수한 方式으로, 가령 詩篇에 독특한　낱말들과 표현
들은 祭儀 專用言語에 소급시키는 것이 더 좋을 것이고,　이에 상응하는 잠
언서의 특수성들은 賢者들의 特殊言語에 소급될 것이다[23].

이 자리에서 구약성서 樣式史學의 전체적　叙述들을 一瞥하는 것이 필요할 것이다.
이 叙述들이 순수히 體系化되어 나타나지는 않고[24] 궁켈의 이스라엘 文學史 槪要[25]의
경우와 같이 歷史的으로 정돈되었을지라도, 그것들은　역시 詩文的 類型과 散文的 類
型들의 對照를 분류의 原則으로 이용했다[26]. 이것은 이미 §2, E 에서 示唆한 바와 같
이 히브리語에서 한번은 散文으로 한번은 詩文으로 — 가령 代禱文같이 — 나타나
는, 하나의 類型을 叙述할 때 兩分되는 단점을 가지고 있다. 처음에는 散文으로 진행

---

20) Robinson, *ZAW* 54, 1936, S. 29.

21) *GuB*, S. 15.

22) W. Thesiger, *Die Brunnen der Wüste*, 1959, S. 87.

23) 수메르 詩文學에서의 특수언어에 관하여 : 참조. Falkenstein-v. Soden, S. 28f.

24) 참조. S. 52f.

25) *KdG*에서.

26) Hempel 도 그렇다 : *Literatur* 와 S. 52에 열거된 개론서들.

되다가 나중에 절정에서 詩文으로 넘어가는 옛 說話의 경우 이런 分類는 특별한 어려움을 초래한다. 가령 樂園이야기의 結語 같은 것이다(창 2 : 23) :

이번 이것은 내 뼈의 뼈요／내 살의 살이다.

그러므로 이것을 "여자"라 칭하리니／이는 이를 남자에게서 취했음이라.

창세기 16 : 11—12; 레위기 10 : 3 등도 비슷하다. 아라비아 說話들 중에서도 이 習性을 볼 수 있다[27]. 이런 類型들을 어디에다 分類해 넣으려는가? 그것들은 보통 분류되는 대로 散文에 속하는가 혹은 이 단편의 핵심이 詩文이므로 詩에 속할 것인가? 이미 이 示唆들은 우리 文化圈을 근거로 받아들인 히브리 言語의 詩文類型과 散文類型들의 分類가 얼마나 애매한가를 보여준다. 더우기 이 분류는 詩文類型들의 相異한 여러 삶의 자리들과의 結合을 충분히 설명해주지 못한다.

E. 韻律論

文獻紹介를 곁들인 좋은 개관 : Eissfeldt, *Einleitung*, §6. 보다 중요하고 새로운 論點 : S. Segert, "Problems of Hebrew Prosody", *VTS* VII, 1960, S. 283—291.

모든 韻文的 言語는 뚜렷한 韻律에 의해 日常言語와 구별된다. 平行法으로 識別할 수 있는 구약성서 詩들 중 많은 것이, 詩篇 表題들에 의해 알 수 있는 바와 같이, 歌唱되었고 樂器들로 伴奏되었으며, 확고한 旋律(Melodie)을 가지고 있었다. 따라서 이스라엘의 詩에는 韻律的인 法則들이 있었음에 틀림없다. 이 法則들이 지금도 再生될 수 있는가? 지난 100년간에도 이 문제에 많은 努力이 경주되었으나 지금까지 다각도로 인정받을 만한 成果에 도달하지는 못하고 있다. 왜 나하면 古代文獻에 직접적인 보도가 전혀 없기 때문이다.

여하간 최소한 소잡하게라도 히브리語 韻律을 해명하는 두가지 확인만은 확실히 가능하다. 하나는 50년 이래 일반적으로 인정받아온 것인데, 특정한 類型들 중에는 첫 半行이 두번째 半行보다 한 마디 정도 더 긴 불균형의 詩形('韻이 맞지 않는 詩句')이 통용되었다는 것이다. 이것을 일러 哀歌-韻律(Qina-Metrum)이라고 하는 바, 그 까닭은 이것이 언제나 葬送詩歌

---

27) Gressmann, *ZAW* NF 1, 1924, S. 20, Littmann 에서 重引. 스칸디나비아와 古代 아일랜드 文學에서 비슷한 것 : Gunkel, *Genesis*, S. XXVIIf.

(קִינוֹת)에 나타나기 때문이다. 이것은 이밖에 다른 詩文에서도 볼 수 있다. 가령 哀歌書에서. 葬送詩歌를 예언자가 모방한 例를 들어보자 : 아모스 5 : 2 :

נָפְלָה לֹא־תוֹסִיף קוּם בְּתוּלַת יִשְׂרָאֵל

("처녀 이스라엘이 넘어졌음이여, 다시 일어나지 못하리로다.")

이와 함께 잠언-韻律(Maschal-Metrum)이 눈에 띄는데, 이 標識는 지혜격언들(מְשָׁלִים)이 이 형태를 이용한다는 이유로 모빙켈이 붙여준 것이다. 이 경우 길이에 관한 한 前後半行에 균형이 잡혀 있다 : 가령 잠언 2 : 1 :

בְּנִי אִם־תִּקַּח אֲמָרָי וּמִצְוֹתַי תִּצְפֹּן אִתָּךְ:

("내 아들아, 만일 네가 내 말을 받고 내 계명을 네게 간직하며")

(詩文의) 行은 이 종류의 경우 비교적 포괄적이다. 이 兩者와 함께 또 다른 韻律이 확실히 있었으나, 그렇게 분명하게 인식되지는 않으며 특수한 유형에 배열되지도 않는다.

이 범위를 벗어나서 韻律들의 내적 分節에 관한 것도 말할 수 있는가? 각기 前後半行 근저에 있는 脚韻들(拍子들)이 지금도 인식될 수 있는가? 이 점에 대해서도 현재 두 견해가 서로 맞서고 있다. 그 하나는 히브리語에 강조하는 도식을 전제하는데, 이 도식에 의하면 강조되는 音節이 각기 하나 혹은 다수의 非强調音節과 함께 脚韻을 형성하나 强調音節만이 완전한 句로 계산된다. 그 句의 抑揚은 낱말의 抑揚과 연결되어 있다. 아모스서 5장 2절을 例로 들어 이에 따라 韻律을 붙여 본다 :

nafᵉlā lo' tôsîf qûm bᵉtûlat jiśra'el
++= | + = | +   = / ++ = | ++= |
넘어져서 일어나지 못하리라/처녀 이스라엘

强調音節(=로 표시됨)만이 계산되기 때문에 3+2 强調音, 즉 5개의 音節이 드러난다(잠언-韻律은 이에 비례하여 3+3 혹은 二重 3韻律에 해당한다). 이 해석은(레이〔Ley〕가 먼저 시도한) 獨文學者 지버스(E. Sievers)[28]에 의해 거의 일반적으로 인정을 받게 되었다.

다른 견해는 交替韻律(alternierendes Metrum)을 주장하는 것으로 훨쉬

---

28) *Metrische Studien* Ⅰ—Ⅲ, 1901—1907.

(Hölscher)[29]와 모빙켈[30], 호르스트(Horst)가 대표하는 바, 물론 이를 따르는 사람은 소수에 불과하다. 그들은 단순한 댄스의 스텝과 맛소라學派의 악센트 표기에 따라서, 히브리 詩에는 대개 하나의 非强調音節과 하나의 强調音節이 번갈아 나오는 바, 이것이 합쳐서 脚韻을 이룬다는 假定을 한다. 그러나 非强調音節은 先行하는 强調音節에 흡수되어서 脚韻은 단지 한 音節로만 구성될 수도 있다. 이 경우 아모스서 5장 2절은 다음과 같은 樣相을 드러낼 것이다 :

$$\text{naf}^e\text{lā lo' tôsîf qûm, b}^e\text{tûlat jiśra'el}$$
$$+ = |\ = |+ = |\ \ = \ /+ = |+\ = |+ = |$$

이에 따르면 哀歌-韻律은 4+3의 脚韻으로 성립된다(이에 상응해서 잠언-韻律은 4+4로 계산된다).

여기는 이 두 理論의 是非를 가릴 장소가 아니다[31]. 그것들의 약점은 아직 생생한 日常語였을 그 시대의 히브리語 發音에 관해 확실한 것을 모르고 있다는데 있다. 이 두 理論은 단지 티베리아(tiberiensisch) 맛소라學派의 終音節 强調法에 일치할 뿐이다. 그러나 古代의 發音은 낱말의 前終音節을 强調했던 표적도 있다[32].

처음으로 韻律의 문제를 歷史的으로 다루는 주목할 만한 試圖를 한 사람은 제게르트(Segert)이다. 언어영역을 고려하면서 그는 3단계로 나누어 보았다 : 1. 아주 옛날에는 히브리語의 낱말이 각기 詩的 單一文이었다(우가릿과 아카디아語의 한 支流에서와 같이[33] ; 2. 王國時代에는 抑揚體系가 지배했다 ; 3. 후기에는 아람語의 영향하에 交替韻律의 體系가 지배했다.

---

29) *Elemente arabischer, syrischer und hebräischer Metrik*, BZAW 34, 1920 (Festschrift für K. Budde), S. 93—101.

30) "Zum Problem der hebräischen Metrik", *Festschrift für A. Bertholet*, 1950, S. 379—394. — "Zur hebräischen Metrik. II", *StTh* VII, 1954, S. 54—85.

31) 바벨론 叙事詩의 音樂記號들은 抑揚體系를 변호해 준다 : Falkenstein-v. Soden, S. 39f. — 이에 반해 시리아語와 아라비아語의 韻律은 Hölscher 의 견해를 변호해준다.

32) P. Kahle, *Der hebräische Bibeltext seit Franz Delitzsch*, 1961, S. 10; "Die Aussprache des Hebräischen in Palästina vor der Zeit der tiberischen Masoreten", *VT* X, 1960, S. 375—385. — 히브리 言語史에 관한 새로운 인식을 근거로 抑揚體系的 해석의 修正에 힘쓰고 있다 : D. N. Freedman, "Archaic Forms in Early Hebrew Poetry", *ZAW* 72, 1960, S. 101—107.

33) H. Kosmala (*VT* XIV, 1964, S. 423—445. 比較. XVI, 1966, S. 152—180)는 포로기에 이르기까지도 그랬다고 말한다.

이 개관에서 볼 수 있는 것은 지금까지는 韻律理論이 대체로　樣式史學과 註釋 分野에서 조심스럽게만 사용될 수 있었다는 것이다. 그러나 완벽을 기하기 위하여 이 理論들에도 언급해 둔다.

Stichometrie, 즉 셈인들의 (言語感情에만 결정적인) 子音들의 數를　헤아림으로 詩의 行＝(半)行을 區劃하는 해결책 — 로렛츠(O.Loretz)[34]가 이 方法을 따랐다 — 이 보다 간단하다. 이 경우 平行되는 半行들과 싯귀에서 子音들의 數의 일정한 분량이 전제되고, (聖書 히브리어에서는 부정확한)　母音들과 악센트들은 도외시된다.

---

34) *Studien z. althebräischen Poesie, 1. Das althebräische Liebeslied,* 1971,　특히 S. 55f.

§9. 正經, 聖書 文學史와 言語史

다음 項들은 지금까지 다룬 것들과는 다른 종류의 것이다. 이상에서의 나의 과제는
오늘날 이용되고 있는대로 양식사학적 연구의 原則들을 밝히는 것이었던 반면, 이제
부터는 별로 정리되지 않은 길을 더 진전시켜 보려고 한다. 여기서는 이른바 양식사
학적 註釋이라는 建物의 宗石, 神學的 歸結들이 거론될 것이다. 양식사학적으로 작업
을 하는 대부분의 구약 및 신약성서학자들은 내가 지금 叙述하려는 要點들을 고려하
지 않는 것이 보통이다. 그러면서도 그들이 註釋書를 출판할 때, 대개 어떤 아쉬움을
느끼지 못한다. 그러나 나는 樣式史學에 몰두할수록 그만큼 더 이 추가문제들(혹은
최종문제들！)을 회피해서는 안된다는 확신에 이르렀다. 설사 지금까지는 궁켈 외에
이것을 다룬 사람이 극히 적을지라도. 이에 대해서는 附錄도 비교하라.

A. 교회의 실제이용에서의 傳承史學的 認識들

지금까지 다룬 주제들은 聖書 成立過程의 근저에 놓여 있는 言語的 事件
이 얼마나 다양한가를 인식케 했다. 한 삶의 자리에 확고히 관련되어 있
으나 풍부한 변천의 歷史를 거친 수많은 類型들이 註釋家의 눈 앞에 펼쳐졌
다. 詩文的인 단편들은 散文的인 단편들과 구별되는 바, 단순히 양식상의
차이로서만 아니라 의미상으로도 그렇다. 이밖에 대부분의 성서 단편들 배
후에서 드러난 것은, 우선 口傳的 傳授에서 변화들을 겪었고 언젠가 文書化
되었고 이제는 編輯을 당했거나 다른 책들과 결합된, 긴 傳承史이다. 이것
이 곧 樣式史學에서 企劃하는 성서 문헌들의 成立像이다. 아직 50년 전만 해
도 성서학에서 구약 및 신약성서 문헌들의 "著者"의 數는 확고부동한 것으
로 생각되었고, 손가락으로 셀 수 있을 정도였으니, 그 후로는 양식사학적
연구에 의해 구약 및 신약성서 형성에 참여한 人物들과 傳統 團體는 이른바
헤아릴 수 없이 많은 人員의 合唱團으로 불어났다. 성서의 말은 化石화된
불변의 진리로서가 아니라 流動하고 있으며 항상 새롭게 실제화되는 진리로
서 증명되었다.

이로써 교회의 실천영역에서 일하는 자는 설교와 講義에서 성서 本文을
해석할 때, 특유한 어려움을 겪게 되었다. 전에는 靈感받은 시편기자들, 使
徒들로부터 출발하여 그들에 의해 생각된 것을 그리스도교회에 접근시킬 수
있었는데 반해, 지금은 靈感(Inspiration)이 소수의 사람에게서 한번 일어난

事件으로서가 아니라 樣式을 갖추고 전래된 類型들과 확고한 윤곽을 가진 삶의 자리의 언어적 傳承들이 수백년동안 형성되고 개작된 것으로 나타났다. 이 경우에 예언자들과 복음서기자들은 중요한 역할을 했으나 그때마다 많은 사람들 중의 한 지체였을 뿐이다. 설교자 혹은 敎理 敎師가 긴 전승 및 편집의 歷史를 지닌 한 本文을 현재의 상황에 적용하려면, 그는 傳承의 어떤 段階를 구속력있는 것으로 그리고 동시에 正經的인 것으로 간주해야 할 것인가를 결정해야 한다. 왜냐하면 성서는 正經으로서, 즉 삶과 교훈을 위한 규범으로서 이용하도록 교회에 위탁되었기 때문이다. 가령 예수의 한 비유의 경우 무엇이 正經的인가 : 예수 자신이 생각한 것인가 혹은 초대교회의 견해 혹은 마태의 해석인가? 물론 우선은 主 자신이 말하려고 했던 것, 즉 原形(Urgestalt)이 정경적이라는 대답이 그럴사하다. 그때에는 비유가 그리스어로부터 다시 아람어로 번역되어야 실제로 원래의 意味를 분명하게 밝힐 수 있다 — 이것을 할 수 있는 神學者들이 얼마나 적은가 ! — 는 것은 도외시하더라도, 이러한 方策은 부활절 후의 교회에서의 聖靈의 작용들이 간과된다는 사실을 내포하고 있지 않은가? 理解의 변천은 계속 부활절 후의 主(κύριος)의 主導하에 있는 교회의 경험들에 의해 규정된 것이 아닌가? 그러므로 오히려 전승들의 最終形態를 결정적인 것으로 간주하는 것이 적절하게 보인다. 그러나 그것에도 자주 어려움들이 뒤따른다. 五經에서 — 구약성서의 例를 들면 — 마지막 편집은 아주 산발적으로만 파악되며 편집자의 資料理解에 관해 확실한 것을 결정하기 어렵다. 반면 우리가 비교적 분명하게 認識할 수 있는 것은 더 옛 단계들 가령 야웨學派 혹은 司祭學派의 관심이다. 이것들을 고수하는 것이 더 意味가 있지 않을까? 내 의견에는 이점에서는 아무런 강제적인 규칙을 세울 수 없는 것 같다. 전승의 어느 단계가 설교와 그 외의 宣敎를 위해 主導的 思想을 제공하는가는 각 개인의 自由에 맡겨져 있다. 그 선택의 표준은 註釋的 明白性의 정도뿐 아니라 무엇이 교회를 이롭게하는가에도 있다. 물론 現存 성서 本文뿐 아니라 그것의 전승사적 前段階들도 하나님의 靈에 의해 主導된, 따라서 正經的이라는 사실에 대한 同意가 여기에 전제되어야 한다.

　물론 설교 혹은 성서공부 시간에 傳承史와 동시에 한 本文의 움직임 안으로 인도해들일 수 있다면 특히 이상적이다[1]. 이를 위해서는 물론 청중들

―――――――――

1) 이를 위한 좋은 省察들이 있다. 내 의견에 모범적인 것으로 생각되는 것을 소개하면 : 가령 H. W. Wolff 의 시편 110편에 관한 것 : in: *Herr, tue meine Lippen auf*, G. Eichholz 의 편집, Bd. V, 1961², S. 310—323. 비교. 나의 시도 : "Das Verhältnis

의 어느정도의 정신적 종교적 수준이 요구된다. 그렇게 되면 그 해석은 아
주 생동적이고 유익한 것이 될 것이다.

그러나 이것으로 족한 것은 아니다. 성서의 진술들이 그것들의 傳承史뿐
아니라 그때 그때의 삶의 자리에도 예속되어 있고 오직 이로부터만 실제로
이해가능하다는 것이 옳다면, 설교자는 삶의 자리에도 관여해야 할 것이다.
설교자는 어떤 점에서 가령 시온 聖殿의 祭儀式들 혹은 헬레니즘 초대 그리
스도교의 愛餐儀式이 교회를 위해 중요한가, 어떤 점에서 우리의 現在가 이
러한 구약 및 신약성서적 制度로부터 나온 그 根源에 의해 규정되었는가를
그의 교회에게 설명할 것이다 — 그러나 이스라엘 및 초대 그리스도교의 "外
的인" 歷史와 현대 교회제도의 그러한 결합이 도대체 존재하는가? 이 歷史
가 宣布에서 本文의 文字를 벗어나서 다르게 표현되어야 하는가, 아니 그렇
게해서 좋은가? 이것은 격렬하게 논란되었고, 현재의 神學에서도 아직 설명
되지 않은 문제들이다. 그러나 이 문제들은 양식사학적 방법들의 중요성에
비추어 교회의 실천을 위하여 탐구되는 곳에서는 반드시 나타난다.

B. 성서 文學史의 構想

Gunkel, 참조 §1. — Bultmann-Gunkel, "Literaturgeschichte", Bibli-
sche, in : *RGG* Ⅲ², S. 1675—1682²⁾. — Horst-Marxsen, "Literaturgesch-
chte", *Evang. Kirchenlexikon* Ⅱ, 1958, S. 1124—1128.

正經을 傳承史學的으로 구분해 놓을 때 성서의 統一性이 무너지지는 않는
가? 궁켈은 한때, 구약 및 의미상으로는 신약성서를 위해서도 종합적 文學
史, 즉 創作的인 개인들이 아니라 類型들과 개제 資料들(傳承들)의 歷史 위
에 세워져야 할 文學史를 요구함으로 이 위험에 대처하려 시도했었다. 물
론 文筆家들은 그들에게 적절한, 말하자면 言語에 의해 傳授된 類型들과
傳承들 내부에서 그 위치를 차지해야 할 것이다. 그러므로 文學史는 일

---

von Exegese und Verkündigung anhand eines Chroniktextes", *ThLZ* 90, 1965,
S. 659—670.

2) *RGG* 의 개정판인 제3판에서 이 項目이 탈락된 것은 성서학의 현 상황을 특징지
어 준다. — 유익한 진술들은 W. Baumgartner 의 綜合報告書("Alttestamentliche
Einleitung und Literaturgeschichte", *ThR* NF 8, 1936, S. 179ff. 특히 S. 219—
222)에서 볼 수 있다.

반적인 의미에서 文獻批判學으로도, 출중한 文學作品들에 共感하고 心醉하
는 것으로도 이해되지 않고, 文學을 광범한 의미에서 ― 口傳 傳承資料까
지 포함시켜서 ― 한 人間 共同體의 생활표현으로 파악하는 연속적인 歷
史說話로서 이해될 것이다. 구약성서에 관련시킬 때, 이것은 "위대한, 자체
內에서 연결되어 있는 全 이스라엘 文學의 歷史像에 철저히 침투해 들어가
는 것"3)을 의미한다. 이것으로 만족시킬 수 있는 것은 文藝學的인 욕구만이
아니다. 오히려 이러한 유형에 따라 이스라엘의 정신생활이 진행되기 때문
에, 우리의 "성서신학"이나 "이스라엘 宗敎史"에서 자료를 처리할 때 類型
硏究가 함께 문제되어야 한다"3). 이스라엘文學의 歷史와 오늘날 사람들이 즐
겨 구약성서적 케리그마 혹은 구약성서적 宣布라 칭하는 것의 歷史는 그러
므로 아주 긴밀하게 연결되어 있으나, "역시 자료들과 樣式들에 대한 이해
없이 宗敎的 思想의 세계에 침투한다는 것은 있을 수 없다. 그러므로 宗敎
史와 文學史, 이 兩者는 성서 본래의 宗敎的 內容을 이해하기 위하여 배우
는 것 외에 다른 목적을 가지지 않는다"4). 바로 이것으로 교회의 실천적인
일에 기여한다. 그런데 물론 文學과 宗敎는 이스라엘의 다른 모든 생활영역
들과 불가분리하게 연결되어 있기 때문에, "구약성서학의 마지막 말은 그의
모든 생활표현들 위에 세워진 이스라엘 民族의 歷史이다"5).

궁켈은 유감스럽게도 자신의 프로그램을 실현하지 못하고 "文學"과 "宗敎" 사이의
연관성을 자세히 전개할 수 없었다. 그러므로 그에게서는 이스라엘에서의 이 두 歷
史의 방향이 미해결로 남았다. 文學史가 연속적인 歷史說話가 되려면, 반드시 그 전체
가 어떤 특정한 흐름을 가져야 한다. 그는 한번 목표점을 이렇게 표현한 일이 있다·
"(히브리) 言語는 民族言語로서는 死滅된다. 그러나 蒐集錄들의 수집의 歷史는 이
미 시작되었다. 즉 正經이 成立되는 것이다"6). 이에 의하면 文學史는 구약성서 正經
의 形成에서 끝나는데, 궁켈은 이것을 日常言語로서의 히브리語의 終息 및 그 言語 類
型들의 解消와 연결시켰다. 그러나 그의 진술들은 분명하지 않다. 한편 그는 후기시
대를 模倣의 시대로서 처리해 버릴 수 있었고7), 다른 한편 그는 外經 및 僞經들 같은

---

3) *RGG* Ⅲ², S. 1677. 이미, E. Meier(*Geschichte der poetischen National-Litera-
tur der Hebräer*, 1856)는 비슷하게 다음과 같이 촉구한다 : "불분명하고 규정되지 않
는 槪論이라는 개념 대신 구약성서 文學史라는 개념이 등용되어야 하고, 이것으로 비
로소 실제적 과제와 필연적인 경계설정 및 우리의 학문을 위해 유일하게 옳은 근원적
방법이 제공된다"(S. Ⅲ).

4) *RuA*, S. VII.

5) *RGG* I², S. 1073

6) *RuA*, S. 36.

7) 방금 소개된 인용문 바로 앞에서 이렇게 말하고 있다 : "끝으로 다음에는 이스라

성서 이후 문헌의 神學的 地位를 강조했다[8]. 특히 주목할 것은 "聖書文學史"(Biblische Literaturgeschichte)라는 표제에도 불구하고, 또 이스라엘 文學史는 단절없이 초대 그리스도교와 탈무드에서 계속되고 있다는 주장에도 불구하고 구약성서와 신약성서의 연관성은 설명되지 않고 말았다는 점이다. 이 불명료성들은 文學史의 企劃이 궁켈의 죽음과 함께 소리없이 무너지고 현재 완전히 잊혀지는데 박차를 가했음이 분명하다.

그 결과에 관한 물음은 도외시한다 해도 이 프로그램은 근본적인 모순에 봉착했다. 아이스펠트(Eissfeldt)[9]는 두가지 의심점을 표명했다. 첫째로 그는 이렇게 주장한다 : 양식사학의 궤도를 달리는 文學史는 단지 짧은 單一文은 추적하나 방대한 複合體와 우리 앞에 펼쳐져 있는 책들에는 미치지 못한다. 둘째로 구약성서 연구가 다루어야 하는 대상은 "단순히 한 民族의 文學 혹은 그런 것의 殘滓가 아니다. 오히려 구약성서 는 어떤 특정한 民族史 및 宗敎史의 발전에서 자란 것으로, 그것은 단순히 풍부한 문 헌의 파편으로서가 아니라 그것 자체로서 이해되고 평가되어야 할 것이다." 첫째 의 혹은 궁켈 세대의 양식사학적 연구의 運用을 감안할 때 정당함이 분명하다. 그러나 양식사학적 原則들과, 지금은 편집사학적 고찰을 필연적으로 포함한다는 점에서, 현재 의 실천을 감안하면 옳지 않다. 두번째 의혹에 관한 것은 (구약성서) 正經을 풍부한 前歷史의 단순한 殘滓가 아니라 여러갈래로 나누어진 운동의 목표점으로 이해하는 궁 켈의 견해에 적중한 것이 아니다. 이스라엘과 초대 그리스도교 文學史의 전체적 계획 은 어떻게 聖書가 형성되었으며 이것이 어떻게 "人類의 스승"이 되었는가를 제시하려 는 것이다[10]. 궁켈은 물론 구약성서가 단순히 이스라엘 民族文學의 개요가 아니라는 것을 보았다. 그럼에도 불구하고 그는 이 宗敎的 蒐集錄으로부터 하나의 文學史의 회 고를 추론할 수 있다는 이유를 이스라엘의 다음 두가지 특수성에 두었다 : 첫째로 여 기서는 언제나 宗敎가 民族性 및 국가와 아주 긴밀하게 결부되어 있어서 무수한 民俗 的 文學이 유대교의 敎化를 위해 蒐集된 문헌들 중에 받아들여질 수 있었고 또 그럴 수 밖에 없었다. 둘째로 모든 세기에 걸쳐 "세속적 文學"에 비해 종교적 文學이 主導 的이었음이 분명하다[11]. 이로부터 文學史를 — 설사 단편적일지라도 — 正經에서 — 다른 한편 文學史는 그 나름으로 正經을 지향하는 것같이 — 끌어내는 것이 그에게

엘 文學의 悲劇, 즉 精神은 쇠퇴하고 類型들은 소모되고 模倣들이 늘어나며, 독자적 인 創作 대신 改作品들이 등장했다. "

8) *RGG* I²(S. 1090)에서 그는 "外經과 僞經들에 관하여" 이렇게 지적하고 있다 : "이것들이 전에는 성서신학으로부터 배제되었으나 지금은 叙述에 함께 관련시켜져야 한다. 까닭은 宗敎의 歷史의 실제적인 경과에서 이 후기 문헌들의 배제를 정당화할 만큼 뚜렷한 단편이 하나도 없기 때문이다. "

9) *Einleitung*³, S. 5f.

10) "도대체 우리가 할 수 있는 일이 무엇이란 말인가, 성서를 人類의 스승으로 높 이고 古代 다른 近東 宗敎들을 헛간에 집어넣은 歷史의 宣告(Spruch)를 그것의 내적 필연성에서 파악하는 일 외에 ! *RuA*, S. VII.

11) *KdG*, S. 53.

는 가능하게 보였다. — 그러므로 아이스펠트의 의혹은 이로써 궁켈의 프로그램이 벽에 부딛혔다고 할 만큼 비중을 가지지 못한다.

신약성서의 文學史는 구약성서의 그것보다 더 문제가 많다. 이것은 이미 디벨리우스가 1926년에 '초대 그리스도교 文學의 歷史'(*Geschichte der urchristlichen Literatur*)로서 출판한 개요[12]에서 추측할 수 있다. 그는 서두에서 — 양식사학적으로 훌륭하게 — 그 과제를 이렇게 요약하고 있다: "그러므로 이 문헌들의 成立을 이해시키려는 초대 그리스도교의 文學史家는 어떻게 처음 그리스도교인들이 이런 문서활동을 하게까지 되었는지를 보여주어야 한다… 그는 이렇게 그리스도교의 形成을 文學的인 측면에서 묘사하면서 동시에 초대 그리스도교의 文學史를 서술한다." 그러나 이 서술도 "주로 아직 옛 '개론들'의 성격"을 보여준다는 불트만의 말은 옳다. 즉 삶의 자리와 초대 그리스도교의 아람語 및 그리스語 내부에서의 포괄적인 움직임들을 보다 충분히 고려하지 않고 개체 문헌들의 분석적 취급을 보여준다는 것이다[13]. 그리스도교회들이 얼마 안 가서 各異한 民族들과 文化圈들에 속한 사람들로 混成되었기 때문에 이 영역에서는 많은 어려움이 중첩된다. 아람語로 말하는 팔레스틴의 유대인 그리스도교인들은 이스라엘-유대적 文學史에 연결되어 있고, 이곳으로부터 성서해석과 역사관찰, 禮典, 默示文學의 類型들도 받아들였다(참조. 축복문들). 이에 반해 그리스語로 말하는 그리스도교인들은 헬레니즘化한 이스라엘 在外僑胞(διασπορά)의 言語樣式들에 의존하는 바, 이들은 그 나름대로 일반적인 헬레니즘적 群小文學과 긴밀히 연결되어 있다. 신약성서의 書信들과 그중 生活律的인 단편들, 德目 및 惡德의 目錄들, 그리고 唯一神論的으로 꾸며진 傳道說敎 같은 類型들도 여기에서 생겼다. 특유하고 새로운 그리스도교의 言語資料는 종종 두 영역의 영향들을 보여주는데 케리그마적인 語套들과 敎會說敎, 그리스도讚歌 그리고 복음서들의 類型에서 그렇다. 그러므로 신약성서의 文學史를 양식사학적 토대 위에서 시작하는 자는 히브리語가 宗敎言語로 변한 후기의 支流와 함께 이스라엘의 文學史를 알아야 하고, 또한 예수 時代의 아람語 樣式들의 세계, 그리스語를 말한 이스라엘 文化圈을 포함한 헬레니즘적 群小文學의 풍부한 자료도 알아야 한다. 그러나 이것으로도 족한 것은 아니다. 이 밖

---

12) Göschen 총서, 934/5.

13) *RGG* Ⅲ², S. 1682. 결핍은 충분치 못한 연구 상황에서 나온다(이것은 나의 대중적인 학문적 서술 : *Das Buch der Bücher*, Verständliche Wissenschaft 83, 1963 에서도 밝혀졌다).

에도 많은 신약성서의 類型이 다시 나타나고 더 발전된 성서 이후 그리스도교 문헌에 관한 지식이 필요하다. 이런 企劃은 개인의 作業能力을 넘어설 것이다. 궁켈이 죽은 후 구약성서 文學史의 경우와 마찬가지로 신약성서 文學史의 주변이 잠잠해진 것은 놀라운 일이 아니다.

이것으로 일은 끝났는가? 이 책에서 중요한 것은 樣式史學의 方法들과 그 幅이기 때문에 어려운 主題를 다시 취급하는 것을 회피할 수 없다. 수많은 양식사학적 개별 成果들이 하나의 포괄적인 테두리를 절실하게 요구하지 않는가? 지금까지 아직도 여기에 도달하지 못했다는 것이 그 과제를 거부할 이유는 되지 못한다. 결국 각 단편을 위하여 양식사학적으로 제기되는 바와 같이 그렇게 확대된 연구들의 意味에 대한 문제뿐 아니라 성서 자체의 해석의 목표에 대한 단순한 문제도 중요하다. 주석가는 개체 本文의 해석으로 그의 일을 끝냈는가? 오늘날 즐겨 말하듯이 성서의 단편들로부터 케리그마를 끌어내는 것으로 충분한가? 아니면 이것을 넘어서서 개체 文段들과 책들의 연관성, 구약성서와 신약성서 전체의 연관성을 찾는 것이 註釋家의 義務인가? 이런 연관성은 이미 옛 方式으로 그리스도교 敎義學의 자리 (locus)를 위하여 아주 상이한 성서 문헌들의 진술들을 다소간에 무리하게 종합했던 "敎義槪念들"의 도식에 따라 재생시킬 수 없음은 확실하다. 그런 것은 오히려 歷史叙述의 方法에서, 가장 초기층으로부터 가장 후기층에 이르기까지 시종일관하게 흐르고 있는 줄기를 밝혀냄으로만 찾아질 수 있을것이다[14]. 그러나 그때에는, 양식사학적 숙고들이 도대체 의미를 가진다면, 궁켈이 계획했던 바와 같은 文學史가 긴급하게 요구되지 않는가?

그 까닭에 현재 비슷한 노력들이 구약성서학에서 — 궁켈의 프로그램과의 분명한 연관성없이 — 두드러지게 나타나는 것은 놀라운 일이다. 렌토르프 (R. Rendtorff)[15]는 新敎측에서 그리고 로핑크(N. Lohfink)[16]는 가톨릭측에서 구약성서 文學史의 연관성 — 혹은 傳承史, 이 개념은 위에서보다 더

---

14) 어떤 면에서 G. v. Rad 는 그의 책 *Theologie des AT* 에서 — 文學史의 토대없이는 불가피했겠지만 — 이 길을 걸었다. 참조. G. v. Rad, "Offene Fragen im Umkreis einer Theologie des AT", *ThLZ* 88, 1963, S. 401—416과 나의 논문, "Neuorientierung der alttestamentlichen Theologie", *Pastoralblätter* 101, 1961, S. 548—599.

15) "Hermeneutik des AT als Frage nach der Geschichte", *ZThK* 57, 1960, S. 27—40; "Geschichte und Überlieferung", in: *Studien zur Theologie der alttestamentlichen Überlieferungen*, 1961, S. 81—94.

16) "Die historische und die christliche Auslegung des A.T.", *Stimmen der Zeit* 178, 1966, S. 98—112.

포괄적인 의미에서 ― 을 추구하되, 이 文學史가 신약성서 文學史에 集注되
는 단계에까지 추구할 것을 요구하고 있다. 성서의 역사적 해석과 그리스도
교적 해석 사이의 계곡은 이것으로써 결국 架橋될 것이다. 이러한 文學이
이스라엘 民族의 다른 모든 생활표현들과 倂合된 것을 계속 풀어 놓는 일에
궁켈이 총집중한 것같이, 렌토르프는 그렇게 이해된 傳承史와 이스라엘의
政治史 사이의 계곡을 架橋할 필요성을 인식했다. 노트(M. Noth)가 이미 五
經에 관련시켜 우연히 언급한 바와도 같다 : "傳承史 자체가…이미 이스라
엘 歷史의 一部이다"[17].

다양한 類型들과 수많은 성서 전승들의 歷史를 그것들끼리 그리고 이스라엘 및 초
대 그리스도교의 다른 생활영역들과 연결시키는 것으로 충분한가? 최근 수십년동
안 성서학에서 중요성을 지니게 된 한 영역은 이 경우 고려되지 않고 있다. 그것
은 개체 낱말들과 그 語根을 정확한 의미에서 검토하는 것, 즉 킷텔의 대대적인 책
'신약성서신학사전'(Kittel, *Theologisches Wörterbuch zum Neuen Testament*)에 수
록된 것 같은 概念史를 말한다. 이것을 樣式史와 의미있게 결합시키는 것이 현명하지
않을까? 해당 낱말이 어떤 類型들과 어떤 삶의 자리에서 사용되고 그 특수한 內容을
보유하고 있는가를 물어야 한다. 이로써 概念史는 그것에 계속 결부되어 있는 語源學
的-語義學的인 構造들의 속박으로부터 벗어날 것이다[18]. 그러나 이 경우 양식사
학적으로 근거지어진 文學史는 실제적인 言語史가 될 것이다. 즉 오늘날 言語學에서
가지는 피상적인 文法的 辭典編纂의 意味에서가 아니라 思惟하고 말하는 歷史를 내
용으로 지니는 그런 意味에서의 言語史이다. 그러나 思惟하고 말하는 것은 다양한 생
활수행들로부터 일어나고 다시 그것들을 변화시키는 작용을 한다.

그렇게 되면 이와 관련에서 이스라엘 및 초대 그리스도교의 合 時期에 해
당하는 類型들과 삶의 자리 전체를 함께 모을 뿐 아니라, 한 걸음 더 나아
가 文藝學에서는 時代의 文體(Epochenstil)[19], 폰 라트는 시대의 精神性
(Geistigkeit)이라고 부른 것, 즉 言語的인 背景 ― 類型들이 바로 여기에
서부터 형성되고 달리는 형성되지 않으며, 여러 상이한 생활영역들이 이런
혹은 저런 抑揚을 부여받는 바 ― 에 대하여 물을 수 있고 또 물어야 할 것
이다. 폰 라트는 야웨學派류의 救援史的 作品들과 초기의 歷史叙述(사무
엘서하 중의 王位繼承史), 아주 옛 지혜 金言들 같은 일련의 類型들의 源

---

17) *ÜGP*, S. 272. Lohfink (S. 111)는 基調的인 神學的 문제를 제기하고 있다 :
"그리스도에 대한 신앙은 歷史와 무관한 근거들로부터 오는가 아니면 이 신앙은…
歷史 자체와의 교류에서 자라는가? 둘째 것이 훨씬 더 타당하다."

18) J. Barr의 가혹한 비판 : *Bibelexegese und moderne Semantik*, 1965. 附錄도
비교하라.

19) 참조. S. 38. P. Böckmann은 바로 이것을 양식사학이라고 표시한다.

泉 (Quellort)이 "솔로몬 계몽시대의 精神性"임을 증명했다[20].　마찬가지로 후기 王國時代와 포로기 이후 시대,　예수 時代의 精神性이 탐구됨과　동시에 한 시대에서 다른 시대로 넘어가는 변천들도 분명하게 설명되어야 할 것이다.

C. 解釋史와 言語史[21]

성서 각 책의 강력한 작용력은 그 책들이 항상 해석적인 附加文들과 敷衍들을 첨가할 수밖에 없었다는데서 이미 드러난다.　마가복음서는 나중에 추가된 結文(16：9 이하)을 보유하고 있으며, 소위 누가복음서 西方本文은 새로운 해석들을 싣고 있고, 바울書信들은 改作되었으며, 구약성서 책들의 傍註들은 더 말할 나위도 없다. 이 動的인 文學史에서 성서적 信仰의　生動性이 드러나는 바, 이 신앙은 神的 眞理를 확고한 소유물로 보지 않고 언제나 새롭게 성서의 진술들을 삶의 현실성과 결부시킴으로 하나님의 진리를 말하게 한다.　正經化는 물론 단호한 경계를 표시해 준다.　주지하는 바와 같이 正經化는 단계적으로 일어났다.　처음으로는 律法書인 모세의 책들(五經)이 이스라엘의 포로기 이후에 正經化되었고, 마지막으로 正經이 된 것은　사도행전과 요한계시록 같은 신약성서의 문헌들이다. 성서의 一部가　아직 正經의 지위에 오르지 못했을 동안에 실제화하는 해석은 本文 자체 내부에서 무엇이 기본적인 本文이고 무엇이 해석된 것인가를 밝히지 않은채 기도되었었다.　이러한 正經化 이전의 附加文들의 삶의 자리는 첫 筆者의 弟子들이나 추종자들이고, 대개는 公的인 宗敎團體가 아니었다. 어떤 本文이 正經化되면 그 本文은 고정되고 변경할 수 없는 것이 되었다.　그러나 실제화와 해석작업은 그전과 마찬가지로 계속될 수밖에 없었다.　율법학자들의 公的 지위는 교회 혹은 會堂에 의해 임명되고 해석에 종사하도록 했다.　그들의 작업 결과는 이미 本文 안에 附加文으로 수록되지 못하고 ― 文書化 되는 한 ― 독립적인 註釋書에 수록되었다.　그러므로 正經化는 한 성서 문헌의 傳承史에 중요한 轉機를 가져온다. 本文이 결정적으로 고정되는 것이다. 그후 마감된 전체 正經으로서의 성서는 2000년간 信仰과 삶에 비길데 없는　영향을 끼쳐 왔다.

그럼에도 불구하고 성서 傳承들의 歷史는 그것들의 正經化와 함께 완전히

---

20) *Theologie* I, ¹S. 56―65, ⁴S. 62―70.
21) 이 項을 위한 중요한 자극들은 내 同役者 Martin Elze 氏로 부터 받았다.

끝난 것이 아니다. 실제의 성서해석은 변화된 조건들하에서 傳承의 歷史를 계속 이끌어간다. 성서해석의 實踐은 그것 특유의 類型들을 만들어냈다 : 註釋書들, 選集들, 辭典들. 성서의 言語가 단절되지 않고 영향을 끼치는 이 歷史의 연관성은 성서가 오늘도 우리의 마음을 끌고 敎義的, 倫理的 熟考들을 촉진시키며, 수많은 사람에게서 신앙이 보존되는 것을 가능하게 한다. 神學者는 解釋史를 통해 필요한 중재를 생각해야 할 것이다. 성서 言語의 歷史는 아직도 끝나지 않았다.

그러나 正經이 된 성서는 그것이 해석을 요구하면서만 작용하는 것은 아니다. 양식사학적 관찰의 경우, 인간의 文學史 및 言語史 전반의 내부에서 이 특유한 文書集의 위치가 숙고되어야 한다. 성서는 다른 어떤 책보다 더 많이 반포되고 많은 發行 部數를 기록했다는데서만 특유한 것이 아니다. 성서는 다른 어떤 문헌과도 비교할 수 없을 만큼 많은 言語들로 번역되었을 뿐 아니라 文化와 法律, 經濟, 政治, 간단히 말해서 全 民族共同體 및 國際社會의 言語에 유일무이한 영향을 끼쳤다. 한편 성서의 말들은 그것들이 새로운 言語로 번역되면 다른 音調를 가지게 된다(루터譯 독일어 성서의 世界觀은 히브리어 原本의 그것과 다르다. 참조. 가령 시편 46편). 다른 한편 성서가 言語에 관여하면 言語가 변한다. 그 결과는 語彙의 深化와 敷衍이나, 때로는 異邦的인 慣習들과 言語的인 傳承들의 쇠퇴를 초래하기도 한다(게르만 영역에서 보면, 그리스도교化 이전 시대의 傳承들이 거의 전부 그렇게 사라졌다). 성서 번역을 통해 方言이 文章言語로 止揚되고, 학교들이 세워지며, 民族文學(및 民族意識)이 생긴다. 성서 文學史를 다루는 사람은 言語史 一般에서의 성서 文學史의 地位를 검토하지 않을 수 없을 것이다. 이러한 과제들에 몰두하는 사람은 결국 그 자신과 그의 敎會, 그의 社會의 위치를 樣式史 및 言語史的으로 이해할 줄 아는 이득을 얻을 것이다[22].

이런 숙고들은 우선 硏究를 위한 假說들이다. 이런 方法으로 양식사학적 연구가 계속될 것인가는 미래가 증명해 줄 것이다. 그러나 우리 시대에 言語가 中心이 되어 있는 것에 관한 반성이 哲學과 神學에서 새로이 머리를 들고 있기 때문에, 양식사학적 成果들과 "現存의 言語性"의 연결에 관한 문제를 제기하는 것은 적절하다. 현대 言語神學의 대표자들이 놀랍게도 — 불트만의 樣式史學派의 출신인데도 — 이런 연결을 찾지 않고 있다는 점에서 이

---

22) 비교. H. R. Jauss(*Literaturgeschichte als Provokation*, Suhrkamp 편 418, 1970)의 受容史로서의 文學史의 프로그램.

문제는 더욱 절실하게 제기된다.

　끝으로 한 마디 附言할 것이 있다 : 구약 및 신약성서는 유일한 하나님 ─ 이 하나님의 말과 행위는 인간의 참 삶을 위하여 基調的인 것인데 ─ 의 啓示이기를 요구한다. 그리스도교 神學은 지난 2000년간 이 요구를 언제나 새롭게 해석하고 검토하여 옳은 것으로 발견했다. 樣式史學은 이 해석과 검토를 지금까지보다 더 적절하게 수행할 수 있는 方法을 제공해준다. 樣式史學이 모든 생활표현들을 포괄하는 言語史(文學史, 傳承史)에서 절정에 달한다는 命題가 옳다면, 저 요구의 정당성은 개체 本文으로부터가 아니라, 오직 저 전체 歷史로부터 결정될 수 있는 것이다. 구약 및 신약성서 문헌들은 각기 그 나름으로 이 전체 歷史를 나타내는 반면, 그것은 이 문헌들을 포괄하고 지탱하고 특히 敎會歷史에서 계속된다. 이 영역에서 인식되는 것은 왜 초대교회가 예수를 그리스도로 보았는가(그리고 오늘도 사람들은 이 信仰告白을 되풀이하는가)이다[23]. 이렇게 될 때 성서 문헌에 대한 神的인 "動因"이 우리 敎會의 祖上들에게서보다 희미한 빛에서가 아니라 오히려 더 밝은 빛에서 나타날 것으로 생각된다. 왜냐하면 지금은 그 動因이 歷史的으로 정리되어 나타나고 그것을 통해 부각되기 때문이다.

---

23) 격렬한 논쟁을 겪은 神學的 論爭의 主題 '聖書와 傳統'은 이에 의해 새로이 숙고되어야 할 것이다.

제 II부

拔萃된 例들

제 1 장 說話書들 중에서

§10. 先祖할머니의 危機

　律法과 前期 預言書란 蒐集物들의 標識下에 히브리語 正經이 수록하고 있는 것, 즉 창세기로부터 열왕기하까지의 책들은 이스라엘의 가장 옛 傳承資料로, 대체로 說話的 內容을 담고 있다. 이 구약성서 첫 부분의 說話들은 유대교와 그리스도교, 모하멧교 영역에서 또는 이들 영역을 훨씬 넘어서도 놀랄만치 큰 영향을 끼쳤다. 이 사실은 그것들이 오늘날에도 아직 學者들뿐 아니라 평범한 사람들의 마음을 직접 끌 수 있으며, 그러나 결코 원시적인 천박한 소잡성에서 기인한 것이 아니고 인간 現存 문제에 관련된 측정할 수 없는 深奧함들로 가득 차 있는 놀라운 단순성에서 설명된다[1].

　이 說話資料가 지금은 創造로부터 바벨론 포로까지의 時代에 관한 연속적인 보도로 배열되어 있다. 그러나 좀 자세히 관찰하면, 대부분의 文段(Abschnitt)들이 독자적이고 짧은 개체 說話들로부터 유래한 것이며, 文書作品으로서는 대부분 소잡하게 연결되어서 배열되어 있음이 곧 드러날 것이다. 한 때 독자적으로 존재했음은 오늘날도 아직 禮拜의 聖句朗讀에서 혹은 그리스도교회의 靑少年 指導에서, 그리고 西歐의 藝術에서도 아브라함과 모세 혹은 여호수아에 관한 개체 說話가 拔萃되어, 그것의 문맥과는 무관하게 제시될 수 있다는 사실에서 드러난다. 이것은 결코 자명한 일이 아니다. 가령 누가의 사도행전(혹은 聖書 밖으로 눈을 돌리면 그리스 悲劇들에서도)에서와 같이 筆者의 통일직 構想이 근서에 들어 있는 곳에서는 한 文段의 개별적인 제시가 훨씬 더 어려워진다.

　그러므로 양식사학적 硏究는 옛 說話 單一文들의 신빙성 있는 區劃을 위해 노력할 뿐 아니라 그것들의 特殊性과 그 삶의 자리, 시간의 흐름에 따른 그것들의 변천들도 밝혀냄으로 깊은 이해를 가능하게 한다. 이 경우에 확실한 토대를 얻기 위해서는 같은 내용이 두번 혹은 세번까지도 나타나는 곳, 즉

---

1) 비교. 히브리 說話들의 표본적인 例로서 창세기 22장을 文體批判學的으로 취급하는 계발적인 작품 : E. Auerbach, *Mimesis*, ²1959, S.9 —27.

二重傳承들에서 시작하는 것이 좋을것이다[2]. 그 資料가 물론 신약성서의 예수 說話들의 경우처럼 포괄적인 것은 아닐지라도, 이를 위하여 몇 例들이 있다.

양식사학적 研究를 위하여 先祖할머니의 危機에 관한 설화는 특히 좋은 자료를 제공하는 바, 이것은 세번이나 창세기에 보도되고 있으며(12 : 10—13 : 1; 20; 26 : 1 이하) 더우기 후기 이스라엘 文學의 産物이다.

이하는 궁켈의 것을 따랐다: *Genesis* 특히 225면 이하. 비교적 설득력이 적은 것: C. A. Keller, "Die Gefährdung der Ahnfrau", *ZAW* 66, 1954, S. 181—191. 編輯史를 위해 크게 도움이 되는 것 : v. Rad, *ATD*, 해당 귀절. — R. Kilian, "Die vorpriesterlichen Abrahamsüberlieferungen", *BBB* 24, 1966, S. 190—221. — 후기의 발전을 다룬 것 : E. Osswald, *Z W* 72, 1960, S. 7—25와 Z. Wacholder, *HUCA* 35, 1964, S. 43—56.

A. 單一文의 區劃

A	B	C
12 : 9. (그때 아브람은 출발하여 · · · 네겝으로 갔다.)	20 : 1. (그때 아브라함은 그곳에서 출발하여 네겝 땅으로 갔다.)	
10, 그 땅에 기근이 일어났다(ויהי).		26 : 1. 아브라함 때에 들었던 이전 기근 외에 그 땅에 기근이 일어났다. (ויהי).
그리하여 아브람은 애굽으로 가서,	가데스와 술 사이에 그는 정착했다.	그리하여 이삭이 그랄을 향해 블레셋王 아비멜렉에게 이르렀다.
		2. 그때 야웨가 그에게 나타나 말했다 : "애굽으로 가지 말고(내가 네게 지시하는) 땅에 거하라.
거류민으로서 그곳에 머	거류민으로서 그는 그랄	3. 거류민으로서 이 땅

2) Gunkel, *Genesis*, S. LXV.

물려고 했다. 이는 그
땅에 기근이 심하였음이
라.

11. 그런데 그들이 애
굽에 가까이 이르렀을
때 이런 일이 일어났다
(ויהי). 즉 그 아내 사
래에게 그가 말했다: "내
가 알기로 그대는 보기
에 매우 아름다운 여인
이다.
12. 애굽 사람들이 그대
를 보면 그들이 생각하
기를 이는 그의 아내라
하고, 그들이 나를 죽이
고 그대는 살려두리라.
13. 원컨대 그대는 내
누이라고 말하라. 그러

에 머물렀다.

2. 아브라함은 그 아내
사라에 관하여 말했다 :
그녀는 내 누이이다.

에 머물면, 내가 너와
함께 있고 너를 축복하
리라. 이는 내가 '이' 모
든 땅을 너와 네 자손에
게 줌으로 내가 네 아비
아브라함에게 맹세한 맹
세를 이루려 함이라.
4. 나는 네 자손을 하늘
의 별들과 같이 많게하
고 네 자손에게 '이' 모
든 땅들을 주리라. 네
자손의 (이름)으로 땅의
모든 민족들이 축복을
받으리라.
5. (이 모든 것은) 아브
라함이 내 말에 순종하고
나에 대한 의무와 내 계
명들, 내 율례들, 내 율
법들을 지켰음이라. "
6. 그 후 이삭이 그랄에
정착했다.
7. 그런데 그곳 사람들
이 그의 아내에 관하여
물었을 때 그는 말했다:
"그녀는 내 누이이다."
즉 그는 "그녀가 내 아내
라"고 말하기를 두려워
했다. 왜냐하면 (그는)
이곳 사람들이 리브가가
매우 아름다우므로 그녀
로 인하여 (그렇게 하지
않으면) 나를 죽이리라
고 (생각한) 때문이다.

면 그대로 인하여 나에게 아무 일도 일어나지 않고 나는 그대로 인하여 살아 남으리라."

14. 아브람이 애굽에 이르렀을 때 이런 일이 일어났다(ויהי). 즉 애굽 사람들이 그의 아내가 매우 아름다운 것을 보았다.

15. 바로의 관리들도 그녀를 보고 그들의 主 앞에서 그녀를 칭찬하므로 그 여인을 왕궁으로 데려갔다.

16. 그때 그는 그녀를 인하여 아브람에게 선행을 베풀었다. 그는 양들과 소들, 나귀들, 노복들(?), 노비들(?), 암나귀들, 낙타들을 받은 것이다.

17. 그러나 야웨는 아브람의 아내 사래로 인하여 바로와 그 집을 심한 재앙들로 쳤다.

그때 그랄王 아비멜렉이 사람을 보내서 사라를 데려갔다.

3. 그러나 하나님이 그 밤 꿈에 아비멜렉에게 와서 그에게 말했다: "진실로, 너는 네가 취한 그 여인으로 인하여 죽을 것이다. 이는 그녀가 이미 결혼했음이라."

4. 그러나 아비멜렉은 그 여인을 아직 가까이 하지 않았었다. 그는 대답했다: "주여, 당신은 실제로 죄없는 백성을 죽이려 하시나이까?

8. 그가 오랫동안 그곳에 거한 후에 이런 일이 일어났다(ויהי). 즉 블레셋王 아비멜렉이 한번은 창문으로 들여다 보았는데, 그때 그는 이삭이 그의 아내 리브가를 애무하는 것을 보게 되었다.

5. 그 자신이 나에게 그
녀는 내 누이라고 말하
지 아니하였나이까? 그
리고 그녀도 그는 내 오
라비라고 하지 아니하였
나이까? 흠없는 생각과
순결한 손으로 나는 이
렇게 하였나이다."
6. 그리고 하나님은 꿈
에 그에게 대답했다: "나
도 네가 악한 의도없이
이렇게 한 줄 안다. 나
자신이 너를 막아 내게
범죄하지 않도록 하였으
니, 그 까닭에 나는 너
로 그녀에게 가까이 하는
것을 허락하지 않았노라.
7. 이제 그 남자의 아내
를 돌려 보내라. 이는
그가 예언자임이라. 그
러면 그는 너를 위해 기
도하여 네가 살아남게
하리라. 그러나 네가 그
녀를 돌려보내지 않으면
너는 네 모든 권속들과
함께 죽을 줄 알라."
8. 그 다음날 아침 일찍
아비멜렉이 그의 모든
종들을 불러 일어난 일
을 그들에게 다 이야기
했다. 그러나 그 사람들
은 매우 두려워했다.

18. 그때 바로가 아브람 을 부르게 하여 말했다: "너는 나에게 무엇을 행 하였는가? 너는 어찌하	9. 그때 아비멜렉이 아브 라함을 부르게 하여 그에 게 말했다: "너는 우리에 게 무엇을 행하였는가?	9. 그때 아비멜렉이 이 삭을 부르게하여 말했다: "그녀는 사실 네 아내 다!" 너는 어떻게 그녀

여 나로 그녀가 네 아내임을 알게하지 않았는가?

19. 너는 어찌하여 <u>그녀는 내 누이라고</u> 말하여 내가 그녀를 내 아내로 취하게 하였는가?

내가 무엇으로 네게 범죄하였기에 네가 그렇게 큰 죄를 나와 내 나라 위에 초래하였는가? 서로 관계없는 것처럼 너는 나를 취급하였다.”

10. 계속해서 아비멜렉이 아브라함에게 말했다 : “너는 이 행동으로 무엇을 의도하였는가?”

11. 아브라함이 대답했다 : “나는 마침 이곳에는 확실히 하나님을 두려워함이 없고, 그러므로 그들이 내 아내로 인하여 나를 <u>죽일</u> 것이라고 생각했다.

12. 또 그녀는 사실 내 누이라. 내 어머니의 딸이 아닐 뿐 내 아버지의 딸로서 내 아내가 될 수 있었음이라.

13. 하나님이 나로 내 아버지 집으로부터 멀리 옮겨가게 했을 때 있었던 일인데 (ויהי), 그때 나는 그녀에게 말했다 : 그대는 나를 위하여 이 일을 해야 한다. 즉 우리가 가는 곳 어디서나 그대는 나에 관하여 내가 그대의 오라비라고 말하라.”

14. 그때 아비멜렉이 양들과 소들, 노복들과 노

는 내 누이라고 말할 <u>수 있었는가?</u>” 이삭이 그에게 대답했다 : “나는 그렇게 하지 않으면 그녀로 인하여 죽을 것으로 생각했다.

10. 그러나 아비멜렉이 말했다 : “<u>너는</u> 우리에게 무엇을 행하였는가? 백성 중 하나가 네 아내 겁탈하는 일이 얼마나 쉬웠겠는가, 그리고 너는 범죄를 우리 위에 초래할 뻔 했다!”

그러나 여기에 네 아내

가 있으니 지금 그녀를
데리고 가라!"
20. 그 후 바로는 그를
위하여 사람들에게 명하
여 그들이 그와 그의 아
내, 그가 소유하고 있는
모든 것을 호송하게 했
다.

(13:1 그리하여 아브람
은 애굽에서 나와···네
겝으로 올라갔다.)

비들을 취하여 그것들을
아브라함에게 선사했다.
그는 그의 아내 사라를
그에게 돌려주었다.
15. 그때 아비멜렉이 말
했다:"보라, 내 땅이
네 앞에 널려 있으니 네
마음에 드는 곳에 머물
라."
16. 그러나 사라에게는
그가 이렇게 말했다:
"보라, 은 천개를 나는
네 오라비에게 준다. 이
것은 네게 있는 모든 사
람 앞에서 네 명예를 회
복하는 것이니 '이렇게
너는 모든 사람 앞에서
변명이 되었다'(?)"
17. 그때 아브라함이 하
나님에게 기도했다. 그
리고 하나님은 아비멜렉
과 그의 아내, 그의 여
종들을 고쳐주어 그들이
다시 아이들을 낳았다.
(18. 즉 야웨는 아브라
함의 아내 사라로 인하
여 아비멜렉의 집 모든
모태를 굳게 닫았었음이
라.)

11. 그 후, 아비멜렉이
전 백성에게 명했다:
"이 사람과 그의 아내를
건드리는 자는 정녕 죽
으리라!"
12. 그리고 이삭은 그
땅에서 씨를 뿌리고 그
해에 천배를 수확했다.
이는 야웨가 그를 축복
했음이라.
13. 그리하여 이 사람은
부하게 되고 점점 더 부
하게 되어 그는 마침내
거부가 되었다.

　　모든 양식사학적인 硏究의 첫 과제는 문학적인 單一文을 정확히 區劃하는
일이다. 왜냐하면 그것의 傳承史의 한 단계에서 독자적이고 자체로서 완결
되어 있던 단편만이 의미있는 검토를 허락하기 때문이다. 위에 소개한 說話
들이 그런 독자성을 가지고 있었는가? 이것들은 지금의 문맥에서도 자체 안
에 지니고 있는 의미의 연관성을 서술하는 것같이 보인다. 이 인상을 설명

하려면 무엇보다도 序頭와 結文을 자세히 주시해야 한다.　이것들은 하나의 독자적 설화를 시작하고 끝맺는가?

說話 A는 이렇게 시작한다 : "그 땅에 기근이 일어났다. 그리하여 아브람은 애굽으로 가서 거류민으로 그곳에 머물려고 했다. 이는 그 땅에 기근이 심하였음이라." 현대 독자에게는 이 文章들이 독자적인 說話의 만족할 만한 序頭가 못된다. 여기의 땅은 어떤 땅을 두고 말한 것인가? 여기에서 중심 역할을 하고 있는 아브람은 누구인가? 그러나 히브리人은 포괄적인 해설을 좋아하지 않고, 오히려 욥기 혹은 룻기의 序頭에서 쉽게 볼 수 있는 바와 같이, 곧 사건의 중심에 뛰어 드는 것을 훨씬 더 좋아한다. 다음으로 아브람은 히브리人에게는 자명하게 잘 알려진 人物이었다. 셋째로 樣式史學은 번역 성서를 臺本으로 삼아서는 안된다. 번역에서 "그 땅"이라고 하면 우리는 그것이 어느 땅을 말하는가고 묻게 될 것이다. 그러나 자세한 규정 없이 הָאָרֶץ(그 땅)라고 하면 오직 팔레스틴만이 생각될 수 있을 정도로 이스라엘人에게는 분명한 것이다. 기근이 일어나면 팔레스틴 사람이 에집트로 移住했다는 것도 히브리人에게는 이상할 것이 없다. 왜냐하면 에집트는 나일강의 給水로 비에 의존하지 않고, 그러므로 ― 자주 일어난 일이지만 ― 비가 오지 않아 팔레스틴의 모든 것이 굶주림에 시달릴 때도 양식을 보유하고 있었기 때문이다[3]. 導入文章 "그러나 이런 저런 일이 생겼다(일어났다 : וַיְהִי)"는 히브리語에서 잘 사용되는 독자적인 설화들의 序頭이다(참조 26 : 1, 14; 그러나 6 : 1; 11 : 1; 삼상 1 : 1 등도). 이 표현은 그 다음에도 새로운 場面이 시작될 때 時間規定과 함께 다시 받아들여졌다(가령 11, 14절; 삼상 18 : 6, 10). 그러므로 10절은 이스라엘人에게 있어서는 說話의 序幕으로 아주 충분한 것이다. 이것은 전체의 해설을 맡고 있다. 저 유명한 先祖는 제한된 法的 身分, 즉 거류민의 身分이라도 얻을 수 있는 낯설고 적대적인 땅으로 이주해야 했다. 이것으로 다음 文章에서 곧 묘사된 紛糾의 토대가 마련된 것이다.

結文은 어떠한가? 바로가 "그러나 여기에 네 아내가 있으니 지금 그녀를 데리고 가라!"고 명령하게 하고, 說話者가 계속 "그 후 바로는 그를 위하여 사람들에게 명하여 그들이 그와 그의 아내, 그가 소유하고 있는 모든 것을 호송하게 했다"고 한 것은 그 전체의 結文으로서 만족한 것이다. 히브

---

3) 참조. 요셉의 이야기와 *AOT*, S. 97; *ANET*, S. 259 및 Beni Hassan의 유명한 그림 : *AOB*, S. 51; *ANEP*, S. 3.

리人은 흔히 긴장을 해소시키는 談論과 주인공의 그 후의 운명에 관한 계속
적인 짧은 진술로 설화를 끝냄으로　說話의　終結을 삼는다(창 2 : 23—24; 4:
15—16; 11 : 7—9 등).

　A가 완전한 單一文을 구성하고 있음은 전후의 연관성, 즉 문맥을 일별하
면 확인된다. 바로 앞에 있는 부분 12장 1—9절은　아브람이 하나님의 명령
에 따라 그리고 하나님의 약속하에　어떻게 그의 고향을 떠나, 알지 못하는
먼 곳으로 갔는가를 보도했다. 그는 팔레스틴에 도착하여 그곳에서　세겜과
벧엘에 두 聖所를 세웠었다.　A는 간신히 여기에 연결되어 있을 뿐이다. 이
文章들에 의하면 아브람은 팔레스틴을 떠났는데, 이 일은 그가 벧엘에서 그
의 하나님으로부터 "내가 이 땅을　네 자손에게 주리라"(7절)는　말을 들은
후 곧 일어났기 때문이다.　다시 말하면 아브람은 本文의 계속에 따르면 방
금 경사스럽게 그에게 보장된 땅을 주저없이 버린 것이다.　그런데도 왜 編
修者는 이 두 단편을 전후에 배열해 놓았는가는 후에 다룰 것이다.　여기서
는 그 결합이 어설프다는 것만 알면 충분하다.　13장에서 계속되는 것,　즉
編修者가 이 이야기를　지금의 위치에 아주 잘 연결시킨 것을　살펴보면 더
분명해진다. 왜냐하면 여기에는 이렇게 기록되어 있기 때문이다 :

> 그리하여 아브람은 그의 아내와 그의 모든 소유를 가지고, 롯도 그
> 와 함께 애굽으로부터 나와서 남방으로 올라갔다.　그러나 아브람은
> 가축과 銀, 金으로 부하였고, 그는 계속 야영지를 옮겨 남방(네겝)
> 에서 벧엘, 즉 처음에 그의 천막이 섰던 장소까지 갔다.

즉 先祖할머니의 危機에 관한　이야기가 시작되기 전에 언급된,　아브람이
약속된 땅을 편력한 說話(12 : 5—9)가 다시 수록되고 계속 진행된다. 이 사
이에 끼어든 것은 단지 우리가 다루고 있는 삽화외의 결합을 가능하게 하려
는 소수의 仲介文章들 뿐이다. 본래 先祖할머니의 危機에 관한 이야기는 물
론 여기에 없어도 좋았을 것이다. 반대로 만일 이 이야기가　여기 없었다면
12장과 13장에 수록된 아브람의 약속된 땅 편력 이야기의 계속은 더 원활하
고 빈틈없는 것이었을 것이다. 이 모든 것은 오직 A가 전에는　독자적으로
돌아다니던 說話였다는 사실에 의해서만 설명될 수 있다. 이것은 물론 口傳
전승 단계에서 독자적인 것이었다. 이것이 이런 방식으로 이 사람에게서 저
사람에게로 전수되는 동안에는 그 간단한　것이 잘 통했다.　이것은 이렇게
더 확고하게 새겨지고 누구나 오래 기억할 수 있게 되어 있었다.

說話 B는 이렇게 시작된다 : "그때 아브라함은 그곳에서 출발하여 네겝땅으로 갔다. 가데스와 술 사이에 그는 정착했다. 거류민으로서 그는 그랄에 머물렀다." 이 序頭는 A의 것보다는 훨씬 덜 독자적인 삽입에 의한 것 같이 보인다. 아브라함은 "그곳에서" 떠난다. 이것은 先行하는 場所報道와 동시에 先行하는 설화 단편을 전제하고 있다. 그러나 이 결합은 나중에 삽입된 編修者의 작업으로 증명된다. "그곳으로부터"[4]의 출발에 동기설정이 없고, 그랄에서의 체재도 마찬가지이기 때문이나. 그러나 이것은 이곳 외에는 아브라함의 流浪記와 創造史話에서 흔히 나타난다. A에서의 분명한 動因은 기근이다. 여기에 이런 것이 없기 때문에 編修者가 다음 이야기에 架橋를 하기 위해 "그곳에서" 네겝으로의 여행을 결합시키면서 삽입했으리라는 의혹을 드러낸다. 네겝에서 그랄로 향한 둘째 여행도 그 動機를 말하지 않는다. 여기에도 아마 전에는 기근이 언급되어 있었으나 12장 (A)과 26장 (C)을 감안하여 이를 삭제함으로 기근에 관해 너무 자주 말하는 것을 피하고 있는 것이다. 우리가 여기서도 전제하는 독자적인 구전 전승의 시초는 아마 전에는 이러했을 것이다 : "기근이 일어났다···아브라함은 거류민으로서 그랄에 머물렀다."

15절은 분명히 結文이다. 지금 말해지고 일어난 것에 의하면 모든 것은 正常化되었기 때문이다. 아브라함은 체류를 허락받고, 이후는 外國人의 습격들을 두려워할 필요가 없게 되었다. 사라는 賠償을 받고 아비멜렉의 집도 다시 회복되었다. 이번에도 說話의 終結은 결정적인 두 談論으로 이루어졌다(15—16절).

보다 넓은 문맥을 일별하면 B도 A와 마찬가지로 지금의 틀에서 벗어난다는 것을 알 수 있다. 先行하는 것은 곧 소돔과 고모라의 멸망에 관한 說話인데, 이것이 先祖할머니의 危機와 무관했음은 확실하다(물론 이 문맥은 20장의 첫 編修者의 경우에 또 달랐다. 그의 경우에는 소위 엘로힘學派가 主役이고 19장은 이른바 야웨학파에서 나왔으나 이에 관해서는 후에 언급할 것이다. 일반적으로 추측하는 바에 의하면, 12장과 비교할 때 編修者的인 연관성에서 說話 B에도 큰 족속을 이루리라는 아브라함에 대한 약속이 선행되어 있었다[5]. 그러나 이것은 나중에 결합된 것임이 분명하다). — 여하간 같은 첫 編修者(엘로힘학파)에 의해 생긴, 아브라함의 아들 이스마엘과 이

---

4) v. Rad는 소돔의 파멸이 출발의 계기가 아니었는가를 시사한다. 이것은 빨라도 첫 編修者에게나 전제될 수 있는 약한, 분명히 차후적인 동기일 것이다.

5) 15장에 그 흔적이 남아 있는가 ?

삭에 관하여 보도하는 다음 章과의 결합은 좀더 긴밀하다.　그러나 이것도 거의 원래의 결합이 아니다.　兩親의 危機는 아직 자식들이 없다는 것을 전제하고 있기 때문이다. 20장(B)은 지금의 문맥에서 없어도 좋았을 것이다. 그래도 叙述의 연속에는 지장이 없다.

說話 C의 경우 事件은 좀더 복잡하게 얽혀 있다.　序頭는 분명히 전에는 독자적이었던 單一文의 始作이다 : "그 땅에 기근이 일어났다···그리하여 이삭은 그랄을 향해 블레셋王 아비멜렉에게 이르렀다." A에서와 같이 이러 이러한 일이 일어났다···"는 文章은 일종의 설화단편의 始作을 특징지어준다. "아브라함 때에 들었던 이전 기근 외에"라는 附加文은 히브리語에서 서투른 인상을 주는 바, A와 C 사이에 架橋를 놓으려는 후기 編修者의 의도에 일치한다. 그러므로 이 編修者는 12장을 알고 있었던 것이 된다. 이외에도 이 序頭는 히브리人의 느낌에 해설적인 것으로는 아주 만족한 것이다. 팔레스틴 "땅"과 이삭만은 잘 알려진 것으로 전제되어 있다.

이 이야기의 結文은 그렇게 분명하지 않다. 11절은 설화의 긴장을 해소시켜주는 중요한 談論을, 12절은 文體上으로 흠잡을 데 없는 終結을 수록하고 있다. 이삭은 이제부터 그의 아내와 함께 하나님과 王의 보호를 받는다. 그러나 12—13절의 이삭의 富에 관한 강한 표현들은 역시 編修者에 의해 보충됨으로 블레셋人들의 猜忌에 관한 다음 說話를 준비하고 있다.

보다 넓은 문맥에 시선을 돌리면 A와 B에서와 같이 神的인 약속에 관한 說話가 先祖할머니의 危機에 관한 이야기에 先行하는 것이 드러난다. 그러나 이번에는 그 결합이 피상적인데 그치지 않았다.　오히려 이 두 이야기는 융합되어 있다. 그러나 傳承史는 이 융합이 차후에 발생한 것임을 보여준다. 이것은 또 그 章 후반부와의 긴밀한 결합이 본래부터 있었던 것이 아님을 보여준다. 그러나 C는 이미 ㅁ傳 傳授에서 이삭이 그랄과 브엘세바에서 축복을 받고, 이로 인해 그 주위에서 생긴 猜忌에 관해 보도하는 이삭-民譚集에 수록되어 있던 것이다.　그러나 이 전체부분이 文書作品에서는 상당한 부분이 상실되었다. 쌍동이 에서와 야곱의 출생은 이미 25장에서 보도되고 그들의 운명은 27장에서 비로소 계속된다. 그러나 여기 26장에서는 그들의 兩親인 이삭과 리브가에게 아직 자녀가 없음이 분명하다. 이것은 先行하는 것에도 다음에 나오는 것에도 모순된다.　그들이 이미 자녀를 가지고 있었다면 그들이 남매간에 불과하다는 그들의 말을 그랄에서 아무도 믿지 않았을 것이다. 이삭이란 人物이 중심이 되어 있는 26장의 說話錄은 이미 民

話에서 결합되어 있었고 編修者는 이것이 이미 결합되어 있는 것을　발견했을 것이다.　그럼에도 불구하고 더 옛 단계에서 이 단편들이 독립되어 있던 것임을 추측할 수 있는 근거가 있다.　축복의 약속은 序頭에서 "거류민으로 이 땅에 머물라"는 명령과 "그 후 이삭은 그랄에 정착했다"는　결과 사이에 삽입되어 거의 문맥을 교란시키고 있다.　이 章의 후반부는　더욱 소잡하게 부가되었다. 이것은 14절에서 "그러나 이런 저런 일이 일어났다"는　하나의 독자적인 序頭로 시작될 뿐 아니라 그랄 都市라는 다른 무대들도　전제하고 있다. 이렇게 C는(A와 B보다 더 강하게) 오직 더 큰 틀에 속하는 內 類型으로만 이해될 수 있다. 그러나 여기에도 이것이 전에는 독자적인 것이었다는 標識들은 충분히 있다.　그러므로 先祖할머니의 危機에 관한 이 세 이야기는 모두 한때 독자적인 單一文들로 유포되어 있던 것들이다.

B. 類型規定 : 民族學的 民譚

이 說話들이 한때 독자적인　것이었다면 그것들의 종류가 지금의 문맥에는 관계없이 규정되어야 할 것이다.　이것들은　어떤 型의 說話들에 속하는가? 이 세 例들이 동일 類型에 속하는 것임은 분명하다.　지난 수세기간의 그리스도교와 유대교의 공통 理解는　이것들 중에서 歷史的 報道들을　보았다. 그러나 더 정확한 관찰에 의하면 이에 대한 강한 의혹이 일어난다.　歷史報道에는 목격자로부터 報道者에게 이르는 과정이 분명히 드러나야 한다는 要件이 있다. 이 경우에도 이 사실이 어려움들을 안겨준다. 說話者는 外國王의 內室에서 일어난 일을 어디에서 알아냈는가? 아니, 꿈에 神的인 명령으로 이 王에게 전달된 일을 어디서부터 알게 되었는가? 더 나아가서 그 先祖들이 이런 미묘한 事件들을　그 후손들에게 자세히 이야기했으리라는 것을　생각할 수 있을까? 아브라함은 꼭 같은 일을 두번씩이나　반복했을까！ 당사자들은 대개 이런 경험들인 경우 침묵하는 것이 통례이다.　이스라엘人들이야말로 이런 관계에 민감했다. 그러나 이런 고려들은　아직 결정적인 것이 아니다.　더 중요한 것은　歷史報道로서의 實證的 특징들이 전혀 없다는 것이다. 時期에 대한 示唆도 없거니와 歷史記述에서 불가피한　年代記的 배열도 없다. 先祖할머니의 危機에 관한 說話가 후에 歷史叙述에 수록될 때 언젠가 年代가 追錄되는 것 (Jub. 13 : 10—11)은 특기할 만하다. 중요한 국가 혹은 民族史的 轉換點이 문제되고 있는 것도 아니다. 그대신 家庭的 관계들이 부각되어 있다. 說話者도 듣는 자도 이 아브라함,　이삭의 후손이라는 자부심을 가지고 있음이 분명하다. 先祖의 幸運은 곧 그들 자신의 것이고,　先祖할머니의 美貌에서 자랑을 느낄 수 있다. 그 자신들의 先祖를 위하여 일어나는 것은 (적어도 A와 B에서는) 결정적으로 하나님의 攝理에 달려 있다. 이에 반해 정치적으로 보다 중요한 人物들은 후퇴되어 있다. 에집트의 王은 이름 조차 전해지지 않는다. 이와 같이 世界事件을 家庭的인 연관성에서 이해하는 것은 — 후에 더 정확히 설명되겠지만 — 民譚(Sage)이 지닌 특징이다.

교회가 하나님의 말로 간주하는, 聖書 說話들에 적용된 民譚이라는 개념은 많은 神學徒들을 놀라게 하고 많은 경건한 마음을 흔들어 놓을지 모르겠다. 그러니 나는 民譚을 환상적인, 원시적인 그러므로 "거짓된" 것으로 성급히 이해하는 통속적 오해에 빠지지 말기를 간곡히 부탁한다. 성서의 民譚들은 철두 철미 진리를 내포하고 있으며, 그리스도교 宣布에 아무런 害가 되지 않을 뿐더러 없어서는 안된다는 것은 아래 "聖書의 民譚들"이란 項에서 제시될 것이다.

이 類型의 개별적인 특성들을 검토해 보자. 民譚의 특징을 말해주는 것은 이미 강조된 樣式上의 특징들 외에,　중요한 歷史的 事件에 무관심한 序頭 "이런 저런 일이 일어났다"와 사사로운 대결의 절정으로 나타나는 끝 부분의 談論들, ("···하였을 때 일어났다"에 의해 시작되는) 단순한 場面들[6] 중에 배열된 것, 또 전형적인 것은 아브라함이 그의 아내에게 자기 누이로서 自處할 것을 명령하고 그녀가 그 명령에 따르는 것이 자명하게 여겨지고 있는 당돌한 說話法[7]등이다. 宮內에서 바로와 사래 사이에 무슨 일이 일어났는지에 관하여 A는 말하지 않으나 문맥상으로 자명하다.　아브람이 바로의 비난들에 대하여 무엇이라고 대답했는지도 A에서는 언급되지 않는다. 이야기의 마지막에 바로의 집이 다시 회복되었다는 언급도 없다. 다른 한편 다음과 같은 民譚的인 虛飾들이 특징을 나타낸다 : 羊과 소, 숫나귀, 암나귀들, 낙타들, 남종늘, 여종들 — 이것들은 분명히 說話者와 청중들에게 친근한 것들이다 — 의 긴 列擧 혹은 아비멜렉이 그의 거류민의 창문으로 들여다 보았을 때 애무하는 현장을 목격했다는 재미있는 표현. 여하간 A와 C에는 이런 진술들이 있는 반면, B는 그것의 긴 談論 部分으로 특수성을 나타내고 있다. 이에 대해서는 더 다루어야 할 것이다.

---

6) 이 人物들, 무대, 행동의. 交替에 의해 先行하는 혹은 후속적인 것과 구별되는 說話成分으로서의 場面의 개념 : (참조. Gunkel, *Genesis*, S. XXXIV.

7) W. Baumgartner, in: *Eucharisterion* I, Festschrift für H. Gunkel, 1923, S. 146f.

그런데 극히 일반적이고 어느 정도 불명료한 "民譚"이란 개념으로는 아직 정확한 類型이 표시되지 않는다. 民譚은 오히려 일련의 類型들의 그룹을 포괄한다. 여하간 더 정확한 규정을 내리는 것이 필요하다. 이것은 세 說話와 같이 그렇게 한정된 자료의 경우에는 물론 잠정적인 企圖에 머물게 될 뿐이다. 그러나 이 이야기들의 경우에도 여하간 시간적인 배열은 완전히 결여되어 있으면서도 그 대신 정확한 場所規定들이 주어져 있는 것이 주목을 끈다. 네겝에서 애굽 혹은 그랄로 향해 간다. 주변의 異民族들에 대한 先祖들의 法的 관계에 보다 큰 가치를 두고 있다. 거류민이란 상황이 강조되었으며, C에서는 하나님의 명령에 의해 강조되기 조차 한다. 행복한 結末에 따라 公式的인 호송(A), 흠 없음을 입증하는 膳物(B) 및 王의 명령(C, 11절)이 부각된 것도 같은 사정을 말해준다. 先祖 아브람을 異國 社會에 대결시킨다. 그는 (그의 가솔들과 함께) 流浪하는 遊牧民으로서 한 '國家'의 영역으로 들어가면 법적으로 약한 하층계급의 人物에 지나지 않는다. 여기서 중요한 것은 특수한 개인들이 아니라 異國 文化民族들에 대한 그의 관계이다. B와 C에서는 王 아비멜렉이 대화의 상대자로 나타나지만 그는 단지 블레셋人들에 대한, "이 장소"에 대한, "이 땅"에 대한 관계의 대표자일 뿐이다. A에서 바로(*바로는 개인의 이름이 아니라 에집트 王의 칭호)가 이름없이 나타날 경우 그는 그것으로 에집트의 전형적 대표자로 표시된 것이다. 그러므로 이런 民譚에서 반영되는 것은 눈에 띌 만큼 아름다운 아내를 가진 遊牧民인 아브라함 및 이삭의 사람들이 유약하고 음탕한 農耕民族들에 대하여 가지는 관계이다. 그러므로 궁켈은 이 類型에 民族學的 民譚(ethnologische Sage)이라는 이름을 붙였다. 이스라엘人에게 있어서 이러한 民族學的 民譚들의 경우 그의 하나님, 이스라엘의 하나님이 민족관계에서 같이 역할을 하되 자신을 섭리의 神으로 보여준다는데 力點이 있다. 민족학적 成分들로 인해 다른 민족들도 視野에 들어오면서 동시에 하나님의 능력은 결코 자신의 民族과 땅의 영역에 국한되지 않는다는 것이 분명하게 된다. 작은 民族의 하나님, 사실 아직 民族으로 형성되지 못한 遊牧部族들의 하나님이 에집트의 바로 및 블레셋人의 王을 조종하고 있다. 이 類型에 속하는 說話들은 이스라엘적 神관계의 후기 우주적 地平을 위하여 특히 중요하다(같은 종류의 것으로 가령 창 34장 : 야곱 집단의 세겜 農耕國 住民들에 대한 관계 ; 창 9 : 20 이하 : 가나안의 詛呪에 관한 民譚등).

外 類型으로서의 民族學的 民譚들은 일련의 짧은 內 類型들을 내포하고 있

다. 한편에서는 하나님의 談論 樣式들을 볼 수 있다. C는 우선 단순한 하나님의 명령을 혼히 사용되는 명령형으로 표현하고(2, 3a절), 적어도 詩語와 平行法에 근사한 긴 하나님의 축복들(3—5절)을 이에 연결시킨다 :

> 나는 너와 함께 있고 너를 축복하리라 :
> 이는 내가 너와 네 자손에게 이 모든 땅들을 줄 것임이라.
> 나는 맹세를 이루리라／이것은 내가 네 아비 아브라함에게 맹세한 것이라.
> 나는 네 후손을 하늘의 별들과 같이 많게 하고／네 후손에게 이 모든 땅들을 주리라.
> 네 후손과 함께 땅 위의 모든 民族들이 축복을 받으리라.
> (이 모든 것은) 아브라함이 내 목소리를 듣고／나에 대한 의무와 내 계명들, 내 율례들, 내 율법들을 지켰음이라.

이런 하나님의 축복들의 文體[8]는 12 : 1—3(마찬가지로 導入的인 命令과 함께); 12 : 7; 13 : 14—17; 15 : 17 등에도 나타나 있다. 王의 불명이 사이에 끼어들어 있는 現夢에서의 하나님의 告知들은 다르게 들린다(B 3, 6—7절). — 인간 상호간의 교류를 보여주는 類型들도 볼 수 있다. 王이 臣下에게 해명을 요구하는 王의 語套도 있다. 이 語套는 혼히 거친 물음으로 시작된다(12 : 18; 20 : 9—10, 15—16, 비교. 26 : 9) : "너는 왜 내게 그것으로 加害했는가" (3 : 13; 29 : 25; 민 23 : 11등에서도 같다[9]). "나는 마침···생각했나이다" 라는 臣下의 변명적인 對答套는 20 : 11; 26 : 9에서 보인다. 王이 사람을 풀어줄 경우 마지막에 한 명령이 따르게 마련이다(12 : 19; 20 : 15). — 특히 관심을 끄는 것은 백성에 대한 王의 戒告이다(26 : 11) :

> 누구든지 이 남자와 그의 아내를 건드리는 자는 정녕 죽으리라！
> הַנֹּגֵעַ בָּאִישׁ הַזֶּה וּבְאִשְׁתּוֹ מוֹת יוּמָת׃

---

8) J. Hoftijzer, *Die Verheißungen an die drei Erzväter*, 1956; C. Westermann, "Arten der Erzählung in der Genesis", in: *Forschung am AT., ThB* 24, 1964, S. 11—34.

9) I. Lande (*Formelhafte Wendungen der Umgangssprache im AT.*, 1949, S. 99 ff.)에 의하면 "비난의 語套", H. J. Boecker (*Redeformen des Rechtslebens im AT.*, WMANT 14, 1964, S. 26—31)에 의하면 재판절차를 노린 "告發 語套", 더 좋은 것으로는 "反社會的인 行爲에 대한 비난". B는 9절에 罪에 대한 論爭을 첨가했다 : "무엇으로 내가 네게 범죄하였기에···". 그런데 이 논쟁은 종교적 人物들(예언자로서의 아브라함)과 王들 앞에서 사용되는 말투이다(왕상 18 : 9; 렘 37 : 18); R. Knierim, *Die Hauptbegriffe für Sünde im AT.*, 1965, S. 20—25.

이스라엘에서는 위험한 상태에서 王이 의무를 부과하는 명령을 내리는 것처럼, 백성의 會衆도 그렇게 말한다(삼상14 : 39; 삿 21 : 5). 그러나 무엇보다도 구약의 法律集에서 이 樣式의 例들을 볼 수 있다. 가령 출애굽기 21 : 12 :

누구든지 사람을 쳐 죽이면 정녕 죽으리라 !

מַכֵּה אִישׁ וָמֵת מוֹת יוּמָת:

알트(A. Alt)는 分詞節과 여기에 속하는 目的語로 시작되고 類音重疊法으로 끝나는 (מוֹת יוּמַת) 이런 "死刑에 해당하는 범죄의 列擧들"을 단언적 하나님의 法과, 이와 함께 다소 다른 樣式으로 하나님의 계명들(십계명)에 나타나는 저 類型에 귀속시켰다[10]. 이 분류가 옳은가는 여기서 취급하지 않을 것이다. 그러나 여하간 주의해야 할 것은 이 民譚이 外國王으로 하여금 이스라엘에서도 통용되는 한 法類型(Rechtsgattung)으로 말하게 한다는 것이다. — 자기의 아내에 대한 이 남편의 말투는 거의 특수한 형식을 가지고 있지 않다. 이런 것이 어떻게 여행중에 말해지는가는 12장 11—13절과 20장 13절에서 알 수 있다. — 內 類型들은 이 說話의 成立에서 아주 다양한, 심리적인, 종교적인, 法的인 관습과 동기들이 함께 작용한 것을 보여준다. (그러나 이것은 — 켈러[Keller]의 생각대로 — 이러한 동기들의 단순한 첨가가 說話를 成立시킨 원인이 되었다는 것을 의미하지 않는다).

C. 傳承史

單一文을 區劃할 때 드러난 추측은 이 세 民譚이 오랫동안 口傳으로 傳承되었다는 것이었다. 그러나 口傳으로 전수되는 것은 눈에 띄지 않게 그 형태가 변형된다. 옛 단계의 化石으로 일컬어져야 할 思想的으로 혼란을 가져오는 文章들이 밝혀질 수 있는가? 우선 설명되어야 할 것은 이 說話들이 서로 어떤 관계에 있는가 하는 것이다. 그것들은 가령 어떤 하나의 기본 설화에 소급될 것인가? A와 B는 동일한 主人公들을 취급하고 있다. 그들이 A에서 아브람과 사래, B에서 아브라함과 사라라고 불리운 것은 方言的인 차이들이다. 이 차이들은 18세기의 독일에서도 동일한 人物들에게 혼

---

10) "Die Ursprüngen des israelitischen Rechts", Alt 1, S. 307—313. 참조. S. 148 註 10.

히 사용되었었다[11]. 동일한 夫婦가 두번이나 같은 기이한 입장에 빠지고, 남편은 두번째 경우에도 동일한 궁한 거짓말 내지 意中留保를 구실로 삼은 것 ─ 그가 그렇게 함으로 이미 한번 탄로가 났는데도 ─은 있을 법하지 않다[12]. C에서는 夫婦가 다르나, 外國의 상대자는 같은 사람이 등장하고 그 都市도 같다. 이삭 역시 그 아버지의 경험들을 잘 알고 있었을 텐데, 그런데도 그가 같은 어리석은 짓을 범했을까? 아비멜렉도 이 部族과 이들의 거동의 성격을 알고 있는데 그가 다시 속았을까? (우리가 이 說話를 民譚으로 보고 歷史的 報道로 보지 않을 경우에도 ─ 이런 불쾌한 일들의 重複이 그 先祖들을 위해 꾸며진 것으로 보기는 역시 어렵다.) 이러한 숙고들은 이 세 編修本이 모두 하나의 공통된 原說話에 소급된다는 것을 대변해준다. 이것은 결정적인 귀절에서 語句上의 一致가 현저하다는 사실에 의해 증명된다. 세 경우 모두 중요한 것은 先祖가 異國에서 "거류민으로 체재한다"는 것이다. 세번 다 그는 被殺 당하리라는 공포를 나타낸다. 세번 다 그는 "그녀는 내 누이라"는 方策을 착상해낸다. 세 경우 모두 外國의 支配者는 무슨일이 일어났는가를 알아내고 그 族長을 질책하기 위하여 그를 자기에게로 불러오게 한다 : "왜 너는 나(우리)에게 이것으로 加害하였는가?" 세 설화들 중에 있는 差異들은 의식적으로 혹은 의도적으로 생긴 것 같은 인상을 주지 않는다. 그것들은 오히려 口傳 傳授過程에서, 아마 相異한 地域에서, 相異한 時代에 생긴 것이리라. 저 原說話는 아직 檢證될 수 있는가? 이 경우 분명히 알아야 할 것은 이렇게 소급해서 물을 경우에 口傳 傳承들을 감안하면 결코 옛 설화의 말 그대로가 아니라 잘해야 그것의 內容이 밝혀진다는 것이다. 그러나 우리는 平行形을 소유하고 있기 때문에 지금의 本文 배후에 도달할 수 있는 좋은 전망을 가지고 있다.

a) 이를 위해 필요한 것은 이 세 說話들 중에 무엇이 각기 후기의 附加物인가를 밝히는 일이다. 12장의 說話는 간결하고 유장하다. 중요하지 않는 것은 모두 생략하고 外部的인 事件만을 보도한다. 사래가 무엇을 느꼈는가 또는 아브람은 에집트를 떠난 후 어떤 느낌을 가졌는가 등, 이러한 심리학적

─────────────

11) 물론 지금의 창세기 문맥에서는 이름의 發音上 차이가 후기 編修者에 의해 특별한 理論에 이용된다 : 17 : 5.

12) Speiser(*Anchor Bible*, 1964)는 12 : 10ff.에서 일종의 娼婦에 관한 관습법의 殘滓를 추측하는데, 이 法에 따르면 그 여인이 동시에(경우에 따라서는 入養에 의해) 그 남편의 누이일 경우 결혼의 拘束力이 더 강했다. 이것은 이 民譚이 成立될 때 중요한 역할을 했을 수 있다. 그러나 이스라엘 설화자들은 이미 이것을 모르고 있다. 참조 26 : 10.

인 고려는 전혀 없다. 그런데도 이 說話는 세련된 느낌을 준다. 閨房에서 사래에게 무슨 일이 일어났는가는 오직 간접적으로 암시되어 있을 뿐이다. 이 모든 것은 아주 古風的인 인상을 준다. 여기서 설화자는 상황의 미묘함을 주의하지 않는다. 오히려 때로는, 마치 농담을 하는 것처럼, 눈에 띄게 교활한 이야기가 나온다. 아브람이 그의 아내로 거짓말을 하로록 유인하는 것이 회의적으로 생각되지 않는다. 바로가 그에게 답변을 요구하지만 아브람은 용서를 빌지 않았으며, 그런데도 많은 膳物을 받고 그곳을 떠난다. 설화자는 그의 先祖의 機智를 기뻐하고 있는 것 같다. 물론 지금의 문맥은 불분명한 귀절을 보여준다. 바로는 그의 집과 함께 병들었다고 보도되지만, 이것이 아브람의 아내로 인해 일어난 것임을 알게된 경위가 설명되지 않았다. 이 점에서 이 說話가 보여주는 것은 모든 순수 이스라엘적인 설화에서 특별히 드러나는 설화의 특유한 轉換點이다(비교. B에서의 자세한 묘사). 여기에서 무엇인가가 떨어져 나갔으리라는 추측을 할 수 있다. 그것은 아마 후기 단계에서는 거슬리는 것이었을 것이다. 바로는 그의 불행이 어디에서 기인했는가를 어떻게 알 수 있었을까? 그의 神들 외에 다른 길을 통하여 알았을리 없다. 그것도 어떤 점장이의 仲介로. 그러나 異邦 神들이 바로에게 사실을 啓示했다는 것은 編修者에게 의심스럽게 보였을 것이고, 그로 인해 그는 그것을 삭제했을 것이다. 그러므로 지금은 틈이 생겼다. 그러나 이 외에는 기본자료가 아무런 침해도 받지 않고 보존되어 있으며, 敷衍들도 찾을 수 없다.

20장은 주로 긴 對話 部分이 들어 있다는 점에서 A와 두드러지게 구별된다. 등장 人物들은 자신의 말에 의해 이른바 심리학적으로 자신의 모습을 드러낸다. 가령 블레셋王은 소심하지만 어디까지나 誠實한 자로, 또한 "예언자" 아브라함은 그가 가는 곳이면 어디서나 하나님 敬畏에 관하여 묻는 자로 나타난다. 이 說話는 아주 기교적으로 構成되었다. 이 설화는 단순히 事件들의 過程을 따라서 진행될 뿐 아니라, 여러 곳에서 보충설명들을 싣고 있으며 짐짓 눈을 감고 물러나 아브라함과 사라 사이가 실제로 친척관계라는 것을 王 앞에서의 변명에서 비로소 드러낸다. 아비멜렉家의 病은 이 단편 끝 부분에서 비로소 언급된다. 사라가 무사했다는 것도 늦게야(4절) 보도되고, 惡行에서 보호한 자는 바로 하나님이라는 것도 마찬가지이다(6절). 아브라함은 여기서도 현명했으나 그의 현명에 대하여 기뻐하지 않는다. 마지막에 그는 膳物을 받았으나 동시에 창피를 당하고 그곳을 떠난다. 익살적인 표현은 하나도 없다. 그대신 צֶדֶק("共同體의 義務上 흠없음", 4절), "마

음의 온전함과 손의 순결"(5—6절), "큰 죄"(9절), "하나님 敬畏"와 같은
진지한 낱말들이 선을 보인다.   A에서 아브람은 단순히 사막을 유랑하는
자(Beduine)인데 반해, 여기서는 하나님의 축복을 받은 자, 外國王들을 위
해 효력있는 代禱를 행할 수 있는 נָבִיא(預言者)이다. 이것은 모두 후기의
관점에서 온 것이다. 이곳 외에는 창세기 어디서도 아브라함이 נָבִיא로 등장
하는 경우가 없다. 여기서는 그가 거짓말도 하지 않는다. 그는 사라가 그의
아내라는 것을 말하지 않고 단지 그녀가 그의 누이임을 말할 뿐인데, 이 설
화에 의하면 그녀는 실제로 그의 누이이다(12절). 그러므로 여기서 드러나
는 것은 거의 A에서보다 더 후기의 단계에 속하는 것이다. 무엇보다도
이스라엘의 하나님은 이미 그의 총애자들을 위해 무조건 관여하지는 않는
다. 이 이야기는 종교적으로 "脚色"된 것이다. 하나님은 인간이 범행하려고
할 때 우선 권고의 말로 그를 대하고, 그 다음에 비로소 감촉할 수 있는 행
위로 임하되 이방인에 대해서도 그렇게 임한다. — 그러나 어떤 標識들은
역시 다른 종류의 옛 단계를 추론하게 한다. 그랄을 향한 아브라함의 移動
(1절)에 — 이 일은 약속된 땅을 떠나는 것으로서 이스라엘人에게는 어려운
발걸음인데도 — 동기설명이 없다. A에서와 마찬가지로 전에는 기근이 그
동기였을 것이다. 그러므로 여기서 우리는 脫落된 것을 본다. 다음으로 "네
가 큰 죄를 우리 위에 초래했다"는 9절은 아비멜렉이 실제로 간음을 범했음
을 전제한 말이다. 編修者는 아비멜렉이 사라를 가까이하지 않았다는 6절로
이 사실을 弱化시켰다[13]. 그러나 해당 文章은 서투른 模倣으로, 이로써 이
것이 후기의 産物임을 보여준다. 즉 설화는 시간의 흐름에 따라 性的인 行
爲에 더 민감하게 된 것이다. 사라는 역시 실제로 자기의 누이라는 아브라
함의 변명(12절)도 마찬가지로 過去回顧的일 뿐 아니라 분명히 후에 삽입된
것이다. 이 설화에서 사라가 特別히 아름다운 여인이었다는 것이 분명하게
언급되지 않고 있는 것은 脫落의 결과이다. 왜냐하면 지금의 창세기 문맥상
으로 사라는 이미 그 나이의 한계를 훨씬 넘어 있음이 분명하기 때문이다.
그러므로 이 본문으로부터 드러낼 수 있는 前 단계들의 내용은 현재의 B 本
文보다 A 설화에 훨씬 더 근사한 방향으로 인도한다.
    說話 C 는 이미 거의 설화라고 할 수 없게 되어 있다. 그렇도록 이 설
화는 談論들에 의해 조각이 나 있다. 그랄王이 블레셋王으로 된 것은 年代의
誤記이다. 族長時代에는 팔레스틴에 아직 블레셋人이 없었기 때문이다. 맨

---

13) Daube, in: "Von Ugarit nach Qumran", *Festschrift Eissfeldt*, BZAW 7
S. 39.

먼저 하나님의 긴 약속이 수록되어 있는데(2—5절), 이것은 아브라함에 대한 축복의 反復이고 이삭에게 轉用된 것이다. 그 다음에는 아비멜렉—이삭 사이의 대화가 따르는데(9—11절), 이것은 여기서 A 및 B에서와 같이 거친 비난이 아니라 놀랜 일에 대한 확인으로 시작된다. 이 전체 이야기에서는 이미 아무런 위험한 일도 일어나지 않는다. 아비멜렉이 한번 호기심에서 창문을 들여다보고 그곳에서 이삭과 리브가가 애무하고 있는 것을 볼 뿐이다. 미묘한 상황은 단순한 가능성으로 변했다. 이 상황은 敵國王이 아니라 고작해야 그의 수하사람들에 의해 위협을 받는다. 그러므로 하나님의 관여에 관해서는 이미 분명하게 언급될 필요가 없다. 王의 保護令으로 족하다. 마지막의 축복은 블레셋人들이 아니라 야웨로부터 왔고, 설화와는 거의 연관성이 없다. 이 모든 것이 보여주는 것은 이 說話는 民譚의 후기 단계에 속하는 것으로 專門的인 표현으로 말하면 이미 "粉切"(zersagt)되어 있다.

처음에 나오는 하나님의 긴 談論은 많은 敷衍들을 보여준다. 2절의 "애굽으로 가지 말라···"는 말은 이 民譚이 編修者들에 의해 지금의 문맥에 삽입될 때 비로소 부연된 것이다. 그러나 3[14]—5절의 축복선언도 삽입문이다. 이것은 語句에 이르기까지 꼭 같은 것을 같은 編修者의 다른 단편들 중에서 볼 수 있다. "내가 너와 네 후손에게 이 땅들을 주리라"는 말은 12장 7절과 13장 15절을 상기시킨다. "나는 네 후손을 하늘의 별들같이 많게 하리라"는 이미 15장 5절에서 약속된 것이다. "네게서 땅의 모든 民族들이 축복을 받으리라"는 12장 3절과 28장 14절에도 비슷하게 나타난다. "내가 아브라함에게 맹세한 맹세"에 관한 말은 좀더 후기에 삽입된 것같이 보인다(비슷한 것이 예레미야서 11 : 5에서 비로소 나온다). "내게 대한 의무와 내 계명들, 율례들, 율법들"의 이행에 관한 시사도 마찬가지다(신 5 : 26—28〔=29—31〕; 10 : 13; 11 : 1등). 땅의 약속을 포함한 이 축복의 확약은 전혀 그랄에 부합되지 않는다. 팔레스틴 해안 최남단의 블레셋 都市는 엣 이스라엘, 즉 약속된 땅에 속하지 않기 때문이다. 따라서 이 全 축복문은 敷衍文이다.

대체로 말해서 A는 설화의 가장 엣 樣式이고 B는 중간 것이며 C는 가장 후기의 것이다. 그러나 이것이 A는 口傳的 前 단계 혹은 다른 두 文段을 위한 文書的 臺本이라는 것을 의미하지는 않는다. 오히려 그 관계는 좀더 복잡하다.

b) 이 관계는 세 編修本을 서로 비교함으로 가장 원래적인 경과를 추

---

14) 例外 : "그러면 나는 너와 함께 있으리라."

측할 때 드러난다.

1. A에 의하면 先祖는 에집트로 가고 B와 C에 의하면 그랄까지만 간다. 이에 상응하여 前者의 경우는 바로, 後者의 경우는 일개 都市의 王인 아비멜렉이 상대역으로 각기 등장한다. 어느 것이 더 옛 것인가? 그랄과 아비멜렉편을 지지하게 하는 것은 그것들이 두곳에 나오고 에집트와 바로는 단 한곳에만 나온다는 것이다. 더우기 비교적 작고 미미한 王과 그 地域에 관한 설화가 일반에 알려진, 에집트와 같은 땅 및 그 支配者에게 轉用된다는 것이 그 반대 경우보다 쉽게 설명된다.

2. 12장에 의하면 바로가 그 여인을 범했는지 알 수 없고, 20장에 의하면 그는 범하지 않았다. 그러나 이 否定은 분명히 附加文이다. 26장에 의하면 리브가가 異國人의 閨房에 들어서지 조차 않는다. 가장 옛 설화에는 아마 확실한 것이 들어 있었을 것이다. 그 설화는 실제로 그러나 부지중에 범한 姦通이 보도되어 있었을 것이다.

3. 범행의 발견은 C — 여기에서는 있을 법한 범행이 문제되고 있는데 — 에서 우연히 일어난다. B에서는 꿈에 나타난 이스라엘의 하나님에 의해, 이에 반해 A의 前 단계에서는 異國의 神 혹은 점장이에 의한다. 마지막 진술은 구약성서의 후기 精神에 부합되지 않기 때문에, 이것이 원래의 것일 것이다.

4. 12장에 의하면 族長이 그 땅으로부터 쫓겨 나간다. 20장과 26장에 의하면 그는 그 땅에 머물 수 있다. 어느 것이 원래의 것인지 이미 밝혀지지 않는다[15].

5. A에서는 바로가 그 여인을 받아들일 때 아브라함이 膳物을 받고, B에서는 나중에 비로소 화해와 명예회복을 위해 받는다. C에서는 이에 반해 축복은 인간이 아니라 하나님의 事件에 의해 선사된다. 이 설화들의 계속되는 이야기에서 드러나는 것은 윤리적 판단의 점진적인 純化이다[16].

---

15) 여하간 26장에 의하면 후에 블레셋人들은 이삭에게 그 땅에서 떠날 것을 부탁한다 : 16절.

16) 相異性은 傳承史的으로 쉽게 설명되며, 事件의 結末이 세 民譚에서 전혀 상이하게 보도되어 있었다는 Keller의 假定이 절대적인 것은 아니다. — A와 B에서는 선물이 羊들과 소들, 남종들과 여종들로 되어 있다. 적어도 소들, 그리고 아마 종들도 小家畜(羊, 염소, 돼지 따위) 遊牧民의 경우에는 부합되지 않는다. 이것들의 언급은 정착된 이스라엘 農民들이 그들의 先祖들을 자신의 社會的 위치에 따라 생각하는 전승 단계로부터 생긴 것이다.

6. 기본설화의 확대는 오로지 談論들에 의해 일어난다. 그러나 이것들은 서로 다른 부분에서 설화 중에 삽입되었고, 그러므로 각기 서로 무관하게 생겨난 것이다. 族長과 그의 아내 사이의 대화가 A와 B에 나타나나 각기 다른 부분에 나타나는데, A에서는 事件 줄거리의 전개에 따라 배열되고, B에서는 過去回顧的으로 아비멜렉과의 대화에서 나타난다. 異國王에 의한 族長의 召喚은 B와 C에서 대화로 변했다. C에서 이삭과 하나님의 對話와 자기 백성에 대한 아비멜렉의 命令이 附加되었다. 그러나 B에서는 談論 部分들이 가장 큰 범위를 차지한다. 이미 지적한 것 외에 여기에는 異國王과 하나님의 對話 및 사라에 대한 아비멜렉의 談論이 들어 있다. 이 밖에 그의 종들과 王의 對話 및 하나님 앞에서의 아브라함의 代禱가 시사된다.

7. 說話方法은 A에서 극히 간결하다. 위에서 본 바와 같이 중요한 것은 聽衆 자신이 보충해야 한다. C에서는 모든 중요한 것이 상세한 文體로 전달된다. 이에 반해 설화 B는 단순히 事件의 경과에 따라 진행되지 않고, 오히려 설화자는 세련된 過去回顧的 方法으로 전개시킨다. 이점에서는 A가 가장 초기 단계임이 분명하다. A는 궁켈이 간결한 文體라고 부른 옛 民譚의 文體를 보여주는 반면, B와 C에서 볼 수 있는 文體는 후기의 자세히 설명된 설화들에 일치한다.

8. 가장 큰 차이는 主人公들의 이름에 있다. 이 說話가 처음에 보도한 人物은 아브라함이었을까 이삭이었을까? 民譚 傳承의 일반적인 法則에 따르면 비교적 덜 유명한 人物이 원래의 人物일 것이다(비교. 그랄市의 王과 에집트의 바로의 交替). 따라서 가장 옛 전승에 있었던 人物은 이삭이다. 후에 그의 위치가 보다 유명한 아브라함으로 대치된 것이다. 왜냐하면 그가 하나님을 신뢰하는 이스라엘人 전체의 典型이었기 때문이다. 이점에서는 가장 후기의 編修本인 C가 원래의 것을 보존하고 있다.

그러므로 기본설화는 다음의 內容을 담고 있었다 : 기근으로 인하여 이삭은 팔레스틴 南方 황무지로부터 가까운 가나안 都市 그랄로 옮겨갔다. 그곳에 거류민으로 머물기 위해서, 즉 그 市 所有地에서 放牧權을 얻기 위해서였다. 그는 자기의 아내를 자기 누이라고 말했다. 그것은 만일 탐욕적인 外國人들이 그녀에게 반할 경우 죽음의 위험에 빠지지 않기 위함이었다. 그러나 리브가의 아름다움은 숨길 수 없었다. 그 도시의 王 아비멜렉이 그녀를 그의 內室에 불러들이고 이삭에게는 많은 것을 膳物했다. 여기에 실제적인

惡行이 있었으므로 하나님[17]은 수수께끼 같은 질병으로 宮안의 거주자들을
처벌했다. 그의 神들 혹은 점장이들에게 문의해서 아비멜렉은 그 原因을 알
고, 이삭에게 답변을 요구했다 : "왜 너는 나에게 加害하였는가 ? " 그러나 그
후 그는 이삭에게 그 아내를 돌려주고 많은 선물을 실려 그를 내 보냈다.

  變造들은 각기 특수한 方式으로 일어났으나 역시 기본설화와 비교하면 공
통된 흐름을 보여주고, 이로부터 民族學的 民譚의 類型史가 추측될 수 있다.

  a) 설화들은 談論들에 의해 확대되었는데,   이 談論들은 점점 主人公들의
行動과 동등한 자격을 가지고 등장한다. 이를 통해 思想들과 사람들의 內的
움직임들이 인식될 수 있다.   이 漸層法은 후에도 계속된다.   비교. 창세기
外經의 긴 談論 部分.

  b) 倫理的 느낌은 점점 더 純化되었다.   그러므로 性的 事件들의 묘사는
점점 더 억제된다.

  c) 하나님의 간섭이 후기 묘사들 중에서는 명백하게 작용하지 않는다. 동
시에 神的 行爲는 보다 우주적인 것으로 이해되었다. 경우에 따라서는 하나
님이 異邦人의 王과 그 백성을 위해서도 간섭한다.   그 때문에 이스라엘의
先祖는 그런 사람들과의 교류에서 그의 하나님을 위하여 誠實과 信仰의 의
무를 지고 있다.

  d) 傳承史의 과정에서 설화들이 가능한 한 유명한 사람들과 세력들에 轉
用되는 경향이 있다.

D. 삶의 자리

  이런 說話를 어디서 이야기했을까 ?   그것의 素朴性은 小家蓄 遊牧民團에
잘 어울린다.   이들은 이스라엘 前 時代에 팔레스틴 南方 황무지에 살았고
그들 중 하나가 이 說話의 主人公이 되었을 것이다. 羊이 가장 귀한 財産으
로 간주되는 것이 특징적이다.   이들이 그랄 都市의 사정을 아주 정확히 알
고 있었다는 점이 중요하다. 다른 말로하면 이스라엘의 先祖들은 아직 땅을
占有하기 전에 이런 이야기를 했는데, 말하자면 族長 이삭 계통의 先祖들로

---

17) "모세 시대"에 비로소 받아들인 야웨의 이름 (A 와 C 에서 그렇다)은 이 옛 설
화에 처음부터 들어 있었을 수 없다. 그 이전의 하나님 標識는 역시 알 수 없다.

팔레스틴 南方에서 小家畜떼를 몰고 流浪했던 사람들이다. 先祖할머니의 危
機는 가령 가축들은 배부르고 아이들은 잠들었을 저녁 때 천막 앞에서 남자
들에 의해 이야기되었을 것이다. 이 사람들은 乾燥期에는 農耕地의 都市에
접근하여 그 도시 경내에서 放牧할 수 있는 허가를 신청할 수 있었다. 그들
은 한편 전혀 다른 武器를 소유하고 있는 農耕地 住民들에게 압제를 받았다.
그들은 法的으로 要保護者의 위치에 있었다. 그러나 반면 그들은 都市에 定
住하는 사람들보다 스스로 우월하다고 느꼈다. 그들 자신의 先祖는 都市民
보다 더 지혜로왔다. "그러나 아브라함은 그렇게 감쪽같이 속여 轉禍爲福이
되게 했으며, 이에 대하여 說話者는 심중에 기뻐하고 그 先祖의 현명한 술
책에서 진정한 기쁨으로 자기 자신을 재 인식한다"(궁켈). 그들은 또한 그
들의 여인들이 定着民들의 여인들보다 더 아름답다는 것도 자랑스럽게 생
각했다. 遊牧民의 唯一한 神은 더 강하다. 가장 절박한 곤궁에서 그는 자기
무리를 위하여 관여한다. 윤리적인 관계에서도 그들은 자신들의 우월성을
알고 있다. 여인들의 매력에 대하여 都市民들은 약하고 자제력이 없다(오늘
날도 우리 농촌지역 住民들에게서 때로는 都市人들에 대한 비슷한 우월감을
느낄 수 있다). 이삭 部族의 사람들은 그렇게 쉽게 매혹당하지 않는다! 이에
반해 우리에게 자명한 性向, 즉 여인의 명예를 포기하는데 대한 두려움이
결여되어 있다 : "그대로 인하여 내게 아무 일도 일어나지 않게 하라." 동시
에 베두인의 여인들은 무조건 그들의 남편에게 순종하고 그들의 명예를 기
꺼이 포기함으로 그 주인들의 생명을 보호한다는데 확고한 신념을 가지고
있었다. 이 모든 것은 아주 옛 사정을 말해준다. 후기에 와서는 異父母의
兄弟姉妹 사이의 結婚(B) 까지도 혐오했다(레 18 : 9등). 징벌을 요하는 실
제적인 犯罪의 관념도 옛 것으로, 이 일은 일어나는 즉시 — 설사 사람이 그
것을 무의식적으로 부지중에 犯했을지라도 — 징벌되었다.

傳承史와 삶의 자리가 이정도로 설명된 연후에는, 歷史性(Historizität)에
대한 물음을 제기하고, 古考學 및 팔레스틴 地政學의 成果들과의 연결을 모
색함으로 삶의 자리를 좀더 분명하게 밝히는 것이 의미있는 일이다. 이 경
우 반드시 먼저 확인해야 할 것은 이 民譚이 물론 그것이 보도하는 時代의
공기를 호흡했고, 그러므로 후기 이스라엘 部族들이 定着하기 전 시대에 속
한 것임이 확실하다는 것이다. 民譚이 담긴 "틀"은 무조건 역사적인 것으로
팔레스틴地域 內 이삭部族 사람들의 地方色과 情緒들, 感受性들이다. 물론
그랄市에 대한 居留民으로서의 관계도 역사적이다. 이 도시의 所在地는 유
감스럽게도 아직 확실하지 않다. 古考學者들 간에는 가자 南方 14km 의 텔

쳄메(*tell dschemme*, Fl. Petrie) 혹은 가자 東南方 25km의 텔 에쉬-쉐리
아(*tell esch scherīa'*, Alt) 또는 후자로부터 7km 떨어져 있는 텔 아부 후레
레(*tell abu hurēre*)인지 異論이 분분하다[18]. 이 언덕들 중에서는 유감스럽
게도 첫번 것만이 발굴되었는데, 이 民譚을 위한 특수한 成果는 없다. 그러
나 이것으로 한때 아비멜렉이란 王이 실제로 존재했다는 것, 그리고 이에 관
한 고고학적 기록물이 언젠가 발굴될 수도 있다는 것을 부정하기에는 아직
이르다. 여하간 이 民譚은 기원전 2000년 경의 가나안 都市王의 像을 적절
하게 말해주고 있다[19]. 이에 반해 이삭의 역할은 고고학적 방법으로 확인될
수 없다. 창세기의 傳承들은 이삭과 그 部族의 사람들이 文書에 조예가 있
었는지를 의심스럽게 나타내고, 그러므로 文書的인 증거물들이 발굴될 수 없
기 때문이다. 그들은 천막에서 거주하였기 때문에 그들에 관한 무언의 증거
물들도 先史學으로부터 기대할 수 없다. 이것이 우리가 이 民譚을 역사적으
로 이미 파악할 수 없게된 점이다. 이 民譚은 이 史話를 전하는 者들의 先
祖로 이삭을 전제하고 있으며, 그는 아마 한때 이 部族의 族長이었을 것이
다. 언젠가 그의 생존시에 이 民譚이 전제하고 있는 것 같은 미묘한 事件을
그가 저질렀다는 것이 완전히 배제되지는 않으나 역시 극히 있었을 법하지
않다. 이 說話의 成立은 이삭의 개인적인 체험보다는 이삭部族 사람들의 공
통된 情緖들과 상황으로부터 더 잘 설명될 수 있다. 그러므로 역사적 "핵
심"을 찾는 자는 이 민담에서 그것을 발견하지 못할 것이다.

그 후 이삭의 集團이 정착하고 아브라함 集團과 연합되어 유다部族을 이
루었을 때, 이삭은 더 유명한 아브라함에게 자리를 양보해야 했다. 이와 동
시에 삶의 자리도 바뀌었다. 小家畜 遊牧民이 지금은 일정한 마을들에 공동
거주하는 農夫들로 된 것이다. 이제 바로의 膳物들 중에 소도 언급된다(A).
C에 의하면 이삭은 고정된 집에 居住한다. 播種과 秋收가 하나님의 축복을
뜻하게 된다. 좀더 후에 와서 이 실화는 예언자集團에 의해, 즉 늦어도 B의
前 段階에 의해 받아들여졌다. 여기에서는 엘리야와 엘리사가 주변에 데리
고 있었던 것 같은 사람들, 가령 9세기의 사람들이 문제되고 있다. 그 후의
文書預言者들의 어두운 표현들이 전혀 없기 때문이다. 이 삶의 자리는 아브
라함을 예언자로 만들고 그에게 代禱의 職을 수행케 한다. 이제는 罪와 순
결, 거짓말과 부지중의 범행이 문제된다. 이 民譚은 예언자의 傳說로 변했
다(이에 관해서는 아래서 설명할 것이다). 그리고 결국 先祖할머니의 危機

---

18) *Biblisch-Historisches Handwörterbuch* I, 1962, S. 547f.; *BRL*, S. 179f.
19) Noth, *ÜGP*, S. 170f.

는 큰 文書作品 중의 한 삽화가 되었다. 이것으로 우리는 마지막 項을 다루
게 되었다.

E. 編輯史

무엇을 위하여 이 傳承의 얽크러진 실마리를 추구하는데 고심하는가? 첫
째는 이스라엘 先史時代의 信仰과 生活에 관한 중요한 것들이 해명된다. 그
러나 둘째는 이 배경에서 예상밖으로 현존 본문의 의미가 투명해진다. 傳承
史가 밝혀진 후에 비로소 무엇이 史料文書에서 문제되는가도 명백해진다.
이제는 이미 하나님의 도움으로 모든 敵들을 속여 넘기는 간교한 이삭이 아
니라 하나님의 원대한 救援史 중의 한 段階가 문제된다. 이 說話는 폐쇄된
類型에 머물지 않고, 보다 큰 전체의 한 礎石이 된다.

이미 오래 전에 硏究는 창세기가 통일적인 文筆家의 企劃物이 아니라 셋
혹은 네개의 平行的 史料들에 소급되는 바, 이 史料들은 동일한 時代를 叙
述했고, 각기 출애굽기와 민수기에서 계속된다는 것을 확인했다. 20장(B)은
이른바 엘로힘文書에 귀속되는데, 이 史料는 모세 이전 시대의 일반적인 하
나님 칭호인 엘로힘 (אֱלֹהִים) 만을 사용했다. 구약성서학은 이를 위해 E라는
略符號를 사용한다. 이 章에서는 3, 6, 11, 13, 17절 중에 있는 "하나님"이란
낱말이 이를 말해준다. 야웨라는 하나님의 이름이 사용된 18절만이 例外이
나 이것은 분명히 서투르게 모방한 후기의 귀절, 즉 첫 編修者에 귀속되지
않는 설명적인 註에 들어 있는 것이다. 아브라함의 史話 중 21장도 — 필시
15장 및 22장도 — 마찬가지로 엘로힘과의 것이다. 이 層의 특징적인 것은
그것이 특수한 言語的 特有性들 — 가령 다른 史料들은 여종을 שִׁפְחָה 라고
말한 반면 여기서는 אָמָה 라는 말을 사용한 것 같은 — 을 보여준다는 것이
다[20]. 물론 엘로힘학파가 — 단지 흔적밖에 남아있지 않으나 — 일관된 歷
史書를 제공했는가, 아니면 개체 설화들의 수집에 불과한가는 단정할 수 없
다. 그러나 여하간 12장과 26장에서와는 다른 編修者를 여기서 예측해야 할
것이다. 이 編修者가 곧 이 民譚도 그의 고유한 말투로 된 부분과 함께 이
樣式으로 받아들여 편입시킨 그 編修者였다는 것은 그가 그 후에 이 미묘한

---

20) *VT* Ⅷ, 1958, S. 293—297에서 A. Jepsen은 물론 이 두 標識를 각기 다른 史
料에 구분해 넣는데 반대하는 중요한 논증들을 제시했다. — 하나님이 꿈에 사람에게
자신의 뜻을 알린다는 것도 E의 특징이다.

설화를 세번이나 ― 그 중 두번은 아브라함에 관해 ― 보도한 것이 되기 때문에 그럴 법하지 않다. 그가 왜 이런 경우에 이 文段의 文體를 그의 常用的인 표현법에 일치시키지 않았는가도 이해할 수 없다. 이 編修者 E에게서 전형적인 것은 事件들의 과정을 차례대로만 따르지 않고 짐짓 삭제하기도 하고 첨가하기도 하는 특유한 過去回顧的 說話方式이다. 엘로힘학파의 것인 21장도 같은 것을 보여준다. 이밖에 E는 긴 談論을 좋아한다(비교. 31장의 엘로힘학파의 文段들). 엘로힘학파의 史料는 단편으로만 보존되어 있기 때문에 이 학파의 主導的 理念을 밝혀내기는 어렵다. 여하간 이 부분에서는 序頭의 여러번에 걸친 場所規定[21]과 13절의 "하나님이 나로 내 아버지의 집을 떠나 먼 곳으로 옮겨 (축자적으로는 '길을 잃다')가게 했을 때"라는 示唆에 의해 아브라함이 流浪人으로, 말하자면 예언자류의 巡禮者로 그려져 있음을 밝혀낼 수 있다. 그러므로 그는 기본설화에서와 같이 단순히 外國땅에 대한 두려움을 가지지 않고 異邦人들에게 전제될 수 있는 하나님 敬畏의 결여를 항의한다. 그는 윤리적으로 흠이 없다. 그는 속이지 않는다. 사라는 그의 누이이다. 위에 지적된 많은 "神學的" 개념들도 이 編修者의 것으로 간주된다. 그러나 그의 관심은 그가 예언자그룹에서 받아들인 口傳 傳承의 단계로부터 구별되기 어렵다.

이에 반해 民譚 A는 야웨학파의 작품에 속한다. 이 학파의 編修者는 창세기에서 創造로부터 오직 야웨라는 神名만을 사용한다. 이 編修者는 J라는 略符號로 익숙해져 있다[22]. 야웨학파에 관해서는 훨씬 더 결정적인 것이 알려져 있다. 그의 작품은 거의 완전하게 四經에 수록되어 있기 때문이다. 그 記錄은 세계와 인류의 시작으로부터 族長時代, 에집트 탈출 및 광야의 流浪을 거쳐 이스라엘의 팔레스틴 "땅 占領"에까지 이른다. 이 경우 族長時代에 특별한 비중을 두고 있다. 그 이유는 이 시대에 와서 人間 全體에 대

---

21) 엘로힘학파의 編修者는 南部 팔레스틴에 있는 場所들을 잘 몰랐음이 분명하다. 그렇지 않다면 그는 가사 근방에 있는 그랄을 시내 반도에 있는 가데스와 술, 두곳 사이에서 찾을 수 없었을 것이다(Speiser의 견해는 다르다. 해당귀절). 아마 그는 이 場所도 시내 반도에 있는 같은 이름의 장소와 바꾼 것 같은데, 이 장소는 'en qdes(가데스) 近方 지금의 dscherur에 계속 존속한다. 이러한 그리고 이와 비슷한 표지들에 의해 사람들은 엘로힘학파의 編修者가 유다가 아닌 北이스라엘에 정착했으리라는 결론을 내린다.

22) 이 밖의 言語用法도 이를 대변한다. 가령 재앙과 결부된 כבד('크다')라는 말 ― 여기서는 기근과 결합되었음 ― 은 야웨학파의 특유성이다 : 43 : 1; 47 : 4, 13; 출 9 : 3.

한 야웨의 그때까지의 절대적인 관계가 유일한 部族 및 그로부터 생긴 **民族**에 집중되기 때문이다. 이 人間集團의 선택은 아브라함에 대한 명령에 의해, 특히 이와 결부된 축복의 약속, 즉 이스라엘의 民族形成과 약속된 땅의 占有, 이 축복의 다른 민족들에의 확대에까지 미치는 약속에 의해 일어난다. 창세기 12장 1—3, 7절은 야웨학파 작품의 실제적인 핵심부분인데 여기서 처음으로 이렇게 표현되어 있다. 이스라엘의 땅 占領까지 계속된 모든 事件은 이 하나님의 談論의 빛에서 이해되었기 때문이다. 어떻게 축복이 말에서 행위로 나타나는가 하는 것이 문제되고 있다. 이것은 신속히 그리고 직선적으로 성취되지 않고, 축복약속의 실현은 항상 위태롭게 나타나는 아주 복잡한 — 한편으로 축복을 가져오는 자 자신에 의해, 다른 한편 이에 대항하는 인간에 의해 얽힌 — 역사에서 일어난다. 이 주도적인 사상에 의해 先祖할머니의 위기는 새로운 意味를 얻는다[23]. 사래는 아브람의 유일한 합법적 아내이고, 오직 그녀를 통해서만 기대된 "자손"이 출생할 수 있다. 사래가 異國君主의 규방에 들어가면 아브람의 소망은 산산조각이 나고 하나님의 약속은 헛된 것이 된다. 야웨학파에게 중요한 것은 분명히 "그들이 애굽에 접근했을 때" 아브람은 자신 위에 드리워 있는 하나님의 축복을 잊고 있었다는 것이다. 그렇지 않다면 그가 어찌 살해당할 것을 두려워하고 한편 스스로 "그대로 인하여 내게 아무 일도 일어나지 않도록"이라는 근심을 할 수 있었겠는가? 야웨는 사람과는 전혀 달리 행동한다! 아브람이 그를 잊었을지라도 하나님은 개입하여 "아브람의 아내 사래로 인하여", 즉 축복의 중개를 위하여 바로의 집을 친다. 어떻게 이 民譚의 옛 익살스러운 분위기가 "완전히 가셔"졌는지(v. Rad)를 볼 수 있다. 民譚이 한 토막 歷史說話로 개편된 것이다!

그때까지 자유롭게 돌아다니던 개체 민담을 이 자리에서 아브라함 時代의 연관성에 편입하기 위해서는 編修者의 手法이 필요했다. 이 章 序頭에서 아브람은 메소포타미아地域으로부터 세겜과 벧엘, 즉 中部 팔레스틴을 향한

---

23) H. W. Wolff, "Das Kerygma des Jahwisten", *EvTh* 24, 1964, S. 73—98= *Ges. Studien zum AT.*, ThB 22, 1964, S. 345—373. 이 意味解釋은 先行하는 12 : 1—8이 A의 編修者, 즉 야웨학파의 編修者에게서 유래하지 않고 더 옛 세속史料(L)에서 유래한 것일 때에도 적중한다. Eissfeldt는(Gunkel에 연결시켜) 이렇게 추측하고 있다: *Hexateuch-Synopse*, 1922. 이때에도 先行하는 축복의 약속이 전제된다. 물론 12장 내부에서의 이러한 史料區分을 위한 논증, 즉 10ff.절에서 12 : 8과 13 : 2의 벧엘 체재 사이의 "연결을 방해하는 餘滴"이 문제된다는 인상이 **J**의 蒐集的이고 結合的인 作業方法을 잘못보게 하지 않는가?

길에 오르라는 지시를 받는다.　그러나 口傳 段階에 있던 A의 옛 출발점은
네겝, 즉 팔레스틴 最南端部였다.　그러므로 이 거리는 야웨학파에 의해 다
음 말로 조정되었다 : "그때 아브람이 출발하여 여러날을 거쳐 네겝으로 갔
다." 또한 結文에서 中部 팔레스틴을 활동무대로 하고 있는 잇단 아브라함傳
承과의 연결도 이루어져야 했다.　그러므로 J는 우선 다음 말을 첨가한다 :
"그리하여 아브람은 즉 그와 그의 아내, 그에게 있던 모든 것, (마찬가지로)
그와 함께 있던 롯도 애굽에서 나와 네겝으로 올라갔다." 이로써 우선 옛 傳
承의 출발지점에 다시 돌아오고 동시에 다시 롯을 가담시켰는데, 그는 先行
하는 야웨학파의 단편들에 의하면 항상 아브람과 함께 流浪하고 그의 이름
은 다음 傳承(13 : 7이하)에서 중요하다. 그 다음에는 계속(13 : 2—5) 아브람
과 롯은 家畜이 풍부해졌고 언젠가 다시 벧엘에 도착했다고 기록한다. 이런
方法으로 다음에 계속되는 롯과 아브람 사이의 분쟁을 아주 잘 준비하고 있
다. 여기서 우리는 야웨학파 編修者가 어떻게 그의 작품을 구성했으며 어떤
方式으로 설명적인 附加文들에 의해 옛 單一文들에서 그 독자성을 박탈하고
그것들을 그의 큰 外 類型에 편입하게 되었는가를 특히 잘 볼 수 있다[24].

　26장도 2, 12절의 神名에 의하면 야웨학파적인 인상을 준다. 물론 이 史料
에 배열해 넣는 것은 J가 25장 22절 이하에서 이미 이삭과 리브가의 자녀
들 즉 에서와 야곱의 출생을 보도했으나, 여기서는 분명히 이 夫婦에게 아직
자녀가 없다는 사실에 의해 어렵게 된다. 이것은 아이스펠트(Eissfeldt)[25]와
함께 第二야웨학파 史料, 이른바 世俗史料(Laienquelle, L)를 가정하고, 여
기 26장 1절이 직접 25장 11절 "그러나 아브라함이 죽은 후에 하나님(?)이
그의 아들 이삭을 축복했고, 이삭은 (당시) 브엘 라해로이 샘가에 거주하고
있었다"에 연결된다고 보거나 아니면 J의 원래 순서가 25장 11절—26장—
25장 21절 이하로 계속되었던 것인데[26], 창세기 최종 편집단계에 와서 비로
소 — 아직 분명하게 실명되지 않는 이유들에 의해 — 지금의 순서로 구성
되었다고 가정함으로 해결될 수 있다. 이 두 경우에 모두 전제해야 할 것은

---

24) Noth(*ÜGP*, S. 40—44)는 다음 命題를 제시했다 : 즉 J와 E는 공통된 文書的
혹은 口傳的으로 아주 확고하게 새겨진 토대(Grundlage, G)에 소급된다는 것이다.
그러나 이 경우 G는 각이한 장소에서 각이하게 발전되었고 E는 J와 같은 말투를
가지지 않았을 것이라는 점을 고려할 수 있을 것이다. 여하간 이 例에서 A와 B 사이
의 큰 차이를 오직 두 編修者의 의식적인 관여에만 돌리기는 어렵게 보인다.

25) 위에 소개된 *Hexateuch-Synopse.*

26) Wellhausen이 이미 그랬다 : *Composition*[3], S. 28. 최근에는 Simpson, *The
Early Traditions of Israel,* 1948, S. 91ff.

編修者가 入手한 先祖할머니 리브가의 危機에 관한 民譚은　이미 다른 이삭-傳承들과 결합되어 있었으나(26 : 15이하), 이 전승들은 유형적으로 아직 다른 전승들과 같이 그렇게 확고하게 형성되어 있지는 않았을 것이고, 그러므로 더 큰 복합체에 잘 배열될 수　있었다는 것이다.　26장을 읽어보면 모자이크라는 인상을 받게 된다.　이삭 계열을 더 확고하게 결속시키고　하나의 일관된 사상 주류에 종속시키기 위해 編修者는 26장　초두에 하나님의 계시를 전제하고　삽입했다.　동시에 그는 전에 아브라함이 받은 축복의 약속을 반복했다.　口傳 傳承의 단계에서 이 민담은　단순히 이삭이 기근으로 인하여 하나님의 명령에 따라 그랄로 갔다는 말로 시작했을 것이다.　즉 축복에 대한 示唆가 불필요했을 것이다.　이 새로운 관점으로부터 先祖할머니 逸話의 結文도 개작되고 실현된 神의 축복을 시사하는 것이 되었다(12—14절).

A의 編修者의 思想, 즉 축복을 받은 자가 본래 그 축복의 가장 큰 敵인데, 그것은 아브람이 神의 약속을 받자마자 그것을 경솔하게 시험했기 때문이라는 思想은 여기(C)에서 주도 역할을 하지 않는다. 그 대신 축복의 계승(Sukzession) 문제가 거론된다. J (혹은 L)의 견해에 따르면 옛날에 생각했던 것처럼 축복은 단순히 상속에 의해 계승되지 않고, 축복은 세대마다 새로이 약속되어야 한다. 이를 통해 축복은 아주 새롭게 효력을 얻는다(12—14절). 이것을 명백하게 하기 위하여 이삭-批評文에서 이미 상당히 퇴색된 先祖할머니의 위기에 관한 民譚이 받아들여졌다. 이 민담은 이런 배경에서 이스라엘 民族形成 과정에서 일어난 "實例的인 守護"(v. Rad)의 歷史가 된 것이다.

여기에도 編修者의 엮어 맞추는 作業方法이 드러나 있다.　그것은 무엇보다도 序頭에서 드러나는데,　첫째는 아브라함時代에 일어난 이전 기근에 대한 示唆이고, 다음은　블레셋人들의 王 아비멜렉 이라는 人名인데,　이것은 동시에 블레셋人들이 이스라엘의 불구대천의 원수가 된　그 후의 歷史에 대한 어떤 조짐을 보여준다. 이 외에 축복선언인 3—4절도　짜맞춘 것임이 충분히 드러난다[27].

編輯史가 야웨학파 혹은 엘로힘학파의 작품에 수록됨으로　끝나지 않았다는 것은 그 단편들이 후기 신명기사학파의 加筆(26 : 5)과 사마리아 譯本(12 : 20), 70人譯(LXX)에　보존되어 있는 附加文들이 보여준다. 그 改作들은 희년의 책(Jubiläenbuch)과 창세기 外經(Genesis-Apokryphon)에서 더 분명하다. 그리고 최종 단계에 이미 긴 해석사가 연결된다(참조. §9. C).

---

27) J와 E에 의한 변화는 兩者의 삶의 자리를 알게 되면 더 분명할 것이다.

§ 11. 황무지의 사울과 다윗

H. Gressmann, *SAT* Ⅱ, 1, ¹1910, ²1921, 해당귀절 — H. J. Stoebe, *Gedanken zur Heldensage in den Samuelbücher*, FS. — L. Rost, *Das ferne und das nahe Wort*, 1967, S. 208—218. 說話文體에 관해서는 : A. Schulz, "Erzählkunst in den Samuel-Büchern", *Bibl. Zeitfragen* XI, 6/7, 1923.

사울王과 달아난 그의 軍隊 指揮官이 유다 황야에서 마주치는 것을 전하는 설화는 두 곳에 전해지고 있다.

A(삼상 23 : 14 이하 ; 24)   B(삼상 26)

---

14. 다윗은 황무지 要塞에 머물러 있었고 십 황무지 산악지대에 머물러 있었다. 사울이 매일 그를 찾았다. 그러나 하나님은 그를 그의 손에 넘겨주지 않았다. 15. 다윗은 사울이 그의 生命을 찾으려고 나왔음을 눈치챘다. 그러므로 다윗은 십 황무지 호레쇠(우거진 숲)에 머물러 있었다.

16. 그때 사울의 아들 요나단이 일어나 호레쇠로 다윗을 찾아가서 그가 하나님을 의지하도록(?) 힘을 돋구어 주었다. 17. 그리고 그는 그에게 말했다 : "두려워하지 말라. 이는 내 아버지 사울의 손이 네게 미치지 못할 것이라. 오히려 너는 이스라엘의 왕이 되고 나는 너의 다음이 될 것이다. 내 아버지 사울도 이 사실을 잘 안다." 18. 그때 두 사람은 야웨 앞에서 서로 언약을 맺었다. 그 후 다윗은 호레쇠에 머물고 요나단은 집으로 돌아갔다.

19. 십사람들이 기브아로 사울에게

1. 십사람들이 기브아로 사울에게

올라가서 알렸다 : "다윗이 우리와 함께 광야 남쪽 하길라 산중 호레솨 要塞에 숨어 있나이다. 20. 그런즉 王이여, 원하는 대로 내려오소서. (그러면) 그를 왕에게 넘겨주는 것은 우리의 일입니다." 21. 그때 사울이 대답했다 : "야웨의 축복이 너희에게 있으라. 너희는 나를 불쌍히 여겼음이라 ! 22. 너희는 가서 계속 주의하고 '도주하는'(?) 그의 발이 어느 곳에 머물러 있는지를 탐지하고 알아보라. 이는 누가 내게 말하기를 그가 아주 꾀가 많다 함이라. 23. 그가 숨어 있는 모든 은신처들을 알아보고 탐지하거든 일정한 장소로(?) 내게 돌아오라. 그러면 내가 너희와 함께 가리라.

그가 이 땅에 있으면 나는 유다의 수천명 중에서 그를 찾아내리라." 24. 그때 그들이 일어나 사울에 앞서 십으로 갔다. 그러나 다윗과 그의 부하들은 광야 남쪽 草原에 있는 마온 황무지에 있었다. 25. 사울이 그를 찾으려고 그의 부하들과 함께 접근하였을 때 어떤 사람이 (이것을) 다윗에게 밀고하니 그는 마온 황무지에 있는 '그' 바위로 내려갔다. 사울이 탐문하고 마온 황무지로 다윗을 추격했다. 26. 사울은 (결국) 그 산 한편에서 움직이고 다윗과 그의 부하들은 다른 편에서 움직였다.

그러나 이런 일이 일어났다(ויהי) : 다윗은 사울을 피하려고 급히 서두르고 사울과 그의 부하들은 다윗과 그의 부하들을 포위하려고 하는 동안

와서 알렸다 : "다윗이 광야 앞에 있는 하길라 산중에 숨어 있음을 아시나이까 "

2. 그때 사울이 일어나 십 황무지로 갔다.

에 27. 돌연 한 使者가 사울에게 와서 보고하였다 : "급히 오소서. 블레셋人들이 땅을 침범하였나이다." 그때 사울은 다윗 추격하기를 중지하고 블레셋인들을 향해 진군했다. 그래서 사람들은 그곳을 "슬그머니 빠져나온 바위"(סֶלַע הַמַּחְלְקוֹת?)라고 일컫는다. 24 : 1. (*개역 : 23 : 29) 그러나 다윗은 그곳으로부터 올라와 엔게디 요새에 머물렀다. 2(*개역 : 24 : 1). 사울이 블레셋인들을 추격하다가 돌아왔을 때 어떤 사람이 그에게 소식을 전하는 일이 일어났다(וַיְהִי כַּאֲשֶׁר): "보소서, 다윗이 엔게디 황무지에 있나이다." 3. 그러자 사울은 온 이스라엘로부터 선발된 장정 3000을 일으켜 다윗과 그의 부하들을 찾으려고 돌염소 바위 동쪽으로 진격했다.

4. 그리하여 그는 길가 양의 우리에 왔다. 그곳에 굴이 있어 사울은 용변을 보러 들어갔다. 그러나 다윗과 그의 사람들은 그 굴 깊은 곳에 머물러 있었다.

그리고 그와 함께 이스라엘로부터 선발된 장정 3000이 다윗을 찾으려고 십 황무지로 갔다.

3. 사울은 광야 동쪽 길가에 있는 하길라 산에 진을 쳤다. 그러나 다윗은 황무지에 머물러 있었다. 다윗은 사울이 황무지로 그를 따라온 것을 보았을 때, 4. 그는 정탐을 내보내서 사울이 일정한 장소(?)에 와 있다는 것을 알았다. 5. 그때 다윗은 일어나 사울이 진치고 있는 곳에 왔다. 다윗은 사울이 그의 수석 지휘관 넬의 아들 아브넬과 함께 ― 즉 사울은 진중에, 군대는 그의 주위에 ― 누워 있는 자리를 보아 두고 6. 다윗은 헷사람 아히멜렉과 스루야의 아들 요압의 아우 아비새에게 가까이 가서 말했다 : "누가 나와 함께 진중으로 사울에게 내려 가겠는가?" 아비새가 대답했다 : "내가 당신과 함께 내려 가겠나이다." 7. 그리하여 다윗과 아비새

5. 그때 다윗의 부하들이 그에게 말했다 : "이것이 야웨가 당신에게 말한 그 날입니다 : 보라, 내가 네 敵을 네 손에 주리라. 너는 네게 좋은 대로 그에게 행하라."

7. 그러나 그는 그의 부하들에게 말했다 : "하나님, 그런 일이 없도록 하소서! 결코 나는 내 主, 야웨의 기름부음을 받은 자에게 내가 손을 대는 일을 하지 않으리라. 이는 그가 야웨의 기름부음을 받은 자임이라."

8a. 그 후 다윗은 그의 부하들을 꾸짖고 그들이 사울에게 반항하는 것을 참지 못했다.

5b. 다윗이 일어나서 사울의 겉옷 자락을 몰래 베어냈다.

6. 그 후에 다윗은 양심의 가책을 느끼게 되었다. 이는 그가 사울의 옷 자락을 베었음이라.

8b. 그러나 사울은 그 굴을 나와서 그의 길을 갔다.

9. 그 후에 다윗이 일어나서 그 굴을 나와 사울의 뒤에서 소리쳤다 :

는 밤에 군대(?)에게 갔다. 보라, 그때 사울은 진중에서 누워 자고 있었으며 그의 창은 머리 맡 땅에 꽂혀 있고, 아브넬과 민병들은 그 주위에 누워 있었다. 8. 그때 아비새가 다윗에게 말했다 : "하나님이 오늘 당신의 敵을 당신의 손에 주셨나이다. 그러므로 나는 一擊에 그를 창으로 찔러 땅에 꽂으리니 두번 찌를 필요도 없으리이다."

9. 다윗이 아비새에게 대답했다 : "그를 죽이지 말라! 누가 야웨의 기름부음 받은 자에게 손을 대고 벌을 받지 않겠는가?" 10. 그리고 다윗이 말했다 : "야웨가 정녕 살아계시도다! 오히려 야웨가 그를 치시리라. 혹 죽을 날이 오거나 아니면 그는 전쟁에 나가서 죽으리라. 11. 하나님은 내가 야웨의 기름부음 받은 자에게 손을 대는 일이 없도록 하소서! 그러면 그의 머리맡에 있는 창과 물병을 가지고 가자." 12. 그때 다윗은 사울의 머리맡에 있는 창과 물병을 가지고 그들은 떠나갔다. 아무도 그것을 보거나 알아차린 사람이 없었다. 한 사람도 깨어나지 않았다. 그들이 모두 깊이 잠들었음은 야웨가 그들로 깊은 잠에 빠지도록 했기 때문이다.

13. 다윗이 (골짜기의) 다른 편으로 가서 멀리 산꼭대기에 서니 그들 사이의 거리가 멀었다. 14. 그때 다윗이 민병과 넬의 아들 아브넬을 향해 소리쳤다 : "아브넬, '너는 대답하지 않느냐?" 아브넬이 대답했다 : "왕(?)을 부르는 너는 누구냐?"15.

　“내 주 왕이여！” 그때 사울이 돌아다 보았고 다윗은 그의 얼굴을 공손하게 땅에 숙이고 있었다.

10. 다윗이 사울에게 말했다：“어찌하여 당신은 다윗이 당신을 해칠 것을 계획한다고 하는 사람들의 말을 들으시나이까？

다윗이 대답했다：“너는 그래도 사내 대장부이냐, 이스라엘 중에 너 같은 자가 없다！ 왜 너는 네 主, 왕을 보호하지 못하는가？ 사람들 중 하나가 네 主, 왕을 죽이려고 침입하였느니라. 16. 네가 취한 행동은 옳지 않도다. 야웨가 정녕 살아계시거니와 너희는 죽어 마땅하도다. 너희는 너희의 主, 야웨의 기름부음 받은 자를 보호하지 못했기 때문이다！ 그러면 지금 찾아보라. 그의 머리맡에 있던 왕의 창과 물병이 어디 있는가.”

17. 그때 사울이 다윗의 목소리를 알아 듣고 말했다：“내 아들 다윗아, 이것은 네 목소리가 아니냐？” 다윗이 대답했다：“내 主 왕이여, 이것은 내 목소리니이다.” 18. 그리고 계속 말했다：“어찌하여 내 주는 그 종을 추격하나이까？ 도대체 내가 무엇을 행하였나이까, 그리고 내 손에 무슨 악한 것이 있나이까？ 19. 이제 내 주, 왕은 종의 말을 들어주소서. 야웨께서 당신으로 나를 해하게 자극하셨다면 그가 제물을 받으시기 원하나이다！ 사람들이 했다면 ― 그들은 야웨 앞에서 저주를 받으라. 이는 그들이 생각하기를 가서 다른 신들을 섬기라！ 하고, 야웨의 유업지에 참여하지 못하도록 그들이 오늘 나를 추방하기 때문입니다. 20. 그런즉 야웨 앞에서 먼 이 땅에서 내 피가 흐르지 않게 하소서. ‘사람들이’ 산에서 메추라기 사냥을 하는 것같이 (그렇게) 이스라엘의 왕이 단 한 마리의 벼룩을 사냥하기 위해 나오시

11. 보소서, 오늘 당신은 자신의 눈으로 굴에서 오늘 야웨가 당신을 내 손에 주셨음을 보셨나이다. 사람들(?)은 당신을 죽이도록 했으나 '나'는 당신을 해치지 않았나니, 이는 내가 나의 주는 야웨의 기름부은 자이므로 그에게 손을 대지 않으려고 생각했음이니이다. 12. 내 아버지여, 보소서, 내 손에 있는 당신의 겉옷 자락을 보소서. 내가 당신을 죽이지 아니하고 옷자락을 베어낸 것을, 즉 내 손이 악과 반역에서 깨끗하고 내가 당신에게 범죄하지 않았음을 보시고 아소서. 그러나 당신은 내 생명을 노리시나이다. 13. 야웨는 나와 당신 사이를 판단하고 야웨는 나를 위하여 당신에게 보복할 것이나, 내 손은 당신을 대항하지 않으리이다. 14. 조상들의 격언이 말하기를 악은 악인으로 부터 난다고 한 바와 같이 내 손은 당신에게 대항하지 않으리이다. 15. 누구를 대항하여 이스라엘의 왕이 나왔나이까? 죽은 개를! 단 한마리의 벼룩을! 16. 야웨께서 재판장이 되시어 그가 당신과 나 사이를 판결하고 자세히 살펴 내 사정을 변호하고 당신에 대해 나의 옳음을 시인해주시기 바라나이다!"

나이까." 21. 사울이 대답했다 : "내가 잘못했도다. 내 아들 다윗아, 돌아오라. 나는 네게 다시는 해를 가하지 않으리니, 내 생명이 오늘 네게 귀중하였음이니라. 실로 나는 어리석게 행하였으며 큰 과오를 범하였도다." 22. 다윗이 대답했다 : "여기에 왕의 창이 있으니 사람들 중 하나가 이리로 와서 그것을 가져가게 하소서. 23. 야웨는 각 사람에게 공동체에 맞는 그들의 행동과 성실을 갚으시나이다. 실로, 야웨는 오늘 당신을 '내' 손에 주셨으나 나는 야웨의 기름부음 받은 자에게 손을 대려고 하지 않았나이다. 24. 보소서, 오늘 당신의 생명이 내게 중요했던 것같이 내 생명도 야웨에게 중요해서 그가 나를 모든 환란에서 구원하시기를 바라나이다!"

17. 다윗이 이 말을 사울에게 말했을 때 (וַיְהִי) 사울이 말했다 : "내 아들 다윗아, 이것은 네 목소리가 아니냐?" 그리고 사울은 크게 소리내어 울기 시작했고, 18. 다윗에게 말했다 : "너는 옳고 나는 그렇지 못하다. 너는 내게 선한 일을 행했으나 나는 악한 일을 행하였느니라. 19. 오늘 야웨가 나를 네 손에 주었으나 너는 나를 죽이지 않음으로(?) 네가 얼마나 내게 친절히 행하였는가를 알려 주었도다. 20. 사람이 그의 敵을 만나면 그때 그가 그로하여금 평안히 그 길을 가도록 내버려두겠는가? 야웨는 네가 오늘 내게 행한 그 선을 네게 구원으로 바꾸시기 원하노라! 21. 그러므로 지금 나는 네가 왕이 되고 이스라엘의 왕권은 네 손에서 영속하게 되리라는 것을 잘 알았노라. 22. 그러므로 이제 네가 나의 사후에 내 자손을 멸절하여 내 이름을 내 집으로부터 말살시키지 않겠다는 것을 야웨 앞에서 내게 맹세하라."

23. 그리고 다윗은 사울에게 맹세했다. 그후에 사울은 집으로 돌아갔으나 다윗과 그의 부하들은 요새로 올라갔다.

25. 그때 사울이 다윗에게 말했다 :

"내 아들 다윗아, 너는 축복을 받으리로다! 정녕 너는 일을 이룰 것이고 승리하리라."

그 후에 다윗은 그의 길을 가고, 사울은 그의 장소로 되돌아 왔다.

A. 單一文의 區劃

說話 A는 바로 앞에 나오는 다윗의 그일라 구출작전에 관한 文段에서 아무런 준비도 되어 있지 않고, 바로 다음에 나오는 나발의 어리석음에 관한 설화(25장)도 23 : 14—24 : 23과 무관하다. 그러므로 A는 전체 문맥에 없었다해도 눈에 띌 만한 공백이 생기지 않을 것이다. 이 文段은 독자적으로 완결된 것이어서 원래의 언어적 單一體로 생각될 수 있는 것인가? 序頭는 히브리 說話들의 전형적인 序頭體로 표현되어 있지 않다. 틀에 박힌 序言으로서는 불충분하다. 그러나 14절에서는 초기 왕국시대의 청중이 알아야 할 사항은 모두 제시되어 있다 : 정확한 장소들과 다윗의 인물됨, 사울이 그를 추격하는 사정, 두 인물 사이에 적대감이 있었다는 사실은 잘 알려진 일로 전제되어 있다[1]. 文體上 짜임새있는 序頭文章이 없는 것은 (후기) 編修者가 여기에서 창세기에서의 통상적인 방법보다 더 깊이 개입하였다는 데서 그 원인을 찾을 수 있을 것이다. 지금의 동일한 귀절 중에 "그는···머물러 있었다"는 말이 두번이나 들어 있는 것은 서투른 編修作業에서 기인한 것이고, 아마 전에는 독자적이었던 序頭를 문맥에 연결시키려는 노력으로 설명되어야 할 것이다. 여하간 옛 독자성을 대변하는 것은 모든 분규들을 해결하는 對話의 절정과 두 적수가 각기 그들의 장소로 돌아갔다[2]는 二重 귀환으로 마감되어 충분히 高潮된 結文이다. ― 그 구조상으로 이 설화는 분명하게 구성되고 스스로 완결되어 있다. 그 장면들은 가령 "소수의 십사람들이 올라와서··· 알렸다"(23 : 19; 24 : 9)라는 말이 뒤따르는 移動動詞들로 시작 ― 이런 시작은 先祖할머니의 위기의 경우에도(창 20 : 1, 8)있었다 ― 되어 있거나 名詞文章이 뒤따르는 많은 移動動詞들(23 : 24; 24 : 4[3])로 되어 있다. 다른 가능성은 창세기에서 이미 알려진 "그러나 이런 저런 일이 일어났다"(וַיְהִי)는 것이 場面序頭로서 이용되어 있었으리라는 것이다(23 : 26; 24 : 6, 17).

B에서도 역시 지금의 문맥에서 이 설화의 연결은 앞으로도 ― 나발의 어리석음 ― 그리고 뒤로도 ― 블레셋王에게로의 다윗의 피신 ― 극히 산만하다. 그 序頭는 본래 A에서보다 더욱 불충분하다. 그러나 그 終結은 해명적인 말과 대구, 두 사람의 귀환으로 문체상 적절하기 때문에, 독자적인 설화에 어울리지 않는 이 序頭는 編修者에 의한 것으로, 그는 지금의 문맥을 위하여 옛 해설부분을 삭제해 버린 것이다. 그 옛 해설부분은 A에서와 마

---

1) 적대감의 유래는 원래 지금의 포괄적인 문맥에서와는 달리 소개되어 있었을 것이다. 사울이 23 : 22에서 다른 사람들이 그에게 말하기를 다윗은 아주 교활하다고 했다는 것을 시사한 것은 다윗이 사울의 궁중에 오랫동안 체류하지 않았음을 분명히 말해주는 것이다(지금의 16장 이하에서 그렇다). 그렇지 않았다면 사울 자신이 그의 성격을 넉넉히 알고 있었을 것이다.

2) 민 24 : 25 등도 같다; Seeligmann, *ThZ* 18, 1962, S. 307―309.

3) 설화의 轉換點 직전의 상황보도인 그런 名詞文章들에 관하여 : 참조 Hempel, *Literatur*, S. 84.

찬가지로 다윗의 황무지 체류를 보도했을 것이다. 이 설화가 원래 單一文이었음을 말해주는 것은 始初의 분규로부터 마지막까지 이끌어가는 점진적인 場面들의 연쇄이다. 그 場面들이 A에서보다 더 포괄적일지라도 그 구조는 역시 마찬가지이다. 우리는 여기서도 보고하는 말이 연결되는 移動動詞(26:1) 혹은 도달된 상황의 한 순간을 포착해 놓은 名詞文章이 뒤따르는 많은 移動動詞들(26:2, 5, 13)이 삽입구로 있는 것을 볼 수 있다. 따라서 A와 B는 한때 서로 그리고 지금의 문맥에서 독립되어, 분명히 口傳傳承들로 유포되어 있었다는 것을 가정할 수 있다.

B. 類型規定과 삶의 자리 : 英雄譚

이 두 說話가 동일한 類型에 속한다는 데는 의심이 없다. 先祖할머니의 危機와의 樣式上의 유사성들은 아주 뚜렷해서 비록 이것들이 民族學的 民譚 類型에 속하지 않는 것이 확실할지라도 民譚類型에 활당되는 것은 명백하다. 여하간 여기서도 중요한 것은 歷史叙述이 아니다 : 年代記的 時間報道가 없고 여기에 묘사된 事件은 커다란 역사의 과정에 대하여 비교적 무관심하다. 그럼에도 어떤 면에서는 歷史叙述에 가깝다. 주지하는 바와 같이 說話의 등장인물들 ― 사울과 다윗 ― 이 역사적 역할을 했기 때문이다. 그러나 그 시대의 역사적 위치를 무엇보다도 먼저 결정해주는 당시의 政治的, 社會的, 精神史的 情勢와 그 人物들의 관련은 구전 단계에 있는 이 설화의 시야 밖에 있다. 그 관심은 對戰상태에 있는 두 사람에게, 오직 그들과 아주 강하게 부각된 그들의 성격에, 즉 용감하고 너그러우며 하나님을 신뢰하는 다윗과 실패로 점철되었으나 그의 운명에 대하여 참고 대결하는 사울에 집중되어 있다. 이것은 英雄民譚의 類型을 시사해준다. 게르만 영역에서도 비슷한 것이 알려져 있다. ― 사울과 같은 人物은 분명히 民族移動 時節의 民譚의 素材로 적합하지 않은가?[4] 성격들을 예리하게 대조시켜 표현한 것은 이 類型에 일치한다. 이런 方法은 主人公들에게만 적용된 것은 아니다. 십 사람들은 공공연한 밀고자로 나타나고, 사울의 부하들은 경계심이 적은 자

___

4) 이미 그림(Grimm) 兄弟가 英雄民譚을 일반적인 民俗民譚과 구별했다. 유럽 言語 영역에서의 英雄譚 類型研究가 어렵고, 구약성서와의 비교를 위해서도 거의 무익한 이유는 우리가 게르만 영웅담을 가령 英雄 叙事詩들 혹은 그것들의 현대적 재현의 변화된 樣式으로만 알고 그것들의 근원적 散文體 텍스트로는 모르기 때문이다. Röhrich(참조. §12), S. 668 註 14a.

들로 나타난다. 誇張, 가령 장정 3000의 소집 — 황무지 소탕을 위해서도 사울의 사정을 위해서도 지나치게 많다 — 도 民譚的인 것이다. 정확한 장소설정에 대한 관심도 英雄民譚의 특징이다[5]. 英雄의 행위는 어디서나 일어나는 것은 아니다. 특정한 풍경이 필요하다. 여기서는 황무지이다. 場所에 대한 관계는 아주 긴밀해서 23장 28절에는 地名說明이 삽입될 정도이다. 脫走의 바위는 이른바 중요한 순간을 포착하여 영원히 고정시켜 놓은 것이다. 이런 ‘語源學的’ 記錄들은 창세기 民譚들 중에 많이 散在해 있다(창 2：23; 11：9등). 이것들을 과학적으로 검토해 보면 대개 그 근거가 희박하다[6]. 히브리어 표현 סֶלַע הַמַּחְלְקוֹת 는 정확히 보면 "미끄럼 바위"를 뜻하는 것으로, 이 이름은 현저하게 매끄러운 바위 표면에서 유래된 것이다. 이 說話는 이 이름을 "슬그머니 도망가는 것"으로 해석하고, 그렇게 함으로 地形構造에 대한 관련을 확실히 부정하려고 하지는 않으나 音의 餘韻과 말의 意味를 가지고 民譚으로서의 역할을 할 수 있다.

이런 英雄民譚도 아직 세계를 친족관계 — 가령 先祖할머니의 위기에서 분명했던 것같이 — 로 보는가? 유감스럽게도 사무엘서 民譚들에 대한 정확한 연구들은 아직 없다. 그러므로 여기서는 단지 몇몇 欄外註만이 가능하다. 물론 용감한 다윗의 호위자 아비새가 스루야의 아들로서 동시에 그의 사촌이라는 것은 우연이 아닐 것이다. 그러나 이에 관한 분명한 시사는 없다. 오히려 部族關係와 民族的 관점이 지배적이다. 사울은 다윗을 유다의 "수천인"중에서 찾아내려고 한다(23：23). 그러나 유다 部族의 同屬性은 자명한 것이 아니다. 배신적인 십사람들도 유다에 속하기 때문이다. 사람과 고향의 연관성이 더 중요할 수 있다. 다윗은 그 部族의 지역에서 은신처를 찾는다. 그는 사울과의 대결에서 약속된 땅과 그의 상속재산을 포기할 뿐 아니라 모든 것을 감수하려고 한다. 여기에 민족주의적 관점, 블레셋인들에 대한 적대감(23：27—28)이 추가되는데, 이것은 어떤 설명도 필요로 하지 않는다. 야웨가 이스라엘의 통치를 맡겼고, 그 때문에 무조건 존경을 받아야 할 기름부음 받은 자에 대한 높은 評價도 이 연관성에 속한다. 그러나 가장 강력하게 主導役을 하는 것은 역시 남자들의 信義에 관한 思想이다. 요나단이 다윗과의 언약에 무조건 책임을 지고 있는 바와 같이 다윗과 그를 따르

---

5) Gressmann은 26：3과 26：13에 수록되어 있는 상세한 장소규정들에서 變形들을 보고, 일련의 장소보도들을 수정한다.

6) 독일 民譚에서의 유사형 : 가령 "오 너 숲이여"로 불려진 오덴숲(Odenwald), Röhrich, S. 677.

는 장정들은 절대적인 單一體이다. 그 상대편에도 같은 것이 해당된다. 아 브넬은 생명을 바쳐 사울을 수호한다. 여하간 그렇게 하려고 한 것은 틀림 없다. 그러나 사울과 다윗의 관계도 이와 같이 남자들의 언약이란 관점들에 의해 규정된 것 같다. 아버지와 아들이라는 상호간의 호칭을 비교하라 !

　英雄譚의 類型은 창세기 民譚에 비해 비교적 후기에 속한다. 이 類型은 師士時代 의 전승들과 함께 비로소 나타난다(삿 3 : 14—26은 아마 가장 오래된 例일 것이다). 이것은 처음부터 후기의 說話法, 세련된 文體로 作成되어 있다. 先祖할머니의 위기 에 관한 民族學的 民譚에서는 분명히 추가적으로 증대된 것의 적지않은 부분이 영웅담 에서는 처음부터 그 특징을 이루고 있다. 가령 창세기에서는 오직 20장에서만 나타나는 說話方法으로서의 긴 談論 혹은 事後補充的인 回顧는 후에 추가된 것이다. 이에 반해 여기서는 24장 4절에서 다윗이 승리를 약속하는 하나님의 언질을 받았다는 것이 過 去回顧的으로 보도되고, 26장 1절에서는 사울이 십사람들의 입을 통해 비로소 다윗의 거처를 알게 된다. 26장 5절에는 사울의 陳營이 일종의 圓形陳營(“車輛으로 둘러쌓 인 陣營”) 안에 구축되어 있다는 것이 추가되었다. 세련된 문체는 說話에서 이미 전 에 보도된 것이 때때로 談論에서 반복될 정도로 광범위하게 적용되었다(23 : 15, 19; 23 : 29—24 : 1, 4, 6을 24 : 11—12; 26 : 11, 15—16과 비교). 더우기 중요한 談論은 반 복된 “그리고 그는 말했다”에 의해 단계적으로 高潮되었다(26 : 10, 18; 24 : 8—9, 16— 17. 비교, 창 20 : 10).

　英雄譚이 땅 점령 및 정착 후 얼마 뒤에야 비로소 생겼음이 분명하다는 것은 무엇을 말하는가? 이 民譚의 삶의 자리는 무엇인가? 전쟁이 보기 드문 예외현상이 아니라 언제나 예측할 수 있는 가능성을 지닌 이런 類型은 어떤 集團에 의해 계승되었음이 분명하다. 많은 다윗說話들의 경우 전쟁분위기가 아주 자명해서 전쟁과 전투에 익숙한 사람들, 즉 왕의 신하로서의 군인들에 게 소급된다. 근무가 끝난 후 밤중에 陣中 모닥불 혹은 哨所에서 그들은 이 런 事件들을 이야기하고, 그렇게 함으로 그들의 지휘관을 예찬했을 것이나. 이 사람들은 유다 광야의 地形을 정확히 알고 스스로 이곳을 여행했고 정확 한 생각을 場所報道[7]에 연결시킨 사람들임이 분명하다.

　그러나 이 삶의 자리는 이 이야기에 나타난 時代로부터 이미 상당한 거 리를 두고 있다. A와 B에서는 다윗이 그의 王權을 확립하고 그의 王宮을 近東的인 儀式을 갖추어 예루살렘에 세운 후에 비로소 생각할 수 있는 분위

───

7) 1 : 100,000 팔레스틴 지도 12面의 헤브론에는 東南쪽으로 이 설화에서 임역을 담당하고 있는 세 場所가 제시되어 있다. 약 4km 떨어진 곳에 *Kh. Zif*=십과 *Kh. Khureisa*=호레솨, *Kh. Ma'in*=마온이 북에서 남으로 나란히 있다. 이것들은 耕作 가능한 農地에서 유다 황무지로 넘어가는 과정을 보여주는 分界線에 있다.

기가 풍긴다. 십사람들이 기브아에 와서 그곳에서 자명하게 사울을 만난다는 序頭가 이미 사울의 일정치 않은 거처와 그가 지휘해야 했던 계속적인 전쟁상태에 어울리지 않는다. "歷史的인 사울을 집에서 만난다는 것은 오늘날 바쁜 醫師를 그 私宅에서 만나는 것보다 더 확실성이 없다"고 카스파리 (Caspari)는 표현하고 있다(물론 그 자신의 時代에 일반적이었던 醫師의 實務를 감안한 말이다). 십사람들이 특히 23장 19절 이하에서 그들의 王에게 한 근엄한 말투는 확실히 예루살렘 儀式을 模倣한 것이고, 사울時代의 보다 소박한 관습에서 온 것이 아니다.

이로써 우리는 內 類型을 대하게 된다. 王에 대한 말과 그 대답이 종종 이를 대변한다. 24장 1절과 26장 1절에서는 이것이 아주 간략하게 재현되어 있다(先行하는 לֵאמֹר〔말하다〕에는 談論體의 많은 文章들이 전제, 종합되어 있다는 카스파리의 말은 옳다). 여하간 십사람들이 26장 1절에서 노골적으로 말하지 않고 히브리어 本文에 의하면 "다윗이 우리와 함께 숨어 있지 않나이까?"하고 묻는 것은 많은 시사를 준다. 그들은 王에게 직접적인 진술을 피하고, 이를 修辭的인 질문으로 감싸서 결정적인 결론을 王 스스로 내리도록 한다(비교. 28 : 18). 간결하게, 命令形으로 王에게 말할 수 있는 자는 오직 아주 위급할 때의 傳令뿐이다(23 : 27). 23장 19—20절의 談論은 더 상세한데, 이것은 관례적인 禮儀를 인식하게 한다 : "그러면 왕이시여, 당신에게 합당하시면…" 다윗이 멀리 떨어져서 감히 王을 불렀을 때, 그는 신하로서 합당한 존대 말 "내 주 왕이여"(24 : 8; 26 : 17)로 시작하고, 그 다음에 비로소 그의 입장을 설명하되 다시 한번 "나의 아버지"라는 존칭을 잊지 않고 있다(24 : 11, 비교. 26 : 19). 상황진술의 말이 말하는 자의 관심사로 바뀔 때, 히브리言語는 일반적으로 "그런데" (וְעַתָּה, 비교. 창 20 : 7)[8]란 말에 의해 그 移行句를 강조한다. 王에 대해서는 그후 곧 儀禮的인 미사여구(23 : 20) 혹은 적어도 부드럽게 꾸미는 不變詞 נָא(그런데)가 따른다(26 : 19[9]). 王 자신이 그 일반적인 상황에 책임이 있다 — 그것이 명백한데도 — 고 말하는 것을 다윗은 의도적으로 피한다(26 : 19). — 王의 대답도 마찬가지로 인상깊게 새겨진 말투이다. 그는 특별히 자애롭게 대답하고 나서 축복의 말을 첨부한다(23 : 21; 비교. 26 : 25). 이곳 외에서는 강한 명령조로 작전을 지휘할 권한이 그에게 주어졌다 (23 : 22—23, 비교. 24 : 21). 특별한 例外[10]는 그가 다른 사람에게 대하여 "너는 옳

---

8) A. Laurentin("Weꞏ 'attah — Kai nun", *B* 45, 1964, S. 168—197)은 이 표현을 문의 둘쩌귀에 비교한다(S. 192); 참조. H. A. Brongers, "Weꞏ 'attāh im AT.", *VT* XV, 1965, S. 289—299.

9) 지휘관에 대한 말에서도 그렇다(26 : 8) — 선택된 직유들(개, 벼룩, 메추라기)은 상황에 맞는다. 비교. 삼하 14 : 7, 14; 16 : 9; 17 : 8—13.

10) 訴訟에 近似하기 때문에 例外이다. 24 : 12, 15는 控訴語套이고 24 : 17은 無罪宣言, 26 : 18은 緘口語套이다(H. J. Boecker, *Redeformen des Rechtslebens im AT.*, WMANT 14, 1964, S. 32, 48—50). 26 : 18에 비교할 것 : Caspari. 法的 槪念性은

다. 나는 옳지 않다"(24 : 17) 혹은 "내가 범죄했다"[11](26 : 21)는 말로 시작한 것이다. 이것은 — 다윗에 대한 호칭 "내 아들아"가 지금까지의 신분관계를 지속시켜 주면서도(24 : 16; 26 : 21) — 두 상대자의 관계의 변화를 예고해 준다. 왕과의 對話가 先祖할머니의 위기의 경우에 얼마나 非禮儀的으로 진행되는가를 비교하라. 그러면 時代의 변천을 측정하고 다른 삶의 자리를 인식할 것이다! A와 B가 본래의 主人公은 다윗인데도 불구하고 사울의 말로 마감하는 것은 王位의 존중에 일치한다. 다른 談論 類型들은 단지 개괄적으로만 나타난다. 가령 아주 축소되어 재수록된 것같이 보이는 神託이 그렇다(24 : 4; 26 : 8). 그 전형적인 序頭로 시작되는 맹세는 다윗의 말(26 : 10, 11, 16; 24 : 6〔비교 24 : 21—22〕)에서 볼 수 있다. 26 : 19에는 저주가 나타나 있다. 축복과 저주, 맹세의 이 중첩은 군인들의 言語에 적합하고, 이로써 예측했던 삶의 자리가 확인될 수 있을 것이다.

C. 傳承史

A를 비교적 初期 혹은 後期 形成들의 標識들에 의해 검토하면 우선 요나단의 다윗 방문(23 : 16—18)이 다른 부분의 내용으로부터 벗어난다. 요나단의 말은 그가 확실하게 "당신은 王이 될것이다"라고 미리 말함으로써 계속되는 民譚에서 긴장시키는 계기를 탈취한다. 이밖에 이 장면은 非宗敎的은 아니지만 粗野한 英雄民譚에 요나단이 "그에게 하나님을 지시했다"는 말로 명백히 경건한 語調를 준다. 그외에 이 삽화는 개체 民譚을 넘어서 포괄적인 연관성을 앞뒤에 전제하고 있다. 그러므로 이 文段은 — 만일 그것이 編修者 자신에 의해 비로소 기초된 것이 아니라면 — A가 이미 다른 전승들과 융합되었을 때에 생긴 것일 것이다.

블레셋人-幕間劇인 23장 27절—24장 1절에도 비슷한 것이 해당된다. 이것도 옛 單一文에 속하지 않고 事件의 進行過程을 방해하는 — 이것이 설사 빙금 지적된 섯 만큼 후기의 것은 아닐지라도 — 傍系部分이다. 블레셋인들을 향한 사울의 진군은 "미끄럼(탈주) 바위"를 시사하기 위해, 그러나 동시에 설화에 상승적인 계기를 삽입하기 위해서도 부가된 것이다. 둘째번 습격에서 사울은 비로소 다윗에게 접근하는데 성공한다.

물론 오류로 인도한다. 法廷과도 연결되어 있지 않고 어떤 판결도 기대될 수 없다. 야웨의 "판결"은 공동체에 충실한 자를 위한 직접적인 無言의 간섭이다.

11) 罪의 告白語套는 오직 하나님 혹은 王 — 여기서는 미래의 王 — 앞에서만 사용된다. 삼하 19 : 21; 왕하 8 : 14; 비교. R. Knierim, *Die Hauptbegriffe für Sünde im AT*, 1965, S. 20—26.

B도 몇몇 귀절에서 옛 형태가 증대된 것이라는 추측을 낳게 한다. 둘째 부분의 談論은 첫 부분의 짧은 것에 비해 눈에 띄게 장황하다. 10절의 맹세는 11절의 중요한 맹세 앞에 불가결한 것이 아니고 추가문임이 분명하다. 아브넬에 대한 외침, 즉 그가 그의 책임에 유의하지 못한 때문에 죽어 마땅하다는 외침 — 마찬가지로 맹세에 의해 강조되는데(16절) — 은 이 시기의 다윗의 권한을 훨씬 넘어서고 있으며 예루살렘王의 행동을 지나치게 반영하고, 황무지에서의 한낱 군대지휘관의 언동이 아니다. 이것도 敷衍일 수 있다. 26장 11—12절에서는 다윗이 창과 함께 물병도 가지고 왔음이 언급되었다. 그러나 22절에서는 창에 관해서만 말한다. 그러므로 물병은 重複을 통해 事件을 上昇시키려는 후기의 虛飾이다.

이런 곁가지들을 도외시하면, 이 두 編修文은 지금의 本文에서보다 더 유사하게 된다. 사무엘서상의 문맥에 의하면 별도의 두 사건이 거론되고 있다. 그러나 자세히 관찰해보면, 동일한 기본 설화의 두 變形이 아닌가 하는 의문이 제기된다. 왜냐하면 :

a) 십사람들이 바로 전에 반역을 하였는데도 다윗이 두번이나 십사람들의 영역으로 들어갔다는 것은 이해되지 않는다.

b) 부하들이 하나님의 뜻을 빙자하여 사울을 죽이라는 무리한 요구를 — 다윗은 방금 이것을 단호히 거절했음에도 불구하고 — 다시 다윗에게 제기한 것은 이상한 일이다.

c) 26장에서는 24장의 비슷한 과정에 대하여 단 한마디도 시사하지 않는다. 갑작스런 破約이 어떤 방식으로든 언급되거나 설명되지도 않고, 사울은 두번째 후회하고 平和를 맹세한다.

d) 23장 19절 始初는 26장 1절의 말투와 거의 같다. 이 외에도 축자적으로 일치하는 것들이 많이 있다[12].

이 모든 重複은 이 두 編修文이 동일한 기본설화에 소급될 때에만 설명된다. 사실 많은 부분이 일치한다. 두 번 다 다윗은 사울을 두려워하여 유다 황무지로 도피하고 있다. 두번 다 王을 죽일 기회가 나타나는데, 그것이 하나님의 섭리가 아닌가 하는 의문이 생긴다. 살해의 유혹이 다윗을 사로잡는

---

12) 순수한 문헌비판학시대에 — Caspari 도 그랬는데 — 사람들은 일치점들을 언제나 차후에 同化시키려는 작업으로 설명하고, 그러므로 二次的인 것으로 삭제하려고 했다. 그러나 改編者가 말하자면 가능한 한 구별하고 두 설화를 서로 갈라 놓았다는 반대현상이 오히려 생각될 수 있지 않은가라는 물음이 제기되어야 한다. 여하간 70 人譯은 실제로 그러했다. 가령 26:20에서.

다. 그러나 다윗은 기름부음 받은 자의 불가침성을 근거로 이를 단호하게 물
리친다. 그러나 그는 두번 모두 外的인 표지를 취해 온다. 그 후에 계속된
대화에서 사울은 다윗의 우월성을 인정하고 목적을 이루지 못한 채 후퇴한
다. 이 모든 것은 오직 구전 전승의 두 측면에서 상이하게 형성된 동일한
史話라는 추측을 확인해준다. 비교를 통해 기본설화에 관하여 드러나는 것
은 무엇인가?

  상이한 것은

  1. 등장하는 人物들이다. A에서는 십사람들과 사울, 다윗이 지칭되었다.
다윗의 부하들과 사울 주변의 민병은 익명으로 협력한다. B에서도 같은 人
物들이 등장한다. 그러나 다윗의 수행원 아비새는 助役을 담당한다. 이밖에
헷사람 아히멜렉과 사령관 아브넬이 언급되었다. B에서 많은 人物들의 이
름이 지칭된 것은 설화를 위해 절대적으로 필요한 소수의 人物들에만 한정
시킨 A에 비해 확실히 후기에 속한 것이다.

  2. 두번 다 다윗은 눈치채이지 않게 왕에게 접근한다. 그러나 A에서 다
윗은 사울이 다가왔을 때 이미 그의 부하들과 함께 동굴 속에 들어 앉아 있
었다. 즉 그는 부지중에 위험지역에 들어간 것이다. 이에 반해 B에서는 다
윗이 의도적으로 밤에 적진 속으로 잠입한다. 그는 결코 부득이 그런 행동
을 취한 것이 아니다. 그는 자진해서 위험지역으로 들어간 것이다. 이로써
청중의 눈에는 그의 영웅적인 용기가 고양된다. 그러나 이 부각된 영웅적인
용기는 확실히 의도적이다. 즉 전승과정에서 그 상황이 동굴에서 陣中으로
옮겨짐으로 다윗의 위대함이 충분히 밝혀진 것이다.

  3. A와 B에 의하면 다윗은 증거물을 취해 온다. 그러나 24장에서는 옷
자락만을, 이에 반해 26장에서는 무기를 훔쳐 온다. 이점에서도 B는 후기
단계에 속함을 드러낸다. 적어도 옷자락뿐 아니라 무기를 도둑맞는 것[13]
은 이 史話가 좀더 군인적인 餘韻을 풍기게 한다.

  4. A에서 다윗의 부하들은 전에 임한 하나님의 말을 典據로 삼는다. B
의 說話者는 그런 옛 하나님의 말을 알지 못하고, 그 까닭에 그는 그것을
다윗에 대한 아비새의 말로 변형시켰다. 이 설화자는 분명히 다윗의 時代

─────────────
  13) Gressmann: 26장은 옷자락 탈취에 대하여 이야기하기를 주저한다. 옷은 人物
의 一部, 즉 다윗에 의해 害를 입을뻔 한 人物이기 때문인데, 후에 26장은 이를 따랐
다는 것이다. 그러나 이스라엘人들의 견해에 의하면 무기도 옷과 마찬가지로 人物의
一部가 아닌가? 法律慣例로서의 옷자락에 관하여 :Malamat, *VTS* 15, 1965, S. 225f.

에서 멀고, 이미 저 상실된 하나님의 말에 대하여 아무 것도 모르고 있다.

그러므로 26장(B)은 대체로 더 후기 단계의 것으로 증명된다. 물론 어떤 설화에서 다른 설화로 통하는 직접적인 線은 없다. A와 B는 서로 독립적으로 기본설화에서 형성된 것이다. A가 옛 형태에 더 가깝고 그것을 충실히 따르고 있을 뿐이다. 그러나 24장에서도 위에서 序頭에 관련시켜 밝힌 바와 같이 후기 단계의 것이 드러난다. 두 編修文에서 談論部分들은 平行句의 영향없이 敷衍되었고, 야웨의 행동에 관한 지시도 더 붙어났다. A에서 재판장으로서의 야웨에 대한 시사가 부가되었다면(24 : 12, 15), B에는 야웨가 그를 충동했기 때문에 사울의 적개심이 일어날 수도 있었다는 태고풍의 思想(19절)이 첨가되었다. 이밖에 여기서는 야웨에 의해 기인된 깊은 잠이 언급되었다(26 : 12). 그러므로 傳承史의 과정에서 事件들의 배경, 즉 談論들에서 드러나는 사람들의 思想들을 좀더 뚜렷하게 파악하려는 시도가 있었다. 그러나 실제로 사람들의 사상을 생성시키는 神的인 관여도 분명히 파악된다.

歷史性은 어떠한가? 역사적인 것은 역시 틀, 예루살렘 宮殿에서 일어나는 야웨의 기름부음 받은 자와의 儀禮的인 對話, 다윗의 군졸들이 그들의 지휘관에 대해 나타낸 진정한 열광이다. 그러나 용감하고 관대한 다윗의 성격묘사도 아마 사실대로였을 것인데, 그는 "놀랄정도로 近東的인 독재자에 알맞는 人物"이었다(Gressmann). 별로 신빙성있는 것은 아니지만, 전체로 볼 때, 역시 사울도 적절하게 묘사되었을 것이다. 인물됨의 파악에 있어서 여기의 묘사는 "작은 걸작"이라고 말할 수 있다(Gressmann). 이 民譚은 族長民譚과 같이 오랫동안 口傳으로 떠돌아다니지 않았기 때문에 여기에서는 어느 정도 역사적인 핵심에 접근할 수도 있을 것이다. 王인 사울이 大成功을 한 장군 다윗을 박해했을 것은 확실하다. 십 황무지에 그가 숨어 있었다는데 대한 회상은 확실히 믿을 만하다. 절대로 확실치는 않을지라도 사울이 황무지에 있는 그의 적대자를 추격했으나 성공하지 못했다는 것도 가능한 일이다. 그러나 이 경우 兩者가 가까운 거리에까지 접근하고 다윗의 관대함이 모든 백성 앞에 과시되었다는 것은 아마 民譚文學의 造形的 경향에서 기인한 것이고, 이 경향은 여기서 言語적인 묘사를 얻었을 것이다.

D. 編輯史

A. Weiser, "Die Legitimation des Königs David", *VT* XVI, 1966, S. 325—354. — J. Grønbaek, *Die Geschichte vom Aufstieg Davids*, 1971.

순수한 文獻批判學 時代는 창세기에서와 마찬가지로 여기서도 옛 독립 史料들을 찾고, A와 B를 두 독자적인 文書作品으로 분류했다. 사람들은 여기서 四經文書들인 J와 E의 계속 (L)을 포착할 수 있다고까지 주징했다[14]. 그러나 창세기와 달리 사무엘서에서는 어떤 史料文書들의 확실한 言語的 특유성들도 서로 區劃되지 않는다. 神名의 交替(엘로힘〔אֱלֹהִים〕, 23 : 16; 야웨〔יהוה〕, 26 : 19)도 이를 위해 도움을 주지 못한다. 그러므로 이 平行文은 기본문서와 후기의 改作品이 文獻批判的으로 분리되어야 한다는데서 설명되지 않는가라는 숙고도 정당하게 된다[15]. 兩者擇一이 결정적으로 설명될 수 있는가는 여기서 언급하지 않을 것이다.

여하간 A와 B가 같은 編修者에 의해 口傳 傳統에서 받아들여졌다거나 같은 時代에 처음으로 文書化되었다고는 거의 말할 수 없다. 유사한 두 傳承의 동시적 채용이라는 그런 현상은 先祖할머니의 危機의 경우에는 — 이것이 두 상이한 部族長에 관련되는 한 — 생각될 수 있으나(창 12장과 26장), 여기에서와 같이 같은 人物들에 관한 平行되는 두 英雄民譚들의 경우에는 생각할 수 없다. 歷史叙述家인 編修者 — 이에 관해서는 아래서 다룰 것이다 — 가 가령 23장 19절과 26장 1절에서 보는 바와 같이 그렇게 실제로 반복하였을까? 그러나 무엇보다도 24장은 극히 禮典的인, 맹세에 의해 강화된 平和條約 締結로 끝났으므로, 26장이 같은 史料에 속한다면 사울의 平和條約 違反은 적어도 한마디의 설명이라도 있어야 했을 것이다. 文學的 차이는 두 단편의 문맥을 고찰하면 좀더 명백해진다. 사람들은 이미 오래 전에 25장 1절이 본래부터 24장에 계속되는 것임을 보아 왔다 : 다윗의 보호자 사무엘이 죽자 그는 남쪽 外地로 피신한다. 그러나 25장 2—3절에서는

---

14) 특히 O. Eissfeldt, *Die Komposition der Samuelisbücher*, 1931.

15) 최근에는 H. U. Nübel, *Davids Aufstieg in der Frühe israelitischer Geschichtsschreibung*, Diss., Bonn, 1959. 어떤 후기의 改編者가 아직 기본문서에 들어 있던 통일적인 보도를 24장과 26장 둘로 "뜯어냈다"는 그의 주장은 물론 확실성이 없다.

다윗이 아무런 설명도 없이 돌연 고향인 유다地方에 다시 나타난다. 이것을 기록한 자는 아직 저 逃走를 보도하지 않은 다른 筆者이다. 그러나 25장 2절 이하는 26장과 그리고 다윗이 (다시) 外地로 가되 이번에는 西方으로 가는 27장에 대한 중요한 준비작업이다. 그러므로 이렇게 두 文學的인 단편을 포착할 수 있는데, 그 중 첫째 것(23 : 14—25 : 1)은 다윗의 출현에 관한 앞章의 문맥에 둘째 것보다 더 쉽게 삽입될 수 있다. 왜냐하면 23장 14절에서는 다윗이 22장 5절에서 도달했던 장소에 있고[16], 다윗과 요나단의 언약(23 : 14—18)은 20장을 소급하여 지시하기 때문이다. 다윗이 언젠가 王이 된다는 두번의 확인(23 : 17; 24 : 20—21)은 16장 혹은 다윗이 內密의 王位繼承者로서 王宮에 들어온 17장의 傳承을 암암리에 소급하여 지시하는 것이다[17]. 이에 반해 25 : 2—17에서는 先行하는 전체 연관성에 대한 그와 같은 확실한 소급 지시를 증명할 수 없다.

그러므로 적어도 A는 編輯史的으로 어떤 문헌, 즉 늦어도 다윗의 入闕로 시작되고 그가 온갖 장애들에도 불구하고 이스라엘의 王이 되리라는 하나님의 결정을 실현하는 줄거리로 관철된 문헌의 문맥으로부터 설명하는 것이 가능하다. 이것은 동시에 A의 계속에 관해서도 말해주는 바가 있다. 이 史料는 적어도 사무엘서하 5장의 登極에 이르기까지 승승장구하는 다윗을 묘사했을 것이다. 사울의 자손들을 멸절하지 않고 사울의 이름을 소멸시키지 않으리라는 다윗의 맹세(24 : 21)는 사울의 마지막 직계 후손인 므비발(*개역 : 므비보셋)의 설화(삼하 9장〔16 : 1—4; 19 : 25—31〕)에서 분리될 수는 물론 없다. 이것은 이것대로 다윗의 王位繼承의 歷史인 사무엘서하 7장과 10장 이하 사이에 지금은 밀접하게 삽입되어 있는 章이다. 따라서 A는 아마 다윗의 王權 成立(과 다윗 — 솔로몬 계승에서의 그것의 존속?)을 설명하려는데 관심을 둔 어떤 문헌에 속할 것이다. 이에 의하면 外 類型은 歷史叙述이다. 왜냐하면 특정한 民族에서의 王權成立과 外的 內的 위험들에 대한 그것의 관철 같은 主題들을 추적하는 것은 歷史叙述家 외에 다른 사람일 수 없기 때문이다. 이 編修者가 — 例가 보여주는 바와 같이 — 英雄民譚들을 그의 作品에 수록한 것이다. 현대의 讀者는 自問할 것이다 : 어떻게

---

16) 그 場所의 名命方式에 관하여 : 참조. Eissfeldt, 同上, S. 16.

17) Eissfeldt(동상, S. 16f.)는 여하간 다윗이 王이 되리라는 두번의 확인(다윗이 그의 場所에 머물렀다는 것의 重複〔23 : 18; 24 : 22〕과 함께)을 23 : 14—24 : 22 내부에서 史料區分을 하고 23 : 14b—18을 제 3 의 文書의 構成要素로서 분리해내는 계기로 삼는다. 그러나 이 反復에서 중요한 것은 같은 編修者의 의도적인 강조형식인 것 같다.

이것이 ‘歷史記錄’이라는 類型에 일치되는가?　民譚은 이미 그것이 歷史에 대한 精神作業과는 다른 것에 그 根源을 두고 있다는 점에서 근본적으로 歷史叙述에 부합되지 않는 것이 아닌가?　그러나 古代에서 歷史를 기록한다는 것은 歷史學을 한다는 것을 의미하지는 않는다.　文獻學的 史料檢討들 위에 세워진 전문적인 의미에서의 歷史批判學이 대두한 것은 비로소 2세기 반 전의 일이다.　헤로도트(Herodot)와 투키디데스(Thukydides)도 무수한 民譚的인 資料를 수집했다.　그런데도 그들은 — 그리고 아마 구약성서 歷史叙述家들은 그 이상일 터인데 — 현대적인 歷史硏究의 조상이 되었다.　왜냐하면 이미 한가지는 파악되었기 때문이다.　즉 歷史叙述에 필요한 것은 史料들을 조심스럽게 ·가려내는 일 및 事件들을 이어서 하나의 意味있는 연관성, 즉 歷史로 연결시키는 핵심적인 줄기의 발견이었다.　더 나아가서 어떤 사람 — 설사 그가 아무리 위대할지라도 — 의 生涯의 叙述이 아니라 지도적인 人物들이 그들을 지탱하고 그 나름대로 항상 변천하는 共同體들에 대한 관계만이 歷史를 내용으로 가지고 있다는 통찰이다.　다윗 王朝의 成立을 위한 史料로서 民譚들 외에 다른 것을 가지고 있지 않았기 때문에[18] 이스라엘의 歷史叙述家들은 그러한 資料들을 받아들여야 했던 것이다.　그러나 이 기회에 그들은 이 資料들을 해석하고 그것들에 새로운 종류의 방향을 제공했다.　이것은 A에서 잘 찾아낼 수 있다.　다윗 및 사울 歷史의 포괄적인 연관성을 전제하고 있는 귀절들은 모두 예전에 독립되어 있던 이 英雄民譚들의 경우 나중에 編修者에 의해 삽입된 것이라는 의혹을 사게 된다.　이것은 옛 民譚들의 構造에 害를 주지 않고 해당 귀절들을 분류해 낼 때 있을 법한 것으로 간주되어야 할 것이다.

23장 17절의 “무서워하지 말라. 이는 내 아버지 사울의 손이 네게 미치지 못할 것임이라. 오히려 너는 이스라엘의 王이 되고 나는 네 다음이 될 것이다. 내 아버지 사울도 이 사실을 잘 안다”는 요나단의 말우 사무엘서하에서 비로소 그 目標에 도달하는 事件들을 전망하고 있다. 동시에 다윗의 王權이라는 編修者의 主題는 일관성을 유지하고 있다. 이 命題는 설화의 줄거리로부터 곧 배제될 수 있다.　따라서 이것은 文書化될 때 생긴 것이다.　십사람들에 대한 사울의 명령 중에서 적어도 23장 23 하반절[19] “그가 이 땅에 있으면, 나는 그를 유다의 수천인 중에서 찾아내리라”는 기이하게 보인다. 다

---

18) 삼하 10：6—19; 12：26—31과 같은 소수의 年代記 斷片 혹은 삼하 3：2—5; 5：13—16과 같은 人名錄들과 함께.

19) 22—24절의 불필요성은 이미 Budde(*HKAT*)가 주목했다.

윗이 그 땅에 있다는 것은 십사람들의 이전 보고로 확실하고, 그가 유다의
어떤 部族(수천인)과 관련이 없음도 마찬가지로 확실하다. 그러나 編修者에
게 중요한 것은 그 땅과 그 部族에 대한 王의 관계이다. 이밖에 그는 北이
스라엘 출신인 사울이 南유다인들에게서 확고한 지위를 차지하는데 난점들
이 있음을 알고 있다. 그는 기회를 얻어 이것을 상기시키고 유다의 部族들
(유다의 수천인)에 대한 示唆를 삽입했다. — 사울의 終結談論중 24장 20절
도 기이하다. 왜냐하면 21절과 같은 말의 轉換(“그런데”)이 20절에도 있기
때문이다 : “그런데 보라, 나는 네가 확실히 王이 될 것이고 네손에서 이스
라엘의 王權이 확립될 것을 안다.” 즉 여기서도 王權이 民族 전체에 대한
적대자들의 관계와 마찬가지로 이음節에서 언급되고 있다. 그러므로 최종적
으로 문제된 것은 두 사람에 관한 것이 아니라 그들의 손에 달려 있는 共同
體의 存續이다. 여기서 歷史叙述家는 자신을 표현하고 있다.

그러나 編修者의 손에 귀속되는 것은 이 主人公들이 예속되어 있는 보다
큰 전체에 대한 지시뿐 아니라 아마 事件의 숨은 支配者로서의 하나님에 관
한 언급들의 一部도 그럴 것이다. 동굴 속에 있는 군졸들에 관한 진술은 口
傳傳統에 의해 이미 傳授되어 있었다. 이에 의하면 야웨는 이미 이렇게 약속
한다 : “보라, 나는 네 敵을 네 손에 주리라” (24 : 4, 비교 26 : 8). 그러나
그 동기는 옛 전승의 구조에서는 아마 용납되지 않았을 귀절에서도 나타난
다. 가령 序頭인 23장 14절의 否定 같은 것이다 : “하나님은 그(다윗)를 그(사
울)의 손에 주지 않았다.” 사울에 대한 다윗의 말에서도 마찬가지이다(24 :
10a) : “야웨가 오늘 당신을 내 손에 준 것을 당신의 눈이 보나이다”(전에는
이 귀절의 始初와 上半節의 끝이 미끈하게 연결되어 있었다 : “보소서, 오늘
〔··· 〕 사람들은 〔내가〕 당신을 죽이도록 권유하였나이다”; 지금은 הַיּוֹם
〔오늘〕의 重復이 눈에 띈다). 그 후 사울은 다시 같은 관계에 언급한다(24 :
18) : “야웨는 나를 네 손에 붙였으나 너는 나를 죽이지 않았도다.” 여기서
도 이 귀절은 불필요하게 첨부된 것이다[20]. 이스라엘의 전능한 하나님이 한
집권자를 다른 사람의 손에 붙였다는 것은 編修者에게 있어서 분명히 政治
的 革命의 결정적인 해명근거이다. 이 歷史叙述家는 그러므로 英雄民譚에
정치적 강조점뿐 아니라 종교적 강조점도 부여하고 있다. 왜냐하면 그에게
있어서 歷史와 하나님의 支配는 동일한 것이기 때문이다. 이로부터 추측될
수 있는 것은 ‘야웨께서 “심판”(שָׁפַט, 24 : 12a, 15, 19b)하시기를 원하나이

---

20) אַתָּה אֲשֶׁר(“그런즉”)의 중복은 구전 전수를 위해서는 너무 어색하다.

다'라는 反復된 소원도 文書化될 때 추가되었으리라는 것이다. 이렇게 강조
하여 진술된 소원은 그러한 대결 후에 성취될 수 밖에 없기 때문이다. 讀者
는 이로써 다윗의 결정적 승리에 대한 보도를 기대했으나 독립된 英雄民譚
이 이것을 제공할 수 없었던 반면, 歷史叙述의 계속이 사무엘서하에서 제공
한다. 여기서도 해당 귀절들은 유창한 演說에 삽입되므로, 記錄된 것으로
생각될 수는 있어도 부드럽게 진행되는 실화체로 말해진 것으로는 생각될 수
없다. 編修者에게 있어서 歷史는 동시에 일종의 하나님의 심판이다. — 民
譚을 歷史叙述로 만들기 위해 文書化할 때 첨가된 것은 대개 이미 있던
談論部分들 중에 삽입되었다. 이것은 여기에서만 그렇게 된 것이 아니라 古
代 歷史叙述 어디서나 증명될 수 있는 方法이다.

 물론 포괄적인 문맥에 대한 모든 연결들이 編修者에게 소급된다는 것은
아니다. 적지 않은 부분이 이야기 줄거리에 심하게 뒤얽혀 있어서 이것은
이미 일찍부터 첨가되어 있던 것으로 볼 수밖에 없다. 설사 그것이 26장의
平行形으로 인해 기본설화에 속한 것으로 보기는 어려울지라도. 블레셋 戰線
을 향한 사울의 진군도 여기에 속하는데, 이것은 블레셋 전쟁보도의 연관성
을 전제한 것일 수도 있다. 그러나 무엇보다도 여기에 속하는 것은 지금의
說話에 굳게 뿌리박고 있는 結文, 즉 사울이 죽은 후 그의 자녀들에 대한
다윗의 행동을 암시하고 있는 바, 사울의 이름을 근절하지 않겠다는 다윗의
서약이다. 아마 이것은 요나단 삽화인 23장 14—18절과 관련된 것이리라.
이 설화의 成分들은 확실히 아직 구전 전승 중, 말하자면 B의 平行 傳承이
이미 분리된 후에 첨가되었을 것이다. 이것들은 전에 단편적으로 유포되어
있던 英雄民譚 A가 이미 그것들의 文書化 전에 다른 설화들과 결합되어 다
윗의 興盛에 관한 民譚錄을 이루고 있었음을 전제한다.

 B를 지금의 意味에서 밝히는 것은 여기에 그 포괄적인 문맥이 알려져 있
지 않기 때문에 더 어렵다. 前後의 연결집은 A에서보다 훨씬 빈약하다.
다윗이 王으로 정해졌다는 것은 아무데서도 분명히 말해지지 않았다. 그러
므로 이미 구전 단계에서 첨가된 것은 무엇이며 文書단계에 와서 비로소 첨
가된 것은 무엇인가를 결정하기는 어렵다. 다윗의 두번째 서약이 설화를 위
해 필요하고, 그러므로 언제나 그것에 속해 있었던 반면, 10절의 첫번 서약
은 編修者의 것인데, 이것으로 그는 사울이 어떤 方式으로든 終末을 고하리

---

 21) 이 귀절의 하나님 이해는 A의 編修者의 것보다 훨씬 더 소잡하다. 야웨가 심
술궂게 사람들을 충동질한다는 것은 意味있는 歷史의 原動者로서의 그의 작용에 대
한 어떤 통찰도 인식케 하지 못한다.

라는 신념을 토로한다. 이밖에 사울에 대한 談論에서 두번 나오는 轉換(19, 20절)은 야웨의 "충동"에 대한 示唆가 文書化될 때 첨가되었다는 것으로 설명될 수 있을 것이다[21]. 심한 반성의 餘韻을 풍기는 귀절인 23절, 즉 야웨는 인간에게 그의 善行을 돌렸다는 것도 이 때 생겼을 것인데, 이것은 더 단순하고 더 구체적인 24절의 진술들에 대한 重複의 역할을 한다. 그러므로 B의 경우에는 編輯史的으로 밝혀질 수 있는 것이 별로 없다. 英雄民譚의 文書化가 이것을 더 큰 外 類型, 즉 "歷史叙述"에 배열해 넣었는가, 그렇지 않으면 무엇이 이 글의 類型이었는가 조차도 아직 분명하지 않다.

A와 B에서 첨가된 外 類型들의 삶의 자리는 처음 경우 (A)에서만 어느 정도 신빙성있게 규정될 수 있다. 그곳에서는 예루살렘 王宮이라고 할 수 있는데, 이곳은 아주 初期 時代의 그런 歷史叙述이 생각될 수 있는 유일한 장소이다.

§12. 聖書의 民譚들

A. 樣式의 一般的 特徵들

"民譚"이라는 표현은 說話에 대한 많은 同時代人들의 관심을 타격적으로 소멸시켰다. 왜냐하면 그들은 19,20세기의 實證主義에 의해 腐蝕되어 있었기 때문이다. 民譚들 — 어떤 言語領域에서 생긴 것일지라도 — 이 흔히 역사적 報道들을 훨씬 능가하는 內的 眞理를 가지고 있다는 것우 獨文學者들에 의해 그림 (Grimm)兄弟의 時代 이래 거늠 증명되어 왔다. 물론 이 영향은 일 반에게는 미치지 못하고 말았다. A. Jolles의 상세한 叙述을 들 수 있다 : *Einfache Formen*,(제2판, Halle, 1956; 제2판 Darmstadt-Tübingen, 1958). 民譚硏究의 現況에 대한 槪觀 : L. Röhrich, *Vergleichende Sagenforschung*, L. Petzoldt편, Wege der Forschung 152, 1969. 樣式上의 特徵들을 위해 중 요한 것 : A. Olrik, "Epische Gesetze der Volksdichtung", *Zeitschrift für deutsches Altertum und deutsche Literatur* 51, 1909, S.1—12. — 성서영역 에서는 거의 Gunkel 홀로 民譚의 樣式들을 다루었다. 특히 그의 탁월한 창 세기 註釋을 위한 序論에서 : "Die Sagen der Genesis"; 간단히는 : *RGG* [2]V, S. 41—64의 "Sagen und Legende" 項目에서 (W. Baumgartner와 G. Ber- tram)[1]. 樣式言語의 세부적 관찰들 : Hempel, *Literatur*, S. 84—87과 A. Schulz(참조. §11).

先祖할머니의 危機와 황무지에서의 다윗과 사울의 마주침에 관한 說話들은 內容上의 相異性에도 불구하고 說話方法의 특징에 있어서 일치하는 점들이 많다. 놀랍게도 이 一致點들은 창세기로부터 열왕기하에 이르는 책들 중 에 있는 다른 資料들에 대한 樣式史學的 관찰의 成果들뿐 아니라 올리크 (Olrik)가 폭넓게 "全 유럽 民譚文學"의 法則들이라고 증명해 놓은 것과도 상응한다. 우리는 結文에서부터 시작하자! 先祖할머니의 危機도 황무지의 다윗과 사울도 긴장의 해소(談論에서의)에서 돌연히 끝나지 않고, 激昻된 분 위기를 가라앉히는 終結을 뒤따르게 한다. 올리크는 바로 이것을 유럽 民譚 들의 終結法[2]이라고 부른다. 이 民譚들은 가령 한쌍의 연인들의 죽음이 아니 라 무덤에서 솟아나는, 그러나 그 가지들이 서로 얽히는 두송이 장미꽃으로

---

1) 참조. *RGG* 제 3 판에서는 "Sagen und Legenden" 項目이 훨씬 더 짧아졌다. — Eissfeldt, *Einleitung*[3], S. 50—56. — C. Westermann, "Arten der Erzählung in der Genesis", *Forschung am AT*, ThB 24, 1964, S. 9—91. — Lüthi-Röhrich- Fohrer, *Sagen und ihre Deutung*, Evang Forum 5, 1965.

2) Schulz, S. 35 : "완화시키는 結文".

끝난다. 여기서도 前者에서와 같이 앞에 나온 事件의 줄거리는 아주 소수의 人物들과 대상들에 국한된다. 원래 세 그룹의 등장인물만이 각기 설화중에서 청중의 시선을 끈다. 가령 창세기의 例에서는 先祖와 그의 아내, 敵國의 王, 혹은 사무엘서의 例에서는 사울과 다윗, 그의 부하들. "이 三이라는 數字만큼 분명하게 많은 民俗詩를 現代詩와 현실로부터 구별하는 것은 아무 것도 없다" (Olrik). 등장인물의 三이란 數는 場面의 二重性이란 法則에 의해 보충된다. 동시에 등장하는 것은 오직 두 人物(그룹)뿐이다. 새로운 人物이 등장하면 다른 하나는 퇴장한다. 다윗이 그의 王 사울과 對面해 서 있을 경우 說話者는 전에 다윗과 이야기하던 부하들에 관해서는 언급하지 않는다. 外國의 王이 아브라함 혹은 이삭과 이야기하면 그의 아내는 후퇴하고 무언의 엑스트러가 된다(창 20 : 15—16에서 아비멜렉이 동시에 아브라함과 사라에게 말을 한 것은 이 章 다른 귀절에서와 마찬가지로 民譚의 樣式이 이미 파괴되었음을 보여주는 것이다). 이런 說話들에서는 등장인물의 數가 많을지라도 力點은 반드시 主人公에게 집중된다. 황무지에서의 마주침에 관한 民譚은 사울이 아니라 다윗을 위해 전해진다. 창세기에서의 중심점은 外國의 王이 아니라 先祖이다. 모든 등장인물은 對極的으로, 즉 예리하게 대립시켜 묘사된다 : 정처없이 떠도는 先祖에 대해 자기 지역에서 만능한 支配者, 고결한 다윗에 대해 박해에 광분하는 사울이 대립된다. 현대 독자는 이러한 對極化를 과장으로 느끼게 된다. 그러나 이것은 民譚說話者에게 있어서 틀림없는 현실이었다. 그는 生을 善과 惡, 勇氣와 卑怯, 美와 醜 같은 강한 대립 외에서는 경험하지 못했기 때문이다.

전체를 보면 說話體로 꾸미고 그것에 특별한 강조점을 주는 것과 함께 一線性(Einsträngigkeit)이 특징적이다. 說話者는 처음의 분규에서부터 차근 차근 事件을 따라간다. 리브가/사라는 閨房에서 사라지는가 하면, 王은 과오를 깨닫고, 이삭/아브라함에게 답변을 요구하며 그 아내를 되돌려 준다. 이것은 단순한 순서에 따라 진행되고 중요하지 않은 것들과 부수적인 것들은 모두 생략된다(창세기 20장은 過去回顧的인 叙述로 이야기 본래의 줄거리를 벗어나고 있는데, 이것은 類型의 변천을 시사해준다). 설화자는 비슷한 과정들을 두번 혹은 세번 반복하기를 즐겨하나 이것은 이야기의 漸層法을 위한 것이다. 이런 경우에는 마지막 試圖에 와서야 소기의 목적을 달성한다. 가령 사울은 두번이나 다윗을 향해 出戰하나 첫번 경우에는 블레셋인들 때문에 回軍할 수 밖에 없었다(삼상 23—24장). 다윗은 우선 아브넬을 부르고 그 다음에 두번 왕을 향해 말하기 시작한다. 이 경우에도 그 중 마지막 것이 결정적이다(삼상 26장). 밤중의 꿈에 아비멜렉은 두번 하나님의 말을 듣는데, 처음 것은 그의 처지를 절망적으로 보이게 하고 둘째 것이 비로소 出口를 열어준다(창 20장). 그러므로 이런 반복들의 경우 지배적인 것은 結文強調法이다: 즉 최종 단계가 결정적인 것이다.

이와 같이 유럽의 民譚들과 구약성서의 것들을 비교해보면, 全 구약성서의 資料들이 古代 近東의 民譚들뿐 아니라 그리스의 민담들과도 놀랄만치 흡사하다는 것은 이상한 일이 아니다. 여러 民族들의 입을 통해 流布되어 있던 放浪者民譚들(Wandersagen)이 구약성서에 받아들여졌음이 분명하다: 가령 입다의 서약(삿 11장)이나 神의 사람 셋이 族長의 집에 체류한 일(창 18장[3]). 이것은 물론 여기서나 저기서나 民譚이 모두 동일하다는 것을 의미하는 것은 아니다.

즉 유럽의 민담들과 이스라엘의 민담들 사이에는 같은 民譚資料의 경우에도 독특한 차이 혹은 특징적인 변조들이 있다[4]. 올리크가 증명한 것같이 모든 법칙이 구약성서에 적합한 것은 아니다. 구약성서에는 說話가 相對者들의 실제적인 접근에서 절정을 이루게 하는 중요한 造形의 법칙이 없다. 그 대신 절정은 談論에 의해, 대개는 對話에 의해서도 부각된다. 外國의 王이 族長에게 해결책을 말하고, 사울이 다윗의 內的 우월성을 시인한다. 다윗이 사울의 옷자락 혹은 창에까지 가까이 감으로 (미리) 위험스러운 실제적 접근에 이르나 그것이 설화의 절정은 아니다. 창세기에서의 저 순간, 즉 先祖할머니가 外國王의 閨房에 들어가는 그 순간도 역시 절정은 아니다. 여기서는 相對者들의 상호접근이 분명하게 표현되지조차 않는다. 바로 "歷史의" 轉換을 일으키는 인간의 말을 높이 평가하는 것은 이스라엘 특유의 것이며, 확실히 歷史에 작용하는 하나님의 말의 가치평가와 연결시켜 보아야 할 것이다. 始初의 분규도 민담에서는 談論에 의해 표현될 수 있다: 가령 어떤 의미에서는 아브람의 談論(창 12장)도 그렇다(더 분명한 것은 창 2 : 18; 6 : 7; 18 : 17 이하; 이런 경우에는 대개 독백이다)[5]. 談論이 얼마나 중요

---

3) W. Baumgartner, "Israelitisch-griechische Sagenbeziehungen", in: *Zum Alten Testament und seiner Umwelt*, 1959, S. 147—178.

4) 이에 관해서 주목할 만한 평행현상으로서는 독일지역에서 일어난 그리스도교 이전의 민담들의 그리스도교적 改作을 들 수 있다. 비교. Röhrich, *Vergleichende Sagenforschung*, S. 233 ff.

5) 啓發的인 것으로는: N. Bratsiotis, "Der Monolog im Alten Testament", *ZAW* 73, 1961, S. 30—70: 그가 독백을 독자적인 類型이라고 단정하는 것은 물론 잘못이다.

한가는 긴 對話들이 說話者에 의해 나누어지는데, "또 그가 말했다"라는 표
현이 談論 도중에 다시 삽입되면서 이루어진다는 데서도 드러난다 : 창 20 :
9—10; 삼상 26 : 9—10(창 21 : 10—11; 삼상 17 : 10, 30등)[6]. — 유럽 특히
게르만의 민담들과 비교하면 본래는 호전적인 것이 현저하게 후퇴된 것을
알 수 있다. 양편이 서로 무기를 가지고 대치해 있는 곳에서 조차 그렇다.
사울과 다윗 사이는 결국 결전으로 번지지 않고 만다. 이것은 언제나 한-
하나님-신앙에 의해 규정된 주도적인 종교적 경향과 마찬가지로 이스라엘
적이다. 神의 관여가 결정적으로 함께 역할을 하지 않는 설화는 거의 없다.
先祖할머니의 외국 체재의 경우이든, 이스라엘 내부에서의 사울과 다윗 같은
남자들 사이의 대결들의 경우이든 같다. 神적인 말은 이런 경우에 事件進行
에 결정적으로 작용하고 이것은 또 설화의 절정에서뿐 아니라 다윗에 대한
부하들의 것과 같은 종속적인 담론에서도 일어난다(敵에 대한 승리의 약속
을 지적하면서, 삼상 24장과 26장). 그것은 언제나 이스라엘에게 나타나는
한 하나님이다. 그러므로 그리스 萬神殿의 色調板뿐 아니라 게르만의 巨人
들과 난장이들, 유령들, 귀신들의 중간세계도 없다. 神話的 표현들은 별로
없다. 악마 및 죽은 자들에 관한 民譚같은 類型들은 이스라엘 信仰에서는
불가능하다. — 그러므로 올리크의 법칙들이 검토없이 구약성서에 전용될 수
없을지라도 어느 정도의 일치성들은 민담이라는 개념의 사용을 여기서도 저
기서도 정당화 시켜준다.

B. 이스라엘 民譚文學의 두 段階

올리크는 이미 民譚들이 그 樣式的인 特有性뿐 아니라 그 자체의 論理도
가지고 있다는 것을 지적했었다. 그후 욜레스(Jolles)는 게르만과 그리스,
이스라엘의 例들을 토대로하여 民譚들의 成立을 촉구한 특별한 精神活動을
부각시키는 試圖를 했다. 이미 언급된 바와 같이 그의 주장에 의하면 世界
는 親族關係로서 모든 民譚文學의 토대를 이루고 있다. 민담에서 部族 혹
은 民族들이 등장하면 血族으로서 취급된다. 救援史는 親族史로 變造된다

---

6) 중요한 人物은 그렇지 못한 人物보다 더 길게 말한다. 그러나 히브리적 談論에
서는 언제나 말이 적다. **J.** Hempel, *Geschichten und Geschichte im AT.*, 1964, S.
154—164.

(神들의 世界를 감안할 때도 친족관계가 강조된다)[7]. 그러므로 系譜들의 傳承은 民譚文學의 필연적인 隨伴現象이다. 이러한 標識들은 구약성서 도처에서 중요한 역할을 하고 있다. 창세기는 가령 王들 혹은 支配者들이 아니라 개체 家族을 주제적으로 취급하며, "우물과 물통들에 관한 이야기, 침실에서 일어난 이야기"를 수록하고 있다[8]. 集團的인 勢力들은 알려져 있지 않다. 한 軍隊의 승리는 家長의 승리가 된다. 그러나 說話의 主人公들은 독자적인 개인이 아니다. 그들의 성품들은, 善하든 惡하든, 氏族의 標識이다. 이러한 精神活動은 특히 流浪하는 部族들에게서 旺盛하다. 반면 國家들이 형성되는 곳에서는 위축되고 그때에는 農夫들의 集團에서만 간신히 보존될 뿐이다. 國家槪念은 옛 아이슬랜드에서와 같이 이스라엘에서도 民譚을 驅逐했다.

욜레스의 論題들이 아무런 반박도 받지 않은 것은 아니다. 펫취(Petsch)[9]는 獨逸民譚들 가령 '하멜튼의 쥐잡이' 혹은 '바보짓하는 양반들'은 世界를 친족관계로 보는 관점과는 거리가 멀다고 반박했다. 펫취는 넓은 의미에서 英雄的인 것이 民譚文學 본래의 배경 ― 그것이 戰士다운 勇氣이든 종교적 성스러움이든, '하멜튼의 쥐잡이' 같이 악마적이고 잔인한 성질이든 ― 이라고 주장한다. 따라서 민담은 "영웅적인 것에 대한 특별한 이야기"이다. 욜레스가 英雄民譚을 철저히 親族民譚에 예속시키고 英雄은 개인이 아니라 한 氏族의 영웅적인 대표자라고 본데 반해, 펫취는 정반대 입장을 취하고 親族民譚을 英雄民譚에 종속된 것으로 보았다[10].

구약성서에서 보면 욜레스에 대한 펫취의 反論은 다윗에 관한 民譚이 세계를 친족관계로 보는 관점에 의해서는 밝혀지지 않는다는 점에서 옳다. 다윗이 그의 위험한 길(삼상 26장)을 갈 때 그의 사촌 아비새가 護衛한다는 것은 아마 우연이 아닐 것이다. 그러나 바로 그 옆에는 異種族인 헷사람이 있다. 만일 친족관계가 끊기지 않고 전제되려면, 요나단과 사울은 한패가 되어

─────────

7) 이점에 神話와의 유사성이 있는데, 이것은 자주 종속적 構成을 야기시켰다. 비교. J. Grimm: "모든 民譚의 토대는 神話이다··· 이러한 神話的 토대없이 民譚은 파악될 수 없다." Jolles, 제2판, Halle, S. 76; 제2판, Darmstadt-Tübingen, S. 92.

8) Gunkel, *Genesis*, S. IX.

9) "Die Lehre von den 'Einfachen Formen'", *DVfLG* X, 1932, S. 335ff.

10) 때때로 Gressmann 은 民譚에 관해 비슷하게 쓰고 있다 : "民譚에서 모든 事件들은 그 위에 人物들을 세우려는 柱脚일 뿐이다." *SAT*[1] II, 1, S. 263. (제 2 판에서 柱脚은 "발판"으로 格下되었다 !).

행동했어야 할 것이다. 그런데 이 경우는 그 정반대이다. 그러므로 욜레스
가 표명한 바와 같은 저 精神活動에 의한 설명은 다윗民譚을 위해서는 불충
분하다. 반면 창세기 民譚을 감안할 때 극히 분명해 지는 것은 그것의 토
대가 펫취의 의도와 같이 그렇게 일반적으로 파악된 영웅적인 것이 아니고,
여기서는 욜레스의 타당성이 인정되어야 한다는 것이다. 이로부터 명백해지
는 것은 이스라엘民譚이 遊牧民的인 "族長들" 및 그 사람들의 시대로부터
定着을 자명하게 전제하고 있는 초기 王國時代에 이르기까지 심하게 改作
되었다는 것이다. 적어도 이스라엘에는 불변적인 精神活動에서 생겨나고 언
제나 변하지 않는 "단순한 樣式"으로서의 民譚은 없다. 궁켈[11]이 이미 확인
한 바와 같이 두 段階가 예측되어야 할 것이다. 처음에는 초기 族長民譚이
있고 후에 民族英雄의 民譚이 나타나는데, 이것은 차라리 農民的-民族的
民譚이라고 일컫는 것이 낳을 것이다. 왜냐하면 이 민담은 定着과 前이스라
엘적 意識을 전제하고 있기 때문이다. 제2단계에서도 민담은 결코 역사적
으로 정리되지 않았다. 여기서도 정치적 계기들은 개인적인 것으로 변한다.
다윗은 사울의 食客에 속하는 명문출신의 유명한 군인으로서 등장하고 정치
적 발전에 의하지 않는다[12].

궁켈과 그레스만은 물론 아직 이런 民譚들의 근저에 놓여 있는 특유한 精神活動을
추적할 수 있는 형편에 처해 있지 않았다. 사람들은 단순히 類型의 成立을 역사적 回
想들과 古代 詩資料들의 단순한 合成으로 생각했다[13]. 궁켈이 先祖할머니의 危機에서
본 것은 아브라함과 이삭의 外國 遍歷이 가능한 역사적 배경이라는 것으로, 아내를
되찾는 주제만은 다른 史料들 즉 童話主題들로부터 자라났다는 것이다[14]. 이미 바움
가르트너(Baumgartner)[15]가 이 관점을 지나치게 일방적이라는 이유로 비난하였으나
다른 해결책을 제시한 바는 없다.

遊牧民的인 族長民譚이 農民的인 民族民譚으로 변한 것을 樣式言語로 표
시하면 간결한 文體에서 詳細한 文體로 넘어가는 과정으로 특징지을 수

---

11) *KdG*, S. 71.

12) 이 과정은 메소포타미아 지역에서 수천년 전에 수행되었다. 이미 수메르語의
叙事詩는 英雄民譚들을 전제하고 있다.

13) "詩的"이라는 말 대신 오늘날에는 "神話的"이라는 말을 즐겨 쓴다. 참조 v. d.
Leeuw, *Phänomenologie der Religion*[2], 1956, S. 472 : "民譚은 도중에 어떤 장소 혹
은 어떤 歷史的 事實에 결부되어 있는 神話이다."

14) Gunkel, *Genesis*, S. XXVI. 비교. Gressmann, *SAT*[2] I, 2, S. 10—13.

15) *RGG*[2] V, S. 43; Jacob은 다르다 : *RGG*[3] V, S. 1302. — "이 '부수적인 것'은
모든 民譚들 중에서···유동적인, 임의로 첨부되는 二次的인 것으로 과소평가될 수
없다." Kraus(참조. 아래 C), S. 327. 비교. S. 323.

있다. 가장 옛 傳承들이 단지 꼭 필요한 것만을 보도하고 談論은 아주 요약
해서 수록하며 內的 心理的 상태는 언급하지 않는 반면 — 특히 창세기 12
장 10절 이하에서 두드러지게 나타난다 — 둘째 단계에서는 談論들이 확대
된다. 事件의 줄거리는 "小說的"으로 상세하게 꾸며지고 그 情緒들은 다음
과 같은 文章으로 분명하게 표현된다 : "그 후 다윗은 양심의 가책을 받았
다"(삼상 24 : 5; 삼하 24 : 10). 族長時代의 民譚들은 이 둘째 단계에서 생
생하게 존속했고 계속 전승되었기 때문에 그것들은 부분적으로 새로운 文體
와 새로운 熟考에 적합하게 되었다. 이때에는 族長들에 대한 관심은 氏族의
先祖 혹은 部族의 우두머리로서가 아니라 특히 모세 및 여호수아 民譚들에
서 — 물론 창세기 20장에 나타난 아브라함의 모습에서도 — 인식할 수 있
는 바와 같이 이스라엘의 대표자로서 나타난다[16].

간결한 族長民譚과 詳細한 農民的-民族的 民譚은 오직 이 개념을 廣義的으로 파
악할 때에만 類型으로 간주될 수 있다. 이것들은 오히려 본래 精神活動으로, 이것은
모든 구체적인 例에서 곧 하나의 下位型으로, 그리고 그와 함께 좁은 의미에서 한 類
型으로서 명백하게 나타난다. 族長民譚은 民族學的 (先祖할머니의 危機) 혹은 地名根
源學的 民譚 (가령 소돔과 고모라)으로, 農民的-民族的 民譚은 英雄民譚으로 (황
무지의 사울과 다윗) 혹은 聖戰民譚 (사사기에서 대개 그렇다)으로 등장한다. 특히
啓發的인 것은 前者의 類型들인데, 이것들은 族長民譚 단계에서도 農民的-民族的
民譚 단계에서도 成立될 수 있는 類型들이다. 그러므로 가령 祭儀創建民譚이 있는데,
이것은 거룩한 場所의 成立을 그의 崇拜對象들로서 설명하며, 詳細한 農民的-民族
的 文體(법궤설화, 삼상 4—6장과 삼하 6장)로 혹은 간결한 옛 文體(가령 창 32 : 23
이하, 브니엘의 야곱)로 되어 있다.

王國時代의 발전과 함께 이스라엘의 民譚形成은 중단된다. 여하간 후기에
形成된 구약성서의 문헌들은 이미 民譚들을 수록하고 있지 않다. 그리고 우
리에게 보존되어 있는 이스라엘 文學이라고는 유감스럽게도 斷片的인 것밖
에 없는데, 이것으로서는 이 사실이 설명되지 않는다. 오히려 여기서도 모
든 國家形成은 民譚에 대하여 적대적이라는 욜레스의 命題가 확인되는 것
같이 보인다[17].

---

16) 또는 이것들이 가정에서 일어나는 인간의 기본행동의 例들이 된다 : Eissfeldt,
Einleitung[3], S. 353; 同, *Stammessage und Menschheitserzählung in der Genesis*, 1964.
17) 이스라엘 후기의 **産物**로서 우리가 소유하고 있는 것은 傳說들(Legenden) 뿐이
다. 참조. § 16.

C. 독자적 精神活動으로서의 民譚

이스라엘 民譚은 두 段階에서 그 행동과 운명이 초개인적 意義를 지닌 개체 인물들을 묘사한다. 이삭 혹은 아브라함이 農耕地 住民들을 대할 때 두려워하며 체험한 것이 그들의 氏族 혹은 部族同盟의 경험에서 특유한 "言語動作"(Jolles)으로 종합되었다. 다윗이 관대하고 대담했던 것같이 그에 관해 이야기하고 그를 존경하는 부하들은 스스로를 관대하고 대담한 자로 느낀다. 적어도 그들은 그들의 王같이 되기를 바란다. 하나님이 族長 혹은 王을 돕는 方式은 곧 이야기를 전하는 그룹에 대한 하나님의 관계를 위해서도 특유한 것이다. 이러한 관련들은 이스라엘인에게 자명한 일이었다. 그들에게 있어서 개인과 인간集團의 관계에 대한 특정한 이해가 자명하였기 때문이다. 개인은 경우에 따라서는 자신의 결심으로 벗어날 수도 있는 자유롭고 독자적인 社會의 一員으로 간주되지 않고, 이른바 集團이란 줄기에 붙은 지체이다. 集團은 — 그것이 家庭이든 部族이든 혹은 民族이든 간에 — 본래 책임적인 독자적 存在이고 "連帶的 個人"(körperschaftliche Persönlichkeit)[18]으로서 하나님 혹은 다른 인간들의 연합체들을 大我(Groß-Ich)의 方式으로 대한다. 구약성서 중 어디서도 連帶的 個人(Corporate Personality)의 이해가 이 信念에서 전 同盟體의 운명을 "個人的"으로 보도하는 民譚들에서와 같이 그렇게 분명하게 나타나는 곳은 없다. 이 사실은 이스라엘 民譚形成의 두 단계에 해당하는데, 단지 초기에는 氏族이 더 강하게(先祖할머니의 危機의 경우), 후기에는 民族이 더 강하게(황무지의 사울과 다윗의 경우) 連帶的 個人으로서 강조될 뿐이다.

두 例에 의한 槪觀은 성격상 윤곽적인 것을 넘지 못한다. 그러나 이것은 이미 왜 民譚이 아주 진지하게 다루어야 할 옛 이스라엘과 기타 지역에서의 精神活動인가를 분명히 해준다. 世界를 親族關係 혹은 英雄들의 무대로 보는 관점은 다른 精神活動들 가령 歷史(Historie)와 나란히 그 독자적 정당성을 소유하고 있다. 그러므로 초자연적인 것 — 혹은 아마 있을 법하지 않은 것 — 을 제거함으로 民譚들을 곧 역사적 핵심에 성급하게 환원시키고, 그 다음에 마치 역사적 事件들의 꽃 같은 장식들에 지나지 않는 양 歷史的 叙述들 중에 삽입하는 것은 옳지 않다. 민담은 전혀 다른 어떤 것으로서, 過去보다는 現在에 더 관심을 기울인다. 민담은 靈感을 주고 感動시키며 권

---

18) 참조. S.234 註 28.

고하고 특히 추어올리면서 청중에게 은연중 世界에서의 자신의 자리를 의식
하게 한다. 청중은 이야기에 마음을 빼았기고 그 이야기의 事件들 속으로 끌
려 들어간다. 민담에서는 그때 그때 특정한 共同體가 진술되며 무의식중에
그의 관심사와 목표들이 밝혀진다. 즉 民衆의 입이 이것을 말한다[19] 그러므
로 "文書化"는 民譚類型들의 죽음을 뜻한다. 이 類型들은 오직 口傳 傳承에
서, 그리고 동시에 많은 變形들 중에서만 살아 있다. 이 類型들이 설사 —
역사적 판단에 있어서 — 人物과 事件들을 과장할지라도 아주 특유한 관점
에서 보여지는 世界의 現實을 固守한다. 이 現實은 경우에 따라서는 未決의
結末(다윗과 사울) 혹은 실패로도 끝난다. 歷史家는 이런 傳承들을 충분히
이용할 수 있을 것이다. 그러나 그는 이것들을 우선 社會學的인, 文化史的
인, 精神史的인, 宗敎史的인 狀況을 위한 증언들로 받아들이면서 민담이 들
어 있는 歷史的 틀을 추궁할 것이다. 경우에 따라서는 제 2 線에서 비로소 어
떤 역사적 핵심 즉 다소간에 좀더 분명하게 年代를 규정할 수 있는 개체 事
件들을 찾을 수 있을 것이다[20]. 硏究家는 물론 그가 그런 역사적 물음을 함
으로써 설화의 본래적인 관심사와는 "대각적으로" 서 있음을 반드시 의식하
게 될 것이다.

왜냐하면 民譚은 詩(Dichtung) 보다도 더 객관적 인식을 제공하지 못하
기 때문이다. 善과 惡, 고상한 것과 속된 것이 무엇인가에 관해서는, 그런
관점들이 그 이야기 사이에서 어느 정도 잘 울려나오는 만큼 설화자는 자신의
판단을 고의적으로 배제한다. 민담은 분명하게 평가하지 않고, 그러므로 우리
가 생각할 수 있는 어떤 歷史叙述보다 모든 의식적인 경향으로부터 훨씬 더
자유하다[21]. 이 경우에 詩는 물론 歡談(童話에서 묘사되는 바와 같이) 혹은

19) "여하간 순수하고 완성된 民俗民譚에 속하는 것은 두가지가 있다. 하나는 그것
이 입에서 입으로 전해졌고 그러므로 민요처럼 共同體에 의해 적절히 세련되어 있어
야 한다는 것이다. 둘째로 그것은 이야기하는 기쁨에서 생겼어야 한다." M. Lüthi,
Volksmärchen und Volkssage, 1961, S. 46. — "대부분의 (獨逸) 죽은 자에 관한 民
譚들은 동시에 正義에 관한 民譚이기도 하다. 이것들은 그의 信仰表現들뿐 아니라,
그의 倫理的-法的 견해들에 관한 것이기도 한 民衆의 自己陳述들이다." Röhrich,
Vergl. Sagenforschung, S. 229.

20) "그러므로 단지 民譚의 핵심만이 歷史的이라는 것은 아 다. 설화자의 現在에
까지 미치는 경험도 역사적이다.": v. Rad 는 이렇게 "原初的 經驗"과 "二次的 經驗"
사이를 분리한다(*ThLZ* 88, 1963, Sp. 411). — 그 핵심의 "신빙성"이 民譚類型들의
분류를 위한 척도일 수는 물론 없다; Bentzen, *Introduction* I⁶, S. 233.

21) "그러나 이 옛 民譚들의 특유한 詩的 매력을 아는 자는 이 說話들을 단지 散文
과 歷史로 간주할 수 있을 때에만 그 가치를 인정할 수 있다고 생각하는 야만인들 —
경건한 야만인들도 있다 — 에 대해 분노를 느낄 것이다. 그러므로 이런 說話가 民譚

예술적 기교(叙事詩에서와 같은)의 무제약적인 方式으로 파악될 수 없다[22]. 우리들 후세인들은 민담을 곧 소박한 文學으로 간주할지라도, 설화자들에게 있어서는 그것이 순수한 현실성이었다. 그들은 世界를 민담적으로 체험했기 때문이다[23]. 가령 호머의 叙事詩의 歌人들과는 달리 民譚 說話者들은 보도된 것의 現實性에 대한 신념을 가지고 있었다. "성서의 史話들은 호머의 것들처럼 우리의 총애를 얻으려고 애쓰지 않고 우리의 마음에 들고 우리를 매혹시키기 위해 우리에게 아첨하지도 않는다 ― 오히려 그것들은 우리를 굴복시키려고 한다 ― 우리가 그것을 거부하면 우리는 곧 반역자이다." 아우에르바하(Auerbach)의 이런 명제들은 물론 모든 원래의 민담에 해당된다[24]. 이 命題들이 보여주는 것은 民譚이 아주 진지하게 받아들여져야 할 精神活動이라는 것이다. 이 경우 특별한 역할을 하는 것은 물론 구약성서의 民譚들인데, 이것들은 이미 文學史的으로 본 바 "世界文學 全般에 걸쳐 存在하는 것 중 가장 아름답고 가장 고상하고 가장 매혹적인 것"에 속한다[25].

D. 神學的 評價

H.-J. Kraus, "Gedanken zum theologischen Problem der alttestament-lichen Sage", *EvTh* 8, 1948/49, S. 319—328. G. v. Rad, "Hermeneutische Probleme der Genesiserzählungen", in: *Das erste Buch Mose* (ATD), [1]1949, [5]1958, S. 22—33.

지금까지 詳論된 것은 슈퇴커(A. Stoecker)가 이미 60년 전에 피력한 命題

이라는 判斷은 이 설화에서는 결코 나올 수 없고, 판단하는 자가 이 설화의 詩的인 아름다움에 관해 무엇을 느끼고 이 설화를 그렇게 이해했다고 믿은 것을 言明할 뿐이다." Gunkel, *Genesis*, S. XII.

22) 이것은 公的인 祝祭에서 朗讀을 위해 등장하는 특별한 설화자 계급이 이스라엘에 있었다는 Gunkel의 주장이 옳은 경우에도 해당된다.

23) W.-E. Peuckert (*Sagen*, 1965)는 獨逸 民譚들이 진지하게 생각된 나-說話(Ich-Erzählung)들로부터 어떻게 생길 수 있는가를 보여준다(S. 11ff.).

24) *Mimesis*², S. 17. 대체로 아주 훌륭한 이 책의 序論章에 있는 弱點은 그리스의 叙事詩(Epos)를 구약성서의 民譚, 즉 각이한 두 類型들을 비교하고 그렇게 함으로 民譚 一般의 特有性을 지니고 있는 많은 부분을 특별히 구약성서적인 것으로 간주한 것이다. 이스라엘적 特有性에 관한 것으로 더 적중된 것은 위에서 든 引用文의 계속이다 : "그것들 중에는 가르침과 약속이 구체화되어 있다." 왜냐하면 이것으로 사실 구약성서의 설화들에서 특유하고 여기에서 야웨에 의해 확약된 땅에서의 다윗의 체류가 문제된 사무엘상 26장의 英雄民譚에서도 일역을 담당한 한 점을 시사하기 때문이다.

25) Gunkel, *RGG*² V, S. 49.

들을 진지하게 확인하는 것이다 : "성서의 太古史에 民譚들과 民譚的인 要素
들이 들어 있음은 확실하다. 이를 거부하는 것은 헛수고이고 또 지금이 바로
이 사실을 신실한 그리스도교인들에게 기탄없이 말할 때이다"[26]. 이것은 오
늘날까지 어디에 民譚들이 있으며 그것들이 무엇을 의미하는지를 교회들에
대해 명백하게 하려고 노력하지 않은 교회 宣敎의 심한 태만을 지적한 것이
다. 그 대신 사람들은 오히려 아주 단조로운 실증주의의 思潮에 젖어서 이
른바 정확한 歷史라는 것의 유일한 진리를 자랑했다. 사람들은 이런 식으로
의심없는 태도를 취할수록 그만큼 더 신실하게 행동하는 것이라고 착각했다.
그러므로 현대에 와서 다른 사람도 아닌 바르트(K. Barth)가 民譚의 神學的
인 위치를 詳細하게 다루었다는 것은 높이 평가되지 않을 수 없다. "실제로
많은 民譚(과 傳說 및 逸話도 !)을 포함하고 있다는 것은 성서적 증언의 본
질과 대상에 관련된 것이다"[27].

어떤 성서의 說話가 民譚的이라고 하는 認識은 그 說話의 지위를 格下시
키지 않는다. 民譚은 文學的으로 엮어진 現實性이다. 누구나 아는 바와 같
이 구약성서에는 시편 혹은 욥기 같은 위대한 詩的 作品들이 들어 있다. 文
學은 科學에서는 도달할 수 없는 人間現存에 대한 통찰들을 가능하게 하기
때문이다. 그러므로 文學은 인간에 관해 궁극적으로 즉 하나님에 관련시켜
거론하는 곳에서는 불가결한 것이다. 그렇다면 왜 民俗文學도 神의 啓示의
道具일 수 없다는 말인가? 누가 감히 世界와 歷史의 主人에게 人間에 대한
그의 뜻을 오직 歷史的 報告書에 의해서만 宣布해야 한다는 규정을 정하겠
는가? 구약성서의 가장 옛 부분들이 民譚的이라는 認識의 流布는 시간의
명령이고 그리스도교인(과 非그리스도교인)을 위해서도 결정적인 所得이다.

구약성서에 歷史叙述이 들어 있는 것도 논란의 여지가 없다. 사무엘서하 7
장에서 열왕기하까지에는 世界文學 全般에서 最初 — 헤로도투스보다 400년
전 — 의 歷史書가 수록되어 있을 정도더. 그림에노 이것과 이와 비슷한 斷
片들에서 얻는 神學的 수확은 한정되어 있고 교회의 설교와 교육을 위한 그
有用性은 더욱 미미하다.

이것은 우리의 연관성을 위해 우선 다음과 같은 것을 뜻한다. 즉 民譚은
歷史叙述과는 전혀 달리 현재의 이곳에서 옛날의 그곳으로 架橋를 놓아주는
것, 이른바 과거적인 것의 숨은 現實性을 밝혀주는 것이다. 설화자는 청중

---

26) Gunkel, *Genesis*, S. XIII에서 重引.
27) *Kirchliche Dogmatik* Ⅲ/1, 1947², S. 88.

과 마찬가지로 先祖들 자신의 행동과 수난에서 자신을 재발견한다. 先祖들
에 대한 神의 행위는 곧 그들 자신에 대한 神의 행위이다[28]. 先祖할머니의
危機에 대하여 알고 있는 사람들은 동시에 주위에 사는 가나안 農耕住民들
로부터 그들 자신에게 다가오는 위험을 알고, 神의 인도에 의한 庇護를 의지
한다. 황무지에서의 다윗의 雅量을 이야기하는 軍人들은 동시에 전에 그러
했던 것처럼 지금도 야웨가 함께 "있는" 그들의 現在의 지도자를 안중에 두
고 있다. 그러므로 傳承史의 과정에서 옛부터 잇단 설화자들이 하나님 및 世
界와의 관계에서 얻은 경험들이 史話들에서 結晶된다는 것은 극히 자명하다.
民譚은 언제나 무수한 세대들의 경제적, 정신적, 종교적 경험들의 저장소이
다. 民譚은 권위있게 時代들을 집약하고 事件들을 상징적인 言語形態로 압축
시킨다. — 民譚의 또 다른 長點은 그것이 神의 섭리와 수호의 次元을 직접
역사적인 것과 결합시키되[29], 말하자면 어떤 특정한 개인들의 범례 (역사적
핵심에 의해)뿐 아니라 파악하기 어려운 社會學的, 民族學的, 精神的, 宗敎
的인 運動들과도 (역사적 틀에 의해) 결합시키는 것이다. 民譚은 祝福과 詛
呪, 罪와 恩慧, 約束과 破棄에 관해 자유자재로 이야기 할 수 있다[30]. 이스
라엘의 歷史叙述과 그후 그리스도교의 歷史叙述에서는 하나님과 歷史를 연
결시켜 파악하는데 옛 민담에서 만큼 그렇게 인상적으로 성공했다고는 말할
수 없다. 창세기에서 사무엘서까지의 민담들이야말로 가령 열왕기의 歷史叙
述보다 훨씬 더 강한 선교적 효과를 촉진시켰다. 그리고 이것들이 造形藝術
에 얼마나 큰 영향을 주었는가! 現代 歷史學은 오늘까지도 아직 歷史의 근
거와 목표에 대한 물음, 말하자면 결국 하나님에 대한 물음을 의미있게 歷史
的 개별연구와 연결시키지 못하고 있다. 그러므로 구약성서의 民譚은 歷史的
存在로서의 人間의 現存이 파악되고, 고립된 개체의 歷史性만의 의미가 아니
라 歷史 一般의 의미에 대하여 탐구되는 곳에서는 절대로 불가결한 것이다.

---

28) 이스라엘人은 民譚에서 그 자신의 삶을 英雄들의 삶과 동일시할 수 있었다. 그
이유는 連帶的 個人(korporative Persönlichkeit 〔corporate personality〕)의 이해가
그들에게는 자명했기 때문이다. 참조. H. Wheeler Robinson, *Werden und Wesen
des Alten Testaments*, BZAW 66, 1936, S. 49—62; J. de Fraine, *Adam und
seine Nachkommen*, 1962.

29) "이스라엘이 그 초기의 이 叙述에서 歷史와의 접촉을 상실했을 수 있다는 것
은··· 걱정할 이유가 되지 못한다." v. Rad, *ThLZ* 88, 1963, S. 413.

30) 民譚의 많은 流布는 추상적인 思惟가 이스라엘에 없었다는 것과 관련되어 있
다. 이로 인해 모든 사색적인 진술들이 民譚樣式으로 나타났다. 하나님의 전능 혹은
어떤 지도자의 活動力을 묘사함에 있어서 이스라엘인은 이런 설화들 외에 다른 방법
을 몰랐다.

더우기 歷史는 아주 포괄적인 영역이어서 그것의 해명에는 전문적인 學問과 함께 文學도 절대로 필요하다. 궁켈의 다음 주장은 옳다 : "詩的인 說話(民譚)가 思想들 특히 宗敎的 思想들의 傳達者가 되는 것은 散文的 說話보다 훨씬 더 用易하다"[31].

그러나 우리와 우리 同時代人들은 民譚들을 도대체 이해라도 할 수 있는가? 오늘날 民譚들을 책임성이 없는 단순한 寓話들(Fabeln)과는 달리 받아들이는 것이 불가능하지 않은가? 궁켈 같은 사람은 거듭 이 설화들에 대하여 순수하게 듣고 몰두할 것을 요구한 것으로 보아 이러한 비판적인 질문들을 너무 가볍게 취급했을 것이다. 여기서 民譚 類型들이 수백년 이래 알려지지 않게 되어버린 상황이 빚어내는 난점이 드러난다. 그러나 민담은 간단하게 다른 類型으로 바뀔 수 있는 것이 아니다. 민담은 먼저 이야기되고 경청되고 들음에서 느껴져야 한다. 해석하고 설명하는 것은 모두 이를 위한 준비일 수 있을 뿐이다. 그러나 우리에게는 이것 자체로서는 불가능하다. 청중이나 독자는 이삭에 관해서는 모르드라도 그의 부하들과 그들의 부러워할 것이 없던, 그랄에 들어오기 이전의 처지에 관해서는 우선 알아야 先祖할머니의 위기에 관한 설화를 의미있게 알아들을 수 있다. 청중이나 독자는 다윗의 軍人들이 主人과 그의 하나님에 대하여 맺은 관계가 형성된 方式을 알아야 다윗과 사울이 황무지에서 만났을 때 일어난 충돌의 意義를 파악할 수 있다. 이 충돌은 世界를 親族으로 보는 견해의 소개, 그리고 또한 人物들과 그 관계에 대한 古代的 명예의 性格 소개도 필요로 한다. 오늘날 청중에게 결국 민담은 역사적으로 다양하게 중개되고 반성을 거쳤으며 조각난 것으로 들릴 것이고, 이미 이스라엘인 같이 직접적으로는 들을 수 없다. 그러나 결정적인 것은 청중이 도대체 그것을 아직도 들을 수 있다는 사실이다. 이러한 노력이 교회의 실천에서 어느 정도 용납되겠는가는 미래가 보여줄 것이다. 그러나 그런 구약성서의 부분들에 대한 적절한 이해는 이 노력에 달려 있음이 분명하다.

물론 이상에서 말한 것으로써 마치 民譚이 歷史에 관하여 神學的으로 말하는 유일한 합법적 方法인 것같이 경솔하게 결론짓는 오류를 범해서는 안된다. 民譚은 人間들 사이에서 일어나는 하나님의 활동에 관하여 말하는 그런 케리그마적 樣式이 아니다. 많은 이스라엘 이외의 文化圈에도 民譚이 존재

---

31) *Genesis*, S. VIII.

한다는 사실이 이미 이를 반대한다. 교회의 宣敎가 文學的 成分없이는 오늘도, 장차 언제까지라도 생각될 수 없음이 확실한 만큼, 다른 면에서는 文學하는 이 옛 方法을 새롭게 환기시키고 새로운 民譚을 산출하는 길도 이미 없다. 구약성서가 族長民譚에서 農民的-民族的 民譚을 거쳐 후기의 歷史叙述에 이르기까지 걸어온 길은 다시 되돌아갈 수 없다. 그러나 결정적으로 중요한 것은 현재 우리에게 전해진 구약성서의 民譚들에 이르는 통로를 새롭게 얻는 것이다. 왜냐하면 그렇지 않으면 20세기의 人間인 그리고 그리스도교인인 우리의 由來의 결정적인 한 토막이 불투명하게 남기 때문이다.

제 2 장 詩歌資料 중에서

궁켈(Hermann Gunkel)은 그의 大作인 "詩篇註釋"(*Psalmenkommentar,* 1926, HKAT) 및 베그리히(Begrich)와 공동으로 출판한, 무수히 많은 **資料** 의 편람인 "詩篇概論"(*Einleitung in die Psalmen,* 1933)에서 類型規定을 위한 基礎들을 세웠다. 類型들의 樣式的 構造들을 위해 베스터만(C. Westermann)은 "詩篇에서의 하나님 讚揚"(*Das Loben Gottes in den Psalmen,* 1953, ²1961)에서 다소 더 추가했다. 그러나 궁켈의 類型標識들을 바꾸려는 그의 試圖는 별로 동의를 얻지 못했다. 삶의 자리에 관해서는 특히 모빙켈(S. Mowinckel)이 그의 6卷으로 되어 있는 "詩篇硏究"(*Psalmenstudien,* 1921—1924)에서 詳細히 다루었다. 모빙켈의 硏究들은 두권으로 된 그의 새로운 **著書** "이스라엘 禮拜에서의 詩篇"(*The Psalms in Israel's Worship,* 1962)에 결정적으로 종합되었다. 시편의 類型들에 관한 간단한 개관은 구약성서개론들이 제공하는데, 특히 아이스펠트의 것을 들 수 있다. 크라우스의 "詩篇註釋序論"(H.-J. Kraus, *BKAT,* ²1961)도 들 수 있다. 詳細한 文獻紹介를 곁들인 硏究狀況: J. J. Stamm, "Ein Vierteljahrhundert Psalmenforschung", *ThR* NF 23, 1955, S. 1—68. 類型史를 위해 불가결한 것은 바벨론 詩들과의 비교이다: 팔켄슈타인과 조멘(Falkenstein/v. Soden)은 이를 위해 표준적인 著書를 출판했는데 樣式史學的 序論이 갖추어져 있다: *Sumerische und akkadische Hymnen und Gebete*(Die Bibliothek der Alten Welt), 1953.

§ 13. 讚揚詩[1] : 시편 135, 146, 47

F. Crüsemann, *Studien zur Formgeschichte von Hymnus und Danklied in Israel,* WMANT 32, 1969.

시편을 한번 通讀하고자 試圖하는 사람은 곧 지루해서 중단할 것이나. 준비가 되어 있지 않은 讚者는 한편 혼란을 야기시키는 陳述들의 多樣性, 다른 한편 그러나 동일하게 보이는 典型的 표현들의 끊임없는 反復에 부딪힐 것이다. 이런 詩歌에 무슨 意味가 있단 말인가? 바로 여기에서 樣式史學도 — 다른데서는 그 유례가 없을 정도로 — 구약성서의 表象들의 이해를 예기치 못했던 方式으로 밝혀냈다. 정확히 관찰하면 확고히 결합된 일련의 類型들이 시편에서 드러난다. 가장 뚜렷한 것은 讚揚詩이다. 이를 위해 세개의

---

1) 樣式史學은 바로 詩篇註釋에서 보편적인 財寶가 되었기 때문에(비교. 새로 나온 註釋書들), 나는 다음 두 項에서 간단히 파악하고자 한다.

例를 들어본다 :

시편 135. 할렐루야.

A 1. 야웨의 이름을 찬양하라/너희 야웨의 종들아, 찬양하라.
   2. 야웨의 집에 서 있고/우리 하나님의 앞뜰에 서 있는 너희여,
   3. 야웨를 찬양하라. 야웨는 선하심이라/그의 이름을 노래하라. 그
      이름이 사랑스러움이라.

B 4. 이는 야웨가 자기를 위하여 야곱을 택했고, /이스라엘을 자신의 소
      유로 택했음이라.
   5. 이는 내가 아는 바 야웨는 크시고, /우리 주는 모든 神들 위에 계
      심이라.
   6. 야웨의 마음에 드는 모든 것을 그는 이루시되/하늘에서, 땅 위에
      서, /바다에서, 모든 깊은 파도에서.

C 7. 땅의 끝으로부터 구름을 일으키시며/그는 비를 위하여 번개를 만
      드시며/생명의 바람을 그의 寶庫에서 내보내시도다.
   8. 애굽의 첫 소생을 치시되/사람으로부터 짐승까지 치셨도다.
   9. 그는 표적과 이적을/애굽의 중심에/바로와 그의 모든 신하에게
      보내셨도다.
  10. 많은 민족들을 치신 자/강한 왕들을 죽이셨도다.
  11. 아모리인들의 왕, 시혼과/바산王, 옥과 가나안의 모든 왕들.
  12. 우리에게 우리의 땅을 유업으로/그의 백성 이스라엘을 위한 유업
      으로 주셨도다.

D 13. 야웨여, 당신의 이름은 영원하리이다. /야웨여, 당신의 기억이 대
      대에 이르리이다.

B₂ 14. 이는 야웨가 그의 백성을 심판하시며/그의 모든 종들을 긍휼히 여기심이라.
E 15. 이방인들의 神像들은 은과 금이요/사람의 손으로 만든 작품이라.
  16. 그들은 입을 가졌으나 말은 못하고/눈이 있어도 보지 못하도다.
  17. 그들은 귀를 가졌으나 듣지 못하고/코가 있으나 역시 그의 입에 숨결이 없
      도다.
  18. 그것과 같이 그것을 만든 자들도 그렇고, /그것을 신뢰하는 자들도 같도다.

D 19. 이스라엘의 집아, 야웨를 頌祝하라, /아론의 집아, 야웨를 송축
      하라.

20. 레위의 집아, 야웨를 송축하라. /너희,　하나님을　경외하는 자들
아 야웨를 송축하라.

21. 야웨는 시온으로부터 찬송을　받으실지어다. /예루살렘 王座에 앉
아 계시도다. 할렐루야 !

시편 146. (학개와 스가랴의) 할렐루야.

A 1. 내 영혼아, 야웨를 찬양하라 !

2. 내 사는 동안 야웨를 찬양하고, /내가 있는 동안 내 하나님을 노래
하리로다.

3. 세력자들을 신뢰하지 말고/도울 힘이 없는 개인도 의지하지 말라.

4. 그의 숨이 다하면,　그는 흙으로 돌아가고/그의 계획은　그날에 소
멸하리로다.

B 5. 복이 있도다. 그의 도움이 야곱의 하나님에게/그의 소망이 야웨,
그의 하나님에게 있는 자여 !

C 6. 하늘과 땅을 창조하시고/바다와 그 안에 있는 모든 것을 지으시며,

7. 영원히 성실을 지키시고/억압당하는　자에게 正義를 베푸시도다.

8. 배고픈 자에게 먹을 것을 주시고/야웨여 ! 갇힌 자들을　해방하시
도다.

8. 야웨여 ! 소경들의 눈을　뜨게 하시고, /야웨여 ! 굴복당한 자들을
일으켜 세우시도다.
야웨여 ! 공동체에 신실한 자를　사랑하시고, /9. 야웨여 ! 외국인
을 보호하시도다.　고아와 과부를 일으켜 세우시나/악인들의 길은
굽게 하시도다.

10. 야웨는 영원히 지배하시나니/시온아,　네 하나님은 대대로 통치하
시도다.

D　　할렐루야 !

시편 47. 樂長에게. 고라의 자손들을 위함. 음악이 동반된 노래.

A 2. 너희 모든 백성들아, 손뼉을 치고/즐거운 소리로 하나님께 환성을
올려라 !

B 3. 이는 지존자 야웨가 엄위하시고/온 세계에 군림하시는 대왕이심이

라.

C 4. 그는 만민을 우리에게/열방을 우리 발 아래 복종케 하시도다.

  5. 그가 우리를 위해 우리 유업을 택하시나니/그가 사랑하시는 야곱
  의 영화로다.

  6. 하나님은 승전의 환호 중에/야웨는 나팔소리와 함께 올라가시도다.

A 7. 노래하라. 하나님을 노래하라./노래하라. 우리 왕을 노래하라!

B 8. 왕으로서 온 땅을 지배하심이여/곧 하나님이시라. 힘찬 노래로 그
  를 노래하라!

C 9. 하나님이 만민의 王이 되셨으며/하나님이 그의 거룩한 보좌에 앉
  으셨도다.

  10. 만민의 군주들이 모였음이여/아브라함의 하나님의 백성이로다:

D   이는 땅의 방패들이 하나님의 것이고/저는 지존하심이라.

A. 類型의 特殊性들

각기 다른 詩人들에 의해 제작되었음이 확실한 이 세 詩가 각기 독자적안
반면, 樣式의 공통성들도 역시 한 눈에 드러난다. 詩마다 위대한 하나님 야
웨를 찬양하라는 권유로 (A), 즉 이전에는 序唱(Aufgesang)이라고 이름지
었고, 궁켈은 흔히 찬양시의 導入(hymnische Einführung)이라고 지칭했던
樣式으로 시작된다. 첫째 例 및 셋째 例가 보여주는 바와 같이 대개 복수형
으로 된 여러개의 命令形이 선두에 있다. 이 命令形들에는 권유의 對象인
人物들이 결부되어 있다. 그것은 祝祭行事에 참여하기 위하여 聖殿 앞뜰에
모인 사람들일 수도 있고(시편 135), 훨씬 밖으로 視線을 돌려 세계의 민족
들을 포괄한 것일 수도 있다(시편 47). 그러나 때때로 讚揚詩는 自己勸誘로
도 시작된다:"내 영혼아, 야웨를 찬양하라"(시편 146). 그러나 이런 경우
에도 그 계속절은 큰 무리를 상대하고 있다(3절). 그러므로 이 序頭는 그의
찬양으로 그 集團의 찬양을 先導하는 先唱者에 의해 유래한 것이다.
  主題的인 移行句가 B부분으로 뒤따른다. 이것은 대개 "이는···임이라"
(denn)는 말로 導入된다. 이것은 찬양받을 만한 하나님의 존엄성을 드러낸
다. 이 부분이 찬양시 중에서 가장 짧다. 詩人들은 가장 간결한 표현을 추

구하고 있음이 분명하다. 야웨는 그 능력에 있어서 다른 神들과 비교할 수 없는 전능자로서(135 : 5—6), 宇宙의 王으로서(47 : 3) 찬양을 받는다. 때로는 간접적인 方法으로, 즉 비길데 없는 야웨의 도움을 받는 인간이 행복하다고 찬양함으로서 하나님의 위대한 능력을 말하는 경우도 있다. 이런 경우에는 이유설명인 "이는···임이라"는 말 대신 축복문이 나타난다. 그러나 야웨는 그가 이스라엘과 나누는 特別한 관계에서도 특유하다. 그러므로 이것도 이 귀절에서는 찬양의 근거가 된다[2](135 : 4). — 주제적 命題는 先行하는 序唱과 긴밀하게 연결되어 있기 때문에 이미 저 처음 귀절에서 그 조짐을 나타낼 수 있다. 즉 兩者 사이에는 긴밀한 일치가 있다. 序唱 — 146 : 3 — 이 인간들에게는 "도울 수 있는 힘"이 없다는 이유로 그들에 대한 신뢰를 만류한다면 이것으로 이미 5절의 주제적 진술이 전망되고 있는 것이다 : 유일한 도움으로서의 야웨. 찬양의 導入이 — 시편 135편 — 사랑스러운 야웨의 이름에 환성을 울린다면 이것은 그 후에 접근할 수 없는 야웨의 존엄과 이스라엘에 대한 그의 관계의 유일성에 관해 주제적으로 말해질 것의 조짐을 나타내는 것이다. 이 兩者는 하나님의 이름에 관한 이스라엘의 말 중에 포함되어 있다. 詩篇 47편에서는 "우리의 王"(7절)을 찬양하라는 권유가 의식적으로 하나님은 王으로서 땅을 지배한다(8절)는 주제적 命題로 넘어가고 있다. — 주제적 명제는 찬양시들의 의미를 위해 결정적 意義를 가지고 있다. 이것이 바로 이런 詩歌들의 촛점이다. 이 촛점에서 분명히 드러나는 것은 詩人의 붓이 얼마나 抒情的인 기분들뿐 아니라 "神學的인" 熟考에 의해서도 움직이고 있는가 하는 것이다. 그러므로 이 부분은 극소수에 지나지 않으며 특히 옛 찬양시들 중에는 없는 것 같다(가령 시 29; 104). 그러므로 이점에서 궁켈-베그리히가 "단순히" 찬양시의 도입에서 — 곧 다루게 될 — 찬양시의 중심부분으로 넘어가는 移行句를 본 것은 거의 정당치 못하다. 실상 移行句는 이런 詩들의 思想的 連結點이다.

C부분에는 찬양시의 中心部가 가장 상세하게 수록되어 있다. 이 중심부는 주제적 명제를 神의 歷史行蹟들의 열거로 전개한다. 이 경우 "歷史"라는 말은 廣義的으로 파악되어야 한다. 이 말은 좁은 의미에서의 이스라엘의 救援史(시 135)와 자연 및 개인의 운명(시 146)에 대한 야웨의 지배와 나란히 언제가 그를 宇宙의 王으로 만들었고, 다른 구원사적 事件들과 마찬가지로

---

2) 비교. 讚揚詩에서 이스라엘의 선택에 관하여 말할 때 나타나는 隷屬性 및 特殊性의 語套(더 정확하게는 陳述!)의 연관성에 관한 내 論文: *ZAW* 67, 1955, S. 206—209.

이스라엘의 祭儀行事에서 새롭게 반영되는 야웨의 저 (太古의) 登極事件(시 47)도 포함한다. 이 중심부는 하나님에 관하여 말하는 이스라엘 특유의 方法을 보여준다. 移行句의 주제, 즉 人間 現存에 대한 神的 唯一性을 이스라엘人은 時間 안에서의 하나님의 행위를 보도하는 方法 외에 달리는 전개하지 못한다. 하나님의 存在 (Wesen)는 이와 달리는 전혀 파악도 묘사도 되지 않는다[3]. 그러나 歷史的 行蹟들에 의해 전달되는 것은 언제나 하나님에게 영광스러운 것일 뿐 아니라 동시에 찬양하는 人間들을 위해서도 유익한 것이다. ― 文章論的으로 中心部는 흔히 일련의 分詞形들로 나타난다: 가령 시편 146. 아니면 적어도 初章에는 分詞形이 나타나고(135 : 7), 그 후 다음 文章들은 드문 時相인 완료형으로 이루어져 있는데, 이것은 이스라엘인들의 귀에는 事件的인 性格을 더 강하게 부각시켜 주었을 것이다.

A 및 B, C 부분은 이스라엘 讚揚詩에서 불가결한 것이고, 언제나 이런 순서로 나타난다. 진술내용을 강화하기 위하여 세 詩聯은 시편 47편에서와 같이 두번 사용될 수 있다. ― 이에 반해 終章은 심하게 變造된다. 대개는 하나님을 찬양하라는 初章의 권유가 후렴으로 다시 한번 받아들여지는데(135 : 19), 때로는 단 하나의 간결한 표현으로만 되어 있는 경우도 있다(146 : 10). 주제적 명제는 마찬가지로 찬양시를 마감할 수도 있고(47 : 10b) 혹은 후렴과 나란히 등장할 수도 있으며(146 : 10a), 경우에 따라서는 한 하나님과의 특유한 관계를 가지고 있지 않은 자들에 대한 示唆에 의해 부연되기도 한다(E, 135 : 15―18).

그러므로 이 세 詩는 뚜렷하게 새겨진 樣式상의 특징들을 가진 하나의 類型에 속하는데, 이 유형은 詩篇에서 약 35회 나온다. 궁켈은 이를 위해 讚揚詩(Hymnus)라는 標識을 도입했다. 이것은 히브리어 표지 트힐라(תְּהִלָּה)의 번역으로 후기의 표제에서는 같은 의미의 할렐루야(הַלְלוּיָה)로 대치되었다(가령 146과 135). 히브리어 표지는 매우 啓發的이다. 즉 트힐라는 야웨에 대한 찬양의 노래일 뿐 아니라, תְּהִלָּה는 야웨 자신이기도 하고(가령 148 : 4), תְּהִלָּה는 그의 찬양받을 만한 業績들이기도 하다. 여기서 드러나는 것은 야웨가 관여한 곳에서는 이른바 불가피하게 인간의 입에 의한 찬양이

---

3) Westermann 은 "讚揚詩"(Hymnus) 대신 "묘사적인 讚揚詩"(Beschreibende Lobpsalm)라는 類型標識를 제안하고, 이것을 그는 "報道的인"(Berichtenden) 讚揚詩(=感謝의 노래)의 유형으로부터 엄격하게 구분한다. 그러나 하나님의 "묘사"는 바로 찬양시에서 언제나 神의 업적들에 관한 "보도"이다.

수반된다는 것이다. 야웨의 業績들에는 불가분리하게 人間의 讚揚이 부수적으로 속한다. 그러므로 이스라엘에 의한 찬양은 神的 活動에 대한 반응이고, 그것에 대한 추후적인 인간의 해석이 아니다. 따라서 이 말은 야웨의 תְּהִלָּה가 온 땅위에 퍼져 있다는 것을 뜻할 수도 있다(합 3 : 3; 시 48 : 11). 그러나 이 일반적인 תְּהִלָּה는 이스라엘에서 특수한 方式으로 나타나고, 詩篇들이 보여주는 바와 같이 확고하게 새겨진 樣式으로 나타난다.

讚揚詩가 야웨에 관하여 노래할 경우 三人稱으로 나타난다. 詩人이 감격해서 그의 하나님을 부르는 경우도 간혹 있다(가령 136 : 13). 이런 경우 그것은 자연스러운 감탄이고, 이것이 기본구조를 변경시키지는 않는다. 讚揚詩는 하나님을 향하지 않고 폭 넓은 公衆을 향하고 있다. 그러므로 그것은 ─ 성서 독자에게 기이하게 느껴질지도 모르지만 ─ 祈禱가 아니다. 그러나 그것은 특정한 人間들을 부르는 틀에 짜인 說敎 혹은 宣布도 ─ 그리스도교 神學者는 아마 성급히 그렇게 해석할지도 모르지만 ─ 아니다. 오히려 그것은 온 세계 앞에서 하나님을 찬양하는 것인데, 이 찬양은 직접적인 對稱(Anrede)을 피하면서도 간접적으로 하나님을 향하고, 결국 듣고 있는 人間을 향하지 않는다. 이 詩歌들 배후에는 詩人들의 폭발적인 감격이 있음을 부인하지 못한다. 얼마나 큰 열광이 이스라엘 하나님의 업적들에 대하여 기쁨으로 손뼉을 치라는 권유를 만 백성에게(시편 47) 선포하고 있는가! 이런 것이 이스라엘의 삶, 어디에 그 자리를 차지하고 있는가?

B. 삶의 자리

讚揚詩는 어디서나 부를 수 있는 것이 아니다. 이런 詩歌에 속하는 것은 祝祭 영역이다. 이것은 序唱과 終章들에서 추측할 수 있다. 그때에는 樂器들이 그 노래를 伴奏하라고 되어 있다(47 : 7; 146 : 2). 그러므로 그 表題에 의하면 트힐라는 מִזְמוֹר 즉 音樂伴奏로 불리는 詩歌 그룹에 속한다(47 : 1; 그리고 29 : 1; 48 : 1 등도). 또한 일정한 會集場所 즉 하나님이 登極하는 야웨의 집, 말하자면 예루살렘聖殿이 제시된다. 祭儀共同體를 아론지파의 司祭階級과 레위지파의 補佐階級 및 하나님을 경외하는 자들 즉 平民層으로 구별하는 것이 전제되어 있다(135 : 1—3, 19, 20). 중심부에 있는 하나님의 행위까지도 종종 거룩한 場所와 祭儀的 환호성, 나팔소리에 관련되어 있거나 시온산의 會集을 언급함으로 끝난다(47 : 6, 10; 비교 78 : 68; 출 15 : 1 이하). 다른 讚揚詩들에서 비슷한 例證들을 얼마든지 들 수 있기 때문에[4], 祭儀的 삶의 자리에 대해서는 의심할 여지가 없다. 詩篇 146편 및 그 외의 것 (135?)의 끝에 있는 할렐루야라는 말은 歌人 혹은 合唱團의 노래가 祭儀共同體의 끝에서 장중한 메아리로 和答되었음을 잘 암시해준다. 여하간 이 사실은 포로기 이후 시대에서 분명히 例證되는 것이다[5]. 많은 讚揚詩들이 禮典文들 중에 편입되어 있다(가령 시 24 : 1—2; 50 : 1—15; 81 : 2—6; 95 : 1—7).

古代 이스라엘의 祭儀에는 祝祭와 儀式들이 풍부했다. 이런 혹은 저런 讚揚詩를 부른 개체 祭儀들의 상황이 지금도 밝혀질 수 있는가? 이 문제를 제외하고는 그렇게도 훌륭한 궁켈-베그리히의 편람도 이점에는 대답이 없고 단지 總體的으로 이스라엘의 祝祭들이 삶의 자리라고 말할 뿐이다. "사람들은 아주 상이한 상황에서도 언제나 비슷한 것을 말했을 것이다"[6]. 확고한 관습으로 특징지어진 이스라엘의 경우 이 주장은 어떤 사람이 그리스도 교회는 크리스마스와 부활절, 성령강림절에 언제나 비슷한 것을 노래한다고 주장했을 경우보다 훨씬 개연성이 없다. 찬양시 類型은 특별한 祭儀禮式들에 따라 下位型들로 분리된다는 조짐을 볼 수 있다. 위에 제시한 세 例를 검토해 보자!

詩篇 47편에서는 특수한 祭儀的인 자리가 쉽게 인식된다. 승리의 환호성 중에서 하나님이 올라가고, 야웨가 그의 거룩한 寶座에 앉는데 관하여 말하는 중심부는 讚揚詩를 登極의 노래(시 93; 96—99에서도 같은 것을 보는 바)로 특징짓는다. 이것은 예루살렘 가을祝祭의 야웨 登極祭(Mowinckel)나 적어도 王 야웨 앞에서 특별히 충성을 맹세하는 儀式(Kraus) — 이것은 神顯現 (Theofanie)의 기대와 결부되어 있었다[7] — 을 지시한다. 이 儀式은 예루살렘 市內에서 聖殿 山에 이르는 祭儀 참가자의 行列 — 詩篇 24편에서 묘사된 바와 같이 — 로 시작되었음이 분명하다. 山위에 도달하여 聖殿 區域 內로 들

---

4) *GuB*, S. 59ff.

5) 3. Makk. 7 : 13; 대상 16 : 36. 비교 Sir. 50 : 18f.

6) S. 68.

7) 이 찬양시들 중에는 마지막 때를 지적하는 단 하나의 표현도 없다. 그런데도 Gunkel은 여기에서 읊어진 야웨의 登極을 아직 오지 않은 종말론적 등극으로 해석하려는 기이한 생각을 했다. 그의 樣式史學的 原則들에 모순되는 Gunkel의 이 해석은, 詩篇文學은 預言보다 후기의 것이고 그러므로 預言에 예속되어 있다는, 그에게 전래된 文獻批判學的 命題의 무의식적인 영향이라고 밖에는 거의 설명되지 않는다.

어서면 같은 시간에 야웨가 내려와 있을 것이라고 그들은 믿었다. 그러므로
사람들은 聖殿과 그 앞뜰에서 그의 王權을 찬양했다. 이 특별한 儀式을 밝
혀낸 것은 모빙켈의 공로이다8). 물론 그는 이스라엘의 登極祝祭를 언급함으
로 그의 이 발견을 너무 과대시했다. 아니, 전 이스라엘의 가을 祝祭를 登
極祭라고 단정한 것이다. 그러나 登極儀式은 훨씬 더 확대된 儀式의 一部에
불과했음이 분명하다.

   詩篇 135편의 救援史의 讚揚詩도 성전과 그 앞뜰에서 불렀으나 물론 다
른 상황에서였을 것이다. 여기에서 문제된 것은 야웨의 王權掌握이 아니라
이스라엘을 구원사로 이끌어 온 것에 대한 祝祭이다. 폰 라트는 에집트의
탈출에서 팔레스틴 農耕地로의 入住까지의 기간이 이스라엘에게 있어서 특
수한 의미의 救援史, 즉 國家 이전 시대 이래 그것의 확고한 자리를 祭儀禮
式들 중에 가지고 있었던 구원사였다는 것을 증명하였다9). 후기 단계에 와
서 이 正經的인 구원사 앞에 原歷史(Urgeschichte, 창 1--11장)가 첨가되었
다. 그러므로 우리의 詩篇들에서는 創造가 에집트事件에 先行된다. 이 기간
의 가장 중요한 事件들은 司祭들 혹은 임명된 다른 대변인에 의해 낭독되었
다. — 아마 일종의 神秘劇으로 公演되었을지도 모른다. 祭儀 참가자들은 이
낭독을 복창했거나 이런 찬양시로 그것에 화답했을 것이다. 그러므로 삶의
자리는 救援史에 대한 回想의 祝祭儀式이다.

   이에 반해 詩篇 146편의 특정한 삶의 자리는 이미 밝혀지지 않는다. 우리
에게 전해진 資料가 詩篇들에 한정되어 있고, 이밖에 이스라엘 祭儀에 관해
서는 빈약하고 간접적인 보도들만을 소유하고 있기 때문에 어디서나 찬양시
들의 배경이 인식되는 것은 결코 아니다. 우리가 詩篇 146편에서 지적할 수
있었던 찬양시 그룹들의 상세한 규정도 중지될 수밖에 없다. 개작된 구원사
의 찬양시일 것이라는 추측도 배제되지는 않는다 : 중심부는 創造로 시작되
고, 나음에 하나님의 誠實이 거론되는 바, 이것은 아마 歷史를 지탱하는 이
스라엘과의 言約에 대한 성실을 뜻한 것이리라. 그러나 마찬가지로 사람들은
시온의 지배권으로부터(10절) 어떤 變造된 登極의 노래를 추론하거나 슈미
트(Hans Schmidt, *HAT*)와 함께 2—4절의 부연된 삽입절들에 의해 특별히

____

8) *Psalmenstudien* 제 2 권. — 登極祝祭를 둘러싼 격렬한 논쟁은 여기서 자세히 토
론될 수 없다(참조. Stamm, S. 46—50; Kraus 〔BK〕, 시 47; Mowinckel, *PIW* I,
S. 106ff.).

9) *Das formgeschichtliche Problem des Hexateuch*, BWANT IV, S. 26, 1938 =
GS, S. 9ff.

約束을 감사하는 祝祭를 생각할 수도 있다. 어떤 경우에도 이런 熟考들은 思辨에 머문다.

詩篇 146편과 같은 讚揚詩들은 궁켈에게 다음과 같은 생각을 떠오르게 했다 : 우리가 시편에서 볼 수 있는 바와 같이 이 類型의 모든 단편들은 아직 실시되는 祭儀的 관습에서 생겨난 것이라고 말할 수 없다. 오히려 이 유형은 祭儀 밖에서도, 말하자면 종교적인 詩歌들의 詩人들에 의해 私的인 敎養을 위해 宗敎的 抒情詩로 모방된 것이라는 사실을 계산에 넣어야 한다는 것이다[10]. 궁켈의 이 생각은 널리 贊同을 얻었다. 그리고 많은 구약성서 학자들은 가능한 한 많은 찬양시들에서 실제로 시행된 祭儀와의 관계를 다투어 부연하는 모습을 보여주었다. 그러나 祭儀에 익숙치 못한 20세기의 사람들에게는 자명한 이런 경향들을 경계해야 한다. 그 위험은 "프로테스탄트적" 욕구들을 古代의 詩集에 끌어 들이려는데 있다. 현재의 연구상황을 감안할 때 일련의 찬양시들 — 가령 시 135편 — 이 그 자리를 祭儀에 두고 있음은 이론의 여지가 없다. 포로기 이후에 추가된 表題들, 즉 시편 47편의 고라의 자손들과 함께 레위지파 樂團을 지시하거나 혹은 "音樂伴奏를 위한 노래"라는 용어를 사용함으로 祭儀的 儀式을 지시해준다. 후기의 작품인 역대기에서도 찬양시 부분들은 모두 禮拜儀式들 중에 예속시키고 있다(대상 16：8— 36; 29：10—12; 대하 6：14—15; 느 9장). 이에 반해 祭儀禮式에 맞지 않거나 사사로운 詩文學의 성격들을 분명하게 제시해주는 찬양시는 지금까지도 구약성서에서 찾아내는데 성공하지 못하고 있다. 祭儀와 무관한 찬양시들이 있다는 가정이 증명되기에는 그것이 원칙적으로 배제될 수 없는 만큼 아직 요원하다.

C. 類型史

이스라엘의 찬양시는 얼마나 오래된 것인가? 얼마나 오랫동안 그것의 生命이 지속되었는가? 어떤 변천들을 겪었는가? 이 질문들에 대답하려면 위에 제시된 例들의 좁은 범위를 넘어서야 할 것이다. 그것들이 각기 다른 찬양시 그룹에 속하기 때문에, 시간적으로 그것들의 전후 서열을 정할 수 없다.

---

10) *GuB*, S. 67. 에집트의 것에 관해 : S. Morenz, *Gott und Mensch im alten Ägypten*, (o.J.), S. 101.

다행하게도 이스라엘 초기의 것으로 이에 비교될 만한 두 詩歌가 우리에게 보존되어 있다[11]. 첫째 것은 춥애굽기 15장 20—21절의 미리암의 노래인데 전승에 의하면 갈대바다를 통과한 직후 에집트에서 탈출한 자들에 의해 화창된 것이다 :

A 너희는 야웨를 노래하라 !
B 이는 그가 매우 높으시고,
C 말과 그 탄 자를
   그가 바다 속으로 몰아 넣음이로다.

이 노래에는 小鼓와 輪舞가 수반된다. 그러는 사이에 예언자 미리암은 여인들을 인도해 나간다(어디로?). 짧고 인상깊게 새겨진 이 노래는 확실히 몇 번이고 화창되었다고 생각할 수 있다. 이것은 그 후의 여러 기회에도 여전히 자주 애창되었음이 확실하다. 그 樣式이 단순한 만큼 — 平行法, 즉 후기의 詩에서 불가결한 표지까지도 아직 없다 — 역시 그 핵심부에서 이미 찬양시 類型의 성분들이 인식된다 : 序唱, 주제적 移行句, 中心部.

두번째 例는 좀더 詳細한 것인데, 이것은 100년 후의 것으로 추정되는 사사기 5장 2절 이하의 드보라의 노래이다. 이미 그것의 古風的 단계의 樣式을 지니고 있는 平行法이 여기서 자명하다 :

A 2. 지도자들은 이스라엘에서 통솔하였으며 / 백성은 기꺼이 응하였으니
   — 야웨를 頌祝하라 ! —
  3. 너희 王들이여, 들으라 / 너희 領主들이여, 귀를 기울이라 !
   나는 원하도다(?) 야웨를 위해 / 나는 원하도다 : 노래하기를.
  노래하라. 야웨를 위해 / 이스라엘의 하나님을 위해 !
C 4. 야웨여, 당신이 세일에서 나오시고 / 에돔 들에서 큰 걸음으로 오시매,
   땅이 진동하고 / 하늘은 그 깃을 적시고 / 실로, 구름은 물이 되어 떨어졌도다.
  5. 神들은 · · · 비틀거렸도다.

이미 序唱에서부터 더 詳細하다. 中心部는 하나님의 行績을 폭 넓게 묘사

---

11) Gunkel과 Westermann이 시도한 바 類型史的 문제에 관련시켜 이사야서 6 : 3의 찬양시에 접근하는 것은 정당치 않다. 사 6 : 3 이 하나의 — 물론 에집트에서 유래한 — 祭儀의 부름이기는 하나 바로 찬양시는 아니다.

한다. 옛 詩篇인 19편과 104편에서와 같이 주제적 移行句가 없다. ― 주목할
만한 것은 드보라의 노래가 여러가지 점에서 詩篇에 수록된 대부분의 찬양
시보다 옛 바벨론-앗시리아 祭儀노래들에 더 가깝다는 것이다. 즉 不定法構
文으로 된 序唱과 中心部의 始作 ― 위에서는 "···으며, ···시며"(독일어
"indem···")로 번역되었다 ― 은 메소포타미아 地域에서도 발견된다. 이것
은 詩篇의 몇몇 古風的인 찬양시들 중에 아직 보존되어 있다(114 : 1; 68 :
8)[12]. 처음의 자기 권유도 이스라엘 외부의 詩文學의 특징이다[13]. 드보라
의 노래는 이스라엘에서의 이 類型의 成立이 메소포타미아 地域의 영향에
의해 촉진된 바, 아마 이스라엘 이전 가나안을 거쳐 중개되었을 것이라는
추측을 낳게한다. 더우기 이 사실은 자기 권유가 찬양시 序唱의 가장 옛 樣
式이었다는 것을 가능하게 한다. 드보라의 노래는 물론 시편에 수록된 찬
양시의 전형적 양식과는 아직 거리가 멀다. 우리는 본래의 讚揚詩文學의 출
발시기를 드보라의 노래 이후 100년 쯤 더 늦춰 생각하는 것이 좋을 것이
다. 다시 말하면 본래의 讚揚詩文學은 王國時代 이전, 솔로몬聖殿 시대 및
北王國의 벧엘과 단 國立 聖所들의 시대 이전에는 成立되지 않았을 것이다.

이 類型의 時期를 아래로부터도 區劃할 수 있을까? 즉 完成時期를 규정
할 수 있을까? 역대기들이 그 거점들을 제공한다. 찬양시의 형태를 갖추었
음이 분명한 부분들이 이 큰 수집록 중에 들어 있다는 것은 위에서 언급했
었다. 지금 附言할 것은 역대기 編修者는 찬양시를 어디서도 그것의 전형적
樣式으로는 인용하지 않는다는 것이다. 오히려 찬양시의 文段들에도 언제나
("그리고 지금은"이라는 導入句와 함께) 詩篇에서 알려진 찬양시들의 文體
로부터 완전히 이탈되는 祈願이 따른다(대상 29 : 13; 대하 6 : 16). 시편이
광범위하게 인용되는 곳에서도 引用文에는 아직도 祈禱를 위한 표현이 분명
히 첨가되어 있다(대상 16 : 35). 찬양시의 祈禱의 이 후기단계는 이것으로
다시 바벨론-앗시리아 영역에서 유래한 太古的 模範形에 접근한다[14]. 후기
의 다른 책들 중에서는 찬양시의 中心部에 지혜적인 반성들이 先行하거나 혹
은 그 뒤를 따르기도 한다(Sir. 39 : 14b―35; 42 : 15―43 : 33; 욥 36 : 22―
37 : 24; 38―39). 그러므로 이 時代 ― 늦어도 기원전 4세기 ― 에는 이 類型
이 이미 사용되지 않았다. 여하간 옛 圖式에 의한 찬양시들은 하나도 생기지

---

12) 비교. *AOT*, S. 244; Westermann, [1]S. 67, [2]S. 71.

13) Falkenstein/v. Soden의 例들(S. 235, 237)은 역시 복수형으로 된 명령형으로
시작된다.

14) Falkenstein/v. Soden, S. 43f.

않았다. 즉 詩篇 및 이와 함께 위에 引用된 讚揚詩들도 기원전 1000년에서 400년 사이로 보아야 할 것이다. 지금까지의 상황으로는 이 이상은 말할 수 없게 되어 있다. 五經說話들의 경우에서 가능한 것 같은 본래의 類型史를 위해 보존되어 있는 資料는 충분하지 않다. 가령 中心部의 엄격한 分詞形 文章들(시 146)은 후기 혹은 초기에 속하는가? 또는 이것들은 그것들이 들어 있는 특별한 찬양시 그룹으로 설명될 것인가? 하나님을 찬양하라는 권유가 終章의 후렴에서 반복되는 것은 더 후기단계에 속한다는 표지인가? 이와 같은 모든 질문에 대하여 우리는 아직 확실하게 답변할 수 없다.

D. 傳承史와 編輯史

C. Westermann, "Zur Sammlung des Psalters", *Theol. Viatorum* 8, 1961/2, S. 278—284 = *Forschung am AT.*, ThB 24, 1964, S. 336—343.

讚揚詩의 類型史는 아직 밝혀지지 않았기 때문에 개체 斷片들의 傳承史는 더욱 인식되기 어렵다. 詩篇 47편은 傳承史的 검토를 위한 거점을 제공해주지 않는다. — 여하간 詩篇 146편에서 분명한 것은 사람의 죽음에 관해 노래한 4절에서 나중에 "그날에"가 첨가되었는데, 이것은 韻律에 균열을 일으키고 있다는 것이다. 이것은 전체 詩篇 계열에서 관찰될 수 있고(70人譯 臺本에서 진전된) "종말론화하는 編輯"의 표지이다. 詩篇 135편에서는 傳承史를 좀더 인식할 수 있다. 詩篇 136편과 115편이 부분적으로 平行을 이루고 있기 때문이다. 136편과의 一致點들은 135편의 기본성분, 즉 中心部의 다음 표현들에 관련되어 있다 :

> 그는 애굽의 첫 소생을 치셨도다. 그는···을 치셨고,···왕들을 죽이셨도다.
> 아모리인의 왕 시혼을/그리고 바산의 왕 옥을.
> 그는 그들의 땅을 相續地로 주셨고/곧 그의···이스라엘을 위한 相續地로서.

字句的으로 일치하는 것들은 아마 특정한 事件들에 대한 구원사적 찬양시에서 독특하게 새겨진 말투가 형성되었다는 사실에 의해 설명될 것이다[15]. (비교. 신 29 : 6; 삿 9 : 10). 中心部의 序頭도 이미 있었던 言語에서 유래했을

---

15) 혹은 시 135편과 136편은 동일한 作家에게 소급되는가?

것이다. 예레미야서 10장 13절에서도 같은 것을 볼 수 있기 때문이다 :

> 그는 구름을 땅 끝에서 끌어 올리시고／번개와 비를 그가 만드셨으
> 며,
> 시원한 바람을 그의 寶庫들로부터 내보내셨도다.

그러므로 詩人은 中心部에서 구원사를 열거함에 있어서 알려진 표현들로 만족하고 있는 것이다. 그 자신이 표현한 것은 序唱과 주제적 移行句, 終章이다. 이로써 그는 찬양시를 하나님의 이름의 표제어 아래 예속시켰다. "야웨"란 이름은 찬양을 받아야 한다고 序唱의 처음과 끝에서, 그리고 終章을 시작할 때 강조하고 있다(13절). "야(웨)"라는 말은 A와 B, D에서 무려 14회나 사용되었다 !

   통일적인 이름의 讚揚詩가 14—18절의 修正作業에 의해, 그리고 이와 함께 우상숭배의 주제로 부연되었다. 여기의 用語는 신명기 32장 36절과 시편 115편 4—7절에서 받아들인 것이다. 시편 115편 3절에 先行하는 귀절 :

> 우리 하나님은 계시고／그의 마음에 드는 모든 것을 그는 행하시
> 도다.

도 받아들인 것으로 136편 6절의 中心部 序頭에 편입되었다. 이로써 주제적 命題인 4—5절에서 中心部로 넘어가는 과정이 삭제되었다. 전에는 中心部가 아마 땅의 創造와 광란하는 파도에 대한 그의 지배력을 보도하는 귀절로 시작되었을 것이다. 그러므로 近似한 두 詩와의 관계는 各異하다. 136편과의 접촉들은 이미 口傳傳承에 있던 祭儀言語로부터 밝혀진다. — 이에 반해 115편에는 후에 비로소 추가된 文學的 隷屬性이 있다. 그러므로 135편에서는 두 傳承史的 段階를 각기 구별해낼 수 있다. 이에 의해 첫 詩人의 관심사는 그의 심한 단순성에서 인식될 수 있다 : 그에게는 超世界的인 權能과 이스라엘에게 있어서 야웨 이름에 의해 보증되는 절대적인 信賴가 문제되었다. 그러나 야웨란 이름에 포함되어 있는 것은 최초의 구원사로부터 인식될 수 있다.

   詩篇 135편과 같은 詩에서 傳承史的 熟考들로 검토를 시작하면 — 이것은 지금까지 註釋書들에서 아직 행해지지 않고 있는데 — 필연적으로 編輯史에로 넘어가는 과정이 나타난다. 바로 다음 노래인 詩篇 136편과의 긴밀한 言語的 同屬性은 이미 언급되었다. 그러나 先行하는 詩篇 134편도 같은 筆者의 것으로 생각될 수 있을 정도로 135편 讚揚詩의 序唱과 아주 밀접한 관계를 가지고 있다.

134 보라, 야웨를 頌祝하라.

야웨의 모든 종들아!

한 밤중 야웨의 집에 서 있는 자들아,

너희의 거룩한 손을 높이 들고

야웨를 송축하라!

135 야웨의 이름을 찬양하라.

너희 야웨의 종들아 찬양하라.

야웨의 집에

우리 하나님의 앞뜰에 서 있는 자들아,

야(Jah)를 찬양하라. 야웨가 선하심이라.

그의 이름을 노래하라. 그 이름이 ···사랑스러움이라.

134 그러면 야웨는 너를 시온에서 축복하시리라.

하늘과 땅을 만드신 이가.

135 야웨는 시온으로부터 송축을 받으실지어다.

예루살렘 寶座에 앉으신 자.

134편은 거룩한 손으로 야웨를 송축하는 야웨의 종들(司祭?), 135편은 그를 찬양하는 종들(레위인들?)을 지목하고 있음이 분명하다 — 이것은 관련된 찬양시에 의하여 일어나는 것이다 — 136편에서는 찬양하라는 외침이 뒤따르는데, 아마도 民衆은 "이는 그의 인자하심이 영원할 것임이라"[16]라는 고정된 후렴으로 이 외침에 화답했을 것이다. 아주 近似한 이 세 詩 사이에는 禮典的 연관성이 있고, 그것들은 한때 같은 삶의 자리에 속했을 것이다. 이것들은 공동으로 "(聖殿에) 올라가는 노래들"(120—134편, Lieder des Hinaufsteigens)의 結文이 되어 있는데(Eissfeldt; Kraus), 이것은 아마 한때 순례자들을 위한 詩歌集으로 되어 있었을 것이다(혹은 바벨론 포로 때 생긴 것으로 歸鄕을 미리 내다보는 것일 수도 있다. 즉 이 詩集은 137편에서 바벨론에 대한 잔인한 저주로 끝낸다)[17].

詩篇 47편은 지금 고라의 詩들이란 그룹, 즉 42—49편 한 가운데 들어 있다. 이 그룹은 두 歎息詩로 시작한 후 帝王의 노래(시 45편)로 넘어가는데, 이것은 편찬할 때 아마 야웨의 王權을 암시한 것이리라. 그 다음에 시온산

---

16) K. Koch : "denn seine Güte währet ewiglich", *EvTh* 21, 1961, S. 531—544.

17) Westermann은 물론 "(聖殿으로) 올라가는 노래들"(과 후기의 노래인 119편)을 한 삽입으로 보고, 135—136편을 할렐루야 詩集(111—118편)에 귀속시킨다.

에서의 야웨의 영광에 관한 찬양시들이 따르는데, 46편은 위에서 登極의 노래라고 말한 것이고, 또한 시온의 노래(시 48편)가 있다. 지혜문학적으로 반성된 詩가 종결을 짓고 있는데, 이 詩는 현존하는 것의 무상성 및 오직 하나님과의 사귐에서만 생기는 희망을 지시하고 있다(49편). 이 테두리에서 47편이 특별한 照明을 받게되는지는 아직 검토되어야 할 것이다.

詩篇 146편은 할렐루야 詩集인 시편 147—150편에 속하는데, 이것은 갑자기 전체 樂器들의 合奏를 외치는 소리와 함께(150편) 끝날 때까지 상승일로로 이스라엘 하나님의 찬양을 점점 더 강하게 나타내고 있음이 분명하다. 아마 이 찬양시 계열은 최후를 장식하는 마감으로서 시편 138—145편의 다윗詩集에 속할 것이다(Eissfeldt). 이로부터 시편 146편은 한 개인이 朗誦하는(시 145) 찬양시에서 共同體에 의해 提唱되는 合唱 詩歌들로 넘어가는 과정으로서 특수한 역할을 한다.

詩篇 146편은 70人譯에서 한 걸음 더 나아간 것을 인식할 수 있다. 이 詩는 예언자 학개와 스가랴에게 소급되었다. 여기서 이외의 表題들 중에서도 인식할 수 있는 歷史化의 嗜好를 파악할 수 있는데(7 : 1; 18 : 1; 51 : 1 등) 이 嗜好는 시편의 詩를 이스라엘 歷史의 연관성에 편입하고 거기서부터 이해하려고 한다.

詩篇의 編輯史學的 硏究는 아직 출발점에 서 있다. 지금까지 개체 詩들의 類型的 規定에 樣式史學的 硏究의 중요한 비중을 두었음은 이해할 만하다. 이것이 이미 명백하게 된 지금이야말로 編輯史的 관점을 진행시킬 때이다. 이 관점은 전에 독자적이었던 祭儀詩歌들이 지금의 詩集 內部에서 어떤 기능을 차지하는가를 설명해야 한다. 우선은 가령 고라의 詩들 혹은 할렐루야 詩들 같은 비교적 작은 詩集 안에서는 어떤 기능을 가지고 있는지 문제되어야 할 것이다. 이를 넘어서서 5권의 詩集에 지금 수록되어 있는 보다 큰 複合體를 編輯史學的으로 철저히 다루는 것이 가능한가는 未知數에 속한다. 중요하게 자라난 옛 蒐集錄들을 순수히 기계적인 方式으로 編輯하여, 이 커다란 복합체들이 成立되었으리라는 것도 불가능한 견해는 아니다.

§14. 개인 歎息詩와 應答의 神託 :

시편 5,6과 예레미야서 15 : 15—21

W. Baumgartner, *Die Klagedichte des Jeremia*, BZAW 32, 1917, — J. Begrich, "Das priesterliche Heilsorakel", *ZAW* NF 11, 1934, S. 81—92 = *Ges. Studien*, ThB 21, 1964, S. 217—231.

시편 5편 樂長에게 · · · 音樂伴奏에 맞춘 노래, 다윗을 위하여.

A+B 2. 오 야웨여, 나의 말을 들으소서/나의 탄식을 통촉하소서 !

3. 나의 울부짖음에 귀를 기울이소서/오 나의 왕, 나의 하나님이여 !

이는 내가 당신에게 기도하기 (הִתְפַּלֵּל)를 원하옴이니/4. 오 야웨여, 당신은 아침 일찍 나의 소리를 들으소서 ! 아침 일찍 나는 당신을 위해 (제물을) 준비하고/"당신을" 살펴보나이다.

D 5. 이는 당신이 하나님이시니/범죄자들을 기뻐하지 않으심이니이다.

악한 자는 당신과 함께 (성소에) 머물 수 없나이다.

6. 오만한 자들은 허락되지 않나이다/당신의 目前에 나타나는 것이.

당신은 모든 행악자들을 미워하시고/7. 당신은 거짓말하는 자들을 멸하시나이다.

살인자들과 속이는 자들을/야웨는 역겨워하시나이다.

E 8. 그러나 나는 당신의 크신 인자로 인하여/당신의 집에 들어가서 경외함으로,/당신의 거룩한 殿 앞에 굴복일 수 있나이다.

B 9. 오 야웨여 ! 당신의 공동체에 대한 성실로 나를 인도하소서/나의 원수들을 인하여 !

당신의 길을 내 앞에 평탄케 하소서 !

C 10. 이는 '그들의' 입에 정직한 것이 없고/그들의 내심은 악을 꾀함이니이다.

그들의 목구멍은 열린 무덤이요/그들의 혀는 아첨하나이다.

B 11. 오 야웨여 ! 그들을 벌하소서/그들을 자기들의 음모에 빠지게 하소서 !

그들의 많은 죄들로 인하여 그들을 쫓아 내소서／이는 그들이
당신을 반역함이니이다.

12. 그러나 당신을 신뢰하는 자 모두를 기뻐하게 하소서／그들을
영원히 환호하게 하소서.

당신은 저들을 보호하사 그들이 당신을 기뻐하나니／곧 당신의
이름을 사랑하는 자들이니이다.

D 13. 오 야웨여! 이는 당신이 의인들을 축복함이니이다. ／방패로
하듯이 당신의 총애로 그를 덮으시나이다.

시편 6편 樂長에게, 현악기와 함께(?), 제 8음으로 音樂伴奏에 맞춘 노래. 다윗
을 위하여.

A＋B 2. 오 야웨여! 나를 당신의 진노로 벌하지 마소서／나를 당신의
분노로 징계하지 마소서!

3. 오 야웨여, 나에게 자비하소서／이는 내가 수척하였음이니이다.
오 야웨여! 나를 고치소서.

C 이는 내 뼈들이 떨림이니이다.

4. 내 영혼이 심히 떨리나이다 — 그러나 당신은, 오 야웨여, 얼
마나 오랫동안?

B 5. 오 야웨여, 돌이키소서, 내 생명을 구원하소서／나를 도우소서
당신의 성실로 인하여.

D 6. 이는 죽음에서 당신을 생각하는 사람이 없음이니이다／누가 지
하에서 당신을 찬양하리이까?

C 7. 나는 나의 탄식으로 인하여 피로해졌나이다／밤마다 나는 내
침상을 적시고,

내 자리를 눈물로 적시며／8. 내 눈은 상심한 나머지 쇠하여
지고,

9. 나를 압제하는 모든 자들로 인하여 혼탁해졌나이다.

X 너희 모든 행악자들아, 내게서 떠나라／이는 야웨가 내 우는 소
리를 들으셨음이라.

10. 야웨가 내 탄원을 들으셨음이여／야웨는 내 기도(תְּפִלָּה)를 들
으시도다.

11. 내 모든 원수가 부끄러움을 당하고 두려워함이여／다시 한번
그들은 홀연히 부끄러움을 당하리로다.

예레미아서 **15 : 15—21 :**

A＋B 15. 오 야웨여 ! 나를 기억하시고 나를 찾으소서 ! /나를 박해하는
　　　　 자들에게 내 원수를 갚아주소서 !
　　　　 당신의 오래 참으심으로 나를 쫓아내지　마소서 /살피소서, **얼**
　　　　 마나 내가 당신을 위해 치욕을 당하는가를 !

E 16. 당신의 말씀이 발견되자 나는　그것들을　삼켰나이다 /당**신의**
　　　 '말씀'은 내게 큰 기쁨이 되었나이다.
　　　 (내게) 내 마음의 즐거움이 (되었나이다) /내가 당신의 이름을
　　　 지니는 것이.

A 　　오 야웨여, 만군의 하나님이여.

C 17. 나는 결코 희롱하는 자들의 회합에 즐거이 앉지 않았음이여 /
　　　 당신의 손에 눌려 나는 홀로 앉아 있나이다.
　　　 이는 당신이 분노로 내게 채우셨음이니이다.

18. 야웨여, 어찌하여 내 고통은 오히려 영원하고 /내 상처는　낳
　　 을 수 없으며 /회복되지 않나이까?
　　 당신이 내게 거짓 시내처럼 되었음은 부정할 **수** 없나이다. /믿
　　 을 수 없는 물같이.

O 19. 이에 대해 야웨는 이렇게 말씀하시도다 :
　　　 만일 네가 돌아오면 나는 너를 다시 /내 앞에 서게 하리라.
　　　 네가 고귀한 것을 말하고 천한 것을　말하지 않으면 /너는　내
　　　 입이 될 수 있으리라.
　　　 그들은 네게로 돌아오리라 /그러나 너는 그들에게 돌아가지 말
　　　 찌니라 !

Q 20. 나는 이 백성을 위해 너를 /견고한 놋성벽으로 만들리니,
R 　　그들이 너를 대적하여 싸우나 /너를 정복하지 못하리라.
S 　　이는 네게 너와 함께 있고 /너를 돕고 너를 구원하리라고.
　　　 야웨는 속삭이시도다.

Q 21. 나는 너를 악한 자들의 손에서　구출하고 /폭군의 손으로부터
　　　 너를 구하리라.

　詩篇에서 讚揚詩보다 더 자주, 뚜렷하게 나타나는 것은 다른 類型, 즉 개
인의 歎息詩 類型이다. 이 類型이 바로 "詩"에 대한 일반적인 像을 깊은 곳
으로부터 솟는 노래로 새겨놓은 類型이다. 이 유형은 "독백"으로 잘못 지칭
된 예레미야서의 탄식시들 중에도 있다[1].

―――――――――

1) 예레미야서에 있는 歎息詩들 ― 例로 인용된 렘 15장은 그것들 중의　하나이

A. 類型의 規定

文體와 표현에 있어서 커다란 차이가 있음에도 불구하고 이 세 詩歌는 같은 型을 보여준다. 이것들은 히브리인이 트필라(תְּפִלָּה, 祈禱)라고 부르는 것(6:10, 해당 動詞: 5:3, 이밖에 *GuB*, S. 258—259)에 속하는데, 全 詩篇의 약 3분지 1이 이 類型에 속한다. 여기에서 문제되는 것 역시, 이 세 詩의 철저한 개별적 해석이 아니라 類型의 특징을 찾아내는 것이다.

이 詩歌는 언제나 하나님을 부름으로 시작되는데(A), 이것은 대개 始初에, 적어도 첫 行에서 나타난다. 즉 詩人은 이스라엘의 하나님에게 聽許를 歎願한다. 여기서 우리는 분명하게 — 讚揚詩의 경우와 달리 — 하나님을 향한 祈禱를 본다. 한 이스라엘인이 그의 삶의 곤궁에서 그의 하늘의 主를 향해 울부짖는다. 부름은 祈願(Bitte)과 긴밀하게 결부되어 있는데(B), 이 祈願은 대개 일반적인 要望들로부터 특별한 것에 이르는 단계적인 方法으로 극히 정교하게 꾸며졌다[2]. 처음에 간구하는 것은 하나님이 그 울부짖음을 들어주고 그 곤궁을 알아달라는 것 뿐이다(시 5: "나를 기억하소서, 렘 15). 그 다음에 神의 개입을 간구하고, 神의 개입이 어떻게 수행되고 어떻게 수행되어서는 안된다는 것을 고한다 : "내 원수를 갚아주소서···나를 쫓아내지 마소서"(렘15) ; "나를 벌하지 말고 내게 자비하소서"(시 6) ; 끝으로 곤궁에서의 轉換을 호소한다 ; "나를 고치소서!"(시 6). 애원조의 命令形들을 절실하게 하기 위하여 기원하는 행동 자체의 묘사가 등장할 수 있다 : "아침 일찍 나는 당신을 위해 제물을 준비하고 당신을 살펴보나이다"(시 5). 세부적으로는 놀라울 정도로 變形했음에도 불구하고 이 詩들의 序頭(A+B)는 확고하게 새겨진 언어적 표현으로 이루어졌다. 한 개인, 사사로운 사람[3]이 그의 개인적인 곤궁과 근심들을 가지고 그의 하나님을 향한다. 어떤 共同體 — 찬양시

다 — 은 애가서(Threni) — 이것도 (히브리어 原文에서는 아니지만 번역성서에서는) 마찬가지로 예레미야의 것으로 돌려진다 — 와 혼동되어서는 안된다.

2) *GuB*, S. 218—221.

3) 처음에는 탄식시가 아마 王에게만 가능했을 것인데, 후에는 民衆化되었다. 다시 말하면 모든 백성들에게도 익숙하게 되었다. 때로는 王이 기도하는 詩인지 한 사사로운 사람이 王의 표현방식을 받아들인 詩인지를 결정하기 어렵다. 가령 5:5,8의 聖殿에 들어가는 것(과 神託을 탐지하는 것 5:4?)은 王의 特權이다. 그러므로 많은 학자들이 개인 탄식시 모두를 王에게 돌린다. 가령 M. BIČ, *Studies in the History of Religions* IV, 1959, S. 316—332.

의 경우와 달리 ― 도 여기서는 볼 수 없다. 그런데도 그는 기원할 때 옛부터 전해 내려오는 관습에 따르고 그와 함께 간접적으로 자신이 한 傳承 그 룹의 一員임을 나타낸다.

祈願의 주제는 대개 후속절에서 다시 한번 받아들여지는데, 그곳에서는 더 구체적으로 표현된다(5 : 9; 6 : 5). 祈願이 끝에서 다시 한번 나타날 때, 그 것은 所願의 樣式으로 표현된다. 즉 이것은 기원하는 자 자신 보다는 그의 敵들과 同志들에게 미치는 祈願의 양식이다(5 : 11). 이러한 祈求는 아마 太 古적 축복및 저주의 語套들로부터 자라났을 것이다[4]. 이 語套들은 기도자가 고립된 개체로서 ㄱ의 하나님 앞에 나타나는 것이 아니라 그 자신이 철두 철미 어떤 공동체에 속해 있음을 의식하고 있다는 것을 보여준다. 그러나 讀 者는 이 사실을 고작해야 이 詩의 끝에서나 알게된다.

처음의 祈願에는 상이한 부분들이 연결될 수 있다. 그러나 대개는 歎息 (Klage)이 따른다(C; 가령 시6). 이 句節은 이 詩들 중 어느 것에도 빠지 지 않았다. 그러나 이것은 확고한 자리를 가지고 있지는 않다. 歎息이 두번 나타나는 경우가 많다(시 6). 그것은 흔히 歎息詩의 가장 큰 部分을 차지한 다(렘 15). 이것은 대개 "이는···임이라"(denn)와 함께 先行하는 句節과 대조를 이룬다(5 : 10; 6 : 3). 부름과 祈願이 우리 그리스도교의 祈禱들에서 도 자명한 반면 ― 설사 구약성서의 祈願들의 정열적인 성격이 우리를 놀라 게 할지라도 ― , 歎息은 현대의 기도에는 생소한 특징들을 지니고 있다. 그것의 내용은 곤궁의 묘사이다. 기도자는 자신의 처지(6 : 7) 혹은 그의 敵 들의 음험한 策動(5 : 10) 혹은 하나님의 멀리 계심(가령 시 22의 유명한 序 頭 : "나의 하나님, 나의 하나님, 어찌하여 당신은 나를 버리셨나이까?")에 대하여 탄식한다. 특별한 것은 기도자 ― 예레미야가 그렇게 하듯이 ― 가 神의 일을 위한 희생적인 봉사로부터 자신의 고난을 찾아내는 것이다. 많은 歎息들이 그 시선을 너무 지나치게 기원하는 자의 곤궁에 치우치고 있기 때 문에, 외관상 마치 神的인 상대자가 視野 밖에 있는 것 같은 樣相을 보여준 다. 詩人은 솔직하게 직접 하나님에 대한 비난으로 화하기까지 자신의 절 망을 분명하게 나타낸다. 이것은 이미 불안한 질문 "당신은 그러나, 얼마나 오랫동안?"(시 6)에서 준비되고, '어찌하여'라는 질문(렘 15)에서 좀더 비 판적으로 들리고, 다음과 같은 예언자의 엄청난 표현에까지 上昇된다 : "당 신은 내게 거짓 시내처럼 믿을 수 없는 물같이 되었도다." 한 이스라엘인

---

4) *GuB*, S. 229.

이 歎息에서 하나님을 향해 그가 생각하고 느끼는대로 말하는 대담성은 西歐人을 놀라게 한다. 이 사정만으로도 구약성서의 하나님은 폭군적인 지배자이고 그 앞에서 인간은 노예에 불과하다는 옛부터 전해오는 先入見을 반박하는데 충분할 것이다.

독자적인 句節(D)도 개인의 歎息詩에 속한다. 궁켈-베그리히는 이것을 信賴의 根據(Trostgrund), 혹은 기도자의 운명에서 視線이 출발하는 경우에는 信賴의 表現이라고 불렀다. 그들은 그 상황이 하나님의 시선으로부터 감촉되는 경우에는 그것을 神的 개입의 動因이라고 칭했다. 탄식시의 詩人은 이 동기를 대개 강한 "그러나 당신은", "그러나 나는", "이는···아님이라"에 의해 주변으로부터 부각시킨다. 信賴의 表現에서 그렇다(시 5 : 5) : "이는 당신이 범죄자들을 기뻐하시는 하나님이 아니심이니이다"와, 같은 詩의 끝에 다시 한번 : "이는 당신이 義人들을 축복함이니이다." 역사적 경험에서 알려진, 정직하고 共同體에 성실한 인간들에 대한 하나님의 총애와 마찬가지로, 윤리적으로 의심스러운 모든 행동에 대한 하나님의 혐오에 호소한다. 이 경우 叙述文體는 야웨를 3인칭으로 표기하고(5 : 9), 이렇게 호칭을 빠뜨리는데까지 확대될 수 있다. 시편 6편에서 神的 개입의 動因은 이렇다 : "이는 죽음에서 당신을 기억하는 사람이 없음이니이다." 이것은 기도자를 도움으로 그가 땅위에서 야웨의 명예를 더욱 선포할 수 있게 하라는 은근한 권유 외에 다른 것을 뜻하지 않는다. 즉 하나님에게 그의 명예에 불리할 수 있는 가능한 손실을 지적해주는 것이다. 또한 그 배후에는 하나님은 요컨대 땅위에서 그를 찬양하는 소리가 울려퍼지게 하는 모든 사람을 소중히 여긴다는 信賴도 숨겨져 있다.

이 ― 직접적이거나 간접적인 ― 信賴의 根據의 한 變種이 기도자가 자신의 지금까지의 결백한 生涯를 지시하는 결백의 맹세(E)이다. 이것은 특히 다음 말을 한 예언자에 가깝다 : "당신의 말씀이 발견되자, 나는 그것들을 삼켰나이다. 당신의 말씀은 나에게 큰 기쁨이 되었나이다." 예레미야는 이 文段을 부름과 함께 끝맺음으로 이 文段에 특별한 강조점을 주었다 : "오 야웨, 만군의 하나님이여." 아마 시편 5편 8절도 결백의 맹세로 생각되었을 것이다 : "그러나 나는 당신의 크신 인자로 인하여 당신의 집에 들어갈 수 있나이다." 하나님의 인자(חֶסֶד)는 그의 언약에 대한 성실이고, 그는 이것으로 정직한 자들을 대한다. 그러므로 기도자는 하나님의 이 성실에 호소하면서 자신을 정직하고 경건한 자로 나타낸다.

많은 歎息詩들은 應答의 確信(X)으로 끝나는데, 이것은 確信을 강조함으로 先行하는 祈願과 歎息, 信賴의 思想으로부터 부각된다. 급작스러운 분위기의 變化가 일어났음에 틀림없다. 지금까지는 悲歎과 絕望, 이제는 절대적인 確信. 이것은 어떻게 설명되는가? 베그리히는 이것을 歎息詩의 삶의 자리로부터 설명했다. 歎息詩는 聖所에서 朗誦된다. 全權을 위임받은 祭儀의 대변자 — 司祭 아니면 祭儀 預言者 — 가 救援과 應答을 선포하는 應答의 神託(O—S)을 가지고 그에게 대답한다. 이런 神託의 말투가 유감스럽게도 詩篇에는 없다. 탄식시의 詩人은 이것을 스스로 처리할 수 없었기 때문이다[5]. 탄식시들은 분명히 하나님의 말을 위임받은 대변자들에 속하지 않은 남자들에 의해 朗誦되었을 것이다. 그 까닭에 歎息詩들 중에는 — 아마 聖殿에서 탄식시가 낭송될 때 규칙적으로 수반되었을 — 神의 확답이 없다. 이것은 다행하게도 예레미야서의 탄식시들 중에 收錄 보존된 應答의 神託으로부터 추론될 수 있다. 예레미야는 예언자로서 동시에 기도자이고 神託받는 자일 수 있었기 때문이다. 應答의 神託이 24회나 나타나는 예언자 제2 이사야에서 비슷한 것을 볼 수 있다[6]. 여하간 詩篇들도 이런 神託의 흔적을 보여준다. 시편 5편의 기도자는 神의 대답을 탐지한다(5：4) — 이것이 司祭의 혹은 祭儀 預言者의 확답 외에 다른 무엇을 뜻하겠는가? — 그에게 문제되는 것은 거절 당할 수도 있는 神의 총애의 약속이다. 神의 총애로 덮으심에 일치하는 義人에 대한 축복(5：13)도 이 행위를 내다보고 있는 것이리라. 應答의 確信의 動機로부터 좀더 분명하게 추론되는 것은 歎息詩와 應答의 神託 사이의 연관성이다. 더 나아가서 그곳에서는 祈禱의 명확한 수납이 분명히 回顧되고 있다(6：10; 다른 탄식시들 중에서는 다음과 같이 분명하게 말하고 있을 정도다 : "당신은 내게 대답하셨나이다" 22：22 끝에). 기도자에게서 일어나는 단순한 內的 轉換이라고 하는 것은 탄식시들의 끝에 있는 이 놀라운 陳述들을 설명하기에는 불충분하다.

應答의 神託은 특유한 構造를 지니고 있다. 예레미야의 序頭 "야웨는 이렇게 말했다"가 이 神託의 構造에 속하는 것인지는 물론 분명치 않다. 이것은 이외의 예레미야의 탄식시들 중에는 나타나지 않고 그 대신 그의 미래에 관한 말들 중에 자주 나타난다(2：2, 5; 4：3, 27등). 그러므로 이것은 應答의 神託보다는 오히려 본래의 예언자적 演說에 속한다. 마찬가지로 끝마감하는 표현 "야웨가 속삭인다"도 神託的인 文體가 아니라 예언자적인 것

5) *GuB*, S. 247.

6) Begrich, *Studien zu Deuterojesaja*, BWANT IV, 25, 1938, ²ThB 20, 1963. Begrich는 '救援의 神託'(Heilsorakel)이라고 하는데, 이것은 적절한 用語가 못된다. 왜냐하면 應答이 반드시 救援을 뜻하지는 않기 때문이다！

이다. 이에 반해 神託에 根源을 두고 있는 것은 곤궁의 제거를 약속하고, 분명히 先行하는 탄식시에 관련시키는 도움의 약속(Q)이다. 예레미야가 박해를 당하고 敵들로부터 치욕을 당한다고 탄식했을 때 "나는 이 백성을 위해 너를 견고한 놋성벽으로 만들리라"는 응답을 받는다. 이 주제는 종종 두 번 반복된다. 가령 : 예레미야서 15장 21절 : "나는 너를 악한 자들의 손에서 구출하리라." 神의 개입에 관한 이 陳述의 경우 언제나 하나님의 나, 마찬가지로 부름의 대상자의 특별한 상황이 드러난다. 이것에 긴밀하게 결부된 것은 가까운 미래에 대한 통찰, 즉 神의 개입의 결과(R)이다 : 더욱 더 敵들은 예레미야에게 대항할 것이나 헛된 일이다. 더 나아가서 神託은 하나님이 기도자 편에 선다는 특별한 관계(S)로부터 확증, 즉 일반적인 구원의 보장을 얻는다[7]. 여기서도 옛 이스라엘에 있었던 祭儀樣式들의 놀라운 풍요와 이스라엘의 경건한 자들이 모든 확정된 관습에서 그들의 개인적인 느낌 및 희망을 표현할 줄 알았던 놀랄만한 기술이 드러난다.

개인 탄식시를 구성하고 있는 句節들은 언제나 서로 분리되어 있고, 각기 意味를 지닌 文段으로서 뚜렷하게 대조를 이루고 있다. 그런데도 이 詩人들은 美學的인 淨化主義를 옹호하지 않는다. 무엇보다도 중요한 세가지 要素, 즉 祈願과 歎息, 信賴의 根據는 이들에게 있어서 불가분리하게 연결되어 있다. 그러므로 야웨의 共同體에 대한 성실과 관용 혹은 그의 진노가 지적되면서 동시에 信賴의 思想들이 이미 祈願에서 나타날 수 있다. 마찬가지로 敵들의 惡意에 대한 내혹한 지적 혹은 자신의 초췌함도 이미 祈願의 이점에서 앞당겨질 수 있다(5 : 9; 6 : 2,5; 렘 15 : 15). 한 주제가 다른 주제로 옮겨가는 것은 놀라운 일이 못된다. 탄식기도는 역시 의미상 單一的인 것이다. 놀라운 것은 오히려 句節들의 區劃이 일반적으로 일관성있게 관철되고 있다는 사실이다.

B. 삶의 자리

讚揚詩에서와 같이 개인 탄식시에서도 궁켈은 그 類型이 원래 祭儀領域에서 자랐다는 사실을 발견했다. 이것은 詩篇 5편에서 특히 분명해진다. 기도자는 야웨의 聖殿 앞에 무릎을 꿇고 굴복했거나 (8절), 그의 노래가 應答된 후에 그렇게 하려고 한다. 한걸음 더 나아가 그는 아침 일찍 그의 하나님을 위하여 무엇을 "준비했다" : 히브리어 ערך는 祭儀言語의 확고한 專門用語이고, 제단에 燔祭를 드릴 때 장작과 고기를 쌓아올리는데 관련된 것이다

---

7) Horst, *HAT* : 학 1 : 13 : 용기를 북돋는 語套.

(레 1 : 7—8, 12; 6 : 5). 그러므로 개인의 탄식시는 다른 詩들로부터도
분명해지는 바와 같이 번제와 결부되어 있다[8]. 詩篇 6편 (예레미야서 15장
과 같이)에는 삶의 자리를 위한 더 상세한 거점이 없다. 이것은 이 詩歌
의 간략성에서 이해되는 바, 祭儀적인 연결점에 관하여 贊反간에 아무런 말
도 하지 않는다. 여하간 후에 추가된 表題 "音樂伴奏에 맞춘, 다윗을 위한
노래"는 이 詩歌를 분명히 예루살렘 聖殿에 예속시키고 끝에서 전제된 應答
의 神託이 그런 場所를 根源地로 추측하게 한다. 우리는 讚揚詩들의 삶의
자리와 달리 개인의 歎息詩가 公的인 禮拜에 속하지 않고 私的인 儀式, 즉
"임시적인 禮式"에 속한다는 것을 계산에 넣어야 할 것이다. 기도자는 그의
곤궁에 몰려서 平日에 祭物을 가지고 聖殿에 나와 司祭에게 悲歎儀式을 베
풀어줄 것을 부탁한다.

그 動機는 기도자를 生死의 危機로 몰고 간 疾病일 것이다(시 6). 이 질
병은 그 原因을 묻게 하고, 기도자는 그 原因을 그의 罪에서 발견한다[9].
罪는 야웨의 진노를 도발시킨다. 그러므로 기도자는 은혜를 간구한다. 그렇
지 않으면 敵들의 策動이 그 動機일 것이다. 이 敵들은 뚜렷하게 언급되는
例가 많고(시 5; 렘 15), 그들의 性格에 관한 명백성은 詩篇註釋에서 드러
나 있지 않다. 어떤 사람들은 경건하나 가난한 層과 영향력은 많지만 종교
적으로는 무관심한 上流層 사이에 있었던 포로기 이후에 파당적 반목들을
생각한다. 다른 사람들은 민족적으로 해석하여 이 敵들은 이스라엘 및 개개
이스라엘인들의 外部의 敵들이라고 한다. 모빙켈은 특히 (가령 시편 6편[10]에
서) 비상하게 그들의 本性을 발휘하여 다른 사람들에게 마술로 질병을 옮겨주
는 마술사들을 생각한다. 끝으로 슈미트(Hans Schmidt, *HAT*)는 敵들이 기
도자에 대해 소송 상대자로 등장하는 소송행위로 귀결짓는다(가령 시편 5편,
그곳에서 적들은 그들의 입으로 기도자에게 욕을 보였기 때문이다 ; 10절)[11].

祭儀的 삶의 자리에 관해 궁켈은 이 詩篇 중 아주 많은 詩들이 이미 오래
전에 이 자리를 버렸다는 명제를 주장한다. 그는 모든 개인 탄식시들을 철
저하게 祭儀的인 것으로 보는 모빙켈의 해석에 異議를 제기한다. 바로 詩篇

---

8) *GuB*, S. 177.

9) 운명을 좌우하는 행위와 불가분리한 罪-不幸 관계에 대한 신념이 배후에 들어
있다 : 비교. K. Koch, "Gibt es ein Vergeltungsdogma im Alten Testament?",
ZThK 52, 1955, S. 1—42.

10) Mowinckel, *PIW* Ⅱ, S. 6.

11) W. Beyerlin도 비슷하다 : *Die Rettung der Bedrängten in den Feindpsalmen*
···, FRLANT 99, 1970.

6편에서 詩人의 침상과 자리가 거론되고 있으며, 그러므로 이 詩는 사사로
운 집에서 생긴 것이라고 한다 : "모빙켈은 이 詩들 중에서 보는 바와 같이
그렇게 자주 고통스런 처지에서 詩를 쓰는 일이 흔히 있었는가에 의심을 표
명했다. 그러나 고통의 밤과 죽음의 불안 중에서 영원한 위로를 찾고 詩的
인 재질을 타고난 자에게서는 그러한 어려운 시간에 詩句가 흘러나온다는 것
은 누구나 아는 사실이 아닌가?"[12] 그러나 19세기의 그리스도교적 市民精
神은 이런 論證을 위해 너무나도 代父役을 하지 않았는가? 이 시대에 "누구
나 알고 있는"것을 팔레스틴의 古典에서 根本的으로 설명하기는 더 어렵다.
사람과 가축들이 한 場所에서 밤을 지내고, 더우기 病者는 그의 家族들로
부터 하나님의 벌을 받은 자로 의심받고(지칭되며), 좁은 뒷골목에서 큰
소리로 하는 말을 이웃들이 같이 들을 수밖에 없는 그 좁은 이스라엘의 움
막에서 病者가 혹시 한 밤중에 그의 목소리를 높여 큰 소리로 詩를 읊었다는
것을 사실 진지하게 생각할 수 있을까? 詩篇 6편의 기도자가 왜 집에서의
잠못이루는 밤에 관하여 聖殿에서 말하지 않았겠는가? 아마 그는 친구들이
그를 聖殿에 들어다 주어야 할 정도로 침상에 누어 있어야만 했을지도 모른
다! 반면 예루살렘과 같은 聖所에 관련시켜 어떤 임의의 이스라엘 平民이
그곳에서 시원스럽게 노래를 부를 수 있었는가를 물어야 할 것이다. 포로기
이후의 표제들은 많은 개인 탄식시들을 合唱團에 돌리고 있다. 탄식시들은
公職歌人에 의해 그때 그때 기도자의 부탁으로 낭송되지 않았는가하는 것이
바로 문제이다.

궁켈은 개인 탄식시의 경우 祭儀的 土着性이 찬양시에서보다 적게 파악 된
다고 말한 점에서 역시 옳다. 거룩한 場所와 祭物들은 비교적 드물게 언급된
다. 몇몇 탄식시들은 시온과 聖殿으로부터 멀리 떨어진 곳에서 부르는것 같은
인상까지도 일으켜준다. 가령 시편 42—43편이 그런데, 여기서 詩人은 이전
의 聖殿巡禮를 그리워하면서 생각하고 "요단과 헬몬지방으로부터 하나님에게
호소한다." 그는 다시 "聖山"에 이를 수 있기를 바라는 희망을 표명한다[13].
詩篇 61편의 詩人도 비슷하게 "땅 끝에서" 소리친다[14]. 이렇게 개체 탄식시

----

12) *GuB*, S. 182.

13) 더우기 重病에 걸린 환자에게는 聖殿에 들어오는 것이 금지되어 있었을 것이
다(비교. 삼하 5 : 8).

14) 몇몇 개인 탄식시들이 소위 "祭儀"를 부인한다(시 42 ; 51 ; 69)는 진부한 논증
은 결국 토론에서 사라져야 할 것이다. 그곳에서 노래로 인해 祭物의 가치가 格下될
지라도 역시 그것은 祭儀內部에서의 그 段階의 交替에 불과하다. 祭儀的인 노래가
祭物에 비해 더 중요해진다 : 비교. Mowinckel, *PIW* Ⅱ, S. 21ff.

들은 실제로 祭儀와 祭物로부터 멀리 떨어져 있는 곳에서 읊어졌을 것이다. 그
러나 그곳에서도 아마 一般市民들뿐 아니라 수련을 쌓은 歌人들에 의해서도
읊어졌을 것이다. 구약성서의 說話部分들 중에는　평범한 場所에서 읊은 탄
식시들이 가끔 보도되고 있기 때문이다. 그러나 이 경우에　그것들은 언제
나 ― 설사 王(삼하 24 : 10, 17; 왕하 20 : 2―3) 혹은 예언자(왕상 19 : 4)가
기원하는　자일지라도 ― 散文으로 수록되어 있다. 다윗說話(삼하 7 : 18 이
하)는 더우기 사람이 ― 좌우간 가능할 때면 ― "야웨 앞에", 즉　기도하기
위해 聖所에 들어갔음을　보여준다. 詩文으로 된 유일한 例外는 ― 만일 그
것도 성전에 예속되지 않는다면 (Weiser 는 그렇게 본다 : *ATD*) ― 예레미
야의 탄식시일 것이다. 요나서 1장 14절의　뱃사람들의 기도와　느헤미야서
1장 5―11절의 기도도 물론 散文으로 編修되었다(비교. Tob. 3; Judith 9;
13 : 4―5). 후대에 와서 비로소 詩體로 완성된 詩的 탄식시들은　종교 영역
밖에서도 볼 수 있다(Oratio Manassis : 욥 9 : 27―10 : 22; 13 : 23―14 : 22;
Sir. 22 : 27―23 : 6). 그러나 이 귀절들에서는 이미 類型이 심하게 변했다.
그리고 "개인 탄식시"(Klagelied des Einzelnen)라는 표지가 적합한지는 아
직도 의심스럽다.

C. 類型史

J. Begrich, "Die Vertrauensäußerungen im　israelitischen　Klageliede
des Einzelnen und in seinem babylonischen Gegenstück", *ZAW* 46, 1928,
S. 221―260 = *Ges. Stud.*, ThB 21, 1964, S. 168―216. ― C. Westermann,
"Struktur und Geschichte der Klage im　Alten　Testament", *ZAW* 66,
1954, S. 44―80 = *Forschung am AT.*, ThB 24, 1964, S. 266―305. ― A.
Wendel, *Das freie Laiengebet im vorexilischen Israel*, 1931.

歎息詩들의 由來를 추구하는 사람은 구약성서의 初期 說話들 중에 사사로
운 사람들의 祈願과 歎息들이 자주 언급되지만 언제나　서로　분리되어서만
언급되어 있는데 놀랄　것이다. 歎息은 리브가의 말에서 가장 간결한　樣式
을 본다 : 창세기 25장 22절 :

　　　이같으면, ― 어찌 '나는 살꼬'?

여기에 설화자의 특유한 말이 계속되고 있다 : "그녀는　야웨에게 가서 神託
을 물었다." 즉 歎息과 神託이 한 쌍을　이루고 있다. 모세 (출 5 : 22―23),

여호수아(수 7 : 7—8), 삼손(삿 15 : 18)의 경우도 비슷하다. 이런 歎息을
실제로 祈禱라고 부를 수는 없다. 祈願(Bitte)은 다르다.

삼손은 블레셋인들의 神殿 기둥을 허물어뜨리기 전에 최후의 힘을 다하여
부르짖는다(삿 16 : 28) :

> 주 야웨여 ! 구하오니, 나를 기억하소서／이번만 더 나를 강하게
> 하소서.

아브라함의 종(창 24 : 12)과 야곱(창 32 : 10 이하), 다윗(삼하 15 : 31)의
祈願은 詳細하다. 개인 탄식시의 비교적 뒷부분에서와 같이 序頭에서 하나
님을 부름도 이런 祈願에 속하는 것이다. 일반적인 간청(“구하오니, 나를
기억하소서”)으로부터 특별한 것 (“이번만 더 나를 강하게 하소서”)에로의 漸
層法도 이미 여기서 발견된다. 歎息들과는 달리 祈願들은 이미 마디들의 平
行法을 지향하고 있다. 그러나 그것들은 神託에 의한 대답을 기대하지 않은
것 같다. 初期 說話文學에서의 祈願과 歎息의 철저한 구분은 베그리히가 하
일러(Heiler)의 현상학적 論題들에 연결시켜 표현한 그의 命題 “그러나 사
람이 기도하려고 손을 드는 곳에서는 어디서나 기도의 동일한 構成要素들과
이 要素들의 동일한 순서(!)가 나타난다”15)를 이미 반박하는 것이다.

그러므로 문제는 詩篇에서 어떻게 탄식과 기원의 결합이 마치 자명한 것
처럼 企圖되었는가 하는 것이다. 이 문제는 우리가 바벨론 詩들 중 개인 탄
식시의 경우에서와 같은 圖式을 볼 수 있다는 사실에 의해 더 복잡해지기도
하지만 더 잘 이해되기도 한다16). 類型的으로 훌륭한 메소포타미아地域의
詩篇文學들 중 두곳에 사사로운 개인들의 기도들이 들어 있다 : 후기 수메르
族의 慰安歌(Herzberuhigungslied)와 기원전 2000년대 중엽 이래 나타나는
아카디아族의 맹세기도(Gebetsbeschwörung, 손을 들어 올리고 하는 기도).
후자에 관해 팔켄슈타인／폰 조덴(Falkenstein/v. Soden)은 이렇게 記述하
고 있다 : “讚揚詩는 하나님 부름에 이어 그의 讚揚, 이에 연결시켜 대개 고
난에 대한 歎息, 架橋的 語套 다음에는 언제나 祈願, 끝으로 感謝 및 祝福
의 語套로 되어있다17). 네르갈(Nergel)에 대한 맹세기도는 이렇다18) :

---

15) *GuB*, S. 261.

16) 풍부한 資料, 물론 樣式史學的으로보다는 主題史的으로 배열되었다 : G. Widen-
gren, *The Accadian and Hebrew Psalms of Lamentations as Religious Documents*,
Diss. Uppsala, 1936.

17) S. 47.

18) Falkenstein/v. Soden, S. 313f.; *AOT*, S. 262f.

맹세

A 강함과 고귀함에 뛰어난 主, /눈남니르(Nunnamnir)의 長子여, 아눈
나쿠(Anunnaku)의 第一人者/戰爭의 主여 !
쿠투쇠르(Kutuschar)/大 女王의 嫡子,
네르갈(Nergal), 神들의 全能者/닌멘나(Ninmenna)의 총아여 !
당신은 맑은 하늘에서 영화로우시며, /당신의 선 자리는 높으니이다 ;
당신은 地下世界에서(도 그러나)크고/대적할 자가 없나이다 !
에아(Ea)와 함께 神들의 모임에서/당신의 제안은 막중하고, 신(Sin)
과 함께 당신은 하늘에서 살피시니/곧 만물을 보시나이다.
당신의 아버지 엘릴(Ellil)은 당신에게 검은 머리들을 주셨으니/곧 살
아 있는 모든 것들이니이다.
쇠칸(Schakkan)의 짐승, 그곳에 기고 나는 것을/그는 당신의 손에
맡기셨나이다.
C 나, 앗수르바니팔(Assurbanipal, 혹은 某某, 某某의 아들)/당신의 종:
神과 女神의 분노한 忌避가/내 분깃이 되었나이다.
그래서 死傷(들)과 破滅이/내 집에서 일어났으며,
부르나 聽許되지 않고/나로 잠못이루게 하였나이다.
D 내 主, 당신은 극히 관대하시기에/나는 神된 당신을 찾았나이다 ;
당신은 용서로 충만하시기에/나는 당신을 대망했나이다 ;
당신은 늘 (친절하게) 바라보시기에/나는 당신의 龍顏을 바라보았나
이다 ;
당신은 자비하시기에/나는 당신 앞에 나아왔나이다.
B 나를 똑바로 바라보소서/나의 부르짖음을 들으소서.
당신의 격노한 마음은/내게 진정하소서 !
내 죄를 도말하소서/내 과오와 내 惡行을 ;
위대한 神, 당신의 나에 대한 무서운 분노를/곧 진정하소서 !
분개하고 진노하여 고개를 돌리고 기분이 상한 神과 女神은/나를 다
시 친절로 대하소서.
F (그러면) 나는 당신의 위대한 업적들을 찬양하고/(또) 당신에게 충성
을 바치리이다 !

구약성서 類型과의 相異性과 一致性은 쉽게 식별된다. 구약성서에서처럼
詩人은 부름으로 시작한다. 그러나 이 부름은 바벨론의 것에서는 장황하게

부연되었다. 讀者는 바벨론인들이 그의 祈願의 應答은 우선 神의 비위를 충분히 맞추는데 달려있다고 생각했다는 느낌을 가지게 된다[19]. 그러므로 神의 칭호들이 나열될 뿐 아니라 영광의 묘사도 첨가되었다 : "당신은 맑은 하늘에서 영화로우시니···", 다음에 따르는 것은 ― 구약성서 작품의 C부분에 일치하게 ― 탄식이다. 이것은 여기서 이름을 밝힌 기도자의 自己紹介로 시작되고, 대개 이스라엘에서보다 더 짧고 더 도식적으로 되어 있다. 여기에 信賴의 根據로서 信賴의 表現(D)이 연결된다. 祈願은 끝에 비로소 나타나는데(B), 이것은 마찬가지로 일반적인 간청인 "나의 부르짖음을 들으소서"로부터 특별한 것에로 발전한다 : "내 죄를 도말하소서." 結語는 讚揚의 맹세이다. 이것은 위에 소개된 개인 탄식시들 중에는 없으나 구약성서 다른 곳에는 들어 있다(시 27 : 6; 54 : 8; 56 : 13; *GuB*, S. 247—248). 물론 바벨론의 것들 중에도 없는 것이 있다.

  이로부터 類型史를 위해 드러나는 것은 무엇인가? 바벨론의 맹세기도가 독자적인 歎息 혹은 독자적인 祈願의 초기 구약성서적 散文들 중에 있는 그것보다 詩篇 類型에 훨씬 더 가깝다. 그러므로 개인 탄식시의 樣式言語 完成은 수백년 더 빠른 바벨론의 본보기에 의해 자극되었을 것이다. 어떻게 이것이 생각될 수 있는가? 확실히 이스라엘 詩人들이 바벨론으로 배우러 갔다고는 생각할 수 없다. 오히려 이스라엘 이전 가나안 ― 이들의 詩들은 이미 아무 것도 보존되어 있는 것이 없다[20] ― 이 중계자의 역할을 했다고 볼 수 있을 것이다. 물론 이스라엘에서 이런 자극을 受容할 수 있었던 것은 오직 옛 散文的인 歎息과 祈願들에서 이미 후기의 예술적 詩作을 위한 素地가 배태되어 있었기 때문이다. 야웨 祭儀에 받아들여지면서 대대적인 改作이 일어났다. 단순한 崇拜에서 오는 영광의 묘사는 제거되고, 그와 함께 神話的인 부수물도 떨어져나갔다. 부름은 보통 "야웨"라는 이름과 기도자가 하늘의 主에 대하여 가지는 개인적 관계의 示唆만을 포함하게 되었다 : "나의 王, 나의 하나님"(5 : 3). "이스라엘의 탄식시에서는 인간과 높이 계신 하나님 사이의 깊은 奈落 위에 좁은 다리 하나가 놓여 있다. 바벨론의 손을 들어 올리고 하는 기도에서는 대체로 이 奈落을 발견할 수 없다"(Begrich)[21].

  이스라엘의 歎息詩文學이 언제 가나안인의 자극을 받아 그런 형태로 생겨났는가? 아마 예루살렘에서 솔로몬의 성전 건축에 의해 비로소 생겼을

---

19) *GuB*, S. 213. 비교. 역시 Widengren, S. 42f.
20) 시리아의 應答의 神託에 관해 : Zobel, *VT* XXI 1971, S. 91—99.
21) *ZAW*, 1928, S. 251, 238—243.

것이다. 많은 개인 탄식시들이 이른바 시온과 결부되어 있다(5：8：비교
예루살렘 祭儀名："야웨, 만군의 하나님", 렘 15：16). 후에 추가된 表題
"다윗을 위하여"도 — 이 詩歌들 중 많은 것이 이 표제를 가지고 있다 —
아마 "다윗系의 國立 聖所를 위하여", 즉 "시온의 祭儀에서 사용하기 위하
여"를 뜻할 것이다. 여하간 솔로몬 이전 시대의 탄식시들의 흔적은 보존되
어 있지 않다. 그러므로 이 類型의 成立은 讚揚詩의 成立과 같은 時期, 즉
初期 王國時代로 결정된다. 이것은 야웨 宗敎와 이스라엘인들의 信仰이 저
새로운 祭儀의 핵심에 의해 얼마나 심하게 변하고 확대되었으며, 그것을 통
해 어떤 詩的 역량들 — 이것들의 成果는 바벨론의 본보기들을 훨씬 능가하
고 있는데 — 이 방출되었는가에서 드러난다.

이 類型은 얼마나 오랫동안 생생하게 사용되었는가? 궁켈／베그리히는
기원전 1세기에 생긴 솔로몬의 시편 중에서는 이 類型이 이미 主導的인 역
할을 하지 않고 있음을 증명했다. 베스터만(Westermann)은 포로기 이후의
기도들이 讚歌形式에서 얼마나 거리가 먼가를 좀더 정확히 보여주었다[22].
즉 포로기 이후에 와서 이 類型은 곧, 讚揚詩보다 더 일찌기 死滅되었음이
분명하다. 詩歌를 좋아하는 역대기에서 이상하게도 단 하나의 개인 탄식시
도 이미 발견되지 않기 때문이다.

이러한 死滅은 물론 새로운 개인 탄식시가 더 이상 作詩되지 않았다는 것
을 뜻할 뿐, 결코 이미 있는 개인 탄식시들이 사라졌거나 망각되었다는 것
을 뜻하지는 않는다. 오히려 그것들 중 많은 것이 고수되었으나 다른 삶의
자리로 옮겨갔다. 이것들이 지금은 詩篇集의 構成要素들이 되고, 그대로 會
堂禮拜에서 이용되었다. 이로써 우리는 編輯史를 다룰 자리에 당도했다.

D. 傳承史와 編輯史

위에서 인용된 개인 탄식시들의 경우에는 생생하게 전승되던 時代 동안의
변천에 관해 이미 아무 것도 인식되지 않는다. 다른 개인 탄식시들에서도
지금까지는 어떤 傳承史的 成果도 아직 밝혀지지 않고 있다. 編輯史에 관해
서는 좀더 많은 것을 말할 수 있다. 詩篇 5편과 6편은 3—41편을 포괄하는

---

22) Westermann이 아직 讚歌 類型에 귀속시키는 두 例, 신명기 1장의 증보(아사
리아의 神託)와 에스더서 3：12—30의 증보도 이미 심하게 변했다. 더우기 두 경우
모두 類似 類型인 民族 歎息詩들이 문제된다. 둘째 것에만 개인적인 결백맹세가 첨가
되어 있다.

첫 다윗詩篇集에 속한다. 이것은 둘째 다윗詩篇集(시 51편 이하)과 같이 일
련의 개인 탄식시들(시 3—7)로 시작한다. 이로부터 검토될 수 있는 것은
이 두 詩集의 위치가 편찬자에게 어떤 특별한 意義를 가지고 있었는가하는
것이다[23]. — 예레미야서 15장 15—21절은 지금 비교적 거리를 가지고 있는
개인 탄식시(10—11절)와 함께 편찬되어 있고, 더 나아가서 예레미야가 읊
고 이에 대하여 神의 대답을 얻는 민족 탄식시(14 : 1—15 : 4 혹은 9)와 결
합되어 있다. 편찬에 의해 우선 드러나는 것은 예레미야가 그의 백성에 대
해 어떤 태도를 취하고 있는가이다. 그 다음에는 그의 同時代人들의 背恩에
대한 그의 탄식이 첨가되는데, 그들의 背恩은 이 배경에서 특별히 부각되어
나타난다. 이 文段의 編輯史的 위치에 관해서는 아직 이 이상 더 말할 수 없
다. 예레미야서의 構造는 아직 충분히 밝혀지지 않고 있기 때문이다. 이 文
段이 전에는 다른 탄식시들(11 : 18—23; 12 : 1—6; 17 : 12—18; 18 : 8—23;
20 : 7—18)과 더 긴밀하게 관련되어 있었는가? 여하간 그런 詩들은 예레미야
의 예언의 첫 文書化, 즉 36장 2, 32절에 의하면 유다와 예루살렘, 民族들에
대한 말들을 포함한 "처음 두루마리"(Urrolle)에는 수록되어 있지 않았을
것이다. 저 破滅豫言들의 틀에는 탄식시들이 적합하지 않기 때문이다[24].

---

23) BIČ(참조. S. 256 註 3)는 시편 3—41편에서 연관성있는 登極禮典文을 본다.
그의 이유설명들이 물론 전적으로 충분치는 않으나 3—41편이 후에 메시야詩로 해석
되었는가라는 물음을 일깨워준다.

24) 지금의 문맥상으로는 예레미야의 두 탄식, 15 : 10과 15 : 15—18이 해당 하나
님의 말들로, 아마 백성에게 적용된 것 같다(14 : 1ff.에 일치하게). — 編輯史에 관하
여 : 참조. E. Gerstennberger, "Jeremiah's Complaints", *JBL* 82, 1963, S. 393—
408(아주 명석한 분석을 곁들이고 있다).

제 3 장 : 預言文書 중에서

예언자의 神託들에 관한 연구는 Gunkel 과 함께 시작되었다. 특히 다음 章에서 : "Die Propheten als Schriftsteller und Dichter", in : *GrPro.*, S. XXXIV—LXX. 이스라엘 이외의 類似文學과의 포괄적인 비교연구 : J. Lindblom, *Die literarische Gattung der prophetischen Literatur*, UUÅ, 1924, Teologi 1. 破滅豫言들의 근본적인 研究는 C. Westermann 에 의해 成果를 거두었다 : *Grundformen prophetischer Rede*, BEvTh 31, ¹1960, ²1964. 중요한 개별연구들 : L. Koehler, *Deuterojesaja stilkritisch untersucht*, BZAW 37, 1923; H. W. Wolff, "Die Begründungen der prophetischen Heils- und Unheilssprüche", *ZAW* 52, 1934, S. 1ff. = *Ges. Stud.*, RB 22, 1964, S. 9—35; R. B. Y. Scott, "The Literary Structure of Isaiah's Oracles", in: *Studies in Old Testament Prophecy*, Festschrift für Th. Robinson, 1950, S. 175—186; R. Rendtorff, "Botenformel und Botenspruch", *ZAW* 74, 1962, S. 165—177.

§15. 아하시야의 災難 : (왕하 1장)

H. Gunkel, *Elias, Jahve und Baal*, Religionsgeschichtliche Volksbücher Ⅱ, 8, 1906. — H. Gressmann, *SAT* Ⅱ, 1, ²1921. — G. Fohrer, *Elia*, AThANT 31, ²1968 — O. H. Steck, "Die Erzählung von Jahwes Eingreifen gegen die Orakelbefragung Ahasjas", *EvTh* 10, 1967, S. 546 — 556.

1. 아합이 죽은 후 모압인들이 배반하였다.
2. 아하시야가 사마리아에 있는 그의 누각(採光窓口 위에 있는) 난간에서 떨어져 심한 상처를 입었다.
   그때 그는 使者들을 보내며 그들에게 명했다 :
   가서 에그론의 神 바알세붑에게 나의 이 병이 낫겠는가를 물어 보라.
3. 그러나 야웨의 천사가 디셉사람 엘리야에게 말했다 :

P O   일어나, 사마리아 王의 使者들을 마중나가 그들에게 말하라 :

I   도대체 이스라엘에는 하나님이 없단 말인가? 너희는 에그론의 神 바알세붑에게 물으러 가고 있으니 !

KA 4.   그 까닭에(לָכֵן) 야웨는 이렇게 말했다 :

Ⅱ   네가 누워 있는 병상으로부터 너는 다시 일어나지 못하리라 !

Ⅲ　　　이는(רֶ) 네가 죽을 것이 확실함이라.
그리고 엘리야는 떠났다.

5. 使者들이 그 (王)에게 돌아왔을 때, 그가 그들에게 물었다 :
어찌하여 너희는 돌아오는가?

6. 그들이 그에게 대답했다 :
어떤 사람이 우리를 마중나와 우리에게 이렇게 말했나이다 :
너희를 보낸 王에게 돌아가서 그에게 말하라 :

KA　　야웨가 **이렇게 말했다** :
Ⅰ　　도대체 이스라엘에는 하나님이 없단 말인가? 당신이 에그론
의 神 바알세붑에게 물으러 보냈으니 !

Ⅱ　　**그 까닭에** :
당신이 누워 있는 병상으로부터 당신은 다시 일어나지 못하리라!

Ⅲ　　이는 당신이 죽을 것이 확실함이라 !

7. 이에 그는 그들에게 물었다 :
너희를 마중나와 그렇게 말한 사람의 모양이 어떠했느냐?

8. 그들이 그에게 대답했다 :
털가죽 옷을 입고 허리에 가죽띠를 두른 남자였나이다.
이에 그는 말했다 :
그는 디셉사람 엘리야였도다.

9. 이에 그는 50명의 군인과 함께 50부장 한 사람을 그에게 보냈다.
그가 그에게 올라왔을 때 — 그는 마침 산 위에 앉아 있었다. —
이에 그는 그에게 말했다 :
하나님의 사람이여 ! 왕이 명하였으니 내려오시라 !

10. 엘리야가 50부장에게 대답했다 :
이제 내가 실제로 하나님의 사람이면 하늘로부터 불이 떨어
져서 너와 네 50인을 태워 버리리라 !
이에 하늘로부터 불이 떨어져서 그와 그의 50인을 태워버렸다.

11. 다시 그는 다른 50부장을 50인과 함께 그에게 보냈다. 그는 '올
라가' (?)서 그에게 말했다 :

KA　　하나님의 사람이여 ! 왕이 말하였으니, 급히 내려오소서 !

12. 엘리야가 그들에게 대답했다 :
만일 내가 실제로 하나님의 사람이면 — 하늘로부터 불이 떨
어져 너와 네 50인을 태워버리리라 !

이에 하늘로부터 하나님의 불이 떨어져 그와 그의 50인을 태워
버렸다.

13. 다시 그는 세번째 50부장을 50인과 함께 보냈다. 그런데 세번
째 50부장은 올라와서, 엘리야 앞에 무릎을 꿇고 그에게 애원
하여 말했다 :

하나님의 사람이여 ! 원컨대 내 생명과 당신의 종인 이 50명
의 생명을 보살펴주소서 !

14. 보소서, 하늘로부터 불이 떨어져 처음 두 50부장을 그들의 50
군인과 함께 태워버렸나이다. 그러나 이제 내 생명을 보살펴
주소서 !

15. 이에 야웨의 천사가 엘리야에게 말했다 :

P O   그들과 함께 내려가라. 그를 두려워 말라.

그후 그는 일어나서 그와 함께 王에게로 내려갔다.

16. 그리고 왕에게 말했다 :

KA   야웨는 이렇게 말했다 :

I   문제는 당신이 에그론의 神 바알세붑에게 使者들을 보내서 묻
게 한 사정에 관한 것이라(יַעַן אֲשֶׁר). — 도대체 이스라엘에는
그 말을 물을 수 있는 하나님이 없단 말인가?

II   그 까닭에 :

당신이 누워 있는 병상으로부터 당신은 다시 일어나지 못하
리라 !

III   이는 당신이 죽을 것이 확실함이라.

17. 그후 그는 엘리야가 전한 야웨의 말대로 죽었다.

그리고 그의 동생 여호람이 그 대신 王이 되었다.

A. 預言者 傳說

序文과 結文을 제외하면 이것은 독자적으로 이해될 수 있고, 완결된 單一
文이다. 이 생생한 斷片은 본래의 說話보다 일련의 劇的인 對話에 더 유사하
다. 對話部分들이 本文의 절반 이상을 차지하고 있다. 이것과 옛 民譚文學
을 비교하면, 이런 預言者 說話가 저 옛 이스라엘의 說話術의 제 2 단계, 즉
詳細한 文體에 관련되어 있고[1], 그 文體를 한결음 더 발전시킨 것임이 분

---

1) 참조. S. 228.

명해진다. 그곳에서는 인간 및 神의 말이 보다 더 실제로 결정적인 것이며 外的 行動은 단지 隨伴現象에 불과하다. 그 상세한 文體는 동일 主題의 반복에 의한 섭세하고 단계적인 漸層法들에서도 나타난다. 처음에 엘리야는 야웨의 말을 王의 使者들에게 전하고, 그 다음에 使者들이 그것을 王에게, 최후로 엘리야 자신이 그 말을 전하려고 王 앞에 나선다. 이 경우 의식적으로 말을 변형시킨다. "도대체 이스라엘에는 하나님이 없단 말인가? 에그론의 神 바알세붑에게 물으러···! 네가 누워 있는 병상으로부터 너는 다시 일어나지 못하리라! 이는 네가 죽을 것이 확실함이라"라는 결정적인 文章은 그때마다 반복되고, "야웨는 말했다"라는 진술도 마찬가지로 반복된다. 그러나 이 文章들의 위치는 조금씩 바뀌고 상황의 확인은 각기 특수한 사정에 맞추어졌다. 처음에는 "너희는 가고 있다"고 했고, 다음에는 "당신이 보냈다", 마지막에는 "문제는 당신이 보낸 사정에 관한 것이다"라고 한다. 50부장의 파견도 여러번 보도된다. 그러나 엘리야를 향한 그들의 말은 매번 다르다. 첫번째 50부장은 "王이 명했다"고 말하고 그의 명령을 단 하나의 命令文에 한정시킨데 반해, 두번째 50부장은 이미 비교적 상세하게 말한다 : "왕이 이렇게 말했다." 그리고 要求를 강화시킨다. 끝으로 세번째 50부장은 완전 무결하게 禮儀를 갖추어서, 즉 거의 굴종적인 태도로 말한다. 이에 反해 엘리야의 (파괴적인) 대답은 점차 더 간결해진다. 첫번 경우에는 아직 "이제"가 先行하는데 두번째 경우에는 없다. 세번째 경우에는 더 이상 그는 아무 것도 말하지 않는다. 엘리야의 談論 後에 설화자는 처음에는 불에 관해, 다음에는 하늘로부터 떨어지는 하나님의 불에 관해 보도한다. 즉 설화자는 漸層的인 反復의 경우 그 표현을 가능한 한 변형시키려고 노력한다. 그러나 이 경우에 전체의 효과를 위해 무엇이 그대로 남아 있어야 하고, 무엇이 변해야 한다는 것이 정확히 熟考되었다.

初期의 民譚에서와 같이 說話의 序頭는 짧고 ― 先祖할머니의 危機에서처럼 ― 단 한 文章으로 되어 있다. 마찬가지로 설화의 終結도 단 한 文章으로 끝나는데, 이것은 바로 앞에서 詩的 演說로 절정을 이룬 후에 나온다. 그러나 중간부분은 옛 類型들로부터 달라졌음이 분명하다. 初期의 民譚에서와 같이 世界를 親族關係로 보는 精神活動에 근거를 둔 主題들이 여기서는 문제되지 않고 있다. 先祖들의 時代 혹은 英雄民譚에서와 같이 용감한 戰士에 대한 감격도 문제되지 않는다. 일차적으로 문제되는 것은 歷史叙述(이것은 단지 나중에 부가된 序文과 結文에서만 볼 수 있다)에서 처럼 政治史 혹은 民族史的 변천들이다. 이 說話가 노리는 것은 무엇인가? 王이 문제인가? 그렇다면 엘리야와 세 50부장의 충돌에 관한 상세한 이야기는 불필요했을 것이다. 엘리야에게 관심이 있는가? 그가 중요한 역할을 하는 것은 사실이나 개인으로서 그런 것은 아니다. 그가 전체에서 무엇을 느끼는가는 저 옛 民譚에서의 아브라함의 느낌과 충동들보다 훨씬 불분명하다. 前面에 부각된 것은 오히려 예언자 및 神의 말이다. 설화자가 各 文段에서 言明된 말과 뒤따르는 事件의 정확한 一致를 記入하려고 노력한 것이 분명하다. 그래서 두번째 場面에서는 야웨의 천사가 "일어나 王의 使者들을 마중나가라"는 말로 시작한다. 그의 談論 다음에 즉시 "그리고 엘리야는 갔다"는 말이 따른다. "산을 내려오라"는 두 50부장의 무뚝뚝한 命令에 예언자는 대꾸한다 : "하늘로부터 불이 떨어져 너와 네 50인을 태워버리리라." 두 경우에 설화자는 실제로 하늘로부터 불이 떨어져서 그 사람들을 멸망시켰다고 이야기를 계속한다. 이에 반해 이 場面의 끝에서 천사는 "내려가라！"고 명령한다. 곧 "(그리고 그가) 그와 함께 내려갔다"고 기록되었다. 그러나 이 상관관계는 전체 이야기의 끝에서 가장 분명하게 강조되었다 : "그 후 그는 엘리야가 전한 야웨의 말대로 죽었다." 이것이 그 意圖였음은 王의 命令(始初에서)인데도 불구하고 — 使者들은 순종했음이 분명한데 — 그 履行에 관한 말이 한마디도 뒤따르지 않는다는데서 분명해진다. 세번째 50부장의 간청에서도 엘리야를 인간의 말에 同意하고, 그렇게 함으로 그것을 이루는 자로 묘사하는 것을 피하고 있다. 그러나 천사가 하늘의 권위를 가지고 개입한 후에 비로소 그는 따른다. 그러므로 이 설화에는 예언자의 말은 — 분명하게 神的인 것으로 公認된 것이든, 인간의 主動에 의해 말해진 것이든 — 言明된 후 곧, 이미 현실에서 관철되는, 이른바 구체화되는 작용을 일으키는 말이라는 신념이 들어 있다[2].

동일한 말과 事件의 一致는 엘리야나 엘리사에 관한 다른 설화들 중에서도 지배적이다[3]. 그러므로 주로 문제되는 것은 단순히 개체 설화의 특수성들이 아니라 類型의 構造이다. 이것은 預言者 傳說(Profetenlegende)의 類型이다. 이 말의 보다 정확한 의미는 능력있는 말을 지니고 있는 자, — 다

---

2) 이 말의 이해를 위해서는 특히 L. Dürr, *Die Wendung des göttlichen Wortes im Alten Testament und im antiken Orient*, Mitteilungen der Vorderasiatisch-Ägyptischen Gesellschaft 42, 1, 1938.

3) 왕상 17 : 3＋5 : 9＋10 : 13f. ＋15f. ;　18 : 1＋2, 8＋16; 19 : 15＋19, 20＋21; 왕하 2 : 21f. ; 4 : 42—44.

른 귀절들에서는 — 神의 標識 혹은 "應答될 수 있는" 代禱의 職能을 지니고 있는 자로서의 예언자에 관한 傳說이다. 유감스럽게도 히브리語 標識는 보존되어 있지 않다[4].

삶의 자리는 어디에 있는가? 중세기의 傳說이 특정한 身分의 理想을 지니고 있는 수도원 혹은 騎士層의 격리된 社會로부터 생긴 것처럼 預言者 傳說은 預言者의 弟子 그룹으로부터 생겼다. 이 그룹은 특별히 엘리사說話들 중에서 입체적으로 認識될 수 있는 바와 같이[5] 확고히 새겨진 身分倫理에 의해 상당히 강하게 支配받고 있었다. 이 삶의 자리를 가진 구약성서의 類型은 포로기 이후에 사라졌다.

B. 類型史

預言者 傳說의 변천에 대해서는 연구된 것이 극히 적기 때문에[6], 여기서는 傳承史를 위한 어느 정도의 기초를 닦기 위해 몇가지 示唆들로 만족해야 할 것이다. 기원전 1000년경, 즉 王國時代 初期에 처음으로 預言者(נְבִיאִ)라고 자칭하며 황홀경에 도취된 그룹들(가령 삼상 10장)로 아니면 개인 자격(다윗 궁전의 나단)으로 등장한 사람들이 이스라엘에 나타났다. 사무엘서의 옛 先見者(Seher)들 혹은 國家成立 이전 시대의 神秘的인 하나님의 사람들(삿 6장, 13장)과 이들이 어떤 관계에 있었는가는 설명되지 않고 있다. 우리의 연관성에서 중요한 것은 예언자들이 역사상에 나타난 후 곧 생긴 첫 傳說들이 증명될 수 있다는 것이다. 가령 실로사람 아히야 주변 설화들의 기본줄기(왕상 11 : 29 이하; 14 : 1 이하) 혹은 벧엘에서의 하나님의 사람에 관한 신비한 이야기(왕상 13장)가 그렇다. 사무엘이라는 人物도 지금은 傳說들을 대변하는 역할을 한다(삼상 15장; 19 : 18 이하). 모세와 아브라함의 모습까지도 傳說을 통해 파악된다. 엘로힘학파의 編修本에서는 先祖할머니의 위기에 관한 民譚이[7] — 지금 설명될 수 있는 바와 같이 — 심하게 傳說的으로 개작되었다 : 傳說에서 문제되는 것은 마찬가지로 이스라엘 외의

---

4) Gunkel은 이 엘리야說話들을 아직 民譚들에 분류해 넣고 傳說들이 포로기 이후에 비로소 생겼다고 본다. 그러나 그는 이로 인해 民譚類型들을 정확하게 구분하는데 어려움을 겪었다. *"Elias, Jahve und Baal"*(1909)에서 그는 (Gressmann 과 같이) 상세한 규정을 완전히 포기하고 단순하게 民譚에 관해 말하고, 이로부터 전설적인 附加文들만을 구별한다(왕하 1 : 5ff.); S. 42. 그는 1931년 엘리야 주변의 說話들을 歷史的 民譚들에 분류해 넣고(*RGG*[2] V, S. 53f.), 여기에 예언서의 큰 典型이 묘사되어 있다고 보았다. — Fohrer는 이것을 傳說에 적절하게 배열해 넣었다.

5) v. Rad, *Theol.* II, S. 38f.

6) Rofé, "The Classification of the Prophetical Stories", *JBL* 89, 1970, S. 427—440.

7) 참조. S. 188f., 195—200.

王에게 神의 말을 전달하는 과정과 예언자의 代禱의 능력, 族長의 생애에서 유래된 滯留地 같은 것이다. — 이 傳說에서는 처음부터 神의 말과 神의 標識가 결정적인 역할을 한다. 이것들은 "靈의 소용돌이"(רוח)에 의해 예언자의 직책을 부여하는 거역할 수 없는 힘에 귀속된다. 언제나 중요하게 문제되는 것은 예언자들에 관한 그들의 추종자들의 보도들, 즉 예언자의 자기보도가 아닌 제3자의 보도들이라는 것이다. — 엘리사가 소속해 있고 열왕기하가 알려주는 예언자 단체에서 傳說文學이 특히 활발했음은 분명하다. 그들에게서 아마 엘리야와 사무엘, 모세에 관한 說話들도 손질되었을 것이다. 이에 반해 그 類型은 유다의 멸망(587년)과 함께 소멸된 듯하다.

C. 傳承史

樣式史學的 註釋이 시작되기 전에 이미 알려진 것은 열왕기하 1장이 두 개의 독자적인 說話들의 結合이라는 것이다 : 하나는 아하시야-엘리야 삽화(2—8, 16—17절)이고, 다른 하나는 "王의" 50부장과 엘리야의 회견(9—15)이다. 첫 說話는 그것 자체로서 완결된 것이고 제2의 것을 필요로 하지 않는다. 이것은 다른 엘리야, 즉 번개같이 나타나서 그의 소식을 전한 후에 마찬가지로 재빠르게 다시 사라지는 엘리야를 보여주고 있다. 이에 반해 다른 설화의 그는 어떤 특정한 山 위에 위엄스럽게 앉아서 그곳으로 찾아오게 한다.

아하시야-엘리야 傳說은 박력있게 꾸며졌다. "간결하고 단순한지만 아름다움에 있어서 필적할 것이 없다. 이것 외에 어디서도 바로 여기에서처럼 이렇게 無垢한 方式으로···엘리야의 인품의 嚴威가 표현된 곳은 없다. 이 효과는 예언자가 거의 완전히 배후에 숨어 있다는 것에 의해 달성된다"(Gressmann)[8]. 主導的 思想도 분명하다. 즉 이스라엘인은 오직 야웨와 그의 예언자들에게만 神託을 구하고 어떤 外國의 神도 찾지 않는다는 것이다. 그러나 만일 外國의 神을 찾으면 예언자는 그 사람을 막아선다. 여하간 그가 王일지라도 엘리야는 그에게 저항했다. 王에 대한 破滅神託의 전달은 지금 本文에 의하면 두번 일어난다 : 처음에는 使者들에 의해, 마지막에는 예언자 자신에 의해. 예언자가 끝부분에서 王이 이미 알고 있는 것 외에 다른 것을 말하지 않기 때문에 이 두번째 場面은 부연된 것이고 漸層法을 위해 첨가된 것인데, 말하자면 첫 傳說이 두번째 것, 즉 엘리야와 50부장의 회견이 병합되었을 때 첨가된 것이다. 야웨의 천사의 모습도 후에 부연된 것이

---

8) 제1판에서 그렇다 : 1910, S. 281.

다(3, 15절).   옛 예언자들의 경우에, 이곳 외에서는 예외없이 야웨 자신이 말하기 때문이다. 포로기 이후에 비로소 천사가 하나님과 그의 예언자들 사이의 중개자로 나타난다(가령 스가랴의 밤중의 환상들 중에서[9]).

두번째 傳說인 50부장들과 엘리야의 회견은 王의 이름이 지목되지 않고, 엘리야는 후기의 說話인 열왕기상 17장 17—24절에서만 겨우 볼 수 있는 바와 같이 "하나님의 사람"(Gottesmann)으로 불리어진 것에 의해 그 소잡한 인상을 벗고 있다. 이밖에 옛 史話들에서 예외없이 그는(엘리사와 달리) 預言者(נָבִיא)로 지칭된다. 說話 內에서 눈에 뜨이는 奇蹟도 오히려 엘리야 說話보다 엘리사 說話의 文體에 맞는다(비교. 왕하 6 : 8—23). 그러므로 이 傳說은 어떻게 사람들이 정당한 方法으로 예언자를 만나며, 어떻게 예언자는 자신의 권위를 세우는가를 보여주기 위해 생겨난 후기의 敷衍이다.   말의 遊戱인 אִישׁ הָאֱלֹהִים(하나님의 사람)과 אֵשׁ אֱלֹהִים(하나님의 불)이 만들어졌을 것이다[10]. 이 說話가 처음부터 보다 옛 傳說인 2—8절의 곁 가지로 자라났다는 것, 즉 결코 독립적인 것이 아니었다는 것이 배제되지는 않는다.

이 두 說話의 歷史性은 어떠한가? 두 傳承史의 基本線이 분명히 밝혀진 후에는 이 질문이 제기되는데, 이 질문은 설사 傳說이라는 類型 자체에 적합하지는 않을지라도 現代 歷史家의 관심을 끄는 것이다. 두번째 說話는, 방금 말한 바에 의하면, 역사적(historisch) 골자를 가지고 있지 않다. 이 說話에서는 엘리야의 傳記에 관해 아무것도 취할 것이 없다. 그러나 이것은 이 說話가 건혀 非歷史的(unhistorisch)임을 말하는 것은 아니다. 이것은 速斷的인 이해이다. 오히려 그것은 우리에게 중요한 정보들을 제공해주는 그 歷史的 틀(historisches Gehäuse)을 가지고 있음이 확실하다. 이 역사적 틀은 물론 이 설화가 보도하려는 時代 — 엘리야時代 — 에 관한 것은 아닐지라도 그것의 成立時代, 아마 엘리사 혹은 그 후 時代에 관한 정보는 제공해줄 것이다.   그것은 또한 이 說話의 중심에 서 있는 人物에 관한 것은 아닐지라도 이 傳說을 傳授한 人物들에 관한 것이기는 하다. 여기서 — 즉 歷史的으로 적절하게 — 밝혀지는 것은 이스라엘의 하나님의 사람과 그의 예언자 그룹이 스스로 兵權의 대표자들에 대해 느끼는 우월감이다. 유일한 하나님의 사람의 職務는 무장한 50명의 군인이 세번씩 출동해도 흔들리지 않는다는 것이다. 이밖에 이 傳說은 당시 중요했던 談論類型들(Redegattungen)

---

9) Fohrer, S. 41.

10) Liagre-Böhl, *Opera minora*, 1953, S. 16.

에 관한 중요한 정보들을 제공한다. 이에 관해서는 아래에서 거론되어야 할 것이다.

역사적인 관점에서는 보다 옛 傳說이 더 충실하다. 이것도 이런 說話들을 계속 전한 예언자 그룹에 관한 社會史的 정보들을 제공한다. 이 사람들은 확실히 이 說話 중의 엘리야와 마찬가지로 특수한 직업적 복장, 즉 가죽털 옷을 입고 가죽띠를 띠었을 것이다. 그리고 엘리야와 같이 그들은 外國의 바알 禮拜에 추파를 보내던 9세기의 오므리 王家에 대항하고 있었다. 그 까닭에 당시 이스라엘 王과 예언자의 적대적인 회견은 이 時代의 다른 傳說들 중에도 자주 반복된다(왕상 17 : 1 이하; 18 : 1 이하; 21; 왕하 9). 그러나 여기서 역사적 엘리야의 활동이 훨씬 더 강하게 풍긴다. 그렇게 갑자기 나타나고, 그런 暗示力으로 王의 使者들에게 깊은 인상을 주고, 그렇게 엄격한 말로 王 자신에게 맞서는 것은 오직 한 사람 엘리야 자신에게만 가능했다. 이 설화의 실제적 事件을 의심할 필요는 없다. 물론 세부적 표현들은 이미 그대로 고집될 수 없다. 그러므로 破滅의 神託은 각기 다른 말투로 세번 전 승되었다. 추측상 가장 옛 原本은 어느 것이었겠는가? 이런 질문과 함께 우리는 역사적으로 밝혀낼 수 있는 것의 한계에 부딪힌다. 이것은 이미 대 답을 얻을 수 없는 질문이다.

D. 上下 地位에 있는 자들 사이의 公的인 對談과 使者의 傳喝

열왕기하 1장은 傳說이란 外 類型을 위한 탁월한 例를 제공할 뿐 아니라 동시에 많은 內 類型들을 포함하고 있다. 우리는 가장 중요한, 개인에 대 한 破滅豫言을 검토하기 전에 당사자들이 서로 이야기하는 方式에 시선을 던져보는 것이 유익할 것이다. 사실 히브리 說話者는 이 對話를 축소시켜 傳授하고 있다는 것을 처음부터 생각할 수 있다. 그러나 동시에 바로 談論 類型들이 중요한 표현들이 보존되어 있고, 그런 축소에 의해 그만큼 더 분 명하게 부각된다는 것도 고려에 넣어야 할 것이다. 구약성서의 公的 談論의 類型들은 유감스럽게도 아직 연구되지 않고 있다. 그러므로 이하의 논술은 단지 잠정적인 試圖에 불과하다.

序頭에서 王은 그의 신하들에게 명령한다 :
　　　가서 에그론의 神 바알세붑에게 내 병이 낫겠는가 물어보라.

王은 아마 그의 신하들에게 훨씬 더 자세히 令을 내려 이렇게 말했을 것이 다 : 그들이 에그론 神殿의 司祭 혹은 祭儀 예언자를 위해 무엇을 선물로 가

져가야 한다든가 등. 그러나 "가라"와 정확하게 표현된 두번째 명령으로
된 序頭와 마찬가지로 행선지 및 대상 人物의 言明은 종들을 보낼 때의 上級
者의 많은 이야기들 중에서 발견된다. 이것은 분명히 使者委任(Botenbeauf-
tragung)의 樣式이다(비교. 창 45 : 9; 왕하 18 : 19). 이 樣式은 그것대로 단
지 下級者들에 대한 委任 일반의 특수양식일 뿐이다[11]. 王에 의한 50부장들
의 파견(9, 11, 13절)에서도 說話者는 王이 매번 "가서 엘리야를 데려오라···"
고 명령한 것으로 생각했을 것이다. 이러한 委任의 命令的인 語調는 분명히
말하는 자의 높은 지위에 맞는다. 使者가 돌아왔을 때 그는 비슷하게 거칠고
간결한 질문으로 맞아들인다 : "도대체 너희는 왜 돌아오는가?" "그 사람의
모양이 어떠했는가?" 王은 예고없이 나타난 엘리야도 아주 비슷하게 그러
한 비난조의 질문으로 맞아들인다(왕상 18 : 17; 21 : 20). 마찬가지로 하나
님의 사람 엘리야도 자기 門下의 예언자들을 비난한다(왕하 2 : 18).

　이에 반해 下級者가 말해야 할 경우, 그가 말을 시작하는 方式, 적어도
平民으로서 예언자에게 말하는 方式은 13—14절이 보여준다. 그것은 命令으
로 시작되지 않고 이야기하려는 자는 우선 그 칭호, 즉 "하나님의 사람이
여" 하고 부른다. 그 후에 그는 간청을 하되 결코 命令形이 아니라 더 부드
럽게 하는 不變詞를 덧붙여 希求形을 사용한다. 그 다음에 "보소서"(הִנֵּה)와
함께 狀況에 관한 언급이 따른다. 이것은 아주 품위있는 표현들과 格式을
갖춘 ― 平行法을 상기시키는 ― 文章構造로 되어 있다. 그 다음에 비로소
그는 감히 用件으로 넘어간다 : "그런데"(וְעַתָּה). 그러나 그는 그것을 직접적
으로 말하지 못하고 부지중에 다시 그 자신을 위한 간청을 하기에 이른다(비
교. 왕하 2 : 16; 6 : 1).

　使者가 指定 場所에 도달하면, 그는 9절과 11절에서 두 50부장이 한 것과
같이 委任者의 이름을 隨伴케 하는 "이렇게 말하였다"(כֹּה־אָמַר)는 말로 시
작한다[12]. 이 使者의 語套(Ko-amar 語套＝KA)는 말하는 자의 身分을 확
인시키고, 듣는 자들로하여금 그의 말이 그를 파견한 자의 말임을 승인하도록
강요한다. 이것은 이른바 現代 公文書의 官印에 해당한다. 그 다음에 나오는
傳言은 상대자가 下級者일 경우 때로는 단지 "내려오라!"는 命令形으로만
되어 있다(9절을 11절에 비교; 왕상 2 : 30을 왕하 18 : 28 이하에 비교). 그

---

11) 두 命令文으로 시작된 것 : 11절; 왕상 17 : 13; 왕하 4 : 3; 9 : 17; 비교. 왕상
18 : 5, 40.

12) 왕상 20 : 2f., 5; 왕하 2 : 30; 19 : 3. ― 왕하 1장에 처음으로 통상적인 כֹּה
אָמַר הַמֶּלֶךְ(王이 이렇게 말했다)가 나타나지 않고, דִּבֶּר가 이용되었는데, 이것은 說
話內部의 變造를 위한 것이리라.

러나 이것도 ― 다른 귀절들에서 ― 비난에 찬 혹은 경멸조의 질문으로 되어 있을 수 있다(가령 序頭가 그렇다. 삿 11 : 12; 왕하 18 : 19). 王도 바로 그 앞에 서 있는 그의 신하들에게 똑같은 方式으로 말을 한다. 그러므로 어떤 식으로 王과 그 신하들의 일상적 관계가 이러한 使者의 傳言에 의해 그 거리를 극복하고 계속되는지를 보게된다. 파견하는 자는 使者의 語套에 의해 受令者에게 가까와지고, 마치 마주 서서 하는 것과 같은 語調로 말한다[13].

물론 더 상세한, 이 章에서 例證되지 않은 使者의 傳言 樣式이 있는데, 이것은 "某某가 이렇게 말했다"라는 確認套와 命令形 혹은 질문들로만 構成되는 것이 아니다. 이것은 다음에 다루어야 할 예언자 神託을 위해 중요하기 때문에 간단히 베스터만(Westermann)이 끌어낸 例 하나를 들어보기로 한다. 모압王 발락이 先見者 발람에게 보낸 傳喝은 이렇다 : 민수기 22장 5―6절(이것은 같은 지위에 있는 사람, 여하간 복종의 義務를 지고 있지 않은 사람에 대한 使者의 傳言이다) :

> 5.　그는 使者들을 발람에게 보내···다음 말을 하게 했다 :
>
> I　보시오, 한 民族이 애굽에서 올라왔오이다／보시오, 나라의 요새를 점령하고／나를 대항하여 진을 쳤오이다.
>
> II　6.　그러니, 원컨대 오시오／나를 위해 이 민족을 저주하시오！
>
> III　이는 그 민족이 나보다 더 강하기 때문이오.
>
> (II)　아마 나는 그 민족을 쳐서／이 나라에서 축출할 수 있을 것이오.
>
> III　이는 내가 앎이니 :
> 그대가 축복하는 자는 축복을 받고／그대가 저주하는 자는 실제로 저주를 받았오이다.

이렇게 깅중한 傳喝은 平行法을 필요로 하기까지 한다. 여기서도 使者의 傳言에는 두 命令文이 포함되어 있다. 이것들은 委任하는 말로 이해되어야 하며, 이 傳喝의 핵심을 이루고 있다. 그러나 더 긴 보도부분, 즉 급박해지고 긴급하게 원조가 요구되는 현재의 처지에 관한 示唆가 이에 先行하고

---

13) אָמַר 의 完了形 번역은 彌縫策이다. 委任者가 처음에 使者에게만 말한 이전의 출발점이 示唆되지 않는다. 오히려 이 完了形은 傳言의 절대적인 適法性을 표현한다. 그러나 보다 格式을 갖추고 정확하게 번역하면 : "지금 某某가 義務를 지우는 方式으로 이렇게 말한다." 그러므로 이 語套는 오직 上位 혹은 고작해야 같은 地位에 있는 受任者에 의해서만 傳喝의 序頭로 이용될 수 있다. 비교. Rendtorff, S. 167 註 8.

있다[14]. 委任 뒤의 結語에는 베스터만이 "이유설명"이라 칭하나, 더 정확히
는 結語的인 性格表現이라고 표시할 수 있을 제3부가 따르고 있다. 그곳
에서는 대개 受信者가 좋은 일 혹은 악한 일을 위한 그의 능력들로 性格지
어진다(비교. 왕하 18 : 29, 32). 그러나 敵도 이렇게 性格지어질 수 있다 :
"그 민족은 나보다 더 강하다."

E. 개인들에 대한 破滅預言

열왕기하 1장의 핵심은 이스라엘王에 대한 예언자의 神託으로, 이것은
기억에 잘 새겨지게 하려는 의도에서 세번 반복된다. 이 神託은 어떻게
樣式化되었는가? 쾰러(Koehler〔와 린트블롬〈Lindblom〉〕) 이래 예언자의
말들이 使者의 傳言體에 유사하다는 것은 周知의 사실이다. 어느 정도 예언
자들이 確認의 語套, 즉 "야웨는 이렇게 말했다"(כֹּה אָמַר יהוה)를 벗어났
는지는 아직 異論이 분분하다[15] 使者의 傳言套가 그들 시대의 外交的 交信
에서 通用되었던 것같이, 그들은 그것을 차용하였다. 그러므로 개인에 대
한 破滅의 預言(Unheilsprofezeiung)은 우선 독자적으로 관찰하는 것이 바
람직하다. 엘리야가 王에게 전한 것은 야웨의 (천사의) 命令에 소급된다.
3절 :

> 일어나··· 使者들을 마중나가 그들에게 말하라.

이것은 위에서 밝혀진 바 정확히 使者委任體이다. 이에 관해서는 是非가 생
길 수 없다. 그러나 여기서도 너무 성급하게 예언자의 특별한 使者身分 혹
은 使者職務를 추론하면 안된다. 이런 委任에 의해서 누구나 야웨의 말의
使者가 될 수 있기 때문이다. 가령 엘리야에 의해 "王에게 돌아가서···그에
게 말하라"(6절)는 단순한 중개자의 역할을 맡은 王의 신하들도 그럴 수 있
다. 이밖에 예언자들의 경우에도 使者의 任務를 委任하는 것은 단지 職務者

---

14) 비교. 창 45 : 9; 32 : 5f. ; 왕상 20 : 5; 왕하 14 : 9. 현재의 처지에 대한 示唆는
경멸적인 혹은 비난조의 질문으로도 나타날 수 있다 : 삿 11 : 12; 왕하 18 : 19, 33(示
唆가 뒤에 나온다).

15) F. Baumgärtel(in: *Verbannung und Heimkehr*, Festschrift W. Rudolph,
1961, S. 20—23)은 "야웨가 이렇게 말했다"와 使者의 傳言 사이의 어떤 연관성도 의
심한다. 예언자의 語套가 야웨의 특별한 존칭들로 부연되는 경우가 아주 흔하기 때문
이다. 가령 : "만군의 야웨가 이렇게 말했다." 그러나 존칭에 의한 委任者의 부연은
王의 使者들의 말에서도 마찬가지로 나타난다. 가령 왕하 18 : 19. 그러므로 이것은
使者의 傳言과 전혀 무관한 것이 아니다.

의 일반적 委任의 특수한 경우에 불과하다는 것이 드러난다. 즉 (새로운) 말이 아니라 다른 職務가 아주 명백하게 요구되는 곳에서도 여러번 겹친 命令文들을 동반한 말투가 나타난다. 가령 15절 :

　　"그와 함께 내려가라. 그를 두려워하지 말라 ! "

이러한 委任은 그 사람 개인에 대하여 하늘의 능력을 주지시키는 말, 즉 그가 전할 필요가 없는 말이다. 스코트(Scott)는 이것을 적절하게 다른, 公的인 神託들과 구별하여 私的인 神託(privates Orakel)이라고 칭했다. 그러므로 위에서는 PO 라는 記號를 사용했다.

　물론 중요한 것은 예언자가 무엇을 전달해야 했는가이다. 이미 궁켈은 이 경우에 두 상이한 부분이 분명하게 서로 구별된다는 것을 인식했다. 하나는 導入的인 상황의 시사인데, 이것은 破滅預言들의 경우 언제나 통렬한 질책들로 되어 있고, 이것을 궁켈은 견책의 말(Scheltwort)이라고 불렀다(Ⅰ). 그리고 다음은 그 뒤를 따르는 중심부로 야웨에 의해 야기되는 미래의 不幸을 지시하는데, 이것을 궁켈은 "위협의 神託(Drohspruch)으로 표시했다(Ⅱ). 견책의 말은 상대자의 처지가 하나님 앞에서, 말하자면 그의 犯罪로 인해 버틸 수 없게 되었음을 책망하면서 확인시킨다 ! 여기서는 곤경에 빠진 이스라엘의 王이 外國의 神을 찾았고, 그 때문에 그의 하나님관계의 배타성을 포기한 것이다. 표현은 언제나 각기 그 대상들에 맞추어졌다. 그 까닭에 열왕기하 1장에서는 場面에 따라 그 말이 달라졌다. 王의 使者들인 경우는 이렇다 :

　　"도대체 이스라엘에는 하나님이 없단 말인가? 너희는···바알세붑
　　에게 물으러 가고 있으니 ! "

그러나 예언자가 王 자신에게는 이렇게 말한다 :

　　"문제는 당신이 使者들을 보내어 에그론의 神 바알세붑에게 묻게 한
　　사정에 관한 것이다. ― 도대체 이스라엘에는 그 말을 물을 수 있는
　　하나님이 없단 말인가?"

　使者들의 입에서 발설되는 王에 대한 견책의 말은 또 다르다(6절). 이런 傳說들과 神託들을 계속 전수하는 예언자 그룹의 이해에 의하면, 예언자의 견책의 말은 逐字靈感의 의미에서가 아니라 고작해야 內容에 따라 받아들인 것이다. 예언자는 改作의 가능성을 지니고 있다. 여기서 예언자 神託의 이 部分이 도대체 靈感을 받은 것으로 이해되었는가 하는 물음이 새롭게 제기

되고 있다. 오히려 여기서 문제되는 것은 예언자가 자신의 반성에 의해 하나
님의 말에 先行시킨 원칙적으로 인간적인 命題들인가?[16] "야웨가 이렇게 말
했다"라는 확인의 어투가 더 옛 예언자들(예레미야 이전의)의 경우에는 일
반적으로 견책의 말 다음에 비로소 제시된다는 관찰결과가 이를 대변해준다 :
가령 4, 16절(암 7 : 17 등)이 그렇다. 물론 이 어투가 더 옛 시대에도 이미
전체 神託에 先行한 경우들이 있다 : 가령 6절(예언자 자신이 아니라 제2의
중개자가 말하기 때문에?); 왕상 14 : 7; 20 : 28, 42에서 그렇다.

베스터만은 견책의 말이라는 標識를 문제시했다. 이것은 단지 독자적인 類型을 위
해서는 의미를 가지지만, 보다 큰 전체의 一部分을 위해서는 그렇지 못하다는 것이다.
그밖에 人物에 대한 견책은 직접 일어나야 하고 여기의 예언자가 하듯이 중개자에 의
해 말해질 수 없다는 것이다. 이 論證은 그렇게 포괄적인 효과를 얻지는 못한다. 둘
째 것에 관해서는 위에 인용된 바, 下級者에 대한 使者들의 傳喝을 상기해야 할 것이
다. 여기서는 그 傳喝이 公的인 對話의 文體를 정확히 모방하고 있다. 使者가 말하
는 것이 그 主人이 하는 것과 꼭 같다면, 그 主人 자신이 現在하는 것이리라[17].
그러나 베스터만이 여러 곳에서 견책의 말이라는 개념이 豫言의 첫 부분에는 별로
적합하지 않다고 느낀 것은 옳다(더 자세한 것은 아래 예레미야서 28장을 다룬 부분
을 참조). 그러므로 狀況에 대한 示唆라는 표지가 더 좋다.

보통 위협의 神託으로 지칭되는 두번째 부분에 대해 고찰해보자 : 이 부
분은 매우 함축성있는 단 하나의 文章으로 되어 있고, 절대적 否定(לֹא)과
未完了形, 즉 히브리어에서 하나님이 말하는 경우 否定的인 命令形(現代言
語)을 대신할 수 있는 結合形으로 이루어져 있다. 그 內容은 미래의 事件을
豫告하나 그것은 이미 現在에서 싹트고 있는 것이다. 王은 이미 병으로 자
리에 누워 있다. 위협의 神託은 이것을 결정적인 것으로 宣言한다. 즉 그는

---

16) v. Rad, *Theologie* Ⅰ, ¹S. 86f., ⁴S. 82f. Wolff 는 "예언자의 반성의 一部"라
고 말한다(S. 6). "위탁받은 神託으로 예언자는 動機의 종류를 추리할 수 있다. 이 경
우 그에게 필요한 것은 事件들에 대한 관찰과 民族精神에 대한 그의 知識이다"(S. 17).

17) Westermann(S. 48f)은 Wolff 와 함께 이것 대신(Gunkel 의 옛 試圖에 의존해
서) 이 部分을 형식적으로는 "理由說明"으로, 내용적으로는 "告發"(Anklage)이라고
칭할 것을 제안했다. 그러나 이것은 확실히 더 적당치 않다. 첫번 命名은 너무 형식
적일 뿐 아니라 첫 부분과 둘째 부분의 시간적 연결(現在—未來)도 밝혀주지 않는
다. 그러나 두번째 命名은 예언자가 法律的 類型으로 말한다는 오해를 촉진시킨다
(Westermann 이 告發을 단순히 法廷的인 것보다는 더 넓은 의미에서 이해되어야
한다고 부언했을지라도). 견책이 "본래 거세되고 순화된 저주 혹은 추방"이라는
Westermann 의 견해는 옳다. 이것은 이미 우리의 言語들에는 거의 맞지 않으나 히
브리語와 예언자의 神託들에는 적합하다 — Westermann 의 抗議에도 불구하고 삼하
16 : 7의 시므이의 견책과 그 結果를 생각해 보라! 예언자의 견책 : 참조 왕하 2 : 24.

죽을 때까지 그렇게 누워 있게 되리라는 것이다. "그 까닭에"란 말에 의해
위협의 神託은 先行하는 狀況의 示唆(견책의 말)와 연결된다.   야웨에 의해
마련된 미래의 破滅이 상대자의 惡行을 神的인 方式으로 계속시키기 때문이
다. 아하시야는 地下世界로 내려갔다가 그곳으로부터 규칙적으로 돌아오는
바알神에게 돌아갔기 때문에 그는 죽음에 대해서도 소생에 대해서도 特別한
관계를 얻게 된다. 王은 後者를 생각한 것이다. 그러나 예언자는 죽음의 神
과의 결합에서 임박한 죽음을 추론해냈을 것이다. — 預言의 이 部分은 이
章 세곳에서 모두, 견책의 말과는 달리 꼭 같은 말로 재현되어 있다. 즉 미
래에 대한 통찰은 이것을 전하는 예언자 그룹에 있어서 導入部分보다 더
언겨히게 "逐字的으로 靈感된" 것이다.   現代人의 意識에는 미래의 事件에
관한 모든 이야기가 現在에 관한 이야기보다 훨씬 더 불확실한데 반해 여
기서는 그 반대로 보인다. 初期 예언자들이 대개 使者의 語套를 이 둘째 부
분의 앞에서야 비로소 言明한 것도 이에 상응하는 것이다.

   위협의 神託이라는 標識에 대해서도 베스터만은 비판적이다[18].   獨逸語의 言語用法
은 위협의 경우, 위협을 받는 자에게 적중하는가는 보류해 둔다. 즉 위협한다는 것은
조건적인 性格의 것이고 破滅의 절대적 豫告를 뜻하지 않는다. 예언자가 생각하고 있
는 것은: "가령 전쟁 중에 敵이 毒가스의 투입으로 위협을 한다면, 그것은 그가 毒가
스의 투입을 豫告한다는 것과 같은 것이 아니다." 이 論證은 적절한 것이다[19].   그러
므로 베스터만은 破滅의 豫告(Ankündigung des Unheils)라는 개념을 제안하고 있
다. 이 표현이 비교적 誤謬를 방지할지도 모른다. 그러나 베스터만은 한걸음 더 나아
가서 자주 審判의 豫告(Gerichtsankündigung)라고 말한다. 물론 그는 이것으로 불확
실하고, 위험한 지경에 빠져 들어가고 있다. 예언자들이 破滅의 預言들 중에서 다가
오고 있는 파멸을 예외없이 하나님의 審判行爲 — 고발당한 訴訟相對者와의 訴訟에
뒤따르는 — 로 생각했다는 것은 증명되지 않기 때문이다. 가끔 訴訟節次가 나타난
다. 아니, 실제로 예언자의 法廷演說(Gerichtsreden)이 있다(호 2 : 4 이하; 사 1 : 2—
3 등). 그러나 破滅預言 전부를 이 부류에 포함시키기는 이렵나[30].

18) S. 46—48.
19) 이외의 것 즉 예언자는 使者이지만 위협은 반드시 중개자 없이 전달되는 것이
기 때문에, 使者는 위협을 잘 전달할 수 없다는 論證은 별로 적절한 것이 못된다. 이
스라엘인은 이점에서 생각을 달리한다. 참조 S. 279.
20) 여기에서 견책의 말 대신 "告發"이라는 標識를 導入하면 어떤 상황으로 빠져
들어가는지가 드러난다. "世俗的" 類似形들에 대한 示唆는 믿을 만한 것이 못된다.
Westermann이 든 세 例들 중 왕상 21 : 10은 法廷審理와 공통성이 없다. 더우기 說
話는 이 대목에서 심하게 압축되었고 단지 "거짓 證言"을 할 뿐 論告의 序頭가 아니
다. 그러나 다른 두 例, 렘 26 : 11과 단 3 : 12는 Westermann에 의해 요구된 樣式
과는 전혀 다른 것을 보여준다. 즉 이것들이 보여주는 것은 — 어떤 것이든 기대될

Ⅱ부분은 破滅의 豫言(Unheilsweissagung)이라고 부르는 것이 더 좋을 것이다. 이 標識에 의해서만 이 부분에서 특수하게 예언자적 方法으로 未來的 事件이 단지 豫告 될 뿐 아니라 직접 초래된다는 事實이 분명해 질 것이다.

이 章의 破滅神託(Unheilsspruch)은 또한 셋째 부분을 가지고 있다. 이것은 "이는···임이라"(כִּי)로 導入되고 예언자의 陳述을 무게있게 끝낸다 : "당신은 죽을 것이 확실하다." 이미 궁켈은 이 부분을 이유설명으로 표시하고, 처음 부분의 "이유를 설명하는" 견책의 말과 함께 같은 次元에 두었다. 문제는 그렇다면 왜 이 부분이 두번째로 나타나는가 하는 것이다. "예언자들이 보다 세심한 構成에 무관심함으로 가령 위협에서 견책에로, 그리고는 다시 위협에로 넘어가는 경우도 자주 일어났다."[21] 그렇다면 여기서는 "이리 처리 옮아가는 것"이 반대 방향에서 진행되었다는 말이 될 것이다. 궁켈의 후계자들은 이 생각들을 되풀이해 말했다. 그러나 結語가 의미상 序頭와 같다는 것은 사실인가? "이는···임이라"(כִּי)를 언제나 이유 설명문의 序頭로 설명하는 것은 不變詞 כִּי의 너무 조잡한 번역에서 기인한 것이 아닌가? 더우기 여기서는 豫言(Weissagung) 뒤에, 그 文章이 "이는···임이라"에 의해 誘導된 반면, 견책의 말의 경우에는 序頭에 즉 豫言 앞에서 언제나 다른 導入句가 이용된다(대개 יַעַן אֲשֶׁר[22])는 것은 무의미한 것인가? 지금 다루고 있는 경우에는 "너는 죽을 것이 확실하다"라는 文章이 미래의 破滅을 위한 理由說明이 아니라 오히려 그것의 綜合, 물론 현재의 상태를 포함하는 綜合이다 : 너는 치명적으로 부상을 입었고 그대로 지속될 것이 확실하다! 王은 重患者로서 이른바 이스라엘인의 理解에 의하면, 이미 죽음의 영역에 속한다[23]. 그는 영원히 이 영역으로 추방당한 것이다. 그는 자신의 우상숭배 기질로 인해 內的으로 이 영역에 관련되었기 때문이다. 바알崇拜와 죽음은 결국 갑

수 있던 것인데 — 原告는 재판정에서 우선 재판관들의 좌석을 향하고 被告에 관해 3인칭으로 말하고, 被告에게 직접 말을 걸지 않는다는 것이다. — H. Graf Reventlow 는 좀더 강조한다(*Wächter über Israel*, BZAW 82, 1962, S. 65) : 破滅豫言 및 救援 豫言(Heilsweissagung)들이 "法廷審理의··· 樣式이고, 이 경우에 神的인 재판관은 그가 委任한 자인 예언자에 의해 대치되고 예언자는 그의 이름으로 神的 재판관의 판결을 宣告한다." 그러나 Reventlow에 의해 인용된 3, 4개소의 에스겔서 귀절에서는 이렇게 광범위한 추론들을 거의 끌어낼 수 없다!

21) *Gr Pro*, S. LXII

22) 16절 ; 왕상 14 : 7 ; 20 : 28, 36. 왕상 11 : 33에서 의 יַעַן אֲשֶׁר 文章의 후치는 특수한 상황에 근거를 두고 있다.

23) C. Barth, *Die Errettung vom Tode in den individuellen Klage-und Dankliedern des Alten Testaments*, 1947. 비교. 해당 귀절과 附錄.

은 것이다. 그 까닭에 이 끝맺는 부분(Ⅲ)을 結語的인 性格表現이라고 命
名하고 빈약하고 오해하기 쉬운 "理由說明"이라는 표현을 피할 것을 제의한
다. 이렇게 결정지을 경우에 性格化되는 것은 — 사람들 사이의 使者의 傳
言(위를 보라)에서와 같이 — 傳言의 受領者가 아니면, (다른 귀절들에서)
파견하는 자이다 : "야웨가 말했다"가 그것을 의미하는데, 가령 왕상 14 : 11
을 12 : 24애 비교하라. 이런 귀절도 미래적인 파멸의 理由를 설명하지 않
고 상대자의 힘을 지시함으로 그것을 강화한다.

　破滅預言은 散文으로 표현되었는가? 綜合的 平行法을 위한 素地들이 아마 다음 豫
告에서 인식될 수 있을 것이다 : "네가 누워 있는／병상으로부터／너는 다시 일어나지
못하리라." 물론 이것은 단순한 추측이고, 포러(Fohrer)의 다음 假說 역시 가능하다:
이것은 短詩句節이다[24]. — 類型의 歷史에 관해 자세한 것을 알려면 더 많은 例가 필
요하다. 그러므로 이 문제는 뒤로 미루어야 할 것이다.

F. 編輯史

　이 두 傳說은 內 類型인 預言 및 公的 談論과 함께 이미 傳承의 口傳 段
階에서 결합된 것 같다. 그 후 언젠가 다른 엘리야 史話들과 합쳐서 전체가
文書化되었을 것이다. 이것이 일어난 時期는 우리의 知識의 한계를 넘어선
다. 이 章은 지금 보는 바와 같이 신명기사학파의 歷史書의 큰 연관성 속
에 들어 있는데, 이 歷史書는 신명기로부터 열왕기하까지를 포함하고, 이
것의 大要와 主導的 思想은 노트(Noth)가 훌륭하게 밝혀냈다[25]. 예언자의
傳說들을 삽입하기 위해 編輯者의 손길이 이것들에 미쳤는데, 곧 처음과 마
지막에 있는 文章들이다 :

　　　아합이 죽은 후에 모압인들이 이스라엘에 반역을 했다.
　　　그의 동생 여호람이 그 대신 王이 되었다.

첫 文章은 거의 같은 文章으로 열왕기하 3장 5절에 다시 나오고, 둘째 것
은 3장 1절에 연결된다. 이둘은 의미상 3장에 속하는 것이다. 뿐만 아니
라 編修者가 이 두 文章을 여기(1章)에 삽입했는데, 그 까닭은 아하시야
에 대한 破滅豫言을 民族史의 연관성에 편입하기 위한 것이었음이 분명하

---

24) *ZAW* 66, 1954, S. 233.
25) Noth, *ÜGS*. A. Jepsen에 의해 修正되었다 : *Die Quellen des Königsbuches*,
1953.

다. 아합이 죽은 후에 일어난 모압인들의 배반은 아하시야가 그의 病으로 인해 外部의 敵에 대항할 아무런 계획도 세울 수 없었기 때문에 저지할 수 없었다[26]. 이것은 역시 우상숭배와 관련되어 있다. 이렇게 傳說은 民族史를 죄와 허물의 관점에서 이해하는 方法을 제공한다. 동시에 이것으로 드러나는 것은 이스라엘 歷史가 예언자들과 王들에 의해 꼭 같이 조종된다는 것이다[27]. 한 때 열왕기하 1장의 外 類型이던 것이 이로써 한 歷史書의 큰 테두리 안에서 한낱 內 類型으로 바뀐 것이다. — 編輯史가 신명기사학파의 손에서 아직 끝나지 않았다는 것은 70人譯에서의 이 章의 敷衍들이 보여준다.

---

26) Noth, 同上, S. 83; Fohrer, S. 41.
27) Noth, S. 78.

§ 16. 傳說들

Dibelius, *Formgeschichte*[5], S. 101—129. — Bultmann, *Tradition*[6], S. 260—335. — Eissfeldt, *Einleitung*[3], S. 56—62.

성서의 說話들이 傳說[1]로 표시되면, 많은 讀者의 경우 성서에서 民譚들을 말할 때 보다 더 강한 정신적 騷擾가 일어날 것이다. 무엇보다도 예수의 誕生史話 및 빈 무덤 발견에 관한 說話가 傳說이라는 주장은 최근 교회 내에 불안을 야기시켰고, 根本主義者들의 抗議를 불러일으켰다(독일에서는 告白運動〔Bekenntnisbewegung〕: "다른 복음은 없다"). 여기서 이 싸움에 개입하려는 것은 아니다. 抗議하는 측에서는 성서에 대한 역사적 관찰을 불가능한 것으로 公言한다. 그러나 성서는 철두철미 역사적으로 규정되어 있다. 반면 공격을 받는 "현대" 신학자들에게도 이 싸움에 대한 책임은 있다. 그들 역시 너무나도 역사적 意味의 결핍만을 말하고, 그 까닭에 극단적인 理論에 치우치며 格下된 의미에서 傳說이란 개념을 사용한다. 이로 인해 일반적인 견해에서는 성서의 보도는 아무것도 신빙할 만한 것이 없다는 의혹이 일어난다. 그러므로 樣式史學的 原則的 해명은 양편 모두를 위해 필요하다.

A. 政治的인 傳說과 祭儀傳說

"傳說"(*legenda*)이라는 개념은 "읽어서 들려주어야 할 것"을 뜻하는 바, 중세기 수도원에서 식사 시간에 낭독된 聖者 이야기들(Heiligengeschichten)을 위해 생긴 것이다. 유럽의 近世가 "暗黑의 中世"에서 자신을 구별하는 정도 만큼 이 개념은 惡評을 받게 되었다. 현대의 言語用法은 특정한 事件들에서 출발하지만 이 事件들을 "傳說的으로"(legendär) 왜곡시키고 특정한 편까지저 관심에서 野史의 편찬을 촉진시키는 설화들과 신분보도들, 정치적 강령들을 위해 이 말을 이용한다. 저 凶計傳說(Dolchstoßlegende)은 유명한 政治的 傳說이다. 즉 이 傳說은 제 1차 세계대전에서 獨逸帝國이 패전한 것은 단지 本國의 특수한 그룹들이 전선의 배후를 공격한데 그 이유가 있을 뿐이라고 歷史를 變造시키는 주장을 한다. 성서의 설화들을 이런 전설 개념에 종속시키면 성서의 編修者들은 일방적인 종교적 편파심에서 보다 낮

---

1) 英語에서 legend 는 더 포괄적이고 獨逸語의 "Sage"(民譚)를 포함한 것이다. 獨逸語 표현 "Legende"(傳說)에 일치하는 것은 "경건한 傳說"(devotional legend) 혹은 "敎化的 傳說"(edificatory legend)이다. Bentzen, *Introduction* I[1], S. 233 註 4.

은 통찰에 거역하여 역사적 진리를 버렸거나 적어도 曲解시킨 것이 된다 성서에 대한 공정한 樣式史學的 관찰의 경우 이런 것은 물론 문제도 되지 않는다[2]. 성서의 編修者들은 예외없이 — 그들의 信仰이 그들에게 지워준 의무였는데 — 역사적 現實性을 실제로 있는 그대로 파악하고 그것들의 意味性에서 설명하려고 노력했다. 이 경우 그들이 전설로 말했다면 그것은 편파적인 무분별성과는 다른 원인을 가지고 있다. 傳說의 話法은 정치적인 경향을 띤 傳說과 전혀 무관하다. 그러나 傳說에 관한 다른 개념도 여기서는 배제되어야 한다. 이것은 祭儀傳說(Kultlegende)[3]의 종교학적인 개념이다. 이것이 뜻하는 것은 그것이 古代 祭儀禮式에서 낭독된 것, 좀더 정확히 말하면 거룩한 이야기($i\epsilon\rho\grave{o}s\ \lambda\acute{o}\gamma os$)로 낭독되었다는 것이다. 그러므로 祭儀傳說은 禮典文의 一部, 말하자면 祭儀團體의 토대가 되는 신화적 혹은 역사적 사건들에 관련된 부분이다. 바벨론의 "世界創造 叙事詩", 즉 新年祝祭 제4일에 속하는 에누마 엘리쉬(*Enuma elisch*) 本文도 그런 것으로 祭儀傳說이다. 바울에 의해 전승된 성만찬 보도인 고린도전서 11장 23—25절도 이 意味에서 祭儀傳說이다. 五經의 脫出-땅占領 傳承과 시내산 계약체결의 설화인 출애굽기 19—24장에도 祭儀傳說이 기조를 이루고 있다[4] 그러나 이 祭儀傳說들은 곧 다루어야 할 敎化的인 傳說들 — 예언자 傳說도 여기에 속하는데 — 과 공통성이 별로 없다. 오직 古代의 祭儀觀에 대한 불충분한 이해만이 儀式에서의 거룩한 이야기의 낭독을 敎化的인 목적으로 돌릴 수 있었다. 사실 祭儀는 모든 古代宗敎에서 훨씬 더 중요한 의미를 가지고 있었으며, "創造的인 드라마"이었고[5] 거룩한 이야기($i\epsilon\rho\grave{o}s\ \lambda\acute{o}\gamma os$)에 의한 太古的 事件의 祝祭는 이 太古時代에 生動力을 주는 것이고 現在를 위대한 神的인 過去의 기본적인 활동들에 연결시키는 일이었다. 그러나 여기서 이것을 다룰

---

2) 오직 현대적 先入見만이 구약성서의 傳說들 배후에서 "祭儀에 관심을 가진 人物의 宣傳的 경향"을 발견한다. Eissfeldt, *Einleitung*[3], S. 59.

3) 참조. *BHH* Ⅱ, S. 1022.

4) 위의 § 3에서 기술된 契約書式(Bundesformular)은 단언적인 계명들의 낭독뿐 아니라 祭儀傳說인 救援史의 낭독도 포함했다. 비교. G. v. Rad, *Das formgeschichtliche Problem des Hexateuchs*, BWANT Ⅳ, 26, 1938 = *Ges Stud.*, S. 9—86도.

5) Mowinckel, "Das Thronbesteigungsfest Jahwäs und der Ursprung der Eschatologie", *Psalmenstudien* Ⅱ, 1922. — 신약성서의 樣式史學은 Bultmann도 Dibelius도 분명한 祭儀 개념을 충분히 밝혀내지 못한데서 곤란을 겪고 있다. Dibelius는 "原因學的 祭儀傳說"을 말함으로 그밖의 類型, 즉 祭儀慣習의 成立에 엉켜 있으나 祭儀禮式에서 거룩한 이야기로 낭독되지는 않은 原因學的 祭儀民譚 — 아뭏든 상당히 重要한 차이를 가지고 있다 — 과 혼동하고 있다.

수는 없다. 우리에게 문제되는 것은 傳說에 대한 제3의 개념인데, 이것은
방금 언급된 두 개념보다 中世的인 *legenda*("읽어서 들려주어야 할 것")의
意味에 훨씬 더 가깝다.

B. 精神活動

　예언자 및 순교자 전설, 誕生傳說과 使徒傳說이 문제될 경우 樣式史學的
言語用法은 中世的 傳說 개념에 의존한다.　디벨리우스는 이 類型들을 上位
概念인 人物傳說 아래서 종합적으로 파악했는데, 그 이유는 이것들이 聖者들
의 崇拜에 근거를 주려는 것이기 때문이었다.　그러나 이 意味規定이 적합한
것인가는 의심스럽다.　아하시야의 재난에 관한 說話가 환기시키려는 것은
예언자의 말에 대한 존중이지 엘리야崇拜가 아님은 확실하다.　그리고 僞經
에 수록된 使徒傳說들에서까지도 중요하게 문제되는 것은 이적적인 自助行
爲가 아니라(Dibelius), 독자가 신뢰할 수 있는 하나님의 능력을 구체적으
로 설명하려는 것이다. 불트만이 제안한 복합 개념인 "傳記的 傳說"은 더욱
부적당하다. 이 주제에 대한 신약성서 분야의 이 두 樣式史學者의 숙고들은
실증주의에 대한 憎惡의 영향을 너무 심하게 받고, 피상적인 데 머물고 말았
다. 그렇다면 이 言語用法이 보수적인 그리스도교인들에게서 부정적인 반응
들을 일으키는 것도 이해할 만하다.

　傳說도 歷史叙述과 같이 특유한 精神活動이다.　그러나 歷史叙述과 같이
事件過程들에 관한 記錄物的인 再現 혹은 事件들의 不可抗力的인 內世界的 動
機들의 連鎖를 목표로 하지 않는다. 이점에서 욜레스는 그의 책 "단순한 樣
式들"(*Einfache Formen*)[6]에서 중요한 통로를 터 놓았다. 그는 중세기의 그
리스도교 傳說에서 출발한다. 이 傳說들은 聖者들, 즉 그들의 德으로 인해
거룩하게 된 사람들을 취급한다. 聖者를 통해 이런 德을 확증하는 이 說話,
가령 魔王과 싸운 騎士 聖 게오르크(St. Georg) 이야기는 본래 傳記的인 것
을 보도하려는 것이 아니다. 이 聖者는 자신을 위해 존재하고 자신에게 기
원을 가지는 것이 아니라 이야기하는 共同體를 위해 존재하고 여기에 기원
을 가지고 있다. 중요한 것은 그 生涯의 연관성이 아니라, 그 안에 있는 善
이 現在化하는 순간들이다. 그러므로 傳說은 특정한 社會學的 集團과 그 身
分理想(Standesideal), 가령 騎士社會(St. Georg) 혹은 ― 특히 자주 나타

---

6) Jolles, ²1956(Halle) S. 19―49, ²1958 (Darmstadt) S. 21―61.

나는데 ― 수도원 생활에 속한다. 어떤 聖者에 관해 전승되는 것은 그의 德을 模倣(*imitatio*)하도록 호소한다. 德을 지향하는 길을 위해 尺度들을 찾는 이 精神活動은 歷史的 人物들에 연결시켜 傳說을 꾸며낸다. "德이 측정할 수 있고, 붙잡을 수 있고, 파악할 수 있게 되었을 때 비로소···우리는 하나의 확실한 尺度를 가질 수 있기 때문이다"(Jolles). 그 人物은 模倣할 수 있는 것(*imitabile*)이 된다.

聖 게오르크의 魔王征服은 西歐의 騎士道가 대립하고 있는 세계의 惡과의 싸움을 위한 言語行動(Sprachgebärde)이다. 이것은 意識的인 경향과 아무런 상관도 없다. 이런 종류의 傳說은 중세기와 함께 소멸되었다[7].

중세기의 傳說이 구약성서의 예언자 說話와 상당히 다른 것은 분명하다. 전자에서는 특정한 德目들이 전면에 나타나는 반면, 후자에서는 예언자에게 주어지고 예언자가 아닌 사람은 누구나 순종해야 하는 神의 능력들이 부각된다. 그렇지만 이 개념은 아직 우리 言語領域에서 이런 구약성서 이야기들의 樣式을 위해 제공되는 最上의 것이다. 그것들은 중세기의 것들과 마찬가지로 본래 英雄의 傳記를 문제하지 않고, 그 이야기가 말하고 있는 것에 복종할 것을 청중에게 간접적으로 호소하는데 있기 때문이다. 말하자면 敎化的으로(erbaulich) 이야기된다. 순종 즉 예언자의 말이나 그가 행하는 異蹟에서 간접적으로 나타나는 하나님에 대한 信賴가 문제된다[8]. 엘리야나 엘리사가 등장하는 상황들은 저 聖者들의 상황과 마찬가지로 전형적인 성격을 지니고 있다. 說話라는 것은 여기서 자라나고 文體化하고 圖式化된다. 善과 惡의 대조가 예리하게 부각된다 : 한 쪽은 자신의 하나님을 확신하고 있는 엘리야가, 반대편에는 우상을 숭배하는 王이 있고, 처음 두 불신적인 50부장에 신실한 세번째 50부장이 대립해 있다.

후기 이스라엘 時代에는 殉敎者 傳說과 함께 새로운 類型이 생겼는데, 그것의 前 단계에 다니엘傳說들(단 1―6장)이 속한다. 여기에서 문제되는 것은 이스라엘과 그의 하나님에게 원수로 생각된 異邦世界의 적대적인 行爲들 속에 있는 하나님의 은폐성이다. 그러나 인간은 예루살렘 聖殿과 先祖의 律法에 대한 誠實을 지킴으로 박해를 당하는 바로 그 때 그의 하나님을 특별히 인식하게 된다. ― 특별히 공관복음서의 治癒 및 異蹟說話들을 포함시

---

7) 최근 Jolles는 지금까지 도달하지 못한 成果들을 획득하려는 運動選手들에 관한 신문보도에서만 비슷한 것이 나타난다고 본다. S. 48f. /60!

8) 傳說에서는 이미, 창세기의 民譚에서와 달리, 하나님이 직접 인간에게 나타나지 않는다.

킬 수 있는 예수傳說들 중에서[9] 하나님의 능력은 특유한 人物 예수에게서 간접적으로 드러난다. 그러나 使徒傳說들은 復活消息과 使徒的 가르침의 전달자가 어떻게 그의 하늘의 主에 의해 보호를 받고 있는가를 인식하게 하고 使徒的 宣布에 信賴할 것을 호소한다.

일방적으로 民譚의 精神活動에서 출발하는 자는 틀림없이 傳說이 "단조롭고 생기없게" 그린다[10]고 평가할 것이다. 그러나 그는 善과 惡에 대한 물음으로 世界를 투시하는 주도적 관점을 간과하고 있는 것이다. 民族民譚과는 달리 場面의 색채감과 유우머가 없음은 확실하다. 그러나 이것은 의도적이다. 중요한 人物들까지도 匿名으로 소개된다. 가령 위에서 다룬 說話의 50부장들도 그렇다. 場所들에도 무관심하다. 엘리야가 使者들을 만난 곳도, 어느 산꼭대기에서 50부장들이 그를 만났는가도 설명되지 않는다. 바로 이 표현들로 傳說은 民譚과 엄격하게 구별된다. 傳說에서 場所들이 지칭되면 — 열왕기하 1장의 사마리아나 에그론같이 — 그것들은 善과 惡에 관한 상징적 의미를 지니고 있다. 事件의 地平, 즉 중요한 事件이 일어나는 生活領域도 民譚에서와 다르다. 후기 이스라엘 民譚의 세련된 文體(§ 12)에서도, 對話가 중요한 위치를 차지하고 있기는 하지만, 民譚에서 결정적으로 남는 것은 언제나 行爲, 즉 패배나 (경우에 따라서는 "오늘에 이르기까지" 남아 있는) 成功인데, 인간의 행동은 슬기 혹은 우매, 용기 혹은 비겁의 극단적 대립들 중에서 나타난다. 이에 반해 傳說에서는 종교적인 혹은 反종교적인 인간의 內的 자세에서 결정적인 것이 나타나는데, 그 대립의 가능성들은 信仰 아니면 不信仰, 德 아니면 悖倫이다. 歷史叙述과 달리 傳說이나 民譚은 異蹟을 알고 있지만 異蹟이 차지하는 위치는 서로 다르다. 民譚에서는 異蹟이 이른바 유기적으로 事件들의 전개 과정에 삽입되어 그 개체 성격들로 묘사되는데 반해, 傳說에서는 대개 돌발적으로 일어나는 事件들의 진행 과정을 파괴하고 그 때문에 더 이상 전개될 수 없다. 하나님의 불이 떨어지는 것 같은 기적적인 事件(왕하 1장)이 두번씩이나 언급되지만 결코 상세하게 설명되지는 않는다. (樣式言語에서도 民譚과 傳說들 사이의 현저한 차이점들이 드러난다. 그러나 아직 이것을 추구한 일은 없다.)

傳說은 民譚과 함께 하나님의 지배에 관한 진술을 공통으로 지니고 있다. 이 둘은 內世界的 事件의 연관성을 넘어 그 이상을 내다 보고, 地上의 歷史

---

9) Dibelius와 Bultmann은 異蹟說話들을 傳說에서 구별하나 거의 타당성이 없다.
10) Gunkel, *RGG²* V, S. 59.

內에서 하나님이 어떻게 役事하고 있는가를 알려준다. 歷史叙述은 이것을 하지 못하고, 그것은 단지 인간의 계획들, 그들의 좌절 혹은 성공에 관해 보도할 수 있을 뿐이고, 이 이상은 오직 이런 人間의 歷史를 하나님이 지배한다는 단순한 "事實"(Daß)을 주장할 수 있을 뿐이다(참조. 다윗의 王位繼承에 관한 傳承:삼하 9장 이하). 民譚과 傳說은 이밖에 神的인 간섭의 "어떻게"(Wie)를 말하되 民譚은 外的인 객관적인 歷史에 더 치중하고, 傳說은 內的인 주관적인 生活史에 더 치중한다. 그 까닭에 이 두 精神活動은 聖書 內部에서 불가결한 것이고 하나님의 계시와 하나님의 행위는 단지 無歷史的인 形而上學의 言語만으로 취급될 수 없다는 것이다. 民譚과 傳說은 그러므로 성서적 신앙의 歷史에 대한 일관된 연관성에 모순되지 않고 오히려 信仰을 강조한다. 民譚과 傳說들의 世界像이 우리에게는 지나간 세대의 것임이 확실한 만큼, 그리스도교 神學은 ― 그것이 그리스도교적으로 지속되어야 한다면 ― 성서의 민담과 전설들을 촉진시킨 動機를 언제나 자기의 것으로 만들어야 한다는 것도 확실하다.

　傳說이라는 개념이 경건한 그리스도교인들에게서 아주 심한 혐오를 당하는 이유는 그들이 믿는 神의 啓示의 歷史性이 그와 함께 부정된다는 두려움 때문이다. 사실 그리스도교 信仰에 있어서 ― 다른 모든 宗敎들과는 달리 ― 信仰이 歷史的 事實들(historische Fakten)에 근거를 두고 있다는 事實은 절대로 부정할 수 없는 것이다. 그러나 구약 및 신약성서적 歷史의 歷史的 據點이 樣式史學的 類型規定에 의해 문제시되는 것은 결코 아니다. 예수가 죽은 후에도 그의 제자들과 그 후의 제자들에게 어떤 식으로든 나타났다는 것, 그들이 그의 육체적 부활을 확신하게 되었다는 것(고전 15장)이 빈 무덤의 발견(막 16장)에 관한 설화가 전설인가 아닌가를 토론할 때 부정되는 것은 아니다. 그리고 예수가 마리아에게서 태어났다는 것, 가난한 환경에서 출생하여 나사렛에서 성장했다는 것은 설사 누가의 前史가 전설로 규정되고, 예수의 베들레헴 誕生과 다윗 자손됨이 아주 확실하지는 않을지라도 확고하다. 마찬가지로 이스라엘 王家에 대한 예언자 엘리야의 歷史的 대립이 열왕기하 1장이 전설적이라는 이유로 근거를 잃는 것은 아니다. 역시 확실하게 강조해 두어야 할 것은 전설이라는 개념에서 평가되는 것은 문학적인 것일 뿐, 歷史性에 관해서는 부정적으로도 긍정적으로도 결정되지 않는다는 것이다[11]. 이에 관해서는 오직 각 斷片의 傳承史의 해명에 의해서만 판단될 수 있을 뿐이다.

---

11) Dibelius, *ThR*, 1926, S. 204f. 와 *Formgeschichte*, S. 106; Bultmann 은 더 회의적이다 : *Tradition*, S. 260 註 1.

§ 17. 바벨王의 멍에 : 예레미야서 28장

예레미야서의 類型에 관해 : H. Wildberger, *Jahwewort und prophetische Rede bei Jeremia*, 1942. — 編輯史에 관해 : S. Mowinckel, *Zur Komposition des Buches Jeremia*, SNVAO, 1923. No. 5.

1. 그 해 유다왕 시드기야 '제 4 년' 5월에 일어난 일인데, 기브온 출신인 앗술의 아들 예언자 하나냐가 야웨의 집에서 제사장들과 모든 백성 앞에서 '예레미야'(?)에게 말했다 :

KA 2. 이스라엘의 하나님 만군의 **야웨가 이렇게 말했다** :

Ⅰ   나는 바벨왕의 멍에를 꺾었다.

Ⅱ 3.   2년 이내에 나는 야웨의 집의 모든 기물들을 이곳으로 회수해 오리니(分詞形), 이것들은 바벨왕 느부갓네살이 이곳에서 바벨로 탈취해 갔던 것이다.

4.   그리고 유다왕 여호야김의 아들 여고냐와 바벨로 간 유다의 모든 추방당한 자들도

   ― 나는 그들도 다시 이곳으로 돌아오게(分詞形)할 것이다.
   야웨의 속삭인 말이다.

Ⅲ   이는 내가 바벨왕의 멍에를 꺾을 것임이라.

5. 이에 예언자 예레미야가 야웨의 집에 서 있던 제사장들과 모든 백성 앞에서 예언자 하나냐에게 말했다.

6. 즉 예언자 예레미야는 말했다 : 옳소이다(아멘)! 야웨는 이렇게 하소서 !
   야웨는 네가 예언한 '네 말'을 이루고 야웨의 집의 기물들과 모든 추방당한 자들을 이곳으로 돌아오게 하시기를 원하노라 !

7.   그러나 내가 너와 모든 백성에게 분명하게 말해야 하는 이 말만은 들으라 :

8.   옛부터 너와 너 이전에 있었던 예언자들, 그들이 많은 나라들과 큰 왕국들에 대하여 전쟁과 파멸, 역병을 예언했었다.

9.   그러나 예언자가 평화에 관해 예언하면 그의 말이 적중되는 것을 보고서야 실제로 야웨가 이 예언자를 보냈음을 알 것이다.

10. 이에 예언자 하나냐가 예언자 예레미야의 목에서 멍에를 탈취하

여 그것을 꺾었다.

11. 그리고 하나냐가 온 백성 앞에서 말했다 :

KA   야웨는 이렇게 말했다 :

이와 같이 나는 2년 이내에 바벨왕 느부갓네살의 멍에를 모든 민족들의 목에서 벗겨 꺾으리라.

이에 예언자 예레미야는 자신의 길을 갔다.

12. 예언자 하나냐가 예언자 예레미야의 목에서 멍에를 (취하여) 꺾은 후, 야웨의 말이 예레미야에게 임하였다 :

PO 13.   가서 하나냐에게 말하라 :

KA   야웨는 이렇게 말했다 :

I   너는 나무 멍에를 꺾고 그 대신 쇠 멍에를 만들었도다.

KA 14.   이는 이스라엘의 하나님 만군의 야웨가 이렇게 말했음이라 :

Ⅱ   나는 쇠 멍에를 이 모든 민족의 목에 메워 그들이 바벨왕 느부갓네살을 섬기도록 하였으니, 그들은 그를 섬기리라. 내가 들짐승들까지도 그에게 주었노라.

15. 그리고 예언자 예레미야는 예언자 하나냐에게 말했다 :

AA   하나냐여, 원컨대 들으라 !

I   야웨가 너를 보내지 않았거늘 너는 이 백성을 미혹하여 거짓을 믿게 하였도다.

KA 16.   그 까닭에 야웨는 말했다 :

Ⅱ 16.   보라, 나는 너를 지면에서 제거해 버리리라(分詞形) ; 너는 금년 안에 죽으리라.

Ⅲ   이는 네가 야웨를 거역하여 설교한 것이 배역임이라.

17. 그리고 예언자 하나냐는 그해 7월에 죽었다.

A. 예언자 傳說과 예언자 傳記

예레미야서 28장도 예언자 傳說이다. 엘리야 주변의 설화들의 경우와 같이 談論 부분들이 순수한 설화적 부분들을 훨씬 능가하고 있다. 중요한 것은 談論에서 일어나고, 행동들에 대한 보도는 단순히 談論의 결과이다. 예언자들이 주제를 이루고 있지만 그들의 傳記的인 行程의 분규에서가 아니라 하나님의 말의 전달자로서 나타나 있다. 초기의 傳說에서와 같이 끝에서 하나님의 말의 성취가 명시되는데, 이것은 神託과 事件의 정확한 일치에서

볼 **수** 있다. 그럼에도 불구하고 類型이 변했다는 사실이 쉽게 인식된다. 예
레미야는 엘리야보다 200년 후에 살았다. 이 200년 동안에 예언자 說話들은
동일하게 남아 있지 않았다. 예언이 그대로 머물지 않았기 때문이다. 예언
자 傳說은 역사적으로 "고정되었다". 옛 說話法에서 때로는 엘리야, 특히
엘리사 주변의 傳說에도 침투되어 있던 것 같은 修飾들은 그동안에 완전히
사라졌다. 그 긴장이 해소된 것처럼 생각되지는 않지만! 그러나 여기서 보
여주는 분규는 이미 엘리야가 그의 王의 反神的인 행위와 충돌하는 곳에서
처럼 뚜렷하지는 않다. 대결이 思惟의 영역으로 옮겨진 것이다. 이 傳說의
특유성인 참과 거짓, 하나님의 뜻에 대한 순종과 자주적인 인간의 반항 사
이의 대립이 이미 예전 것에서와 같이 분명하지는 않다. 이제는 야웨의 예
언자들 상호간에 대립되거나(29장에서도 그렇다), 약속된 땅을 방어하려는
자들과 외국의 통치에 넘겨주고 복종할 것을 호소하는(36—38장) 예레미야
의 대결이 문제로 등장한다.

이 변화는 樣式에서도 뚜렷하게 부각되었다. 여기서는 時代規定이 앞에
나와 있다. 가능한 한 정확히 날자를 기입하는데(1, 12절), 이것은 예레미
야 傳說에 거의 일반적인 현상이다(분명히 36—39장에서도 그렇다). 정확한
장소보도와 사건에 대한 증인들의 열거가 時代規定을 위해 등장한다. 하나
냐는 어떤 앗술이란 사람의 아들로 기브온 출신이다. 예레미야는 예루살렘
聖殿 야웨의 집에서 司祭들과 온 백성이 모인 특별한 기회에 그를 만났다
(1절). 그는 이 사람들 앞에서 말했다(5절). 이러한 세부적인 보도들과 함
께 初期 예언자 傳說의 典型化 경향이 극복되고, 본래의 전설적인 것은 후
퇴되었다. 歷史叙述 類型에 접근하고 있는 것이다. 중세기의 傳說이라는
개념은 이미 엘리야 史話에 있었던 것보다 더 부적당하게 되었다. 그러나
우리가 알고 있는 것 중에는 더 좋은 개념이 없다. 언제나 관심은 독자로하
여금 예레미야의 행동을 모방하여, 야웨의 말이 에측할 **수** 없이 반포되는
것을 한결같이 주의하도록 촉구하는 것이기 때문이다. 그런데 정확한 規定들
이 寓話化를 위한 說話者의 嗜好에서 나온 것으로 볼 수는 없다. 오히려 그
것들 배후에는 事件을 時間的 場所的으로 정확히 규정하려는 노력, 즉 "歷
史學的"(historisch) 노력이 들어 있다. 정확한 배열이 야웨의 말을 좀더
잘 이해할 수 있게 하는 것은 분명하다.

"참" 예언자의 神託, 즉 예레미야의 神託이 문제되고 있는 곳에서 새로운
것은 야웨의 말의 결과에 대한 示唆, 말하자면 "야웨의 말이 예레미야에게 임
했다"는 말의 受納語套(Wortempfangsformel)인데, 이것은 특유한 표현으

로 새겨져 있다. 이 표현은 예레미야와 후기 예언자들에게서 자주 나타난다.
옛 傳說의 說話者에게는 아직 이 표현이 없었다. 가령 열왕기하 1장 3절
에서는 "야웨(의 천사)가 엘리야에게 말했다"로 되어 있는가 하면, 15절에서
는 약간 달리 "이에 야웨(의 천사)가 엘리야에게 말했다"로 되어 있다. 그
러나 그의 말의 근원에 대해서는 언급하지 않고 직접 예언자가 말하면서 등
장하는 것도 가능했다 : "이에 디셉사람 엘리야가···아합에게 말했다"(왕상
17 : 1). 물론 때로는 이미 엘리야 史話들 중에서도 말의 受納語套가 나타나
는 바(왕상 17 : 2; 18 : 1; 21 : 17), 이것은 아마 編輯史的인 후기의 附加文
들로 설명되어야 할 것이다.

　말의 受納語套(Wortempfangsformel)라는 표현은 레벤틀로(Reventlow)[1] 에게서
유래한 것이다. 이것은 하나님의 말에 대한 표상이 확고하게 되었음을 보여주는 것
이다. 예언자 각 개인에게 임하는 하나님의 具體的이고 特殊한 말은 언제나 동일한
방식으로 예언자에게 임하는 말(דָּבָר)의 객관적 "實體"에 비해 후퇴되었다. 침멀리
(Zimmerli)는 이 명칭 대신 말事件語套(Wortereignisformel)라는 표현을 제안했다[2].
이 표현은 事件性(Geschehnis)을 분명히 부각시켜 주지만 현실적인 것(aktualistisch)
으로 오해될 수 있다. 예언자는 말이 이 시간에 일어났다가 후에 다시 사라진다는 것
이 아니라, 말은 그 후 계속 실제적인 영향력으로서 장소에 머물러 있음을 생각하고
있다. 그 까닭에 히브리語 표현은 모빙켈에 의해 다음과 같이 바꾸어 표현되었다 : "야
웨의 말이 某某에게서 실제적인 現實性(aktive Realität)이 되었다"[3].

　말의 임재에 대한 示唆 후에 열왕기에서와 같이 두 命令形으로 된 使者委
任의 私的인 神託이 따른다 : "가서···말하라." 이 귀절에서는 변한 것이
없다. 그러나 이 점은 분명히 §18에서 취급될 預言이라는 內 類型에 속한다.

　포괄적인 문맥을 일별하는 것은 類型의 識別을 위해 중요하다. 이 說話
안에서(10절) 예레미야가 그 목에 메고 있는 멍에에 대한 시사가 나타난다.
그의 동료 하나냐가 이것을 벗겨서 꺾는다. 이 記錄은 돌발적인 것이다. 이
章 序頭에는 멍에가 언급되지 않았다. 그러나 앞 章에는 이에 일치하는 시
사가 나타난다 : "야웨가 내게 이렇게 말했다 : 네게 올가미와 멍에들을 만들
어 네 목에 씌우라"(27 : 2). 이 후의 계속은 예레미야가 메고 있는 멍에가

---

　1) *ZThK* 58, 1961, S. 274. 이것 대신 "啓示語套"(Revelationsformel): S. 272,
Wildberger, S. 49를 따름.

　2) *Ezechiel* (BK), S. 88—90.

　3) *Die Erkenntnis Gottes bei den Propheten*, 1941, S. 19; 비교. Rad, *Theologie*
Ⅱ, S. 100f.

近東民族들에 대한 바벨론 王의 지배권을 상징하는 것임을 분명하게 한다. 이와 함께 예언적 상징행위 혹은 징표행위가 나타나는데, 몇몇 귀절에서 예언자들에 의해 보도된다. 이런 것은 預言과 동일한 지위에 속한다. 이것도 一 可視的인 표지를 통해 — 마찬가지로 변경할 수 없는 미래를 豫告하고, 동시에 예고된 것을 선비롭게 불러일으킨다. 그러나 27장의 예레미야만이 상징적으로 행동한 것은 아니다. 여기서 하나냐가 그 멍에를 벗겨내서 그것을 완력으로 꺾은 것도 상징적 행위이다[4]. 이 傳說에서 멍에와 관련된 두 징표행위는 神託의 告知를 위해 관심을 불러일으키는 계기이다. 하나냐와 예레미야의 말은 이 대상, 그리고 그와 함께 바벨론王의 지배권의 주변을 맴돌고 있다. 그러나 이 章의 서두에서는 멍에가 지목되지 않았다. 이런 이유로 28장은 원래부터 27장에 연결되어 있었고, 위에서 암암리에 이 章을 독립적인 單一文으로 區劃한 것은 적합하지 않다는 결론을 내릴 수 있을까?

봐이저(Weiser, *ATD*)는 이 두 章을 원래부터 연결되어 있던 것으로 보는 입장을 취한다. 루돌프(Rudolph, *HAT*)는 이에 반해 27장은 예레미야에 의해 '나'-文體(Ich-Stil)로 이야기된 것이고(自己報道), 28장은 다른 사람이 예레미야에 관해 이야기한 것(제3자의 보도) 임을 주장한다. 그러므로 그는 두 章의 결합을 二次的인 것으로 간주하고, 28장 1절 上半節과 下半節 사이에는 본래 예레미야가 멍에를 메는데 대한 보다 긴 記錄이 들어 있었는데 이것이 후에 두 章의 연결에 의해 탈락되었다는 것을 가정한다.

예레미야 傳說들의 특유성으로 인해 이런 결정을 내리기는 쉽지 않다. 이것들은 이미 — 열왕기의 예언자 傳說들과 같이 — 예언자의 제자들의 입에서 생긴 것이나 口傳 傳授를 위해 확정된 것으로 생각되지 않기 때문이다. 예레미야는 옛 예언자들과 같이 자신의 주위에 제자들을 모아 놓지 않았었다. 적어도 그것에 관해 우리는 전혀 알 수 없다. 그에게 속한 사람은 단 한 사람, 바룩으로 그는 예언자가 아니라 書記였던 것 같다. 바룩에 관해서는 그가 예레미야의 口述에 따라 神託들을 받아 썼다가, 그 후 경우에 따라 그것을 낭독했다는 것이 여러번 언급되었다(36 : 4, 32; 45 : 1). 이런 근거에서 사람들은 이미 오랫동안 예레미야서 하반부에 수록된 일련의 예레미야-說話들(19—20; 26 〔27〕 28—29; 34; 36—45; 51 : 59 이하)이 바룩에 의해 편집되었다는 추측을 해왔다. 그런데 이 사람이 바룩이었든 혹은 예레미야의 다른 匿名의 同時代人 및 추종자이었든 그것은 우리의 연관성을 위해 결정적인 것은 아니다. 여하간 이 사람이 최초의 예언자 傳記를 編修한 사람이

---

4) G. Fohrer, *Die symbolischen Handlungen der Propheten*, 1953.

다. 28장의 說話는 이 연관성에서 생겼고, 그러므로 이것은 처음부터 이 큰
外 類型에 속해 있었다. 물론 현대적 개념에서의 傳記는 곧 제한되어어야 한다.
編修者가 대상으로 한 것은 어떤 관심있는 人物의 生涯가 아니라 예언자 자
신의 神託들과 함께, 또는 자신의 神託들로 인해 일어나는 예언자의 運命이
다. 그러므로 그는 결코 출생이나 少年時節에서 시작하지 않고 예언자의 마
지막 生의 한토막, 즉 그의 수난과 박해들만을 다룬다. 예언자의 活動의 최
후는 이른바 비할데 없는 상징적 행동이다. 이렇게 생겨난 것이 이스라엘에
서 생긴 최초의 傳記이다. 이것은 文學的 관점에서 보면 ─ 신학적 관점에서
도 마찬가지로 ─ 높이 찬양할 것이 못된다. 先生 혹은 친구의 生涯 속으로
독자를 끌어들이는 힘뿐 아니라, 그때 그때 바로 심리적으로 세련된 叙述方
法도 독자를 놀라게 한다. 간결한 文章인데도 內的으로 갈기갈기 찢긴 사람
의 온갖 고통 ─ 이는 그것이 예레미야였기 때문인데 ─ 이 독자의 눈앞에 응
변으로 나타난다. 여기서 보도하는 자는 무조건 신용할 수 있는 목격자이다.
그 까닭에 歷史性에 대해서는 문제가 되지 않는다. 여기에 보도된 것은 그
대로 일어난 일이다.

    따라서 28장은 결코 독자적인 單一文이었던 것이 아니다. 그것은 처음부
터 새로운 類型인 傳記 내부에서 內 類型으로 싹텄다 그런데도 놀라운 것
은 저 천재적인 "바룩"이 하나야 삽화와 그 외의 모든 예레미야 주변의 事
件들을 언제나 비교적 완결된, 철두 철미 독자적인 인상을 주는 짧은 단편들
로 보도하고 있다는 것이다. 樣式史學者는 이것을 괴이하게 생각하지 않는
다. 傳記라는 類型이 그때 까지 아직 없었기 때문에, "바룩"은 통용되고 있
던 예언자 傳說이란 類型을 이용하여 그것을 처음부터 "文書化"하고 수많은
傳說들을 전후에 연결시킴과 동시에 그것을 통해 어떤 새로운 것에 도달했
다. 예언자 傳說이란 類型은 종말을 고한 것이다. 그것은 단지 근본에 있어
서 새로운 종류의 建物을 위한 토대에 불과했다. 사실 바룩 이후에는 단 하
나의 예언자 傳說도 이미 생기지 않은 것 같다. (후기 이스라엘時代에 와서
비로소 요나서와 다니엘 說話들, 殉敎者 이사야의 책과 함께, 傳說들이라고
지칭될 수 있는 單一文들이 다시 등장한다. 그러나 이것들은 이미 옛 類型
과의 공통성이 별로 없다.)

    "바룩文書"의 삶의 자리는 무엇인가? 그는 누구를 위해 傳記를 썼는가?
本文들(43─44장)에 의하면 바룩은 마지막에 예레미야와 함께 에집트에 체
재한다. 이 책은 그곳에서 생겼을 것이다. 그리고 아마 運命의 모든 어려움
에도 불구하고 예언자의 말을 아직 신뢰하고 이 글을 읽음으로 신앙을 돈독

케 한 작은 피난민 무리를 위하여 썼을 것이다.

　그러나 바룩文書는 이 傳承史의 출발점에 불과하다. 위에서 밝혀진 것은 28장이 (아마 후기 단계에서) 어떻게 27장과 결합되었는가였다. 이미　그 특유한 言語用法이 보여주는 바와 같이 이 두 章은 한 때 29장과 밀접하게 연결되어 있었음이 분명하다. 이 세 章은 모두 거짓 예언자들과의 대결들을 다루고,　그러므로 동일한 주제에 의해서도 결부되어 있다[5].　그후 27—29장은 결국 그 외의 바룩이 쓴 傳記와 함께 보다 른 지금의 전체 예레미야서 속에 編修되었다. 이 때 傳記의 개체 부분들이 (다시 한번) 분리되어 그 위치가 바뀌었다. 이것은 바룩이 傳說의 圖式을 이용하였고,　따라서 비교적 독립적인 單一文들을 단순히 모아 놓은 것이기 때문에 쉽게 읻힌될 수 있었다. 28장이 지금 속해 있는 분맥은 유다와 이스라엘에 대한 救援의 豫言 부분인 26—35장이다. 破滅豫言들과 예레미야／하나냐의 反目도 救援豫言인 27장 22절；29장 10—14, 32절에 의해 이어진, 마지막 編輯을 위한 통과지점이다. 예레미야의 神託들의 경우 그 강조점은 지금 바벨王의 멍에에 놓여 있는데,　民族들에 대한　그의 支配權은 編輯者들에 의해 이미 단순히 부정적으로만 이해되지 않았다. 그의 統治에서 마지막 때의 구원을 향한 도중에서 필요한 통과단계를 보고 있는 것 같다(단 2—4, 7장의 의미에서)[6].　그러므로 이 章은 완전히 새로운 照明을 받게 되었는데,　그러나 이것은 세부적으로는 이 이상 거의 드러낼 수 없게 되었다.

B. 개인들에 대한 破滅預言

　이 章 안에는 예언자의 말의 **여러 類型**들이 들어 있다. 개인들에 대한 破滅의 預言이 이번에는 民族에 대한 破滅의 預言과　교차되어 나타나나(13—16절) 쉽게 분리될 수 있다. 개인에 대한 파멸 預言은 여기서도 私的인　神託[7], 즉 두 命令形으로 된　使者委任으로 시작되는데, 이것은 열왕기서들의 模範型과 차이가 없다(13a 절). 적대적인 예언자에 대한　파멸의 神託은 본꿰 15길에서야 비로소 "하나냐여, 들으라！"라는 표현으로　시작되었다. 이것으로　열왕기하　1장에서 언급되지 않은 새로운 成分인 注意에의 호소 (Appell zur Aufmerksamkeit,　AA)가　나타나는데,　이것은 아모스 이래

---

5) Rudolph (*HAT*)는 27—29장이　한때 포로시대의 의심스러운 정치적 예언에 대항한 독자적 論爭文이었을 것이라고까지 추측한다.

6) 참조. 나의 論文 : "Spätisraelitisches Geschichtsdenken am Beispiel des Buches Daniel", *Historische Zeitschrift* 193, 1961, S. 1—32.

7) 비교. Wildberger, S. 45와 위의 S. 281.

자주 견책의 말 앞에 나온다[8].

　견책의 말(상황의 示唆, Ⅰ)은 다른 데서와 같이 여기서도 야웨의 도움과 개입을 호소하는 상황을 묘사하고 있다.　하나냐는 거짓으로 委任을 받은체 했을 뿐 아니라, 더 나아가서 백성을 유인하여 거짓된 환상을　신뢰하게 했다. 이로써 방지되어야 할 위험이 들이닥친 것이다.　이것이 어떻게 일어나는가를 使者의 語套 "야웨는 이렇게 말했다"(כֹּה אָמַר יְהוָה, KA)로　도입된 破滅의 豫言(Ⅱ, 16절)이 豫告한다.　하나냐가 제거되고　갑자기 죽을 수밖에 없게되면서, 백성은 하나냐에 의해 초래된 위험에서 벗어나게 된다.　破滅의 豫言(Unheilsweissagung)은　우선 하나님의 적극적인　개입을 시사한다 : "보라, 내가 너를 地面에서 제거하리라." 이 文章은 위협의 말을, 야웨가 하나냐를 보내지 않았다고 언급된 견책의 말과 긴밀하게 연결시켰다. 그러므로 이 破滅預言의 첫 부분과 둘째 부분은　말의 遊戲로　서로 결합되어 있다. 이런 말의 遊戲는 예언자들에게서 잘 사용된다[9]. 하나님의 사람과 하나님의 불, 즉 אִישׁ אֱלֹהִים(이쉬　엘로힘)과 אֵשׁ אֱלֹהִים(에쉬 엘로힘)의 교체를 생각하라(왕하 1 : 10)! 이와 같은 것이 오늘날 우리에게는 기교적인 장난으로 보인다. 그러나 이스라엘인의 귀에는 단순히 그런 것으로 들리지 않았다. 그 당시에는 말과 그것으로 표시된 사물은 본질상 同屬的인 것에 해당했다. 發音上의 표현도 임의적인 것이 아니고 — 그렇게 보이는데 — 오히려 사실에 의해 요청되었었다. 그러나 그때에는 두 말의 發音上의 類似性도 반드시 그것으로 생각된 사실의 內的 관계를 시사하는 것이었다. 하나냐가 그의 救援神託(2—4절)을 전달했을 때 야웨가 하나냐를 보내지 않았다면,　이 사람은 역시 거짓 요구를 통해 야웨의 실제적인 보냄을 야기시킨 것이다. 이 보냄은 그에게 개인적으로 적중하여 그에게 破滅로 떨어지고　야웨는　그를 죽음에로 보냈다. 하나님의 행위의 豫告는 "보라"로　시작하여 야웨의 직접적인 개입을 미리 말하는 分詞節로 계속된다. 이것은 개인들에 대한 일련의 破滅預言에서 사용된 가장 옛 慣用語이다(삼하 12 : 11;　왕상 11 : 31; 14 : 10). 하나님의 행위에 관한 豫言에는 그 이하의 文章이 연결되는데, 여기에서는 하나님의 행위에 의해 그 사람에게 일어날 일이 明示된다.　이것은 해당자가 주체가 되는　말투로 표현된다 : "이 해가 다 가지 않아서 너는 죽으

____

8) Zimmerli (*Ezechiel* 〔BK〕, S. 288)는 "注意에의 호소", Lindblom 은 "說敎套"(Predigtformel)로,　v. Rabenau(*WZ*, Halle V. S. 678)는 "傳令의 외침"(Heraldruf)이라고 말했다.

9) Wolff, S. 16f. = *Ges. Studien*, ThB 22, 1964, S. 27f. 위의 S. 37.

리라.”(위에서 방금 든 다른 세 例에서도 마찬가지이다.)— 끝으로 樣式上 결어적인 성격표현(abschließende Charakteristik)이 나오는데, 이것은 (Ⅲ) 해당자인 하나냐에 관한 것이다：“이는 네가 설교한 것이 배신이 됨이라.” 강조를 위해 앞에 내세운 표현 “배신”(*개역：패역)으로 하나냐의 본성과 위험성이 개괄적으로 진술되었다[10].

C. 民族에 대한 破滅預言

하나냐-豫言은 개인에 대한 破滅預言의 유명한 본보기에 일치하지만, 야웨의 말(13—16절)은, 온 백성, 이스라엘, 아니 “이 모든 民族들”에 관련된 (13—14절) 제2의 破滅預言이 神託에 삽입되어 있다는 점에서 옛 관례를 훨씬 벗어나고 있다. 이 경우에 물론 前置된 견책의 말(상황의 시사, Ⅰ)은 아직 전적으로 하나냐의 몰락에 관련되어 있다：“너는 나무 멍에를 꺾고 그 것 대신 쇠 멍에를 만들었다.” 그러나 이것은 근본에 있어서 책망도 아니고 告發은 더욱 아니다(베스터만[Westermann]이 주장하는 바와 같이). 오히려 말하는 자는 확인하고 있을 뿐이다. 사물들의 순간적인 상황이 지적되고 있다. 예레미야가 수일 전부터 公衆 앞에 나타날 때마다 자기 백성의 슬픈 미래에 대한 상징으로서 자기 목에 걸고 다닌 나무 멍에를 하나냐는 그 특유의 예언자적 확신에서 꺾었던 것이다. 예레미야는 이 행위를 어느 정도 승인했다. 사실 이 완력행사로 표지, 멍에의 표지는 무력하게 되었다. 그러나 여기서 우리가 이미 그 본래 意味를 꿰뚫어볼 수 없게 된 (그리고 이것은 그리스語 번역이 이미 파악하지 못하고 本文을 바꾸어 놓은) 애매한 말이 따른다：하나냐 자신이 자신의 행위로 더 강하고 꺾기 어려운 멍에를 초래하고 만들어냈는데, 아마 저 위 야웨에게서 온 것일 것이다. 즉 선포된 야웨의 뜻에 반대하는 인간의 욕망은 단순한 無에서 끝나지 않고 이뻔 결과가 따르는데, 일종의 역설적인 것이 따른다. 그것은 하나님에게서 그만큼 엄중한 대응조처를 불러일으키는 것이 되기 때문이다. 이것이 그 대략적인 의미임에 틀림없다. 이 意味는 예레미야에 의해 단순히 확인되었을 뿐이다. 이 경우 이 思想은 본래 하나냐에 대한 견책의 말이 아니라 — 비록 하나냐에게 말한 것일지라도 — 오히려 청중 모두에게 해당하고 결국은 民族의 破滅豫言 (Ⅱ)을 위한 序頭이다.

---

10) 70人譯과 쿰란사본에는 Ⅲ부분이 없다. 類型의 완벽을 기하기 위해 첨가된 것인가?

이는 이스라엘의 하나님, 만군의 야웨가 이렇게 말했음이라 : 나는 쇠
멍에를 이 모든 民族들의 목에 씌움으로 그들이 바벨王 느부갓네살
을 섬기게 할 것이다. 그리고 그들은 그를 섬기고 들의 짐승들까지
도 나는 그에게 주리라.

여기서도 豫言의 두 촛점을 볼 수 있다 : 하나님이 개입하는 모습과 당사
자가 반응하는 모습이다. 물론 여기서 結語는, 다시 한번 神的 主體가 언급
되었다는 점에서, 처음으로 되돌아갔다 : 들짐승들까지도 나는 그에게 주리
라. 특별한 비중으로 神的 개입이 표현되었다. "보라"와 그것에 뒤따르는 分
詞形으로 이루어진 名詞文章이 아니라 前置된 目的語를 지닌 完了文章이 그
不幸을 豫告한다. 그렇다면 이렇게 물을 수 있을 것이다 : 어째서 民族에 대
한 破滅預言이 여기에 들어 있다고 하는가? 이스라엘에 대한 언급은 전혀
없지 않은가? 그러나 預言의 本文이 27장과 결합된 후에 개작되었음을 계산
에 넣어야 할 것이다. "이 모든 民族들"(11, 14절)이라는 話法은 분명히 27장
3절에 지명된 에돔인과 모압인, 암몬인, 푀니키아인을 회고하고 있기 때문이
다. 예레미야가 모든 백성 앞에서 하나냐에게 질문을 했을 때 그는 자신의
생각을 더 구체적으로 말했을 것이다. 물론 예레미야가 원래 이스라엘이라
는 표현을 분명하게 말했다는 것은 언급되지 않았다. 말하자면 예언자들은
하나님에 의해 초래된 破滅을 당하는 자에 관해 婉曲한 표현들로 말하는 것
을 좋아했다[11]. 그럼에도 불구하고 예레미야가, 本文이 예전에 어찌했던간
에, 그들 자신의 民族에 대한 "위협"을 말했다는 것을 이 場面의 청중들은
의심할 여지가 없었다. 그 까닭에 民族에 대한 破滅의 預言이라는 개념은
적절한 것이다.

  민족에 대한 破滅預言도 序頭에서 使者의 語套(KA)가 야웨의 한 칭호,
즉 예루살렘 聖殿의 祭儀的 尊稱인 "만군의 야웨"라는 칭호를 첨가함으로
특별히 강조되었다. 여기에 옛 칭호인 "이스라엘의 하나님"도 추가되었다[12].
이 預言은 두번 즉 破滅의 豫言 앞에도 견책의 말 앞에도 使者의 語套를 사
용함으로 다른 것들보다 두드러지게 부각되었다.   그러나 預言의 基本模型
은 변하지 않았다. 民族에 대한 破滅預言은 독자적인 類型이 아니고 破滅預

---

11) Gunkel, *GrPro*, S. XLVIff.

12) 물론 이 귀절에서 民族에 대한 破滅預言들은 원칙적으로 敷衍된 使者의 語套
를 보여주고 개인에 대한 파멸예언들은 이에 반해 단지 "야웨는 이렇게 말했다"만을
보여준다는 일반적 규칙을 끌어낼 수는 없다. 언제 단순한 語套로 충분하고, 언제 부
연된 것이 필요한가는 좀더 검토할 필요가 있다.

言 一般의 한 下位型일 뿐이다. 여기에 의외로 결어적인 성격표현(Ⅲ)이 없
다는 것은 이 귀절의 예외이고, 하나냐에 대한 두번째 破滅의 말과의 결합
에서 생긴 것으로 설명될 수 있을 것이다.　民族에 대한 다른 破滅預言들의
경우에는 예외없이 성격표현이 들어 있다(가령 6 : 13).

D. 救援의 預言

이 說話에는 예레미야가 전한 파멸의 神託들 중에 구원을 약속하는 하나
냐의 예언의 말이 들어 있다. 이 말은 기이하게도 예레미야가 이용한 類型
들과 혼동할 정도로 비슷하다. 하나냐도 使者의 語套(KA) "야웨가 이렇게
말했다"(11절)로 시작하되 경우에 따라서는 그것의 확대된 양식(2절)으로
시작한다. 그의 구원의 신탁은 확인으로, 변화된 상황의 시사(Ⅰ)로 시작
된다. 야웨는 바벨王의 멍에를 이미 꺾었다! 神의 세계에서는 이미 결정이
내려졌다 : 시리아-팔레스틴 民族들에 대한 바벨론 大權의 정치적 압박은
이미 멀어졌다. 그 결과 야웨의 새로운 개입의 길이 트였다. 이것은 分詞形
의 文章으로, 즉 文章論的으로는 16절의 파멸예고와 흡사한 文體로 예언된
다. 구원의 豫言 혹은 約束(Ⅱ)인 중심부분은 분명히 세번은 같은 말의 연
결 "이 장소에서"와 두 번은 다른 연결, 즉 "나는 돌아오게 하리라"를 만들
어 냈다. 이러한 반복에 의해 그 신탁은 특별한 효력을 얻게 되었다. 이 경
우에 이 반복을 거추장스럽게 느끼는 사람은 결코 없을 것이다. 이것들은 오
히려 극히 기술적으로 전체 속에 삽입되었는데, 처음과 중간, 그리고 끝에
나타난다. 이 약속은 야웨의 귓속 말(יהוה נאֻם)에 대한 시사로 끝난다. 이
표현은 지금까지 아직 본 일이 없으나 — 곧 밝혀지겠지만 — 예레미야 같
은 사람에게도 생소하지 않은 것이다. 셋째 부분 결어적인 성격표현도 16절
과 열왕기하 1장에서 알려진 것이다 : "이는 내가 그 멍에를 꺾을 것임이
라." 이것은 始初에 대한, 변화된 상황의 시사에 대한 회고에 의해 지배된
것이고, 그것과 정확히 일치하나, 작지만 뚜렷한 차이를 나타내고 있다. 여
기에는 未完了形(Imperfekt)이 사용되었으나 그곳에서는 完了形이 있었다.
그곳에서는 이미 (하늘의 세계에서) 일어난 것으로 간주된 것이 여기서(땅
위에서)는 완성되지 않은 미래의 일로 나타난다. 인습적인 預言의 標本型,
즉 세가지 成分인 상황에 대한 시사, 豫言, 결어적인 성격표현을 보유하고
있으나, 이 구성이 근본적으로는 속이 비어 있다는 것이 하나냐의 神託의 특
수성이다. 첫째와 셋째 부분도 본래 豫言이고, 오직 類型의 法則性에 의해

서만 중간 것으로부터 特別히 구별되어 있다.

救援預言의 **類型**은 예레미야의 신탁을 그것과 비교할 때, 가령 34장 4—5절, 시드기야王에게 한 그의 말과 비교할 때 좀더 분명해진다 :

AA   유다王 시드기야여, 야웨의 말을 들으라.

KA   야웨는 **이렇게** 너에 관해 **말했다** :

Ⅱ   너는 칼에 죽지 않고／너는 평안히 죽으리라.

          네 전에 있었던／네 先祖, 先王들에게처럼

          사람들은 네게도 향불을 피워 존경하고／너를 위해 통곡하리라 :

          오 오 주여！

Ⅲ   이는 그 말을 내가 말했음이라 — 야웨는 속삭이신다.

하나냐의 신탁과의 유사성뿐 아니라 구원에도 파멸에도 해당되는 預言의 일반적 圖式도 첫 눈에 알아볼 수 있다. 이 두 主題의 경우 注意에의 호소 (AA)가 先行할 수 있다(비교. 28：15). 이 신탁 자체는 원칙적으로 三分되어 있다 : 상황에 대한 示唆와 豫言, 결어적인 성격표현. 34장의 인용에서 첫 부분은 단지 외견상으로만 결여된 것같이 보인다. 사실 상황에 대한 시사는 이미 先行하는 파멸의 말(2—3절)로 충분히 제시되어 있다.

예레미야에게서도 — 34장이 증명하는 바와 같이 — 하나냐의 경우에서와 꼭 같이 야웨의 속삭임이라는 표현이 끝에 나타난다[13]. 이 표현은 엘리야와 엘리사 같은 예언자들에게서는 아직 볼 수 없다[14]. 이에 반해 예레미야에게서 극히 자주 나오는데, 28장 4절이 보여주는 바와 같이 대개 終結語套(Abschlußformel)로 나타난다. 독립된 單一文의 結語로서 뿐 아니라 한 부분의 토막문 뒤에도, 특히 豫言 뒤에(28：4에서와 같이) 나타난다. 이 표현이 使者의 語套와 무관하게 생겼고 사용되었음이 확실하다. 이것은 使者의 語套와 어떤 의미에서 경쟁을 이루고 있다. 그러나 그것의 변천경로와 그것의 더 정확한 意味는 아직 불투명하다.

34장 3—4절같이 예레미야의 모든 預言은 口傳으로 전달될 때 詩的으로 이루어져 있었음이 확실하다. 文書化와 후기의 修正 — 부분적으로는 70人譯에도 아직 없는 — 에 의해 本文이 散文으로 되었다.

---

13) F. Baumgärtel, "Die Formel *neʼum jahwe*", *ZAW* 73, 1961, S. 277—290; R. Rendtorff, "Zum Gebrauch der Formel *neʼum jahwe* im Jeremiabuch", *ZAW* 66, 1954, S. 27—37.

14) 비교. 이미 古代의 先見者 神託(Seherspruch) : 민 24：3f., 그러나 삼하 23：1도.

E. 預言의 受納

하나냐의 말이 끝났을 때 예레미야는 우선 그의 말에 동의한다 :

> 옳도다(아멘)! 야웨께서 그렇게 하시기를 원하노라! 야웨는 네가
> 예언한 네 말을 성취하시고 이 집의 기물들과 추방당한 자들을 모두
> 바벨에서 이곳으로 도로 가져오고 데려오시기를 원하노라!

“이곳으로”라는 마지막의 말로 예레미야는 분명하게 하나냐의 중심적인
낱말들을 채용하였다. 그의 진술은 어떻게 이해되어야 할 것인가? 예레미
야는 그의 말을 비꼬고 있는가 아니면 그는 실제로 그의 敵에게 동의한 것
인가? 이 文章들의 樣式史學的 분류는 이 文段의 의미와 두 예언자의 관계
를 위해 결정적인 意味를 가진다. 이제 예레미야는 11장 5절에서 야웨가 그
에게 직접 한 말을 “아멘”으로 받아들인다! 그러므로 이 語套는 진지하게
생각된 것으로 보인다. 이 사실은 브나야가 그 王의 委任을 받아들인 열왕
기상 1장 36절에서 다음 말로 확인된다 :

> 옳소이다(아멘)! 내 주 王의 하나님 야웨께서 ‘이렇게 하시기를’ 원
> 하나이다!
> 야웨께서 내 주 王과 함께 계셨던 것같이 그는 솔로몬과도 함께 계
> 시기를···

예레미야의 말과 정확하게 일치한다. 즉 受納者는 아멘으로 上位의 주인의
委任 혹은 傳喝을 긍정적으로 받아들인다. 이밖에 그가 전달된 것에 관련된
축복의 祈願을 첨가한 것도 타당하다. 그러므로 예레미야는 주저없이 하나
냐의 예언을 받아들인 것이고, 이 예언은 그 자신이 갈망하는 것들에 일치
하는 것이다. 왜냐하면 예레미야도 자신의 백성에게 구원을 祈願하고 있기
때문이다. 즉 예레미야는 하나냐가 참 하나님의 傳喝을 전했다고 생각한 것
이다. 물론 그 순간 그에게 靈感이 없었고 그 때문에 그는 하나냐의 말에
反對도, 그러나 자신있게 贊成도 할 수 없었다. 이것은 그 다음 계속이 표
현해준다.

F. 예언자의 反省

“원컨대 이제 내가 너와 모든 백성에게 해야 할 이 말을 들으라”는 말로

예레미야는 새롭게 시작한다(7절). 이것이 바로 注意에의 호소(AA)인데, 다른 곳에서는 이것으로 預言이 시작된다(15절). 그런데 예레미야가 그 자신의 私的인 反省을 전달하는 이 경우에는 그렇지 않다. 이 反省은 破滅預言의 말이 즉각적인 신임을 얻을지라도 救援預言의 경우에는 그 결과를 기다려보아야만 한다는 것으로 발전한다. 긴 序言이 보여주는 바와 같이 예레미야는 고정된 文體로 말하고 있다. 어떤 類型이 그 배후에 들어 있는지는 유감스럽게도 확신을 가지고 말할 수 없다. 비교자료들이 없기 때문이다.

이 부분이 예레미야 자신에게서 기인한 것인지 조차도 아직 확실치 않다. 이것은 編輯史的으로 설명될 수 있을 것이다. 옛부터 破滅을 예언하는 예언자들의 오랜 계승 집단이 있었다는 생각은 예레미야의 경우 놀라운 일이기 때문이다. 이에 반해 후기의 신명기사학파의 編修者들 — 이들은 이밖에 예레미야서에서도 증명되는데 — 의 경우라면 쉽게 이해된다(비교. 신명기사학파의 귀절 : 왕하 17 : 13, 23과 신 18 : 5—6)[15].

G. 象徵的 行爲에 속하는 神託

다시 한번 하나냐의 말이 本文에 이용되었는데, 그러나 이번에는 훨씬 짧다(11절). 이것은 그가 의도한 징표행위와 연결되어 있다. 그는 예레미야의 목에서 나무 멍에를 벗겨 박살을 낸다. 이에 덧붙여 그는 使者의 語套(KA)로 다음과 같이 말한다 :

이와 같이 나는 2년 이내에 느브갓네살의 멍에를···꺾으리라.

같은 文體, 즉 先行하는 使者의 語套와 比較不變詞를 가진 해석적 文章이 예레미야가 상징적 행동으로 陶器를 박살냈을 때 그에게서 나타난다(19 : 11; 비교. 13 : 8—11; 51 : 64). 그것이 여기서는 물론 단편적으로만 이용되었다[16].

그러므로 이와 같이 예레미야서의 한 章에서 예언자의 言語가 얼마나 다양하였는가를 인식하게 된다. 그 類型들 중에서 가장 중요한 것은 다시 한번 근본적으로 다루어져야 할 것이다.

---

15) 이 부분이 후에 첨가되었다는 추측 : E. Osswald, "Falsche Prophetie im Alten Testament", *SgV* 237, 1962, S. 19. 이 경우에는 물론 5—6절도 二次的인 것으로 간주되어야 하는데, 이것은 그럴 법하지 않다. 이런 아멘을 후에 꾸며내서 예언자에게 덮어씌우는 자는 없다.

16) G. Fohrer, "Die Gattung der Berichte über symbolische Handlungen der Propheten", *ZAW* 64, 1952, S. 101—120.

§18. 預言[1]의 類型史

A. 破滅預言의 構造

열왕기하 1장과 예레미야서 28장을 비교하면 예언자의 破滅 및 救援預言의 基本構造가 §15와 §17에 이어 좀더 자세히 검토되고 동시에 이 類型의 변천에 관한 것도 다소 더 인식할 수 있게 된다. 方法論的으로 한가지 미리 주의해야 할 것은 예언자의 神託들의 構造는 우선 예언자들에 관한 說話들로부터 취해야지 大 예언서들 중에 들어 있는 순수한 談論部分들로부터 취해서는 안된다는 것이다. 여기에는 긴 神託 複合體들이 들어 있는데, 그것들 중에서 單一文을 區劃해내는 것은 극히 어렵기 때문이다. 왜냐하면 口傳傳承에서 취한, 한때 독립적이었던 개체 神託들을 앞뒤로 삽입할 때 編修者는 종종 序頭 및 結語 표현을 ─너무 잦은 반복을 피하기 위해─ 생략했기 때문이다. 이와 같이 때로는 순수한 神託錄들 중 여러 章에 걸쳐 계속 使者의 語套(KA)가 없는 것을 볼 수 있는데, 이것은 책의 表題에서 자연히 이해될 수 있었기 때문이다. 물론 이것으로부터 예언자는 使者의 語套 없이도 자신의 예언을 선포할 수 있었다는 결론을 내려서는 안된다! 預言의 序頭에 나오는 견책의 말(상황에 대한 시사)도 자주 생략되었다. 큰 複合體에서 주로 문제된 것은 未來에 관한 陳述(豫言)이었기 때문이다. 이에 반해 설화적인 부분들, 傳說들 중에는 예언의 口傳的 朗誦의 構造에 의해 훨씬 잘 보존되어 있다. 여기서 물론 생략들을 계산에 넣어야 하지만, 설화들 중에서 이런 생략은 내용상의 세부적인 것들보다는 類型의 基本骨格에 적용된 量이 적다. 그 까닭에 무엇이 預言인가 하는 것은 반드시 說話部分들로부터 파악해낼 수 밖에 없다. 그렇게 한 후에는 순수한 神託錄들을 밝혀내는 것도 쉬울 것이다.

───────────────

1) 제 1 판에서와는 달리 이 類型을 "豫言"(Weissagung)이 아니라 "預言"(Profezeiung)이라고 불렀다. 첫 개념은 순수한 未來의 陳述들을 문제한다는 생각을 일으키기 때문이다. 이것은 神託의 全 構造에 적합하지 않고, 단지 중간 부분에만 맞는다. 그 까닭에 "豫言"이라는 개념은 이제는 Ⅱ의 부분, 즉 이밖에 豫告, 未來의 말, 위협의 神託 내지 約束으로 불리어지고 救援 및 破滅의 豫言으로서 자세히 규정되는 것에만 적용시켰다. 낱말 사용의 이 제한은 敎義 및 神學的 개념인 豫言("成就"에 대한 반대 개념으로서)을 비교적 정확히 구약성서에 관련시킬 수 있게 한다. 동시에 이를 통해 預言의 전체 構造 內에서 未來를 豫告할 뿐 아니라 작용력있는 말의 힘으로 그 미래를 불러일으키는 특이한 예언의 方式이 이 특수한 개념에 의해 밝혀진다. ─ 여기에 서술된 類型을 위해 預言(Profezeiung)이라는 개념의 이용을 추천하는 이유는 그 표현이 樣式的이고, 경솔한 해석을 방지하고(가령 "使者의 傳喝"이 하듯이), 또 사실 바로 이 類型이 포로기 이전의 예언자들의 특징을 나타내주는 것이기 때문이다. 이 개념의 樣式史學的 이용은 물론 모든 예언자의 말을 預言으로 파악하지 않는다는 것을 전제한다. 예언자들은 이 項에서 서술한 話法(Redeform)과 함께 가끔 論爭對話, 法廷演說 등의 다른 話法도 이용하고 있기 때문이다.

破滅預言들에 관한 한, 類型의 構造는 엘리야時代로부터 예레미야時代에
이르기까지 변함없이 보존되어 왔다. 예레미야서 28장에서는 아모스 이래 비
로소 등장한 民族에 대한 破滅預言들과 개인에 대한 파멸예언들 사이에 근
본적인 차이를 보여주지 않는다[2]. 이 類型을 위한 포로기 이후의 확실한 例
證은 이미 없다.

이러한 파멸예언들은 대개 다음 3부분으로 되어 있다 :

Ⅰ. 상황의 示唆 혹은 견책의 말. 여기서 묘사되는 것은 종교적 혹은 사
회적, 정치적 상황 및 하나님과 예언의 대상자 사이의 관계이다. 그 동기는
善 혹은 惡을 위해 도움을 호소하는 특히 긴박한 상황이다. 특별히 신중하
게 말한 곳에서는 견책의 말이 "사정은 이러이러하다"(כֹּה אָמַר, 왕하 1 :
16; 비교. 렘 29 : 25, 31등)[3]로 시작된다. 그러나 예언자가 격분했을 때에
는 비난조의 질문으로 시작한다(왕하 1 : 3,6). 그가 충분히 생각할 수 있는
시간을 가졌을 경우에는 견책의 말이 간결한 진술로 될 수 있다(렘 28 : 13,
15; 비교. 36 : 29)[4].

Ⅱ. 破滅의 豫言(위협의 말). 그 핵심은
a) 많은 경우에 未完了形 動詞를 동반한 간결한 否定文으로 되어 있다.
가령 "너는 다시 일어나지 못하리라"(왕하 1 : 4; 렘 36 : 30; 22 : 11, 18).
이 표현은 識者를 놀라게 할 것이다. 예언자들은 未來에 대한 자신들의 確信
을 표현하기 위해 특별한 예언적 完了形(perfectum propheticum)의 用法을
使用했다고 보는 것이 예사이기 때문이다. 그러나 내가 아는 한, 이 예언의
중심점에서는 결코 完了形이 나타나지 않는다. 우리는 이 樣式을 단언적
豫言이라고 불러서 좋을 것이다. 이것은 일련의 어떤 구약성서적 하나님의
계명들을 상기시키기 때문이다[5]. — b) 豫言을 표현할 수 있는 다른 가능
성은 分詞形 文章인데, 이 경우에는 야웨가 主體이고 대개 "(내가) 보매"로
導入된다. 이 文章은 언제나 豫言의 序頭에 나오고 돌발적인 神의 개입을

---

2) Westermann, S. 120f. — Hempel은 民族에 대한 破滅의 預言은 王에 대한 파
멸의 예언에서 생긴 것으로, 그 중에는 "보다 큰 社會的 過程"이 반영되어 있다고 추
측한다. "民族의 대표자로서의 王에 대한 말 대신 民族 자체에 대한 위협이 등장한
다"(ThLZ 87, 1962, Sp. 205).

3) 神託演說에 나오는 יַעַן에 대해서는 D. E. Gowan, VT XXI, 1971, S. 168—185
를 비교하라.

4) 개관 : Wolff, S. 2—5 및 S. 10—13.

5) 참조. S. 28.

묘사하는 바, 이를 통해 견책의 말에서 윤곽이 드러난 지탱하기 어려운 상황이 근본적으로 달라진다. 그 다음 文章에서는 해당 인간들이 主體가 되면서 그러한 개입의 결과, 즉 변화되고 해결된 상황이 묘사된다. 가령 하나냐에 대한 神託에서 그렇다(28:16). 이 표현은 예레미야에게서 主導的이다(32:28; 34:22; 35:17; 43:10; 44:30). 그러나 이것은 이미 옛부터 전해 내려온 것이다(삼상 3:11; 삼하 12:11; 왕상 14:10)[6]. 이 경우들을 提案을 동반한 豫言(Weissagung mit Präsentativ)이라고 부를 것을 제의할 수 있다[7]. 예레미야서에서는 가끔 두 陳述樣式들이 나타나는데, 이 때에는 副詞形이 先行한다(34:2—3; 44:26). — Ⅰ에서 Ⅱ로 넘어갈[8] 때는 흔히 לָכֵן("그 까닭에")이 사용된다[9].

어떤 경우에도 破滅을 豫言하는 것, 즉 제2부가 전체 預言의 본래의 성분이다. 예레미야 史話들 중에서 특이한 例는 26장 18절인데, 여기서는 유다의 장로들이 아마도 口傳 傳統에서 나온 한 預言을 알고 있는 것같이 보인다. 이 傳統은 미가서 3장 9—12절에 자세히 나타나 있다. 그러나 장로들은 요약해서 인용한다. 그들은 豫言만을 알고 있다. 그러므로 이것이 일반적인 意識에는 預言에서 본래 결정적인 것이다.

Ⅲ. 결어적인 성격표현은 예언을 받는 자의 것(왕하 1:4)이 아니면 보내는 자의 것(렘 28:4)이다. 이것들에 관해서는 더 이상 말할 필요가 없을 것이다. 일반적으로 "이는···임이라"(כִּי)로 시작된다[10]. 이 성격표현은

______

6) 이외에: K. v. Rabenau, "Das prophetische Zukunftswort im Buch Hesekiel", in: *Studien zur Theologie der alttestamentlichen Überlieferung*, R. Rendtorff-K. Koch 편, 1961, 특히 S. 66f. 옛 時代에는 가끔 이것 대신 다른 主語와 함께 "보라"(הִנֵּה)가 사용되었다: 왕상 13:2; 20:36.

7) 提案으로서의 הִנֵּה: J. Blau, *VT* IX, 1959, S. 130ff. — 제안의 성격을 지닌 豫言의 특수형은 הִנְנִי אֵלֶיךָ로 시작된다: 참조. P. Humbert, "Die Herausforderungsformel *hineni ēlèka*", *ZAW* NF 10, 1933, S. 101—108 = *Opuscules d'un Hébraïsant*, Mémoires de l'Univers. de Neuchâtel 26, 1958, S. 44—53. Humbert 는 그런 제안이 성격을 지닌 文章들은 내개 "노골적인 힐책"(derbe Hiebe)같은 *waw*-完了形이 따른다는 것을 강조한다(S. 49). 이것은 그가 다룬 특수형에만 해당하는 것이 아니다.

8) 豫言은 그때 그때 특수한 방법으로 견책의 말과 결부되어 있다. Wolff(S. 7, 11, 20f.)는 얼마나 예언자들이 하나님의 未來의 행위(豫言)를 필요한 것으로 현재에서 (견책의 말) 증명하려고 노력했는가를 강조했는데, 이것은 옳다. 견책의 말은 끌어올리는 事件, 즉 하나님의 活動을 분별하게 하려고 한다. (그러한 노력이 물론 완고한 프로테스탄트적 감수성에는, 즉 사람은 하나님의 말에 대해 모든 탐색을 단념하고 "단순히 믿어야 한다"고 생각하는 사람에게는 용납되기 어려울 것이다.)

9) לָכֵן은 본래 "···을 고려해서", "upon my word"(내 말에 입각해서)를 뜻한다: F. J. Goldbaum, *INES* 23, 1964, S. 132—135.

10) 序頭의 不變詞는 預言의 분류에서 주목할 만한 역할을 한다. 상황에 대한 示唆

神託 중 가장 짧은 부분이다. 이것은 預言의 마무리를 위해 이용되고 예언
자들의 말이 근본적으로 얼마나 "합리적"인가를 보여준다. 이 "이유설명"이
야 말로 "합리적"으로 생각된 것이다.

이 세 부분에는 대개 "이렇게 말했다"라는 語套(*Ko-amar-Formel*, KA)가
붙어 다니는데, 이것을 대개 使者의 語套라고 부른다. 이것은 Ⅰ 앞에(왕하
1 : 16) 아니면 Ⅱ 앞에(왕하 1 : 4, 6; 렘 28 : 16)나온다. 예레미야時代부터는
두 곳에 자주 나타나나(렘 28 : 13—14) 初期 예언에서는 대개 Ⅱ(豫言) 앞에
나타난다. 왜 그것이 언제나 預言의 처음에 나오지 않는가는 풀 수 없는 수
수께끼이다. 그러나 언제나 처음에 있는 것은 注意에의 호소(AA, שִׁמְעוּ 혹
은 複數形)인데, 이것은 아모스 이래 사용된다(암 7 : 16; 렘 28 : 15).

예언자가 전에 전달한 破滅의 預言을 回顧하는 곳에서는 이를 위해 새겨
진 틀이 나타난다. 예언자는 그 후 잠정적인 私的인 神託을 보도하는데, 이
것으로 그는 선포의 委任을 받은 것이다. 그 말투는 대개 이렇다 : "가서···
에게 말하라"(왕하 1 : 3〔6〕, 15). 후에는 그 앞에 — 예레미야에게서 빈번
히 — 말의 受納語套가 나온다 : "야웨의 말이 ··· 에게 임했다. "

B. 救援預言의 構造

救援預言도 보통 Ko-amar 語套(使者의 語套)로 갖추어져 있다. 이것은
Ⅰ과 Ⅱ 앞에(렘 32 : 14—15; 35 : 18—19; 왕하 3 : 16—17) 혹은 Ⅰ 앞에만
(렘 28 : 2; 36), 옛 시대에는 오직 Ⅱ 앞에만(왕상 17 : 14; 11 : 31; 사 7 :
7) 나오는 경우도 있다. 이 預言은 注意에의 호소(렘 34 : 4)로 시작될 수
있다. 예언자가 委任을 받게 된 方法을 이야기할 때면, 그는 시작하는 私的
神託(사 7 : 3—4)을 지시하고 — 예레미야 이후 — 말의 受納語套를 이용한
다(렘 33 : 1). 그러므로 破滅預言과 마찬가지로 救援預言을 위해서도 뚜렷
하게 새겨진 틀이 있다.

Ⅰ 앞의 יַעַן אֲשֶׁר, KA-語套 앞의 כֹּה, 豫言 Ⅱ 혹은 KA-語套 앞의 לָכֵן, 豫言의
내용 앞의 הִנֵּה, 결어적인 성격표현 앞의 כִּי. J. Muilenburg(*HUCA* XXXII, 1961)
는 히브리言語에서의 不變詞의 중요한 위치를 검토했다 : "히브리語 不變詞들 사이에
는 語義的으로나 修辭的으로 특수한 역할을 하는 일련의 語群이 들어 있다. 이것들
은 言語의 신호 및 道標로서 詩文이나 說話의 文章方式을 결정짓는 것이고, 이야기의
進行을 유도하며, 그 목적에 관해 무엇을 말하고 있는가를 지시하는 화살표이다···
의도된 意味는 不變詞가 使用됨으로써 생생하고 역동적인 것이 된다"(S. 135).

§ 17에 수록된 단편들, 예레미야서 28장 2—4절과 34장 4—5절은 이미 그 기본구조가 얼마나 심하게 破滅預言의 구조와 닮았는가를 충분히 보여준다.

Ⅰ. 처음에는 상황이 개괄적으로 묘사되는데 물론 이것은 견책의 말이나 비난에 찬 질문으로도 안되고 陳述文들로 묘사된다(28 : 2. 그러나 34 : 12도, 비교. 32 : 36과 왕하 21 : 29; 20 : 5). "사정은 이러이러하다"(יֹ֫עַ אֵשֶׁר)는 상세한 序頭까지도 구원예언에서 例證될 수 있다(렘 35 : 4—17). 이 부분은 흔히 권고의 말로 형성된다. 가령 33장 3절 :

나를 부르소서, 그러면 내가 당신에게 대답하리이다 · · ·

다른 많은 귀절에서도 같다(29 : 5—7; 사 7 : 4 이하 : 왕상 11 : 31; 왕하 3 : 16; 4 : 43). 그러므로 구원예언의 처음 부분은 원칙적으로 권고의 말(Mahnwort)이라고 생각되어 왔다. 이것은 물론 지나친 생각이다. 권고의 말은 파멸의 예언에 나오는 견책의 말같이 그렇게 구원의 예언 안에서 익숙해졌다고 할 수는 없다. 일반적인 句節의 특수 경우가 바로 현재의 상황에 대한 시사로 남은 것이다. 이 외에 권고의 말이 처음에 있는 경우에는, 흔히 그 다음 부분이 "이는· · ·임이라"와 이에 뒤따르는 使者의 語套에 의해 도입된다(렘 32 : 15; 33 : 4; 29 : 8; 왕상 11 : 31; 17 : 14; 왕하 3 : 17). 이런 경우에는 대개 마지막에 성격표현이 없다.

Ⅱ. 救援의 豫言, 즉 約束. 이것은 다음과 같은 점에서 破滅預言들의 경우의 類似形들에 일치한다. 즉 핵심 文章이 또 다시 a) 未完了形(imperfektisch) 述語, 그리고 이 경우에는 대개 否定的인 述語로 제시되거나, 즉 "단언적으로"형성되었거나 — 렘 34 : 4—5(35 : 19)에서와 같이 — 아니면 b) 分詞形 名詞文章으로 이루어져 있는데 — 렘 28 : 3 — 여기에는 대개 "보라, 내가", 즉 제안이 先行된다(렘 32 : 37; 33 : 6). 약속들의 경우에도 이 두 가능성은 옛 것이다. 否定的인 未完了形은 이미 열왕기상 17장 14절, 열왕기하 3장 17절, 이사야서 7장 7절에 나타나는데 반해, "보라, 내가"는 그 뒤에 나오는 分詞形과 함께 이미 열왕기상 11장 31절, 열왕기하 20장 5절에서 볼 수 있다[11]. Ⅰ에서 Ⅱ로 넘어가는 과정은 "그 까닭에"에 의해 이어

---

11) P. Humbert ("La formule hébraïque en *hineni* suivi d'un participe", *Revue des Etudes Juives* 97, 1934, S. 58—64 = *Opuscules*〔참조. 註 7〕 S. 54—59)는 이 語套가 — 퇴색해가는 例外들은 제외하고 — 오직 主體로서의 하나님과 함께만 사용된다는 것을 증명했다. 인간 사이의 使者의 傳喝에서 이 語套는 단지 이따금 그리고 非典型的으로만 나타난다(민 24 : 14; 왕상 5 : 19). Humbert는 이것이 옛 祭儀神託에서

진다(렘 35 : 19).

Ⅲ. 결어적인 성격표현은 두 경우(렘 28 : 4와 34 : 5) 傳喝을 위임한 자이
며 동시에 未來의 運命의 주재자인 파견한 자에 관련된 것이다. 예레미야서
32장 44절과 39장 18절의 경우도 마찬가지이다(이 외에 끝 부분에서는 전갈
을 받는 자도 성격지어진다). 초기 예언자에게서는 救援의 預言일 경우 혼
히 이 부분이 없다(가령 왕상 17 : 14). 이것은 설화자에 의해서 後에 제거
되었을 수도 있다[12]. 구원이 — 임박한 파멸과 달리 — 인간의 공로가 아니
라 神의 자비에 의해 해당자에게 임하기 때문에 結語는 하나님의 성격표현
으로서만 의미를 가지게 된다는 것은 미래의 구원에 대한 예언자들의 이해
에 일치한다.

救援預言은 포로기 이후에 이르기까지 지속되었고, 아직 예언자 학개와
스가랴에게서도 나타난다. 그러나 그곳에서는 해소의 징조를 뚜렷하게 보이
고 있다. 권고가 우세하게 된다. 使者의 語套와 "야웨의 속삭임"이라는 표
현이 많이 나타나서 예언의 옛 모범형은 상처투성이가 되어 있다. 가령 학
개서 2장 3—9절의 스룹바벨과 그 남은 백성에 대한 救援預言을 일별해보
라[13] :

너희 중에 남아 있는 자로 이 집(聖殿)의 옛 화려함을 본 자가 누구인
가?   그리고 너희는 지금 이것을 어떻게 보는가?   이것이 너희에게
없는 것이나 다름없게 생각되지 않는가?
그러나 자 기운을 내라, 스룹바벨이여 — 야웨의 속삭임이라 !
기운을 내라. 여호사닥의 아들 대제사장 여호수아여 !
기운을 내라. 너 땅의 온 백성이여 — 야웨의 속삭임이라 — 그리고
일하라 !

─────────

유래한 것이라고 주장한다. 이것은 물론 어떤 긴장상태에서 가능한 추측이다. 이 語
套는 주로 破滅豫言들을 위해 사용되기 때문이다(125회 중 85회나 !). 이로부터 이
語套는 二次的으로 구원預言의 類型 중에 침투된 것이 아닐까? — 여하간 이 어투
는 오랜 성장과정을 생각케 하는 否定的 未完了形들과 달리 돌발적이고 직접적인 하
나님의 개입을 강조한다. 권유적인 豫言은 환상적인 직관에 근거한 것인가? הִנֵּה
("보라")는 자주 환상서술의 서두에 나온다(암 7 : 1, 4; 렘 24 : 1 등).

12) 왕상 20 : 13, 28에서는 셋째 부분이 변형되어 증명의 말(Erweiswort)로 되었
다. 참조. W. Zimmerli, "Das Wort des göttlichen Selbsterweises (Erweiswort),
eine prophetische Gattung", in: *Mélanges bibliques rédigés en l'honneur*, A. Robert
편, 1957, S. 154—164.

13) 학개서에서의 樣式史學에 관해 : 참조. 나의 論文 : "Haggais unreines Volk",
ZAW 69, 1967, S. 52—64.

이는 내가 너희와 함께 있음이라 — 만군의 야웨의 속삭임이라.

그리고 너희가 애굽에서 탈출할 때 내가 너희와 맺은 일(?), 그리고

나의 靈이 너희 중에 머물러 있으니 — 너희는 두려워하지 말라.

이는 만군의 야웨가 이렇게 말했음이라 : 단지 잠깐만 있으면,

나는 땅과, 하늘, 바다와 육지를 진동시키며,

그리고 모든 민족들을 진동시키리라. 그런 연후에 모든　민족들의 귀

중품이 오리니,

나는 이 집을 화려하게 채우리라 — 만군의 야웨가 말했도다.

은이 내 것이고 금이 내것이라 — 만군의　야웨의　속삭임이라.

이 집의 머페의 영핑은 이전 섯보다 크리라 — 만군의 야웨가 말했도다.

그리고 나는 이 장소에 구원을 주리라 — 만군의 야웨의 속삭임이라.

預言의 변천은 역대기 編修者들에게서 좀더 심하다[14].

救援 및 破滅預言을 자기 독립된 類型으로 간주할 것인가, 아니면　단지
일반적인 "預言"類型의 亞類들로만 볼 것인가는 결정짓기 어렵다. 여기에서
두 類型 사이의 경계가 얼마나 유동적일 수 있는가　하는 것이 드러나는데,
이것은 兩者의 삶의 자리가 동일한 경우　쉽게 설명된다. 그　까닭에 파멸
과 구원을 동시에 선포하거나　그 사이를　부동하는 예언들이 있음은　놀라
운　일이　아니다(왕상 12 : 24; 렘 38 : 17 이하; 42 : 2 이하; 그리고 마리-
예언도 그렇다). 그러므로 두가지 類型이라고 말하든　한 類型의 두 종류로
보든, 임의의 재량에 맡길 수밖에 없다. 여하간 이스라엘인은 이 모든 神託
들을 "야웨의 말"(דְּבַר יהוה, 가령 야웨의 어떤 한 말이 아닌！)이라는　표
제로 총괄했다. 預言이라는 말은 방금　서술한 구원 및 파멸의 神託들의 構
造에 일치하는 單一文들을 위해　구약성서 註釋學에서 留保되어야　할 것이
다. 그러므로 예언자의 神託, 예언자의 豫言(Voraussage)이라고 모두가 이
의미에서의 預言이라고는 할 수 없다.

C. 이스라엘 外의 類似形들

預言 類型은 이스라엘의 왕국 이전 時代에서는 例證되지 않는다. 이에 반
해 古代 유프라데스 都市의 發堀物인　마리 楔形文字書板들은 기원전 2천년
대 중반의 것으로 판명되었는데, 이것은 구약성서의　예언서와 그것에서 사

用된 預言의 前段階를 인식케 한다. 마리의 王 침릴림(Zimrilim)에게 보낸 어떤 총독의 편지[15]는 꿈에 그의 神殿에서 다간神 앞에 무릎을 꿇은 사람에 관한 보도를 수록하고 있다 :

I. 어찌하여 침릴림의 使者들은 항상 내 앞에 들르지 않는가?
그리고 어찌하여 그는 (모든 일에 관해) 내게 상세히 보고하지 않는가?
그렇게 했더라면 나는 벌써 여러날 전에 베냐민인들의 族長들을 침릴림의 손에 주었을 것이다!

PO 지금 가라! 내가 너를 보냈노라(혹은 내가 너를 보내노라).
너는 침릴림에게 다음과 같이 말하라 :

II. 네 使者들을 내게 보내어 내게 상세히 보고하라!
그러면 나도 베냐민인들의 族長들(?)을
물고기 바구니 안에서 버둥거리게 하고 네 앞에 내세우리라!

구약성서 類型의 構造와의 類似性은 극히 명백하다. 兩者 모두 처음에 현재의 상황이 示唆되고(I), 그 다음에 미래의 전개가 豫告되었다(II). 그 사이에 私的인 神託(PO) 같은 것이 들어 있으나 이것은 公的인 宣布에 흡수되었다. 구약성서적 用法과의 차이는 특히 확인하는 使者의 語套 — 설사 마리의 公文書 교환에서는 사용되었을지라도(*ANET*, S. 482—483) — 가 결여되었다는데 있다. 구약성서에서 Ko-amar 語套가 첨가되어 나타날 때마다 그것은 예언자와 하나님 사이의 거리를 강조하려는 것이다. 예언자는 神의 말을 전달하는 자가 되고, 하나님은 (이미) 그 안에 신비롭게 머무르지 않는다. 이외에 중요한 차이는 구원과 파멸이 마리 예언에서 서로 혼합되어 있고, 兩者가 조건적인 성격을 지니고 있으며 인간의 결단에 달려 있다는데서 드러난다. 포로 전 시대의 구약성서 예언은 인간의 결단에 거의 의미를 주지 않는다(혹은 이미 내려진 그리고 이미 돌이킬 수 없게 된 결단을 回顧한다). 구원과 파멸은 더 예리하게 분리되고 변경할 수 없는 神의 행위의 地位를 얻는다. 預言의 類型史는 이스라엘인들의 하나님 이해의 유일무이성이 시간의 흐름에 따라 어떤 방식으로 완성되었는가를 뚜렷하게 밝혀준다.

---

15) M. Noth, *Ges. Studien*, ThB 6, 1957(=²1960), S. 230—247. — Westermann, S. 82—91. — A. Malamat, "Prophetic Revelations···, *VTS* 15, 1965, S. 207—277. — F. Ellermeier, *Prophetie in Mari und Israel*, 1968. — K. Koch, "Die Briefe 'profetischen' Inhalts aus Mari", *Ugarit-Forschungen* 4, 1973, S. 53—77.

D. 使者傳言과의 비교

　파멸 및 구원預言들,　즉　神的-預言的인　"使者의　傳言"을 사람 사이의 使者의 傳言과 비교할 때 밝혀지는 것은 무엇인가? 위에서 밝혀진 것은[16] 확대된 使者의 傳言이 무엇보다도 동등한 지위에 있는 사람들 사이에 이용되는 바와 같이 다음 부분들로 구성되어 있다는 것이다 :

　　　使者의　語套
　　　긴박한 상황의　示唆
　　　보내는 자의 용건(종종　命令文으로)
　　　결어적인 성격표현

여기에 포로기 이전 預言의 構造를 비교하면 :

　救援預言 :　　　　　　　　　　　　　　破滅預言 :

상황의 시사(경우에 따라서는 권고의 말)　　　견책의 말
使者의　語套(כֹּה אָמַר)　　　　　　　　使者의　語套
구원의　豫言　　　　　　　　　　　　破滅의　豫言
(결어적인 성격표현)　　　　　　　　　(결어적인 성격표현)

　그러면 預言을 예언자적인 使者의 傳言으로 간주할 수 있는가? 여기에서 예언자들은 무엇보다도 全權을 委任받은 使者들로서, 그들의 하나님 혹은 있을 법한 ─ 인간적인 영역에서는 무엇보다도 王이 使者들을 파견하기 때문에 그의 王的 地位가 전면에 나타나는 어떤 神의 傳令으로서 행동하는가? 그러나 예언자들이 하나님의 使者로 분명히 지칭되지 않는다는 사실은 고려할 필요가 있다. 오직 神的인 存在만이 하나님의 참 使者일 수 있다. 그것은 말하자면 히브리語에서 바로 使者(מַלְאָךְ)를 뜻하는 "야웨의 천사"일 것이다[17]. 내용상으로도 숙고의 여지가 있다 : "위협과 권고, 약속은 확실히 징상적인 使者委任의 대상들이 아니다"[18]. 따라서 여기에나 저기에 마찬가지로 들어 있는 3分節은 너무 성급하게 "使者의 傳言"이란 동일한 類型이라고 ─ 설사 많은 경우에 일치점이 많아서 인간들 사이의 使者의 傳言도 특정한 기회에 高揚된 語調로 비약하고 平行法을 이용한다 할지라도 ─ 간단히 설명할 수는 없다. 이 경우 使者의 傳言은 같은 방법으로 엄격한 詩文과 散文的　語調 사이의 중간 위치를 차지하는 것같이 보이기도 하는 예언자의 신탁들처럼 編修되어 있다.

────────────

16) 참조 S.　278ff.
17) מַלְאָךְ(使者)로 필시 예언자를 표시했을 유일한 ─ 후기의 ─ 귀절은 말 3 : 1이다.
18) Rendtorff.　S. 166.

預言이 모든 類似性에도 불구하고 인간들 사이의 使者傳言에 대하여 독자적이라는
것은 자세한 비교가 보여준다. 使者의 語套 "某某가 이렇게 말했다"는 완전히 일치한
다. 그러나 使者의 語套(KA)는 預言 내부에서 비교적 독자적인 부분이다. 그것은 使
者의 語套가 文章 內에서 위치를 바꾸기도 중복되어 나타날 수도 있다는데서(렘 28 :
13—14), 그리고 그것이 預言文體를 구비하고 있지 않은 가령 상징적인 행위의 神託
(렘 28 : 11) 같은 다른 예언적인 類型에서도 나타난다는 점에서 알 수 있다. 使者의
傳言과 비교하면 使者의 語套가 옛 預言에서 가지고 있는 위치는 다르다. 前者에서는
언제나 그것이 序頭에 나타나는데, 後者에서는 그것이 대개 첫 부분과 둘째 부분 사
이에 들어 있다. 그리고 첫 부분의 내용은 적어도 破滅預言의 경우 대체로 使者의 傳
言에서처럼 상황에 대한 일반적인 시사뿐만 아니라 동시에 罪過의 제시, 즉 견책의
말이 되는데, 이것은 예언이 발단된 이래 그러했다. — 그러나 전혀 다른 것은 중간
부분이다. 使者 傳言의 경우 이 자리에 특별한 異變 혹은 所願, 命令에 대한 통고가
들어 있는데 반해 豫言은 미래의 事件, 말하자면 보낸 자 자신이 일으킬 事件을 豫
告한다[19]. 豫言의 두 표현가능성, 즉 先行하는 提案文 "보라 내가"와 함께 쓰여지는
分詞文章 또는 "일어나지 않을 것이다"라는 意味의 단언적이고 否定的인 未完了形의
두 가능성은 구별없이 예언자의 파멸 및 구원預言들의 경우에 나타나지만, 使者의 語
套에서는 완전히 결여되어 있다. 결어적인 성격표현도 전형적인 차이를 보여주지 않
는가는 검토해볼 만하다.

　　類似性과 差異性은 어떻게 설명될 수 있는가? "預言"의 類型이 성립될 때 인간들
사이의 使者傳言이 영향을 끼쳤음은 분명하다. 그렇게 될 수 있었던 것은 하나님 이
해의 변천에 그 근거를 두고 있다. 하나님은 옛 예언자들의 時代에는 이미 창세기의
民譚들 중에서와 같이 직접 개인에게 말하지 않고 하나님과 인간 사이의 거리를 架
橋하기 위하여 하나님으로부터 파견된 예언자들에 의해 중개되었다. 그러나 預言의
完成에는 우리가 이미 정확히 파악할 수 없게된, 使者傳言의 圖式을 변화시킨 다
른 영향들도 함께 작용한 것같이 보인다[20]. 중간 부분의 전혀 다른 樣式이 처음부
터 있기 때문이다. 아마 이것은 옛 先見者(Seher, 환상을 보는 자)의 神託에서 생긴
듯하다(민 23 : 9, 20). 이렇게 預言은 처음부터 하나님의 말이라고 公言된 使者의 傳
言 이상의 것이다. 預言은 말하자면 하나의 독자적인 類型이다.

　　구원 및 파멸預言의 歷史는 예레미야 時代 이후 使者의 語套가 어떻게 單一文의 先
頭에 나오게 되었는가(28 : 2) 혹은 중복되었는가(28 : 13—14)를 알려준다. 이것은
인간들 사이의 使者傳言의 영향하에서 생긴 '것인가? 아니면 우리는 예언자의 思惟에

---

19) 이 점에서 구약성서의 預言보다 Ⅱ 부분에 命令이 들어 있는 마리-預言이 인
간들 사이의 使者傳言에 더 가깝다.
　20) H. Graf Reventlow(참조. 註 22)는 예언자의 預言을 祭儀的 祝福 및 詛呪儀
式들로부터 추론한다(에스겔서의 해당귀절을 레위기 26장에 비교함으로). C. F.
Fensham (*ZAW* 75, 1963, S. 155—176)도 비슷하다.

서의 변천을 생각해야 하는가, 즉 이 변천과정에서 점점 더 예언자의 모든 思想이 靈感을 받은 것으로 이해되는 변천 — 설사 여기서 문제되는 것은 단지 상대자의 상황에 대한 반성(견책의 말에서 그런데)에 불과할지라도 — 을 생각해야 하는가?

E. 삶의 자리

預言의 類型은 어디에 속하는가? 이 유형은 엘리야와 예레미야에는 물론 하나냐에게서도 볼 수 있다. 즉 하나냐와 같은 구원의 예언자는 파멸의 예언자인 예레미야와 꼭 같은 유형을 이용하고 있다는 것이다. 이것은 구약성서에서의 거짓 예언의 판별을 위해 매우 중요한 발견이다. 이 밖에 여기서는 文書 예언자들과 엘리야 및 엘리사의 옛 예언 사이의 연속성이 드러난다. 그러므로 개혁의 예언자들은 — 천박한 예언 활동에 대한 온갖 항의에도 불구하고 — 초기 王國 時代의 예언자(נָבִיא)들과 철저하게 연결되어 있다. 樣式史學的 연구成果는 예레미야와 같이 극히 개인주의적인 정신의 소유자도 傳來된 言語와 學派에 의해 얼마나 심하게 제약받았는가를 보여준다. 기이할 정도의 모든 情熱(궁켈이 예언자들에게서 인상적으로 밝혀냈는데)에도 불구하고 그들은 역시 모두들 관습과 언어적 습성, 의무를 성실히 지키고 있었다. 오늘날 우리는 이것들을 개체 예언자들에게서 궁켈이 할 수 있었던 것과는 전혀 달리 분별해내고 있다. 이것으로 이 사람들의 위대함이 조금도 격하되지 않는 것은 자명하다. 하나님의 歷史와 世界史에 있는 모든 중요한 人物들이 그들의 時代와 言語 밖에 서 있지 않고 오히려 평범한 市民보다 더 깊이 그곳에 개입하고 있음을 알 수 있다.

預言은 文學的 類型이 아니라 口頭朗誦에 맞추어진 것이다. 이것은 예언자 傳說에서 충분히 밝혀진다. 그러나 그 構造의 간결성과 언겨성도 소직이 목적에 의해서만 설명된다. 이외에 神託들 중의 세부적인 것들이 분명한 示唆들을 제공하는데, 가령 序頭에 나오는 注意하라는 호소, 즉 "너희는··· 말을 들으라" 같은 것이다. 이것은 독자들이 아니라 청중을 생각한 것이 분명하다.

예언자는 어디서 자신의 예언을 講述했는가? 열왕기하 1장의 엘리야 神託의 본래 자리는 王宮이었다. 예언자는 여기에서 직접 謁見하거나 경우에 따라서는 간접적으로 중개인들의 입을 통해 전달했다. 이에 반해 하나냐의 말은 예루살렘 聖殿에서, 말하자면 司祭들과 백성들의 회중이 참석하고 있는 祝祭의 기회에, 즉 祭儀行事로 모인 기회에　講述되었다. 이에 대답하는 예레미야의 예언도 같은　장소에서　일어난 것으로 생각해야　할 것이다. 포괄적인 破滅神託도 역시 대중을 마주 대하고 있음을　전제하고 있는 것같이 보이기 때문이다. 이 관찰과 함께 우리時代 구약성서 연구의 어려운 문제에 접하게 된다. 여기서 곧 다음의 물음이 제기되기 때문이다. 하나냐와 예레미야가 사사로운 사람으로서 연설을 했다면, 그들은 그들의　예언을 빨리 퍼뜨리기 위해 백성들이 아직 흩어지지 않았을 祝祭行事 前이나　後의 기회를 이용했을까? 또는 — 兩者擇一은 중대한 결과를 낳는다 — 이 두　예언자가 祭儀的인 祝祭기간에 등장하였다면 그들은 그 날의　禮典에 그들의 확고한 地位를 차지하고 있었던 것이 된다. 그렇다면 그들은 예언자이며 동시에 聖殿의 어떤 직책을 담당한 자들이었는가, 한마디로 말하면 그들은 祭儀예언자들이었는가? 이 문제들에 대한 토론은 아직 매우 유동적이어서 여기서는 이 문제들에 개입하지 않고 문제성만을　지적해 둔다. 여하간　엘리야 傳說들로부터 예언이 祭儀　場所　外部에서도　講述되었다는 것, 아니　대개는 外部에서 말해졌다는 것을 알 수 있다. 이 관습은 文書 예언자들 時代에 와서　바뀌었는가？[21]

　祭儀預言이라는 主題의 영역에서 일어나는 특수 문제는 이스라엘의 하나님의 法에 대한 예언자들의 관계에 대한 물음이다. 周知하는 바와 같이 십계명과 다른 계명계열들은 모두 본래부터 祭儀行事에 속한 것이다. 그리하여 몇 파멸 預言들은　그것들의 견책의 말에서 그런 계명들을 위반함으로 생긴 범죄들을 질책하고 있음이 드러나 있다. 아하시야에 대한 엘리야의 비판적인 질문 "도대체 이스라엘에는 하나님이 없는가?"와 에그론의 바알에게　묻는 것을 제지한 것은　識者로하여금 전형적인 십계명의 제1계　"너는 내 옆에 다른 神들을 두지 말라"를 상기케 한다. 아모스서에서도 破滅預言과 단언적 계명들 사이의 이런 관계들을 여러 곳에서 볼 수 있다[22]. 물론 이러한 현상들은 어느 정도 일반화될 수 있으며 예언자들에게 하나님의 法의 수호자이어야 할 公的인 使命을 돌릴 수 있는가는 더 자세한 연구를 필요로 한다. 예레미

---

21) S. Mowinckel은 祭儀와 결부된 예언이라는　命題에 계기를　마련해 주었다 : *Psalmenstudien* Ⅲ, 1923. 현재의　문제상황에 관한 개관 : v. Rad, *Theologie* Ⅱ, S. 62—65 ＝ ⁴S. 58—61.

22) E. Würthwein, "Amos-Studien", *ZAW* 60,　1950, S. 40—52; R. Bach, "Gottesrecht und weltliches Recht in der Verkündigung des Propheten Amos", *Dehn-Festschrift*, 1957, S. 23—34. — 비교. 에스겔서에 관한 것 : H. Graf Reventlow, *Wächter über Israel*, BZAW 82, 1962.

야서 28장의 민족에 대한 破滅預言들의 경우 祭儀的 계명들에 대한 관계를
요청하는 것은 극히 어려운 일이다. 더우기 14절에 의하면 느부갓네살의 멍
에가 이스라엘뿐 아니라 모든 民族들에 관한 것이기 때문이다(모든 민족들의
파멸은 이스라엘의 하나님의 法에 대한 저촉으로 생각되어야 한다). 그러나
하나냐가 거짓을 말했고 백성을 잘못 인도했다는 비난을 포함한 그에 대한
파멸의 신탁도 그러한 설명으로는 파악되지 않는다.   하나냐는 양심적으로
행동했고 그의 파멸은 ― 그는 그 시대의 징조를 식별하지 못했다 ― 어떤
의미에서 단순히 어떤 계명으로부터 추론될 수 없는 "객관적인" 성질을 가지
고 있다. 그러므로 여기에도 많은 문제들이 미해결로 남아 있다. (預言과 옛
하나님의 法 사이의 관계는 차라리 豫言 중의 否定的 未完了形으로 된 文章
들을 더 자세히 검토하고 옛 계명들과 비교하는 것으로 설명하는 것이 최선
의 길일 것이다.)

    그러나 公的인 朗讀은 이미 제2의 삶의 자리이다. 사실 預言이 여기서
처음으로 생긴 것은 아니다. 열왕기하 1장과 예레미야서 28장은 오히려 私
的인 神託이 公的인 神託에 先行한다는 것을 아주 명백하게 보여준다. 예언
자가 이것을 받은 곳은 그가 오직 그의 하나님과 함께 있는 곳이다. 정확히
말해서 私的인 神託은 이미 公的인 神託 ― 적어도 본질상 ― 을 내포하고
있다. 그러나 명백한 구별을 위해서는 예언자에게 私的으로 향해진 말들만
을 私的인 神託이라고 부르는 것이 좋을 것이다. 그 내용은 대개 委任이다.
그가 委任을 받으면 그는 그곳에서 목적지와 대상 인물에게로 간다. 그 까
닭에 예레미야서 28장에서 예레미야 같은 사람은 公的인 장소에서 말의 受
納이 긴급하게 요구되는 듯한 時間에 완전히 기진하여 "말없이" 서 있다.
그러나 같은 것을 "만들어"낼 수는 없다. 그리하여 그는 그의 적대자의 예
언을 우선 긍정적으로 받아들이는 일 외에는 아무 것도 할 수 없었다. ―
궁켈과 그를 따르는 다른 사람들은 예언자의 말 受納, 즉 예언의 靈感의
현상을 해명하려고 시도했었다[23].   이런 시도를 할 수 있었던 출발점은 이
를 위한 預言의 類型이 아니라 여기서는 거론될 수 없는 환상보도의 類型
이다. 이 현상에 관해서는 아직 결정적인 설명을 하지 못했으나 이만큼 말
해둘 것이다. 우리가 다루고 있는 연관성에서, 가령 예언자가 실제로 그
예언들을 체계를 갖춘 분명한 말들로 청취한 것인가 혹은 불명료한 소리들을

____

23) 예언자들의 신비한 경험들 : *GrPro*, S. XVII—XXXIV. 그 후의 문헌에 관한
개관 : v. Rad, *Theologie* Ⅱ, ¹S. 65−68 = ⁴S. 61−78.

들고 그것을 예언자 자신이 비로소 확고한 형태로 개조한 것인가는 불분명
한대로 남는다. 단지 어느 정도 확실히 말할 수 있는 것은 말의 수납이 신비
적인 沒我의 靜寂에서 진행된 것이 아니라 예언자의 정신을 뒤흔든 황홀경
들과 결부되었다는 것이다. 이런 황홀경(Ekstase)은 "靈의 소란"(רוח)에
소급된다(엘리야에게서 그렇고, 다음에는 에스겔에게서도 그렇다).

예언자들의 神託들이 계속 口頭 朗讀에 한정되어 있지 않았음은 물론이
다. 이것들은 — 수반되는 說話와 함께 혹은 그것 없이 — 그들의 추종자들
에 의해 처음으로 口傳的인 神託모음으로 수집되었고, 그 후 얼마 안가서
文書化되었다. 이사야 주변에는 — 필시 다른 예언자들의 주변에도 마찬가
지로 — 아마 손색없는 하나의 學派가 형성되었을 것이고, 이 학파는 그 스
승의 말들을 성실하게 傳承하는 것을 과제로 삼았을 것이다. 엘리사에게서
이미 그러했는데 엘리야 傳承들은 이 그룹 안에 그 삶의 자리를 가지고 있
었다[24](예레미야에게서는 물론 이런 學派가 있었다는 것을 볼 수 없다. 그
의 주변에는 단지 바룩만이 있었다. 그 까닭에 대부분의 예레미야 神託의
경우 口傳 傳承의 긴 기간을 생각할 수 없다). 文書化와 함께 옛 單一文들
이 預言의 類型에서 예언서의 類型으로 바뀔 뿐 아니라 삶의 자리도 변한
다. 지금 예언자의 말들은 경건하게 예언자의 말을 따르는 그룹에서 낭독되
고, 미리 준비가 되어 있지 않은 群衆들 앞에서는 낭독되지 않는다. 이렇게
이 말은 제3의 삶의 자리를 얻게 된다. 특히 예루살렘 멸망 후에 팔레스틴
과 바벨론 追放地에서 이런 그룹들이 결성된 것 같다. 그러나 이에 관해 우
리는 거의 아무 것도 아는 바 없다.

預言文書에서 취한 例들은 많은 독자적인 預言的 類型들을 보여준다 : 예
언자 傳說, 破滅 및 救援의 預言, 象徵的 行動의 解釋. 樣式의 특징들을 분
명하게 찾아내고, 이를 토대로하여 다른 곳에선도 이 類型들의 規定이 讀者
에게 가능하도록 노력했다. 이것은 물론 이로써 모든 예언적 類型들이 취급
되었다는 것을 뜻하지는 않는다. 가령 法廷演說(Gerichtsrede)[25] 베스터

---

24) 學派의 形成에 관해 : Mowinckel, *Prophecy.*

25) 編輯者들은 보존된 소수의 예언적 法廷演說들을 예언서들의 처음 부분에 놓는
것을 특히 좋아했다 : 사 1 : 2f. ; 렘 2 : 4—12; 호 2 : 4—15; 4 : 1—10 등. 이것들은
註釋學的인 토론에서 중요한 역할을 한다. 이렇게 된 것은 H. B. Huffmon("The
Covenant Lawsuit in the Prophets", *JBL* 78, 1959)이 그것들 중 일부를 契約書式(참
조. §2, C)에 어긋난다는 이유로 소송절차에서 추론한 이후부터이다. 비교. J. Harvey,
B 43, 1962, S. 172—196; E. v. Waldow, *Der traditionsgeschichtliche Hintergrund*

만[26]에 의해 발견된 詛呪의 노래(Wehelied, 이것은 결코 견책의 말과 혼동되어서는 안된다), 혹은 환상의 보도 같은 중요한 例들은 紙面 관계로 고찰되지 못했다. 讀者는 순수한 預言的 類型은 오직 한가지만이 있다는 견해를 경계해야 할 것이다! 예언적인 유형들을 다루는 것은 그것들이 도처에 "改作되어" 수록되어 있기 때문에 어려운 일이다. 그럼에도 불구하고 여기에 예언자의 言語와 그리고 神學的으로 중요한 만큼 어려운 예언의 신비를 위한 열쇠가 있다. 樣式史學的인 기초가 없으면 預言書의 註釋은 불가피하게 추상적인 思辨의 영역 속에 휩쓸리게 될 것이다.

---

der prophetischen Gerichtsrede, BZAW 85, 1963. 그러나 예언자의 法廷연설의 드문 類型이 결코 혼한 預言의 類型을 야웨의 法廷用語로 해석하는 구실이 되어서는 안된다는 것이 강조되어야 한다.

26) S. 136—140.

구약성서 樣式史學을 위한 文獻의 拔萃

註釋書들과 개체 文段에 해당되는 研究書들, 그리고 主題的으로 다루지 않고 단지 그때 그때 樣式史學的 문제 제기들에 언급한 출판물들은 여기에 소개되지 않았다.

1. **총괄적 서술** : Gunkel, *KdG*; Hempel, *Literatur* ; Eissfeldt, *Einleitung*, § § 2—21.

2. **初期 이스라엘(王國 以前) 時代**

2. 1 **說話的인 것**

구약성서에 관련된 神話와 神話論은 많이 취급되었으나, 지금까지 樣式史學的으로 다루어진 일은 없다. 이에 반해 民譚들에 대한 연구에서는 樣式史學이 큰 역할을 하고 있다. 이에 대한 문헌 : S. 223 와 225—226의 註 3, 6; 이밖에 :

J. Fichtner, "Die etymologische Ätiologie in den Namengebungen der geschichtlichen Bücher · · ·", *VT* 6, 1956, S. 372—396.

B. S. Childs, "A Study of the Formula 'until this day'", *JBL* 82, 1963, S. 279—292.

S. Mowinckel, "Das ätiologische Denken", in: *Tetrateuch — Pentateuch — Hexateuch*, BZAW 90, 1964, S. 78—86.

B. O. Long, *The Problem of Etiological Narrative in the O.T.*, BZAW 108, 1968.

M. Noth, *Überlieferungsgeschichte des Pentateuch*, 1948 = ²1961.

W. Zimmerli, "Einzelerzählung und Gesamtgeschichte im A. T.", in: *Das Alte Testament als Anrede*, 1956, S. 9—36.

民譚集에 관한 것 : H. Gressmann, "Sage und Geschichte in den Patriarchenerzählungen", *ZAW* 30, 1910, S. 1—34.

H. Fising, *Formgeschichtliche Untersuchungen zu den Jakobserzählungen der Genesis*, 1940.

요셉說話에 관한 것 : H. Gunkel, "Die Komposition der Josephgeschichte", *ZDMG* 76, 1922, S. 55—71.

O. Eissfeldt, "Stammessage und Novelle in den Geschichten von Jakob und seinen Söhnen", in: *Eucharisterion*, Gunkel-FS Ⅰ, 1923, S. 56—77 = *KS* Ⅰ, 1962, S. 84—104.

G. v. Rad, "Josephsgeschichte und ältere Chokma", *VTS* Ⅰ, 1953, S. 120—127 = *GS*, S. 272—280.

脫出史話에 관한 것 : H. Gressmann, *Mose und seine Zeit*, FRLANT NF 1, 1913.

J. Pedersen, "Passahfest und -legende", *ZAW* NF 11, 1934, S. 161—175.

S. Mowinckel, "Die vermeintliche 'Passahlegende' Ex. 1—15", *StTh* 5, 1951, S. 66—88.

G. Fohrer, *Überlieferung und Geschichte des Exodus*, BZAW 91, 1964.

시내산 이야기에 관한 것 : W. Beyerlin, *Herkunft und Geschichte der ältesten Sinaitradition*, 1961.

사사기에 관한 것 : W. Richter, *Traditionsgeschichtliche Untersuchungen zum Richterbuch*, BBB 18, 1963.

기드온 說話에 관한 것 : W. Beyerlin, "Geschichte und heilsgeschichtliche Traditionsbildung im A. T.", *VT* 13, 1963, S. 1—25.

編輯史에 관한 것 : G. v. Rad, *Das formgeschichtliche Problem des Hexateuch*, BWANT Ⅳ, 26, 1938 = *GS*, S. 9—86.

童話에 관한 것 : H. Gunkel, *Das Märchen im A.T.*, 1921.

2. 2 祭儀와 宗敎的 慣習

神的인 神託에 관한 것 : F. Küchler, *Das priesterliche Orakel*, BZAW 33, 1918, S. 285—301.

L. Köhler, "Die Offenbarungsformel 'Fürchte dich nicht'", *Schweiz. Theol. Umschau*, 1919, S. 33—39.

(自己紹介에 관한 것으로는 S. 29 註 12를 참조하라).

祈禱와 인간의 告白에 관한 것 : A. Wendel, *Das freie Laiengebet im vor-exilischen Israel*, 1931.

C. Westermann, "Struktur und Geschichte der Klage", *ZAW* 66, 1954, S. 44—80 = *Forschung am A. T.*, 1964, S. 266—305.

R. Knierim, *Die Hauptbegriffe für Sünde im A.T.*, 1965.

2. 3 法의 實踐

宗敎法과 십계명에 관한 것 : 참조. S. 26f.; S. 29 註 12; S. 44 註 11; S. 45 註 14; S. 46 註 17; S. 58 註 9; 기타 :

H. Graf Reventlow, "'Sein Blut komme über sein Haupt'", *VT* 10, 1960, S. 311—327. = *Um das Prinzip der Vergeltung* ···, K. Koch 편집, Wege der Forschung. 125, 1972, S. 412—431.

同, "Kultisches Recht im A.T.", *ZThK* 60, 1963, S. 267—304.

K. Koch, "Der Spruch 'Sein Blut bleibe auf seinem Haupt' ···", *VT*

12, 1962, S. 396—416. = *"Um das Prinzip der Vergeltung • • •, S.432—456.*

H. Schulz, *Das Todesrecht im A.T.,* BZAW 114, 1969.

契約書式에 관한 것 : 참조 S. 46 註 17; J. Muilenburg, "The form and structure of the covenantal formulations", *VT* 9, 1959, S. 347—365.

地域共同體의 法執行에 관한 것 : L. Köhler, *Die hebräische Rechtsgemeinde,* 1931 = *Der hebräische Mensch,* 1953, S. 143—171.

H. J. Boecker, *Redeformen des Rechtslebens im A.T.,* WMANT 14, 1964.

2. 4　祝福과 詛呪, 誓約, 部族의 格言

J. Hempel, "Die israelitischen Anschauungen von Segen und Fluch im Lichte altorientalischer Parallelen", *ZDMG* 79, 1925, S. 20—110 = *Apoxysmata,* BZAW 81, 1961, S. 30—113.

S. H. Blank, "The Curse, the Blasphemy, the Spell, and the Oath", *HUCA* 23, 1950/1, S. 73—95.

S. Gevirtz, "West Semitic Curses and the Problem of the Origins of Hebrew Law", *VT* 11, 1961, S. 137—158.

F. C. Fensham, "Malediction and Benediction in Ancient Near Eastern Vassal-Treaties and the Old Testament", *ZAW* 74, 1962, S. 1—8.

A. H. J. Gunneweg, "Über den Sitz im Leben des sog. Stammessprüche", *ZAW* 76, 1964, S. 245—255.

H. J. Zobel, *Stammesspruch und Geschichte,* BZAW 95, 1965.

W. Schottroff, *Der altisraelitische Fluchspruch,* WMANT 35, 1969.

2. 5　거룩한 戰爭

G. v. Rad, *Der Heilige Krieg im alten Israel,* 1951, ³1958.

2. 6　口語, 俗談, 詩歌

I. Lande, *Formelhafte Wendungen in der Umgangssprache im. A.T.,* 1949.

O. Eissfeldt, *Der Maschal im A.T.,* BZAW 24, 1913.

A. R. Johnson, *"maschal",* VTS Ⅲ, 1955, S. 162—169.

H. Jahnow, *Das hebäische Leichenlied im Rahmen der Völkerdichtung,* BZAW 36, 1923.

E. Kutsch, *'Trauerbräuche' und 'Selbstminderungsriten' A.T.,* ThSt(B) 78, 1965, S. 25—42.

3. 古代 이스라엘(王國) 時代(예언文學 외에)

3. 1　王權의 勢力圈

歷史叙述 등에 관한 것 : L. Rost, *Die Überlieferung von der Thronnachfolge Davids*, BWANT Ⅲ, 6, 1926 = *Das kleine Credo* · · ·, 1965, S. 119—253.

G. v. Rad, "Der Anfang der Geschichtsschreibung im alten Israel" *Archiv f. Kulturgeschichte* 32, 1944, S. 1—42 = *GS*, S. 148—188.

O. Eissfeldt, *Geschichtsschreibung im A.T.*, 1948.

J. Schildenberger, *Literarische Arten der Geschichtsschreibung im A.T.*, Bibl. Beiträge NF 5, 1964.

I. L. Seeligmann, "Hebräische Erzählung und biblische Geschichtsschreibung", *ThZ* 18, 1962, S. 305—325.

S. Herrmann, "Die Königsnovelle in Ägypten und Israel", *WZ Leipzig* 3, 1953/4, S. 51—62.

公的인 碑文, 使者의 傳言, 書信에 관한 것 : S. Mowinckel, "Die vorderasiatischen Königs- und Fürsteninschriften", *Eucharisterion*, Gunkel-FS FRLANT 36, 1923 Ⅰ, S. 278—322.

L. Köhler, "Der Botenspruch", *Kleine Lichter*, o. J.(1945), S. 11—17.

A. H. v. Zyl, "The Message Formula in the Book of Judges", *Die Ou Testamentiese Werkgemeenskap in Suid-Afrika*, 1959, S. 61—64.

BRL, S. 117—122.

Marty, "Contribution à l'étude de fragments épistolaires antiques · · · Les formules de salutation", in: *Mélanges Syriens* · · · *Dussaud* Ⅱ, 1939 S. 845—855.

3. 2 祭儀 詩와 祭儀 慣習

詩篇에 관한 것 : 참조. S. 237, 253. 기타 :

H. Schmidt, *Das Gebet der Angeklagten*, BZAW 49, 1928.

K. Galling, "Der Beichtspiegel", *ZAW* NF 6, 1929, S. 125—130.

P. A. Munch, "Die jüdischen, 'Weisheitspsalmen' und ihr Platz im Leben", *AcOr* 15, 1936, S. 112—140.

A. Descamps, "Pour un classement littéraire des Psaulmes", in: *Mélanges bibliques* · · · *A. Robert*, 1957, S. 187—204.

F. Mand, "Die Eigenständigkeit der Danklieder des Psalters als Bekenntnislieder", *ZAW* 70, 1958, S. 185—199.

S. B. Frost, "Asseveration by Thanksgiving", *VT* 8, 1958, S. 380—390.

J. W. Wevers "A Study in the Form-Criticism of Individual Complaint Psalms", *VT* 6, 1956, S. 80—96.

R. E. Murphy, "A Consideration of the Classification 'Wisdom Psalms'"

VTS Ⅸ, 1962, S. 156—167.

L. Sabourin, *Un classement littéraire des psaulmes*, 1964.

W. Beyerlin, *Die Rettung der Bedrängten in den Feindpsalmen der Einzelnen auf institutionelle Zusammenhänge untersucht*, FRLANT 99, 1970.

詩篇 이외의 類型들 : J. Begrich, "Die priesterliche Tora", in: *Von Werden und Wesen des A.T.*, BZAW 66, 1935, S. 63—88 = *Gesammelte Studien*, 1964, S. 232—260.

A. Bentzen, "The Cultic Use of the Story of the Ark", *JBL* 67, 1948, S. 37—53.

G. v. Rad, "Die Anrechnung des Glaubens zur Gerechtigkeit". *ThLZ* 76, 1951, S. 129—132 = *GS*, S. 130—135.

J. Jeremias, *Theophanie*, WMANT 10, 1965.

古代 近東 祭儀의 공동 模範型에 관한 것 :
S. H. Hooke (편), *Myth and Ritual*, 1933.
S. H. Hooke (편), The Labyrinth, 1935.
S. H. Hooke (편), *Myth, Ritual and Kingship*, 1958.

H. Frankfort, *The Problem of Similarity in Ancient Near Eastern Religions*, The Frazer Lectures, 1950.

J. de Fraine, "Les implications du 'patternism'", *B* 37, 1956, S.59—73.

K. H. Bernhardt, "Das Problem der altorientalischen Königsideologie im A.T,", *VTS* Ⅷ, 1961.

3. 3 律法書들과 律法들

M. Noth, *Die Gesetze im Pentateuch*, 1940. = *GS*, S. 9, 141.

M. Noth, "'Die mit des Gesetzes Werken umgehen, die sind unter dem Fluch'", *GS*, S. 155—171.

J. Plöger, *Literarkritische, formgeschichtliche · · · Untersuchungen zum Dtn*, 1967.

G. v. Rad, *Deuteronomium-Studien*, FRLANT 58, 1947 = ²1948, (英譯, 1953).

R. Rendtorff, *Die Gesetze in der Priesterschrift*, FRLANT 62, 1954= ²1963.

K. Koch, *Die Priesterschrift*, FRLANT 71, 1959.

R. Smend, *Die Bundesformel*, ThSt (B) 68, 1963.

W. Beyerlin, "Die Paränese im Bundesbuch und ihre Herkunft", in: *Gottes Wort und Gottes Land*, Hertzberg-FS, 1965, S. 9—29.

H. Graf Reventlow, *Das Heiligkeitsgesetz*, WMANT 6, 1961.

3.4 智慧文學

W. Baumgartner, *Israelitische und altorientalische Weisheit*, 1933.

J. Schmidt, *Studien zur Stilistik der alttestamentlichen Spruchliteratur*, 1936.

G. v. Rad, "Hiob 38 und die altägyptische Weisheit", *VTS* Ⅲ, 1955, S. 293—301 = *GS*, S. 262—271.

A. Alt, "Die Weisheit Salomos", *ThLZ* 76, 1951, S. 139—144 = Alt Ⅱ, S. 90—99.

U. Skladny, *Die ältesten Spruchsammlungen in Israel*, 1961.

W. Richter, *Recht und Ethos (zum Mahnspruch)*, StANT 15, 1966.

C. Kayatz, *Studien zu Proverbien* 1—9, WMANT, 22, 1966.

H. J. Hermisson, *Studien z. isr. Spruchweisheit*, WMANT 28, 1968.

3.5 사랑의 노래

F. Horst, "Die Formen des althebräischen Libesliedes", *Littmann-FS*, 1935, S. 43—54 = *Gottes Recht*, 1961, S. 176—187.

W. Herrmann, "Gedanken zur Geschichte des altorientalischen Beschreibungsliedes", *ZAW* 75, 1963, S. 176—196.

4. 預言文學

포괄적인 연구 : 참조. S. 269.

이스라엘 외의 예언자의 말에 관한 것 : 참조. S. 314 註 15.

개체 類型들(類型의 要素들) : 참조. S. 306 註 16(象徵的 行爲) ; S. 312 註 12(증명의 말) : S. 320 註 25(法廷演說). 기타 :

O. H. Steck, *Überlieferung und Zeitgeschichte in den Elia-Erzählungen*, WMANT 26, 1968.

H. W. Wolff, *Das Zitat im Profetenspruch*, 1937 = *Gesammelte Studien*, 1964, S. 36—128.

E. Gerstenberger, "The Woe-Oracles of the Prophets", *JBL* 81, 1962, S. 249—263.

환상과 소명의 보도에 관한 것 : J. Lindblom, "Die Gesichte der Propheten", *StTh* 1, 1935, S. 7—28.

F. Horst, "Die Visionsschilderungen der alttest. Propheten", *EvTh* 20, 1960, S. 193—205.

N. Habel, "The Form and Significance of the Call Narratives , *ZAW* 77, 1965, S. 297—323.

W. Richter, *Die sog. vorprophetischen Berufungsberichte*, FRLANT 101,

1970.

轉用된 類型들에 관한 것 : W. Baumgartner, *Die Klagegedichte des Jeremia*, BZAW 32, 1917.

P. Humbert, "Der biblische Verkündigungsstil und seine vermutliche Herkunft", *Archiv für Orientforschung* 10, 1935/6, S. 77—80.

K. v. Rabenau, "Die Form des Rätsels im Buch Hesekiel", *WZ Halle* 7, 1958, S. 1055—1057.

R. Bach, *Die Aufforderungen zur Flucht und zum Kampf im alttest. Prophetenspruch*, WMANT 9, 1962.

F. C. Fensham, "Common Trends in Curses of the Near Eastern Treaties and KUDURRU Inscriptions Compared with Maledictions of Amos and Isaiah", *ZAW* 75, 1963, S. 155—175.

H. W. Wolff, "Der Aufruf zur Volksklage", *ZAW* 76, 1964, S. 48—56.

개체 예언자들의 言語에 관한 것 : 이사야, 제2이사야에 대해서는 S. 269를 참조하라. 기타 :

B. Childs, *Isaiah and the Assyrian Crisis*, StBTh Ⅲ 3, 1967.

H. Gressmann, "Die literarische Analyse Deuterojesajas", *ZAW* 34, 1914, S. 254, 297.

J. Begrich, *Studien zu Deuterojesaja*; 1938 = 1963.

C. Westermann, "Sprache und Struktur der Prophetie Deuterojesajas", in: *Forschung am A.T.*, 1964, S. 92—170.

예레미야에 대한 것 : 참조. S. 293. H. Graf Reventlow, *Liturgie und prophetisches Ich bei Jeremia*, 1963.

에스겔에 대한 것 : 참조. S. 309 註 6; S. 318 註 22; W. Zimmerli, "The special from- and traditio-historical character of Ezekiel's prophecy", *VT* XV, 1965, S. 515—527.

호세아에 대한 것 : M. J. Buss, *The Prophetic Word of Hosea*, BZAW 111, 1969.

아모스에 대한 것 : 참조. S. 318 註 22; H. W. Wolff, *Amos' geistige Heimat*, WANT 18, 1964.

나훔과 하박국에 대한 것 : J. Jeremias, *Kultprophetie und Gerichtsverkündigung*, WMANT 35, 1970.

학개에 대한 것 : K. Koch, "Haggais unreines Volk", *ZAW* 79, 1967, S. 52—66.

말라기에 대한 것 : E. Pfeiffer, "Die Disputationsworte im Buche Maleachi", *EvTh* 19, 1959, S. 546—568.

5. 포로 후(중기 및 후기 이스라엘)시대

5. 1 歷史敍述

M. Noth, *Überlieferungsgeschichtliche Studien*, 1943 = 1947.

S. Mowinckel, "'Ich' und 'Er' in der Ezrageschichte", in: *Verbannung und Heimkehr*, Rudolph-FS, 1961, S. 221—223.

S. Mowinckel, "Studien zu dem Buche Ezra-Nehemia", *SNVAO* N. S. 3, 5, 7, 1964/5.

G. v. Rad, "Die Nehemia-Denkschrift", *ZAW* 76, 1964, S. 176—187.

5. 2 종교적 談論, 祈禱, 詩歌

G. v. Rad, "Die levitische Predigt in den Büchern der Chronik", *Procksch-FS*, 1934, S. 113—124 = *GS*, S. 248—261.

L. Jansen, "Die spätjüdische Psalmendichtung, ihr Entstehungskreis und ihr Sitz im Leben", *SNVAO*, 1937 : 3.

O. Plöger, "Reden und Gebete im deuteronomistischen und chronistischen Geschichtswerk", *Dehn-FS*, 1957, S. 35—49.

H. Thyen, *Der Stil der jüdisch-hellenistischen Homilie*, FRLANT NF 47, 1955.

G. v. Rad, "Zur Vorgeschichte der Gatturg von 1. Kor. 13, 4—7", in: *Geschichte und A.T.*, Alt-FS, 1953, S. 153—168 = *GS*, S. 281—296.

5. 3 智慧書들

W. Baumgartner, "Die literarischen Gattungen in der Weisheit der Jesus Sirach", *ZAW* 34, 1914, S. 161—198.

C. Westermann, *Der Aufbau des Buches Hiob*, BHTh 23, 1956.

G. Fohrer, *Studien zum Buche Hiob*, 1963.

O. Loretz, *Qohelet und der Alte Orient*, 1964.

引用된 文獻의 略語表

Ac Or = *Acta Orientalia* (Kopenhagen).

Alt Ⅰ—Ⅲ = A. Alt, *Kleine Schriften zur Geschichte des Volkes Israel*, Band Ⅰ—Ⅲ, 1953/59.

ANEP = *The Ancient Near East in Pictures relating to the O.T.*, ed. J. B. Pritchard, 1954.

ANET = *Ancient Near Eastern Texts relating to the O.T.*, ed. J. B. Pritchard, [2]1955.

ANV(A)O = Avhandlinger utgitt av Det Norske Videnskaps-Akademi i Oslo (Kristiania).

AOB = *Altorientalische Bilder*, hg. v. H. Gressmann, [2]1927.

AOT = *Altorientalische Texte*, hg. v. H. Gressmann, [2]1926.

ATD=*Das Alte Testament Deutsch*, hg. v. V. Herntrich und A. Weiser.

B = *Biblica*.

BBB = Bonner Biblische Beiträge.

Bentzen, *Introduction* = A. Bentzen, *Introduction to the Old Testament*, [4]1958.

BEvTH = Beiträge zur Evang. Theologie.

BHH = *Biblisch-Historisches Handwörterbuch*, hg. von B, Reicke- L. Rost.

BHTh = Beiträge zur historischen Theologie.

BK = Biblischer Kommentar, Altes Testament, hg. v. M. Noth.

BRL = Galling, *Biblisches Reallexikon*, 1937.

Bultmann, *Tradition* = R. Bultmann, *Die Geschichte der synoptischen Tradition*, FRLANT 29, [2]1931, [4]1958.

BWANT = Beiträge zur Wissenschaft vom Alten und Neuen Testament.

BZAW = Beihefte zur Zeitschrift für die alttestamentliche Wissenschaft.

Dibelius, *Formgeschichte* = M. Dibelius, *Die Formgeschichte des Evangeliums*, [2]1933, [3]1959.

Diss. = (改新敎 神學) 博士學位 論文.

DVfLG = *Deutsche Vierteljahrsschrift für Literaturwissenschaft und Geistesgeschichte.*

Eissfeldt, *Einleitung* = O. Eissfeldt, *Einleitung in das Alte Testament*, [1]1934, [2]1956.

Eissfeldt, *KS* = *Kleine Schriften* Ⅰ—Ⅲ, 1962—1966.

ET = The *Expository Times.*

Ev Th = *Evangelische Theologie.*

FRLANT = Forschungen zur Religion und Literatur des Alten und Neuen
Testaments.

FS = Festschrift(記念論文).

GuB = H. Gunkel-J. Begrich, *Einleitung in die Psalmen.* Ergänzungsband zum·
HKAT, 1933.

Gunkel, *Genesis* = H. Gunkel, *Genesis,* HKAT, ^{3}1910, ^{5}1922.

Gunkel, *GrPro* = H. Gunkel, Einleitungen zu H. Schmidt, *Die großen Propheten,*
SAT II,2, ^{2}1923.

Gunkel, *KdG* = H. Gunkel, *Die israelitische Literatur,* in: *Die Kultur der Gegen-
wart,* hg. von Hinneberg, I , 7, ^{2}1925.

Gunkel, *RuA* = H. Gunkel, *Reden und Aufsätze,* 1913.

Gunkel, *Schöpfung* = H. Gunkel, *Schöpfung und Chaos in Urzeit und Endzeit,*
^{2}1921.

HAT = Handbuch zum A.T., hg von O. Eissfeldt.

HdO = *Handbuch der Orientalistik,* hg. v. B. Spuler.

Hempel, *Literatur* = J. Hempel, *Die althebräische Literatur und ihr hellenistisch-
jüdisches Nachleben,* Handbuch der Literaturwissenschaft, hg. v. Walzel,
1930.

HKAT = Handkommentar zum A.T., hg. v. W. Nowack.

HUCA = *Hebrew Union College Annual.*

JBL = *Journal of Biblical Literature and Exegesis.*

JTS = *The Journal of Theological Studies.*

KAT = Kommentar zum A.T., hg. v. E. Sellin.

KHC = Kurzer Hand-Commentar zum A.T., hg. v. Marti.

KHC(AT) = *KHC.*

LUA = *Lunds Universitets Årsskrift.*

Meyer K = Kritisch-exegetischer Kommentar über das N.T., begründet v. H. A.
W. Meyer.

Mowinckel, *Prophecy* = S. Mowinckel, *Prophecy and Tradition,* ANVAO 1946, 3.

Mowinckel, *PIW* = S. Mowinckel, *The Psalms in Israel's Worship,* 1962.

N. F. = NF = Neue Folge.

Noth, *GS* = M. Noth,*Gesammelte Studien zum A. T.,* Theologische Bücherei 6, ^{2}1960.

Noth, *ÜGP* = M. Noth, *Überlieferungsgeschichte des Pentateuch,* 1948.

Noth, *ÜGS* = M. Noth, *Überlieferungsgeschichtliche Studien* I , ^{1}1943, ^{2}1957.

NTD = Das Neue Testament Deutsch.

v. Rad, *GS* = G. v. Rad, *Gesammelte Studien*, Theologische Bücherei 8, 1958.

v. Rad, *Theologie* = G. v. Rad, *Theologie des A.T.*, 1957ff.

RB = *Revue Biblique.*

RGG = *Die Religion in Geschichte und Gegenwart*, ²1927ff. ³1957ff.

SAT = *Die Schriften des A. T. in Auswahl*, übersetzt und erklärt v. H. Gunkel 등.

SgV = *Sammlung gemeinverständlicher Vorträge und Schriften aus dem Gebiet
　　　der Theologie und Religionsgeschichte.*

SNVAO = *Skrifter utgitt av Det Norske Videnskaps-Akademie i Oslo*(Kristiania).

StANT = Studien z. A. und N.T.

StBTh=Studies in Biblical Theology

StTh = *Studia Theologica.*

THAT=*Theologisches Handwörterbuch z. A. T.* hg. E. Jenni.

ThB = Theologische Bücherei.

ThLZ = *Theologische Literaturzeitung.*

ThR = *Theologische Rundschau.*

ThSK = *Theologische Studien und Kritiken.*

ThSt = Theologische Studien(Basel).

ThW = *Theologisches Wörterbuch zum N. T.*, hg. v. G. Kittel — G. Friedrich.

ThWAT = *Theologisches Wörterbuch z. AT*, hg. G. J. Botterweck-H. Ringgren.

ThZ = *Theologische Zeitschrift.*

UT = C. H. Gordon, *Ugaritic Textbook*, Analecta Orientalia 38, 1965.

UUÅ = *Uppsala Universitets Årsskrift.*

VT = *Vetus Testamentum*, 1950 ff.

VTS = *Supplements to Vetus Testamentum.*

WA = Luther, *Werke*, Weimarer Ausgabe.

WMANT = Wissenschaftliche Monographien zum Alton und Neuen Testament.
　　　hg. v. G. Bornkamm und G. v. Rad.

WZ = *Wissenschaftliche Zeitschrift.*

ZAW = *Zeitschrift für die alttestamentliche Wissenschaft.*

ZDMG = *Zeitschrift der Deutschen Morgenländischen Gesellschaft.*

ZNW = *Zeitschrift für die neutestamentliche Wissenschaft und die Kunde der
　　　älteren Kirche.*

ZThK = *Zeitschrift für Theologie und Kirche.*

傳令의　외침(Heroldsruf)：300 註 8

傳說(Legende)：233, 281, 271—292, 307

——, 殉敎者의(Märtyrer-)：290

——, 예수의(Jesus-)：291

——, 예언자의(Profeten-)：271—286, 289, 294—299, 267, 320

正經書(kanonisches Buch)：23

祭儀創建의　民譚(Kultgründungssage)：참조. 民譚

족보(Stammbaum)：35, 101, 277

呪文(Zauberspruch)：48

注意에의　호소(Appell zur Aufmerksamkeit)：299, 304, 305, 310

注意에의　호소(Ruf zur Aufmerksamkeit)：300 註 8

증명의　말(Erweiswort)：312 註 12

智慧格言, 金言(Weisheitsspruch, Sentenz)：23, 25, 32, 33, 56, 100, 132, 148, 149

讚揚詩(Hymnus)：237—252, 256, 262, 267

讚揚의　詩篇, 報道的인　혹은　묘사적인(Lobpsalm, berichtender oder beschreibender)：
　　242 註 3

祝福과　祝福의　語套(Segen und Segensformel)：61 註 16, 105, 185, 190, 195, 198, 199,
　　200, 212, 213, 234, 257

祝福文(Makarismos)：23—26, 33, 40—42, 45, 50, 56—57, 65, 66, 71, 72—78, 87,
　　100—103, 138 註 34, 139, 143, 147, 151, 162, 241

祝福文(Seligpreisung)：참조. Makarismos

祝願(Segenswunsch)：25, 305

治癒說話(Heilungserzählung)：139

親族民譚(Familiensage)：참조. 民譚

歎息(Klage)：257, 263, 264, 266

歎息詩(Klagelied)：65, 154

——, 개인의(d. Einzelnen)：50 註 21, 253—268

——, 민족의(d. Volkes)：267 註 22, 268

——, 王의(d. Königs)：50 註 21, 185, 256 註 3

特有性의　語套(Einzigartigkeitsformel)：241 註 2

破滅의　豫告(Ankündigung des Unheils, Drohwort)：281, 282—285, 299—300, 308

하나님에　대한　祈願(Bitte zu Gott)：256, 257, 264, 265, 266

方法論에 관계된 用語表

單一文(Einheit)
文獻批判學(Literarkritik)
史料(Quelle)
삶의 자리(Sitz im Leben)
樣式(Form)
樣式史學(Formgeschichte)
類型(Gattung)
——內 類型(Gliedgattung)
——外 類型(Rahmengattung)

類型史(Gattungsgeschichte)
類型의 規定(Gattungsbestimmung)
資料(Material, Stoff)
傳承史＜學＞(Überlieferungsgeschichte)
傳統史(Traditionsgeschichte)
傳統史學派(Traditionshitorische Schule)
主題史(Motivgeschichte)
編輯史＜學＞(Redaktionsgeschichte)

(言語學에 관계된 것)

共時的(synchron)
記號(Zeichen, *signe*)
同伴聯想(Konnotation)
文章論(Syntagma, Syntax)
時差的(diachron)
語幹(Lexem, Wortstamm)
語의 聯關(Worthof)
語의 場(Wortfeld)
語義學(Semantik)
——單語語義學(Wortsemantik)
——文章語義學(Satzsemantik)
——類型語義學(Gattungssemantik)
語形單位(Morphem)
言辭, 言語利用(Spreche, *parole*, Sprach verwendung)
言語科學(Sprachwissenschaft)

言語＜機能＞(Sprache, *langue*, Sprach-kompetenz)
言語學(Linguistik)
音素, 音의 單位(Phonem)
指示된 것, 意記(Bedeutetes, *signifié*)
指示하는 것, 音記(Bedeutendes, *signif-icant*)
텍스트＜類型＞(Text⟨em⟩) : 확고한 문맥을 가지고 있는 말의 單位, 言語學에서는 類型과 거의 같은 意味로 쓰임
——內 텍스트(Gliedtert)
——外 텍스트(Rahmentext)
텍스트言語學(Textlinguistik)
活用例⟨論⟩(Paradigma)

출애굽기

욥 기

잠 언

譯者 後記

이 책은 클라우스 코호의 '樣式史學이란 무엇인가?' (Klaus Koch, *Was ist Formgeschichte?*) 改正 제3판(1974년, 초판은 1964년)을 번역한 것이다. 코호는 1926년 독일에서 출생한 改新敎의 現役 舊約學者이다. 그는 이 책 제 I 부에서 聖書註釋의 모든 方法을 종합적으로 소개하고 있다. 그 중에서 우리의 주목을 끄는 것은 각기 다른 歷史的 조건하에서 각기 다른 學者들에 의해 제기된 三大 方法論, 즉 '文獻批判學' (Literarkritik, Wellhausen 등이 대표한다), '傳承史學' (Überlieferungsgeschichte, Gunkel 등이 대표한다), '編輯史學' (Redaktionsgeschichte, G. v. Rad, W. Marxsen 등이 대표한다)을 '樣式史學' (Formgeschichte)으로 綜合했을 뿐 아니라, 제3판 부록에서 '言語學' (Linguistik, 構造主義 言語學)과 語義學(Semantik, 프랑스에서 발단하여 英美學界에서 활발하게 발전함)까지도 같은 관점에서 종합한 것이다. 그에 의하면 이 綜合의 구체적인 표현은 앞으로 이루어져야 할 것이고, 지금은 어느 學問 分野에서도 계획되지 않은 '言語史' (Sprachgeschichte) 硏究에서 드러날 것이라고 한다. 그에게 있어서 言語史硏究는 곧 궁켈이 말하는 "高級 文法" 硏究이고, 동시에 聖書註釋學에 해당한다(言語學的으로 구약성서 및 그리스 思想에 접근하고 있는 Boman 의 책 '히브리적 思惟와 그리스적 思惟의 比較' 〈*Das hebräische Denken im Vergleich mit dem griechischen*〉는 많은 示唆를 줄 것이다. 보만의 책은 이미 분도출판사에 의해 번역 출판되었다. 이 책과 함께 읽으면 큰 도움이 될 것이다).

　著者는, 제 I 판에서 피력한 바와 같이, 學生들에게 聖書註釋 方法들을 익히는 '敎科書' — 폰 라트(v. Rad)의 권유에 따라 — 로서 이 책의 집필을 계획했다. 그 때문에 그는 제 I 부에서 方法論들에 관한 原理的인 것을 論述하고, 제 II 부에서 例文을 들어 실제로 그 原理들을 적용하여 註釋作業을 실습하도록 꾸몄다. 그러나 제3판 서문에서는 이 意圖, 즉 敎科書를 만들려는 意圖가 거의 등한시되고 오히려 專門書같이 된 느낌을 주기도 하지만 그 본래의 구조는 그대로 남아 있다고 저자는 피력하기도 했다. 여하간 學生들은 제 I 부에서 方法들의 原理와 그 주변의 문제들을 배우고, 제 II 부에서 스스로 註釋을 훈련할 수 있을 것이다. 譯者의 지나친 욕심일지는 모르나 一般 古典을 연구하는 분들, 특히 歐美文學 硏究家들 및 古典 國文學 學徒들의 一讀도 권하고 싶다.

方法論上의 專門用語들을 우리 말로 옮기는데는 상당한 어려움을 겪었다. 그런데도 이 점에서는 여전히 불만이다. 이 用語들의 번역은 하나의 試圖에 불과함을 고백하고, 앞으로 討論의 資料 혹은 보다 정확한 번역어의 출현을 위한 밑거름이라도 되었으면 좋겠다는 심정이다.

이 原稿를 일일이 原文에 대조하여 整理했을 뿐 아니라 校正을 도맡아준 韓國神學大學 大學院의 韓相勳君과 출판을 기꺼이 맡아준 분도출판사 세바스티안 神父에게 특별히 감사한다.

　　　　　　　　　　　　　　　　　　　　　　　　一譯　　者一